베이지안으로 접근하는 자연어 처리 2/e

Synthesis Lectures on Human Language Technologies 시리즈

에디터 **그레임 허스트**

베이지안으로 접근하는 자연어 처리 2/e

베이지안 통계 개념과 추론 기법,
모델링을 이용한 활용 분석까지

샤이 코헨 지음   이재원·김명준 옮김

i!i
에이콘

에이콘출판의 기틀을 마련하신 故 정완재 선생님 (1935-2004)

미아에게 이 책을 바친다

지은이 소개

샤이 코헨^{Shay Cohen}

영국 에든버러대학교 정보학과, 언어, 인지 및 계산 연구소 강사다. 2011년 카네기 멜론대학교에서 언어 기술 전공으로 박사학위를 받았으며, 텔아비브대학교에서 각각 컴퓨터 과학 및 수학 전공으로 학위를 받았다. 2011년에서 2013년 사이에 Computing Innovation Fellowship을 받으며 컬럼비아대학교에서 박사후 과정을 연수했으며 2013년에서 2018년 사이에 에든버러대학교에서 Chancellor's Fellowship을 받았다. 연구 관심사는 자연어 처리와 머신러닝이며 구문 및 구문 분석과 같은 구조적 예측 문제에 중점을 둔다.

감사의 글

개인적으로 이 책의 개정판을 이렇게 빨리 발표하리라 기대하지 않았지만, 자연어처리 세계에서 지난 몇 년간 빠르고 흥미진진한 발전으로 인해 다양한 업데이트가 생겼고 이는 두 번째 판으로 이어졌다.

2판에서 특히 달라진 곳은 9장으로, 특히 베이지안 문맥에서 NLP의 표현학습 및 신경망에 중점을 둔다. 9장은 지난 5년 동안 신경망을 활용하는 NLP 문헌이 지배적이라는 관찰에 근거해 작성됐다. 따라서 이 책에서 이에 대한 기초를 다룰 필요가 있다고 생각했다. 이 책의 (NLP 맥락과 결합된) 베이지안 "미션"에 내용을 적용하는 것은 항상 쉬운 일이 아니었고, 독자들이 내 사명을 완수했는지 여부를 판단하도록 남겨둘 것이다.

개정판에서 새롭게 소개되는 장 외에도 여러 일부 추가 내용이 여러 장에 걸쳐 통합됐다.

이번 판에 도움을 준 사람들이 여러 명 있다. 먼저 여러 도움과 의견을 나눠준 Trevor Cohn, Marco Damonte, Jacob Eisenstein, Lea Frermann, Annie Louis, Chunchuan Lyu, Nikos Papasarantopoulos, Shashi Narayan, Mark Steedman, Rico Sennrich, Ivan Titov에게 감사를 표한다. 또한 이 책의 새로운 자료의 일부분에서 내가 가르친 것보다 더 많은 것을 가르쳐준 학생 및 박사후 연구원들에게도 감사를 표현한다.

2019년 2월 에든버러에서
샤이 코헨

| 옮긴이 소개 |

이재원(jaewon.lee728@gmail.com)

미국에서 컴퓨터공학과 통계를 전공했으며, 금융권에서 머신러닝을 활용한 데이터 분석을 연구한 후, IT 회사에서 자연어 처리 모델 연구를 했다. 특히 자연어 처리 모델을 활용해 챗봇을 연구 개발했다. 그 뒤 산업공학과 박사과정에 재학 중이며, 현재 세컨핸드 패션 플랫폼을 만드는 스타트업에서 CTO로 재직하고 있다.

김명준

미국에서 수학과 경제학을 전공했으며 이후 다계층 네트워크 머신러닝 모델 연구로 박사 학위를 받았다. 현재 박사후 연구원으로 그래프 기반 머신러닝 연구와 이를 활용한 바이오 메디컬, 역사 분야의 응용 연구를 수행하고 있다.

인공지능 기술이 발전하면서 비약적인 성장을 이루고 있는 자연어 처리 분야에 관련된 책입니다. 자연어 처리에 관한 일반적인 내용을 이해하고 있다면 베이지안을 활용한 접근을 통해 자연어 처리를 새로운 시각에서 바라볼 수 있는 책입니다. 통계 개념이 많이 등장하고 다소 어렵게 느껴질 수는 있으나, 통계적인 추정에 근거한 자연어 처리는 어떤 모습이고 어떻게 연구되고 있는지 접할 수 있습니다. 주제와 내용은 어려울 수 있지만 저자는 최대한 쉽게 설명하려고 했으며, 저 또한 의도에 따라 이해하기 쉽게 번역하려고 노력했습니다.

| 차례 |

베이즈 통계학$^{Bayesian Statistics}$과 자연어 처리$^{Natural Language Processing}$ 두 주제를 교차하는 주제에 관해 글을 쓸 때 각 분야에 대한 관점을 고려해야 한다. 대학원 재학 시절, 나와 비슷한 상황에 있는 사람들을 위해 다소 실용적인 관점에서 책을 집필했다. 그때는 이미 자연어 처리 분야의 문제와 머신러닝의 기본 원리에 대한 지식을 합리적으로 파악하고 있었다. 나는 추상적인 방법으로라도 베이즈 통계학, 특히 자연어 처리와 관련된 부분을 더 배우고 싶었다. 따라서 이 책은 전산 언어학자들이 베이즈 접근법을 적용할 때 필요한 주요 기술, 용어 및 모델에 대한 추상적인 정보를 제공하는 관점에서 썼다.

그러므로 이 책의 대부분의 장은 다소 일반적이고 베이즈 통계학과 밀접한 관련이 있다. 그러나 마지막 장에는 언어모델에 주로 사용되는 몇몇 자연어 처리를 활용한 응용법을 소개한다.

이 책은 자연어 처리의 통계 모델링에 관해 이미 어느 정도 알고 있는 사람들과 자연어 처리에서 베이즈 통계학이 특히 어떻게 사용되는지 더 자세히 알고 싶은 사람들을 위한 책이다. 베이즈 자연어 처리의 수학적인 해석에 더 초점을 맞추게 된 동기는 매우 간단하다. 대부분의 전산언어학자들은 언어 구조를 예측하거나, 언어학적 동기부여를 일으키는 자연어 처리의 기초 핵심 용어에 생각보다 일찍 노출된다. 종종 베이즈 통계학과 다른 통계학 도구들에 대해 깊이 이해하지 못하고 놓치게 되는데, 이로 인해 때때로 오해가 생기고 큰 그림을 놓치는 경우가 발생한다. 이 책은 독자들이 놓칠 수 있는 부분들을 자세하게 설명해줄 것이다.

통계를 함에 있어 몇 가지 방법이 있는데, 그 가운데 빈도주의적 접근법과 베이즈 접근법이 있다. 빈도주의적 접근법이 우리가 알고 있는 일반적인 통계학이다. 내가 베이즈 통계학을 배우기로 결심한 이유는 베이즈 통계학의 화려하고 풍부한 역사 때문이다. 오늘날까지 빈도주의적 접근법과 베이즈 접근법을 나누는 주요한 방법이 여전히 존재한다. 통계 분석이 따라야 할 철학에 관련된 이러한 종류의 분열은 생성 의미론자와 생성 문법론자 사이의 유명한 "언어학 전쟁"보다 훨씬 더 끈질기게 그리고 열심히 논의된다. 여기서 끝나지 않는다. 심지어 베이즈파 중에서도 확률의 주관적 해석을 지지하거나 객관적인 부분을 지지하는 사람들이 존재한다.

내가 처음 핵심 아이디어를 접했을 때, 베이즈 통계학의 수학적 뛰어남과 우아함 등에 매료됐지만(원칙적으로, 베이즈 통계학은 데이터와 매개변수 사이 관계를 반전시키기 위한 베이즈 규칙을 적용하는 하나의 특정 원리를 기반으로 한다), 이 책에서 실용적인 접근법을 취하며, 베이즈 통계학이 자연어 처리에 대한 통계학적 분석을 궁극적인 이론으로 제시하려고 하지 않았다. 그리고 베이즈 통계학을 설명할 수 있는 또 다른 철학적 주장을 제시하지 않았다. 대신에 베이즈 통계학의 뒷받침이 되는 기술적 메커니즘을 설명하고, 독자들이 자연어 처리 문제에서 더 좋은 방법론을 선택할 수 있도록 도와줄 것이다. 또한 베이즈 통계학과 빈도주의적 접근법과의 관계, 아울러 그 밖의 다른 부분과 결합되는 부분도 설명한다. 만약 베이즈 통계학에 대해 더 자세한 철학을 배우고 싶다면 Jaynes (2003)와 Barnett(1999)을 읽어보길 바란다. 베이즈 통계학을 뒷받침하는 역사와 사람들에 대해서 알고 싶다면 McGrayne(2011)을 읽어보길 바란다. 이 책은 다음과 같이 8장으로 구성돼 있다.

1장은 베이즈 자연어 처리와 관련된 확률과 통계에 대한 내용을 다룬다. 랜덤변수, 랜덤변수 간의 독립성, 조건부 독립성 랜덤변수 기댓값 등과 같은 기본적 개념을 다룬다. 또한 베이즈 통계학과 빈도주의 통계학이 어떻게 다른지 간략하게 설명한다. 컴퓨터 과학이나 통계학의 기본적인 지식이 있다면 1장을 건너뛰고 봐도 좋다.

2장에서는 2가지 예시(잠재 디리클레 할당 모델과 베이즈 텍스트 회귀 분석)를 활용해 자연어 처리에서 베이즈 분석을 소개하고 이 책의 주제에 관한 높은 수준의 개요를 설명한다.

3장은 베이즈 통계 모델링에서 중요한 구성 요소인 사전분포를 다룬다. 특히 디리클레분포, 사전분포에 대한 정보가 없는 경우, 정규분포 등과 같이 베이즈 자연어 처리에 자주 사용되는 사전분포를 논한다.

4장은 사후분포 요약을 통해 빈도주의적 통계와 베이즈 통계를 종합하는 아이디어에 대해 다룬다. 또한 베이즈에 관한 개념을 유지한 상태로, 일련의 매개변수에 대한 점 추정치를 계산하는 접근법을 상세하게 설명한다.

5장은 베이즈 통계학의 주요 추론법 중 하나인 마르코프 체인 몬테카를로Markov Chain Monte Carolo를 설명한다. 깁스 샘플링과 메트로폴리스-헤이스팅스 샘플링Metropolis-Hastings sampling과 같은 베이즈 자연어 처리에서 흔하게 다루는 샘플링 알고리즘sampling algorithm 을 자세하게 알려준다.

6장에서는 베이즈 자연어 처리에서 또 다른 중요한 추론법으로 여겨지는 변분 추론을 다룬다. 평균-장 변분 추론과 변분 기댓값 최대화 알고리즘을 설명한다.

7장은 베이즈 자연어 처리에서 가장 중요한 모델링 기법인 비모수적 모델링에 대해 설명한다. 또한 디리클레 프로세스Dirichlet Process와 피트만-요르 프로세스Pitman-Yor process 와 같은 비모수 모델을 살펴본다.

8장에서는 확률론적 문맥 자유 문법과 동시성 문법과 같은 자연어 처리 기본 언어 모델을 다루고, 이러한 언어 모델을 어댑터 문법, 계층적 디리클레 프로세스, PCFG Probabilistic Context-Free Grammars 등과 연관지어 베이즈 내용을 바탕으로 설명한다.

또한 책의 뒷부분에는 이 책을 읽기 위해 필요한 배경 정보를 제공하는 두 개의 부록이 포함돼 있다. 5개 이상의 문제가 각 장마다 포함돼 있어 수업 교재로 활용할 수도 있다. 특히 자연어 처리에서 베이즈 분석에 대한 강의를 할 수 있을 것이다. 예를 들어 베이즈 자연어 처리에 대한 강의를 4번 정도 한다면, 3장부터 7장을 각각 하나의 강의로 엮을 수 있다. 또한 8장의 어댑터 문법 또는 베이즈 PCFG 등과 같은 개별 주제들은 각 강의마다 예시로 제공할 수 있다.

CHAPTER 1

머리말

1장은 이 책을 이해하는 데 필요한 확률과 통계의 기본 개념을 주로 설명한다. 또한 이 책의 뒤에 나올 부분에서 사용할 표기법을 정의한다.

일반적인 확률과 통계학의 기본 개념 소개와 다소 다르게 설명한다. 예를 들어 1장에서는 표본 공간의 사건에 대한 정의를 하기보다, 조건부분포, 독립성 및 조건부 독립성, 체인 규칙 및 베이즈 규칙과 같은 무작위 변수에 대한 개념을 직접 정의한다. 확률 이론에 대해 더 깊이 알아보려면 Bertsekas and Titsiklis(2002)를 참조하길 바란다.

1.1~1.2절(확률 측정 및 무작위 변수)은 다소 형식적인 방법이지만 완전함을 제공한다. 누구든 기본 개념과 구조에 익숙하다면 체인 규칙과 같은 베이즈 학습에 필수적인 메커니즘이 소개되는 1.3절로 건너뛸 수 있다.

1.1 확률 측정: 확률측도, 확률함수

확률론적 이론(및 확률론적 모델링)의 핵심에는 "표본 공간"이라는 개념이 있다. 표본 공간은 확률분포를 구성하는 모든 가능한 요소로 구성된 집합 Ω이다. 이 책에서 표본 공간은 대부분 단어, 구-구조트리, 문장, 문서 또는 순서 등과 같은 언어와 관련된 항목들로 구성돼 있다. 뒤에 설명하겠지만 베이즈에서 샘플 공간은 위의 항목과 모델 매개변수 사이의 데카르트 곱Cartesian Product으로 정의된다(1.5.1절).

일단 표본 공간이 결정되면, 우리는 그 표본 공간에 대한 확률 측정을 정의할 수 있다. 확률 측정 p는 사건events — 표본 공간의 부분집합을 실수로 표현하는 함수다.

확률 측정은 다음과 같은 3가지 공리 특성을 충족해야 한다.

- 어떤 사건 A에 대해서 $p(A) \geq 0$를 만족하는 음이 아닌 함수가 돼야 한다.
- 셀 수 있는 서로소 사건의 나열, $A_i \geq \Omega_i$일 때, $i \in \{1,...,\}$, 만일 모든 $i \neq j$에 대해서 $A_i \cap A_j = \emptyset$이라면, $p(\bigcup_i A_i) = \sum_i p(A_i)$이다. 이것은 서로소 사건의 확률의 합은 전체 사건 합집합의 확률과 같다는 것을 의미한다.
- Ω의 확률은 1이다. $p(\Omega) = 1$

위의 3가지 공리 속성으로부터 얻을 수 있는 몇 가지 결과들이 있다. 첫 번째는 공집합의 확률은 0이다. ($p(\emptyset) = 0$을 이해하기 위해 $p(\Omega) + p(\emptyset) = p(\Omega \cup \emptyset) = p(\Omega) = 1$을 살펴봐야 한다.) 두 번째는 A와 B, 2가지 사건에 대해 $p(A \cup B) = p(A) + p(B) - p(A \cap B)$가 성립한다. ($p(A \cup B) = p(A) + p(B \smallsetminus (A \cap B)$와 $p(B) = p(B \smallsetminus (A \cap B) + p(A \cap B))$를 살펴봐야 한다. 그리고 마지막으로 A 사건의 여집합인 $\Omega \smallsetminus A$는 $p(\Omega \smallsetminus A) = 1 - p(A)$이다. 어떤 사건 A에 대해서 다음과 같은 $1 = p(\Omega) = p((\Omega \smallsetminus A) \cup A) = p(\Omega \smallsetminus A) + p(A)$ 내용을 고려한다.

일반적으로 표본 공간의 모든 부분집합이 사건이라고 여겨지지 않는다. 확률 이론에 대한 측정 이론적 관점에서 사건은 반드시 "측정 가능한 집합"이어야 한다. 주어진 표본 공간의 측정 가능한 집합의 수집은 일부 공리적 특성을 만족시켜야 한다.[1] 측정 이론에 대한 더 자세한 논의는 이 책의 주제를 벗어나지만, 이 주제에 관한 더 자세한 내용은 Ash and Doléans-Dade(2000)를 참조하라.

언어학적 구조나 다른 언어와 관련된 이산적 객체로 구성된 이산 표본 공간의 경우, 표본 공간의 임의 하위 집합과 측정 가능한 집합의 이러한 구별은 중요하지 않다. 우리는 표본 공간의 모든 하위 집합을 측정 가능한 것으로 간주할 것이며, 이는 표본이 사건으로 사용될 수 있음을 의미한다. 연속 공간에 대해서는, 우리는 르베그의 측정에서 사용하는 잘 알려진 확률 측정을 사용한다. 즉, 표본 공간은 유클리드 공간의 부분 집합이 되고, 이벤트 집합은 르베그 측정을 통해 통합되는 이 공간의 서브셋이 된다.

---

1 이러한 공리는 (1) 셀 수 있는 집합 (2) 집합의 여집합 (3) 셀 수 있는 집합의 모든 합집합 역시 셀 수 있다.

1.2 무작위 변수

무작위 변수는 가장 기본적인 형태로, 각 $w \in \Omega$는 실수로 매핑하는 함수다. 주로 대문자 X 또는 Z로 표기한다. 이러한 함수가 정의되면 몇 가지 표준 조건에 따라 실수에 대한 확률 측정을 유도할 수 있다. 더 자세히 설명하자면 어떤 $A \subseteq \mathbb{R}$에서 $\{\omega \in \Omega \mid X(\omega) \in A\}$로 정의되는 사전 정보 $X^{-1}(A)$은 사건이라고 정의되는데, 이것의 확률은 다음과 같다.

$$p_X(A) = p(X \in A) = p\left(X^{-1}(A)\right)$$

여기서 p_X는 무작위 변수 X로부터 계산된 확률 측정값이며, p는 Ω의 원래 확률 측정값이다. p_X의 표본 공간은 $\mathbb{R}$이다. 표본 공간 내 사건의 집합은 $X^{-1}(A)$이 기존 표본 공간 Ω의 p의 사건이라고 할 때 모든 $A \subseteq \mathbb{R}$을 포함한다.

표본 공간과 해당 실제값 함수를 명시적으로 정의하는 대신 무작위 변수의 관점에서 통계적 모델을 직접 정의하는 것이 일반적이다. 이 경우 무작위 변수는 실수 함수로 해석할 필요가 없으며 표본 공간은 무작위 변수 함수의 범위로 이해된다. 예를 들어 어떤 언어의 어휘에 대한 확률분포를 정의하고 싶다면, 어휘의 단어들에 대한 범위로 ω 무작위 변수 $X(\omega) = \omega$로 정의할 수 있다. 이에 따라 어휘에서 특정 단어의 확률값은 $p(X \in \{\omega\}) = p(X = \omega)$로 표기한다.

무작위 변수는 다변량일 수 있다. 이 경우 표본 공간의 요소들을 일부 고정된 d값을 가진 $\mathbb{R}^d$의 부분집합으로 매핑할 수 있다(또는 다른 공간에서 튜플로 정의된다).[2]

1.2.1 연속과 이산 확률변수

이 책은 통계에서 가장 일반적으로 사용되는 두 종류의 무작위 변수를 사용한다. 연속과 이산. 연속 확률변수는 연속공간에서 값을 취하며, 일반적으로 $d \geq 1$일 때 $\mathbb{R}^d$의 부분공간이다.

---

2   확률변수에 대한 좀 더 추상적인 이론적 정의는 표본 공간(주어진 확률 측정 포함)에서 측정 가능한 공간 E까지의 함수로, E의 측정 가능한 집합에 대해 이 함수의 사전 이미지도 함께 측정 가능하다. 대부분의 자연어 처리에서 확률변수를 실제 함수 또는 이 절에 설명된 대로 확률 측정을 유도하는 함수로 다루는 것은 충분하다.

반면 이산 확률변수는 이산집합, 다시 말해 셀 수 있는 집합에서 값을 취한다. 이 책에서, 이산 확률변수는 일반적으로 대문자 X, Y, Z로 표기하며, 연속 확률변수는 그리스 문자인 θ 또는 μ로 표기한다.

이 책의 연속 확률변수는 대개 베이즈 설정에서 일반적으로 행해지는 것과 같이 이산 확률분포의 매개변수에서 사전분포를 정의하는 데 사용된다. 연속 확률변수와 관련해 1.5.2절을 참고하자. 반면 이산 확률변수는 구문 분석 트리, 품사 태그, 정렬, 클러스터 등과 같이 예측할 문장 구조 또는 문장, 어떤 어휘 단어 또는 단어의 나열과 같은 문장 구성 요소를 관측할 구조를 모델링할 때 사용된다.

이 책에 나오는 이산 확률변수는 확률질량함수로 정의한다. 이 함수는 표본 공간에서 각 요소마다 가중치를 부여하는 함수다. 이 확률질량함수는 만족하는 확률 측정 $p(X \in A)$을 유도할 수 있다. 여기서 A는 X가 가질 수 있는 가능한 값의 부분집합이다. 여기서 이 식은 확률 측정의 공리의 결과라는 점을 참고할 수 있다. 어떤 사건의 확률은 그 사건을 정확하게 포함하는 서로소 사건(즉, 이 경우 단집합)들의 확률의 합과 같다.

$$p(X \in A) = \sum_{x \in A} p(x)$$

가장 일반적으로 사용하는 이산분포는 다항분포로, 많은 NLP 모델의 구성 요소 역할을 한다(3장과 B.1절을 참고하자). 다항 공간에서 Ω는 유한한 일련의 사건들인데, 예를 들어 유한한 단어 어휘를 의미한다. 확률질량함수PMF는 단어집에서 각 단어에 확률을 정의한다.

반면 이 책에서 논의되는 연속 확률변수는 확률밀도함수PDF로 정의한다. 확률질량함수와 유사하게 확률밀도함수는 표본 공간 $p(\theta)$의 각 요소에 가중치를 부여하는 함수다. 확률밀도함수는 표본 공간 Ω에 대해 적분할 수 있다고 간주한다(여기서 적분은 르베그 적분을 말한다). 이 확률밀도함수에서 확률측정, $p(\theta \in A)$을 유도할 수 있는데 다음과 같이 정의된다.

$$p(\theta \in A) = \int_{\theta \in A} p(\theta) d\theta$$

확률질량함수와 확률밀도함수 간의 유사성은 전혀 부수적인 것이 아니다. 이 두 개념 모두 확률 측정 이론에 기초한 통일된 수학적 프레임워크 안에서 정의될 수 있다. 하지만 앞서 언급했듯이 이 책의 범위를 벗어나는 내용이다.

표기법에서 우리는 등호와 함께 $p(X = x)$라고 표기하는데, 이는 이산변수 X의 확률질량함수를 표기하기 위함이다. 어떤 내용에서 무작위변수라는 것이 명백하다면 $p(x = x)$를 $p(x)$로 표시할 수 있다. 우리는 확률밀도함수 자체를 함수 $p(X)$라고 표기할 수 있는데, 이는 표본 공간의 특정 요소에 X가 없기 때문이다.

무작위 변수 θ의 특정 확률밀도함수값과 확률밀도함수 그 자체 모두 $p(\theta)$로 표기한다. 실수로 된 무작위 변수를 사용하는 경우, 누적분포함수^{CDF}라는 특별한 함수 분포가 있다. 실수 무작위 변수 θ에서, 누적분포함수는 $F : \mathbb{R} \to [0, 1]$일 때, $F(y) = p(\theta \leq y)$이다. 누적분포함수는 다변항 케이스에 일반화할 수 있는데, $\mathbb{R}^d$ 범위 내의 무작위 변수를 나타내는 θ에 대해서, 누적분포함수 $F : \mathbb{R}^d \to [0, 1]$는 $F(y) = p(\theta_1 \leq y_1,...,\theta_d \leq y_d)$로 정의된다. 누적분포 함수는 통계학 분석에서 주요한 역할을 하지만, 베이즈 자연어 처리에서는 사용성이 크지 않다.

1.2.2 다중랜덤변수의 결합확률분포

동일한 표본 공간에서 여러 개의 랜덤변수를 정의할 수 있다. 예를 들어 단어의 집합과 같은 개별 표본 공간의 경우, 정수 값을 취하는 두 개의 임의 변수 X와 Y를 정의할 수 있다 — 하나는 단어 길이를 측정할 수 있고, 또 다른 하나는 단어의 모음 수를 측정할 수 있다. 이러한 두 개의 랜덤변수를 고려할 때 결합확률분포 $P(X, Y)$는 사건 (A, B)의 쌍을 매핑하는 함수이며, 다음과 같다.

$$p(X \in A, Y \in B) = p\left(X^{-1}(A) \cap Y^{-1}(B)\right)$$

이런 경우 몇몇 집합 $\{\Omega_1,...,\Omega_m\}$을 합쳐서 단일 표본 공간 $\Omega = \Omega_1 \times ... \times \Omega_m$에 나타낼 수 있다. 각 집합 Ω_i는 랜덤변수와 연관이 있다. 이를 바탕으로 이 모든 랜덤변수에 대해 결합 확률분포를 함께 정의할 수 있다. 예를 들어 V가 단어집이며, P는 품사 태그일 때, $\Omega = V \times P$를 보자. X는 품사 Y와 관련 있는 단어라고 표기할 때, 이 표본 공간에서 확률값 $p(x, y)$를 정의할 수 있다. 이런 경우 $x \in V$와 $y \in P$이다.

임의의 결합확률분포에서, 기존 랜덤변수의 부분집합에 정의된 분포를 얻기 위해 일부 랜덤변수를 제외시킬 수 있다(따라서 단지 랜덤변수의 부분집합에 해당될 뿐, 여전히 결합확률분포다). 주변화는 연속 확률변수를 통합하거나, 이산 랜덤변수를 합치는 것이다. 합치거나 통합하는 작업은 결합확률분포에서 랜덤변수를 제거하는 작업이다. 이에 따라, 그 결과는 비주변화 랜덤변수에 따른 결합확률분포라고 말할 수 있다.

위의 간단한 품사 연습 문제를 보면, $p(x) = \sum_{y \in p} p(x, y)$ 또는 $p(y) = \sum_{x \in V} p(x, y)$를 얻을 수 있다. 주변 확률 $p(X)$와 $p(Y)$는 결합확률분포 값 $P(X, Y)$를 결정하지 않는다. 오직 반대 명제만 참이 될 뿐이다. 그러나 X와 Y가 독립변수인 경우 결합확률분포는 주변확률분포에 의해서 결정될 수 있다. 더 자세한 내용은 1.3.2절을 참고하자.

1.3 조건부분포

결합확률분포는 특정 값을 얻기 위해 여러 개의 랜덤변수의 확률에 대한 질문에 대한 답을 제시한다. 조건부분포는 서로 다르지만 관련된 질문에 대한 답을 제시한다. 결합확률분포는 결합확률분포에서 다른 변수들이 특정 값에 제한될 때(또는 엮여 있을 때), 랜덤변수가 가질 수 있는 값을 결정하는 데 도움이 된다.

조건부분포는 동일한 랜덤변수의 집합에 대해서 결합확률분포로부터 구할 수 있다. (연속 또는 이산) 랜덤변수 X와 Y의 쌍이 있다고 가정하자. 만일 표본 공간 X로부터 A라는 사건이 있고, y는 표본 공간 Y의 값이라고 할 때,

$$p(X \in A | Y = y) = \frac{p(X \in A, Y = y)}{p(Y = y)} \tag{1.1}$$

이는 y값을 구하기 위한 Y에 대해 $X \in A$의 확률을 결정하는 조건부분포로 해석된다. 조건부 표시인 "|"는 Y값을 y로 고정하고, 제한된 표본 공간에서 X에 유도된 분포를 구분하기 위함이다. 비공식적으로, 조건부분포는 $Y = y$가 있는 표본 공간의 일부를 취하고, 표본 공간의 해당 부분에만 정의된 확률분포가 되도록 결합분포를 다시 정규화한다.

y를 고정한 채로 X의 공간에서 사건과 확률을 매핑하는 함수를 결합확률분포 식 1.1 이라고 할 때, $p(Y = y)$의 값은 실제로 분자 $p(X \in A, Y = y)$로 결정되는 정규화 상수다.

예를 들어 만약 확률밀도함수의 경우 X가 이산변수일 때,

$$p(Y = y) = \sum_x p(X = x, Y = y)$$

X에 대응되는 $p(Y = y)$가 상숫값이기 때문에, 다음과 같이 표기하기도 한다.

$$p(X \in A | Y = y) \propto p(X \in A, Y = y)$$

Y에 대해서 조건부분포 X는 결합확률분포에 비례한다고 나타내며, 이 결합확률분포의 정규화는 조건부분포를 얻기 위해 필요하다.

가장 일반적인 형태에서, 조건부분포(식 1.1)는 바("|") 양쪽의 단일 랜덤변수를 포함한다. 바의 각 변에 대한 두 개의 랜덤변수는 서로 겹치는 부분이 있을 필요가 없다. 또한 조건부 랜덤변수를 단일 값 하나로 고정할 필요가 없다. 어떤 사건이든 고정될 수 있다. 이 모두는 다음과 같은 조건부분포의 일반적인 형태로 이어진다. $X_1,...,X_n$을 랜덤변수의 집합이라고 하자. $I = \{a_1,...,a_n\}$, $J = \{b_1,...,b_n\}$를 $\{1,...,n\}$의 부분집합이라고 하자. 또한 $i \in I$인 A_i가 표본 공간 X_{ai}의 사건이고 $j \in J$인 B_j가 표본 공간 X_{bi}라고 하자. 이를 바탕으로 다음과 같은 조건부분포를 정의할 수 있다.

$$p\left(X_{a_1} \in A_1, \ldots, X_{a_m} \in A_m | X_{b_1} \in B_1, \ldots, X_{b_\ell} \in B_\ell\right) = \frac{p\left(X_{a_1} \in A_1, \ldots, X_{a_m} \in A_m, X_{b_1} \in B_1, \ldots, X_{b_\ell} \in B_\ell\right)}{p\left(X_{b_1} \in B_1, \ldots, X_{b_\ell} \in B_\ell\right)}$$

연쇄 법칙 "연쇄 법칙"은 조건부 확률분포의 정의의 직접적인 결과이다. 따라서 이는 결합확률분포를 조건부 확률분포의 연속적 곱으로 나타낼 수 있게 한다. 가장 간단한 형태의 연쇄 법칙은 어떤 두 랜덤변수 X와 Y에서, $p(X, Y) = p(X)p(Y|X)$이다(여기서 $p(Y|X)$는 이미 항상 정의돼 있다). 더 일반적인 경우로는 일련의 랜덤변수 $X^{(1)},...,X^{(n)}$에 대해서 결합확률분포를 분해할 수 있으며, 다음과 같다.

$$p\left(X^{(1)}, \ldots, X^{(n)}\right) = p\left(X^{(1)}\right) \prod_{i=2}^{n} p\left(X^{(i)} | X^{(1)}, \ldots, X^{(i-1)}\right)$$

연쇄 법칙을 사용하면 랜덤변수의 부분집합을 단일 단위로 간주할 수 있다. 따라서 예를 들면 어느 3개의 랜덤변수 $X^{(1)}$, $X^{(2)}$, $X^{(3)}$에 대해서 다음과 같은 경우가 참이 된다.

$$p\left(X^{(1)}, X^{(2)}, X^{(3)}\right) = p\left(X^{(1)}\right) p\left(X^{(2)}, X^{(3)} | X^{(1)}\right)$$

또는

$$p\left(X^{(1)}, X^{(2)}, X^{(3)}\right) = p\left(X^{(1)}, X^{(2)}\right) p\left(X^{(3)} | X^{(1)}, X^{(2)}\right)$$

1.3.1 베이즈 정리

베이즈 정리는 한 쌍의 랜덤변수 $p(X|Y)$와 $p(Y|X)$에 대한 두 조건 분포 사이의 관계를 설명하는 확률의 기본 결과물이다(이 랜덤변수는 연속적일 수 있다). 좀 더 구체적으로, 베이즈 정리는 그러한 임의의 변수의 쌍에 대해 다음과 같은 항등식을 설명할 수 있다.

$$p(Y = y | X = x) = \frac{p(X = x | Y = y) p(Y = y)}{p(X = x)} \tag{1.2}$$

이 결과는 조건부 확률 $p(X \in A | Y \in B)$을 가진 어떤 두 사건 A와 B에도 일반적으로 적용된다.

베이즈 정리의 주요 이점은 두 랜덤변수 사이의 조건관계를 뒤집을 수 있다는 것이다. 그리하여 만일 하나 변수를 알고 있다면 주변확률분포 $p(X = x)$와 $p(Y = y)$를 알고 있다고 가정할 때, 다른 변수에 대한 계산도 가능하다.

베이즈 정리는 여러 가지 방법으로 증명할 수 있다. 한 가지 간단한 방법은 바로 단순히 연쇄 법칙을 두 번 사용하는 것이다. 좀 더 구체적으로 X를 먼저 분리하거나 Y를 먼저 분리함으로써 연쇄 법칙을 사용하면 결합확률분포 값이 다음과 같이 다시 쓸 수 있음을 알 수 있다.

$$p(X = x, Y = y)$$
$$= p(X = x)p(Y = y|X = x)$$
$$= p(Y = y)p(X = x|Y = y)$$

위의 마지막 등식 $p(X=x)p(Y=y|X=x) = p(Y=y)p(X=x|Y=y)$을 식 1.2에서 설명된 바와 같이 베이즈 정리의 결과를 $p(X=x)$로 양변을 나눈다.

베이즈 정리는 데이터로부터 추론과 학습을 위한 베이트 통계의 주요 기둥이다. 베이즈 정리는 관측(데이터)과 예측하고자 하는 랜덤변수 사이의 관계를 도치시킬 수 있다. 이것은 그러한 관측 데이터로부터 표적 예측을 추론할 수 있도록 한다. 더 자세한 설명은 1.5절에 나와 있으며, 해당 절은 통계 모델링에 대해서 다룰 것이다.

1.3.2 독립 그리고 조건부 독립 랜덤변수

한 쌍의 랜덤변수 (X, Y)는 만약 어떤 사건 A와 B에 대해서

$$p(X \in A|Y \in B) = p(X \in A)$$

또는 $p(Y \in B|X \in A) = p(X \in A)$일 때, 독립이라고 말할 수 있다(이 두 가지 정의는 정확하며 확률이 0인 사건에 대해 잘못 조건화되는 것을 방지하기 위한 매우 마일드한 조건과 동일하다).

연쇄 법칙으로 사용하면, 위의 두 가지 정의는 모든 A와 B에 대해서 $p(X \in A, Y \in B) = p(X \in A)p(Y \in B)$의 요구 조건과 동일하다.

랜덤변수 간의 독립성은 랜덤변수 간의 정보를 제공하지 않는다는 점을 의미한다. 이는 X의 값을 알고 있다는 것이 Y의 어떤 값을 추론하는 데 도움이 되지 않는다는 것을 의미한다. 다시 말해, Y의 확률값은 변하지 않는다(또는 Y 역시 X에 대해서 아무런 정보도 주지 않는다). 독립은 확률과 통계에서 중요한 개념이지만 이 책에서 우리는 "조건적 독립"이라고 부르는 좀 더 세련된 독립 개념을 더 자주 사용할 것이다. 이 절의 시작에 기술된 독립의 개념 자체를 일반화한 것이다. 만일 어떤 A, B 그리고 z에 대해서 $p(X \in A|Y \in B, Z = z) = p(X \in A|Z = z)$가 성립할 때, 한 쌍의 랜덤변수 (X, Y)는 세 번째 랜덤변수 Z에 대해서 조건부 독립이다.

(세 번째가 주어졌을 때) 두 랜덤변수 사이의 조건부 독립성은 세 번째 변수의 값을 알 수 있는 경우, 두 변수가 서로에 대한 정보를 제공하지 않는다는 것을 의미한다.[3]

조건부 독립(또는 독립)은 다수의 랜덤변수들로 일반화될 수 있다. 만일 어떤 $X_1,...,X_n$과 $Z_1,...,Z_m$에 대해서 다음의 식이 적용될 때, 랜덤변수의 집합 $X_1,...,X_n$이 주어진 다른 랜덤변수 집합 $Z_1,...,Z_m$과 상호 조건부 독립이라고 할 수 있다.

$$p(X_1 \in A_1,\ldots,X_n \in A_n | Z_1 = z_1,\ldots,Z_m = z_m) = \prod_{i=1}^{n} p(X_i \in A_i | Z_1 = z_1,\ldots,Z_m = z_m)$$

이러한 유형의 독립은 단지 랜덤변수의 쌍만 독립을 위해 요구되는 랜덤변수의 집합의 짝으로 독립보다 약하다(연습 문제를 참고하자).

1.3.3 교환 가능한 랜덤변수

랜덤변수 사이에 존재할 수 있는 또 다른 유형은 교환 가능성이다. Ω에 대해 랜덤변수의 순서 $X_1, X_2,...$는 교환 가능하다. 어떤 유한한 부분집합에서도, 이 유한한 부분집합에서 랜덤변수를 바꿔 넣는다 해도 결합확률분포를 변화시키지 않는다. 좀 더 형식적으로, $a_i \geq 1$이 정수일 때, 어떤 $S = \{a_1,...,a_m\}$과 $\{1,...,m\}$에 대한 어떤 순열 π는 다음을 만족한다.[4]

$$p(x_{a_1},\ldots,x_{a_m}) = p(x_{a_{\pi(1)}},\ldots,x_{a_{\pi(m)}})$$

De Finetti(Finetti, 1980) 이론에 따르면 교환 가능성은 다음과 같은 의미에서 "조건적으로 독립적이고 동일한 분포"라는 의미로 생각할 수 있다. De Finetti는 만일 랜덤변수 $X_1, X_2,...$이 교환 가능하다면, 몇몇 정규화 조건 아래, 표본 공간 Θ와, 이 표본 공간 Θ에 대한 분포 $p(\theta)$가 존재하는데, 이는 $\{a_1,...,a_m\}$의 어떤 정수 m에 대해서

$$p(X_{a_1},\ldots,X_{a_m}) = \int_\theta \prod_{i=1}^{m} p(X_{a_i}|\theta)p(\theta)d\theta$$

---

3 조건부 독립은 독립성에서 일반적으로 알려진 개념이라는 것을 보여주고자 할 때 Z는 상수로 두고 생각한다.

4 순열 $S = \{1,...,n\}$는 두 집합 사이를 중복 없이 모두 일대일 대응시키는 전단사 함수이다. $\pi : S \to S$

이다. 이러한 해석은 교환 가능한 랜덤변수는 (잠재적 무한한) 혼합분포라고 할 수 있다. 이러한 이론은 "표현 정리"라고 부른다.

빈도주의적 접근법은 데이터가 생성된 고정 매개변수 집합의 존재를 가정하지만, 베이즈 접근법은 데이터를 생성한 매개변수 집합에 대해 일부 사전분포가 있다고 가정한다(이 부분은 책 후반부로 갈수록 이해가 될 것이다). De Finetti의 이론에서 베이즈 접근법과 빈도주의적 접근법 사이의 또 다른 연결 관계를 볼 수 있다. 빈도주의적 접근법에서 표준 "독립 동일 분포" 가정은 데이터가 샘플로 뽑힌 미지의 (그러나 단일) 매개변수에 대한 $p(\theta)$가 점-질량 분포인 교환 가능성이다. 이는 관측 데이터가 무조건 독립적이며 동일한 분포를 이룬다고 한다. 그러나 베이즈 접근법에서 관측 데이터는 상호 관계가 있다. $p(\theta)$는 점-질량분포가 아니기 때문이다. 사전분포가 $p(\theta)$의 역할을 한다. 이 유사성에 대한 좀 더 자세한 설명은 O'Neilly(2009)를 참고하자.

빈도주의적 접근법에서 사용되는 교환 가능성 가정은 독립 동일 분포보다 약하며, 베이즈 접근법에서 봤을 때 독립 동일 분포에서 중요한 개념적 결함을 수정한다. 독립 동일 분포에서 관측된 랜덤변수는 서로 독립적이며 매개변수가 고정돼 있을 때 서로에게 정보를 제공해주지 않는다. $N-1$번째 관측 데이터에 의존하는 n번째 데이터 (X_n)의 확률은 $n-1$번째 관측과 관계없이 n번째 관측 데이터의 주변분포와 동일하다. 반면에 교환 가능성 가정은 다른 관측 데이터 간의 상관관계를 이야기하며, 확률분포 $p(X_n|X_1,...,X_{n-1})$은 단지 $p(X_n)$은 아니다.

교환 가능성은 베이즈 자연어 처리에서 몇몇 부분에 등장한다. 예를 들어 2장 LDA 모델에서, 각 문서의 단어들은 교환 가능하며, 이는 주제 분포에 대해서 조건적으로 독립하다는 것을 의미한다. 7장의 중국집 프로세스^{Chinese Restaurant Process} 또한 교환 가능성 모델이며, 이는 사후분포를 유도할 수 있게끔 한다.

1.4 랜덤변수 기댓값

표본 공간을 실제 값에 매핑하는 함수로서 랜덤변수의 나이브한 정의를 다시 고려한다면, 이러한 랜덤변수를 요약할 수 있는 다양한 방법을 고려하는 것은 매우 유용할 것이다. 랜덤변수 요약을 하는 한 가지 방법은 기댓값을 계산하는 것인데, 이는 기초확률 모델의 가중 평균값이다.

먼저 밀도함수에 대한 연속 랜덤변수의 기댓값을 고려하는 것이 가장 쉽다. $p(\theta)$는 랜덤변수 θ에 대한 분포로 정의할 때 θ의 기댓값은 $E[\theta]$라고 쓰고,

$$E[\theta] = \int_\theta p(\theta)\theta d\theta$$

로 정의된다.

이 책에서 다뤄지는 이산랜덤변수에서, 이런 랜덤변수들에 대한 함수의 기댓값을 종종 고려하기도 한다. 1.2절에서 언급했듯이, 이산랜덤변수는 종종 숫자가 아닌 집합에 포함된다. 이러한 경우, 랜덤변수가 수용하는 값에 대해서 "평균값"이 존재하지 않는다. 대신 이러한 랜덤변수에 대한 실수함수의 평균값을 구할 것이다.

f가 해당 함수일 때, 기댓값 $E[f(X)]$는 다음과 같이 정의된다.

$$E[f(X)] = \sum_x p(x)f(x)$$

이 책에 사용되는 언어적 구조에는, 종종 특정 속성이 어떠한 구조에서 유지되는지 여부를 나타내는 함수 f를 사용할 것이다. 예를 들어 표본 공간 X는 문장의 집합들이라면, $f(X)$는 "봄"이라는 단어가 문장 x에 나오는지에 대한 것을 가리키는 함수다. 만일 "봄"이 x에 있다면 $f(x) = 1$, 없다면 0이다. 이런 경우 $f(X)$는 베르누이 랜덤변수다. 어떤 특정 확률 θ가 1이 되거나 $1 - \theta$가 0이 되는 이진랜덤변수이다. 기댓값 $E[f(X)]$는 이런 랜덤변수가 1이 되는 확률값이다. 다시 말해 $f(X)$는 문장 x에서 "봄"이라는 단어가 몇 번 출현했는지 세는 것이다.

이런 경우 문장 x에서 특정 단어가 "봄"인지 아닌지를 나타내는 베르누이 변수를 합한 것이다.

기댓값은 선형으로 연산한다. 만일 θ_1과 θ_2가 랜덤변수이고 a, b, c가 실수일 때 다음과 같은 식이 성립한다.

$$E[a\theta_1 + b\theta_2 + c] = aE[\theta_1] + bE[\theta_2] + c \tag{1.3}$$

식 1.3은 랜덤변수가 독립적이지 않더라도 유지된다. 이러한 랜덤변수가 선형 식에서 혼합된 경우에도 연속변수와 이산변수에 대한 기댓값은 여전히 선형이다.

조건확률분포에서 조건부 기댓값을 정의할 수 있다. 예를 들어 $E[f(X)|Y=y]$는 조건확률분포 $p(X|Y=y)$에 대한 $f(X)$의 기댓값이다. 함수 $g(y)=E[f(X)|Y=y]$는 랜덤변수로 생각된다. 이런 경우 $E[g(Y)]=E[E[f(X)|Y]]=E[f(X)]$로 나타낼 수 있다 (이는 Fubini의 이론(Ash and Doleans-Dade, 2000)의 직접적인 결과다). 이 이론을 통해서 어떠한 조건에서 몇 가지 랜덤변수에 대한 통합이나 합계가 동일한 결과를 가져온다고 말할 수 있다.

어떤 내용에서 결정하기 어려울 때, 기댓값을 계산하는 데 사용되는 기본 분포에 대한 첨자를 표시하는 것이 일반적이다. 예를 들어 $E_q[f(X)]$는 분포 q에 대해 $f(X)$의 기댓값이라는 것을 뜻한다.

$$E_q[f(X)] = \sum_x q(x)f(x)$$

다양한 적용 방법에서 중요하게 여겨지거나 랜덤변수를 요약할 때, 실수 랜덤변수에 대한 여러 종류의 기댓값이 있다. 이런 종류의 기댓값 중 하나는 "모멘트"이다. 점 c에 대해 랜덤변수 X의 N차원 모멘트는 $E[(X-c)^n]$로 정의된다. $N=1$이고 $c=0$일 때, 랜덤변수의 평균을 구할 수 있다. $c=E[X]$이고 $n=2$일 때, 랜덤변수의 분산을 구할 수 있으며 $E[X^2]-(E[X]^2)$와 같다.

모멘트는 몇 가지 랜덤변수로 일반화할 수 있다. 가장 많이 사용되는 일반화는 공분산이다.

두 랜덤변수 X와 Y에 대한 공분산은 $E[XY]-E[X]E[Y]$이다. 만일 $Y=X$라면, 공분산은 X의 분산으로 쓸 수 있다. 만일 두 랜덤변수가 독립적이라면, 이들의 공분산은 0과 같다. 하지만 역은 꼭 참일 필요는 없다. 공분산은 여전히 0이지만, 두 랜덤변수는 의존적일 수 있다. 이런 경우 랜덤변수는 단지 상관관계가 없을 뿐이지 독립적이지 않다는 것이다.

모멘트들이 때때로 확률분포를 따로 정의하기도 한다. 예를 들어 동전 던지기 분포 (이를 베르누이분포라고 한다)는 첫 번째 모멘트에 의해 정의되는데, 동전 던지기의 확률은

1이라는 결과를 준다. 가우스분포는 첫 번째와 두 번째 모멘트(다시 말해 평균과 분산)에 의해 정의된다.

1.5 모델

통계 모델링에 가장 주요한 목적은 데이터를 분석해 예측하거나, 수학 용어로 모델링이라고 부르는 것을 통해 랜덤성을 나타내는 "본성"에서 프로세스의 특성을 이해하는 것을 도와주는 것이다. 통계 모델을 정의하는 한 가지 방법은 랜덤변수 집합에 대해 확률분포 함수의 집합으로 표현하는 것이다. 통계 모델은 또한 확률분포에 대한 지표로도 설명할 수 있다. 이런 경우 통계 모델 $\mathcal{M}$은 집합인데, 집합의 각 원소들은 특정 확률분포를 나타낸다.

예를 들어 0 또는 1의 값(베르누이 변수 또는 "동전 던지기" 변수)을 가지는 랜덤변수 X에 대한 확률분포를 정의하기 위한 부분 $[0, 1]$을 L이라고 하자. L에 속한 θ는 0 또는 1 사이의 값이다. 이 θ와 연관된 분포는 $p(X|\theta)$라고 쓰여진다. 이는 다시 말해 $p(X = 0|\theta)$ 그리고 $p(X = 1|\theta) = 1 - \theta$이다. 이런 분포의 집합 $\mathcal{M}$은 아래 1.5.1절에서 설명할 모수적 모델의 예시다.

"모델"이라는 용어는 특히 구어체에서 $p \in \mathcal{M}$(예를 들어 "예측된 모델", 다시 말해 데이터를 통해 정의된 모델 집합의 특정 요소다) 또는 특정한 것이 아닌 $p \in \mathcal{M}$ 또는 $\mathcal{M}$의 모든 분포들의 집합이라고 할 수 있다. 이 책에서는 이 규범을 따르고, 모든 경우에서 "모델"이라는 단어를 사용하는데, 여기서 그 단어가 무엇을 가리키는지 문맥상에서 명확하다.

모델은 가우스분포, 베르누이분포 또는 다항분포와 같이 잘 연구된 분포들로 이뤄져 있다. 이러한 조건 분포들이 잘 알려진 분포이기에, 조건분포의 곱으로 결합확률분포를 쓰는 방법이 있음을 의미한다. 이것은 특히 생성 모델에 해당된다(15.3절). NLP에서 사용되는 중요한 분포에 대해 먼저 설명하고, 또한 부록 B에서 특히 일반적인 것들을 다루게 된다.

1.5.1 모수 대 비모수 모델

모수적 모델은 모두 동일한 구조를 갖는 분포들의 집합을 나타내는 모델들의 모음 $\mathcal{M}$ 이다. 예를 들어 통계 모델 $\mathcal{M}$은 모수적이라고 부르는데, 만일 $\mathcal{M}$의 모든 요소들, 확률분포 $p \in \mathcal{M}$은 어떤 공간 Θ에 대해 유한한 매개변수 θ의 집합이라고 나타낸다. 종종 Θ는 d를 고정한 채로, $\mathbb{R}^d$의 부분집합이다. 이러한 예시는 일반적인 NLP 또는 이 책에 나오는 대표적인 모수적 모델이다.

  모수적 모델은 모델의 각 분포가 다른 구조를 갖는 비모수적 모델의 정반대다. 베이즈 NLP에서 사용되는 가장 일반적인 비모수적 모델은 모델의 크기가 추론할 때 사용되는 데이터 수가 증가할 때 함께 증가하게 된다. 비모수적 모델은 자연어 처리 데이터에 최적이다. 더 많은 언어가 발견될수록 통사적으로 혹은 형태학적으로 또는 어휘적으로 언어의 더 많은 부분들을 포함하길 기대하기 때문이다. 그리하여 우리는 이러한 모든 부분들을 포함하기 위해 더 큰 사이즈의 모델이 필요하게 되는 것이다. NLP 에서 베이즈 비모수적 모델은 7장에서 다뤄질 것이다.

  통계 모델링에서 중요한 개념은 가능도 함수다. 가능도 함수는 매개변수에 대한 함수인데, 관측된 데이터에 대한 전체 확률을 보여준다(1.6절을 참고하자). 예를 들어 우리가 각각 0 또는 1이 되는 n번의 동전 던지기, $x^{(1)},\ldots,x^{(n)}$를 할 때, 모델 모임은 θ로 정의된 베르누이분포의 집합이라고 할 수 있다면 가능도 함수는 다음과 같다.

$$L\left(\theta|x^{(1)},\ldots,x^{(n)}\right) = \prod_{i=1}^{n} p\left(x^{(i)}|\theta\right) = \prod_{i=1}^{n} \theta^{x^{(i)}}(1-\theta)^{1-x^{(i)}}$$

$$= \theta^{\sum_{i=1}^{n} x^{(i)}}(1-\theta)^{n-\sum_{i=1}^{n} x^{(i)}}$$

  로그 가능도 함수는 가능도 함수의 로그값이다. 위의 예시는 다음과 같이 표현할 수 있다. $\log L(\theta|x^{(1)},\ldots,x^{(n)}) = \left(\sum_{i=1}^{n} x^{(i)}\right) \log + \left(n - \sum_{i=1}^{n} x^{(i)}\right) \log(1-\theta)$.

1.5.2 모델로부터 추론

앞서 언급했듯이 통계 모델링의 목표 중 하나는 예측을 하기 위해 모델을 사용하는 것이다. 베이즈 개념이 도입되기 전 빈도주의적 통계 패러다임은 자연어 처리에서 거의 전적으로 사용되고 있었다. 베이즈 패러다임과 빈도주의적 패러다임 사이에 철학적으로 깊은 뿌리를 갖고 있지만, 자연어 처리의 실용적인 관점에서 모델은 전부 추정된다는 것이다. 즉, "학습(훈련)" 데이터의 도움을 받아, 모델 가족^{family}의 단일 멤버로 인식된다. 일단 이러한 추정이 완료되면 추정된 모델에 따라 보이지 않는 인스턴스들에 대한 복호화를 진행할 수 있으며, 이를 예측하는 것이라 한다.

이런 추정 단계는 종종 모델 가족에서 훈련 데이터에 대한 임의 모델의 적합성을 측정하는 통계적으로 동기화된 목적함수를 최적화함으로 이뤄진다. 그러한 목적함수 중 하나는 로그 가능도 함수다. 4.2.1절을 참고하자. 빈도주의적 패러다임은 데이터의 양이 증가함에 따라 우리의 추정 프로세스에 어떤 일이 일어나는지 논의하는 수학적 프레임워크를 개발함으로써 스스로 정당성을 만들게 된다. 이는 충분한 양의 데이터를 이용할 때, 추정 모델이 "진실"에 가까울 것이라는 것을 증명하거나, 최소한 우리의 추정 모델이 이런저런 기준에 따라 "최적의 선택"이 될 것이라는 것을 보여주는 것이다 (이런 기준의 예시로 최대 가능도 기준이 있다).

예를 들어 통계적 일관성을 이러한 체계에서 개발된 하나의 개념이다. 일정한 규칙성 조건하에서와 모델 가족 중 하나의 모델("참" 모델)에서 데이터가 생성된다는 가정하에, 로그 가능도 목적함수를 최적화하는 추정 모델은 추정에서 더 많은 데이터를 포함함에 따라 그 실제 모델과 더 가까워진다는 것을 알 수 있다.⁵

베이즈 추정은 빈도주의적 추정의 패러다임과 극명한 대조를 이루며, 개념적으로 통계 추정을 할 때 좀 더 깔끔하고 더 나은 방법을 보여주게 된다. 랜덤변수 X에 대해 $\mathcal{M}$이 어떤 분포들의 집합을 나타낸다고 가정하자. 각 $\theta \in \mathcal{M}$ 모델 가족 $p(X|\theta)$로부터 나온 확률분포를 나타낸다. 이런 핵심 속에서 베이즈 추정의 가장 기술적인 아이디어는 간단하고 다음과 같은 3가지 단계를 따르게 된다.

- 이전의 지식 또는 다른 수단을 사용해 $\mathcal{M}$의 원소들에 대한 확률분포를 정의한다. 이는 예측에 따라 데이터를 생성하는 특정 모델을 선택하는 것이 얼마나

---

5   규칙성 조건으로 모델을 식별할 수 있어야 한다. 파라미터 공간은 크지 않아야 한다. 로그우도의 연속성과 파라미터에 의존하지 않는 적분 가능한 함수를 갖는 데이터에 대한 로그우도 함수에 대한 경계 등이 있다. 좀 더 자세한 내용은 Casella and Berger(2002)를 참고하자.

가능성이 높은지를 사전분포에 알려주는 확률분포 $p(\theta)$를 정의하는 것을 의미한다.

- Ω가 X의 표본 공간이라고 할 때, 표본 공간 $\Omega' = \mathcal{M} \times \Omega$에 대해 이런 사전분포 정보를 사용하는 결합분포를 정의한다. 결합분포는 다음과 같다.

$$p(\theta, X) = p(\theta)p(X|\theta)$$

- 랜덤변수 X에 대해 관측된 데이터 x가 주어졌을 때, 베이즈 정리를 사용해 $\mathcal{M}$에 대해 확률분포를 구하게 되는데, 이를 사후분포라고 한다.

$$p(\theta|x) = \frac{p(\theta)p(x|\theta)}{\int_{\theta'} p(\theta')p(x|\theta')d\theta'} \tag{1.4}$$

x가 특정 값을 따르기 때문에 우변의 모든 항은 이미 알 수 있고, 그러므로 수학적 관점에서 봤을 때, 사후확률분포 $p(\theta|x)$도 역시 알아낼 수 있다.

위의 단계에서 우리의 목표는 매개변수 집합에 대한 분포를 추정하는 것인데, 이는 기본적으로 사전 정보와 관측된 데이터를 통해 매개변수에 대해 얻은 정보를 통합하는 것이다. (빈도주의적 접근법에서와 같이) $\mathcal{M}$에서 단일 분포를 판별하는 대신 이제 $\mathcal{M}$에 대한 전체 분포를 갖게 된다. 베이즈 환경에서 이러한 추정 아이디어에는 많은 변형들이 있으며, 이 책의 주요한 목표는 이러한 변형 중 상당 부분을 다루는 것이다. 이러한 변형은 베이즈 자연어 처리 논문을 이해하는 데 필요하다. 더불어 위의 단계들은 베이즈 추정을 위한 수학적 공식들을 제공한다. 실제로는 식 1.4에 베이즈 규칙을 적용하는 것은 더 세심하게 이뤄져야만 한다. 2장에서는 간단한 모델에 대해서 베이즈 추정이 어떻게 이뤄지는지 더 자세히 다룰 것이며, 책의 나머지 부분은 더 세심하게 많은 주의가 필요한 경우에 초점을 맞춘다.

1.5.3 생성 모델

생성 모델은 3가지 종류의 랜덤변수에 대한 결합확률분포를 설명하기 위한 통계 모델이다.

- 데이터를 갖고 있는 랜덤변수 즉, "관측된" 랜덤변수(주로 "입력 공간"이라고 부른다)
- 통계 모델에서 특정 역할을 하는 랜덤변수인 "잠재" 랜덤변수. 예를 들어 관측 데이터의 차원수를 줄이지만, 한 번도 관측되지 않은 변수(베이즈 환경에서 이들은 대개 최소한의 모델 파라미터들이다)
- 예측 목표를 나타내는 랜덤변수인 "예측" 랜덤변수

결합확률분포에서 랜덤변수에 대한 분류는 결코 상호 배타적이지 않다(관측 랜덤변수는 결코 잠재변수가 아니다). 예를 들어 비지도학습에서 예측 랜덤변수는 잠재변수가 될 수 있다(1.6절을 참고하자).

이러한 분류의 예시로 특정 언어의 고정된 문장 집합에 근거해 예측하는 시퀀스 모델의 품사 태깅이 있다. 관측된 데이터는 해당 언어의 문장인 반면, 예측된 문장 구조는 품사 태그이며 이 경우 또한 잠재변수이다. 베이즈 환경에서 모델의 파라미터들은 전부 잠재변수로 간주될 수 있다. 만일 정확한 품사 태그를 가진 문장들의 예시에서 품사 태그 모델을 학습하고자 한다면, 관측된 데이터는 정확한 품사 태그를 가진 문장이며, 파라미터는 전부 잠재변수로 간주된다. 1.5.3절에서 잠재변수에 대해 더 자세히 다루도록 한다.

생성 모델은 판별 모델과 대조를 이루는데, 이는 기본 통계 모델이 입력 공간에서 확률분포를 정의하지 않기 때문이다. 대신 모델은 조건부이며, 입력 공간에서 주어진 요소에 따라 예측된 구조의 확률값을 모델링하게 된다.[6]

생성 모델이 설명하는 결합확률분포는 분포의 다양한 랜덤변수들 사이의 독립성을 수반하는 경우가 많다. 이는 랜덤변수에 대해 특정 순서를 갖는 결합확률분포에 연쇄 법칙이 적용될 수 있음을 의미하며, 결합확률분포를 랜덤변수의 조건 분포 또는 작은 범위의 랜덤변수에 대한 랜덤변수의 집합을 나타내는 요인들의 곱의 형태로 더 간결하게 나타낼 수 있게끔 한다.

---

6 모든 생성 모델은 특정 입력 인스턴스를 조건화해 판별 모델로 변환될 수 있다. 판별 모델에서 생성 모델로 역변환은 입력 공간에 대한 확률분포를 나타내는 과소 지정된 요인 없이는 불가능하다.

Constants: K, number of mixture components ; n, number of examples
Parameters: $\theta \in \mathbb{R}^K$, $\theta_i \geq 0$, $\sum_{i=1}^{K} \theta_i = 1$, $\theta_i \in \mathbb{R}^d$, $\Sigma_i \in \mathbb{R}^{d \times d}$, $i \in \{1,...,K\}$
Latent variables: Z_j for $j \in \{1,...,n\}$
Observed variables: X_j for $j \in \{1,...,n\}$

- For $j \in \{1,...,n\}$
  - Generate $z_i \in \{1,...,K\}$ from Multinomial(θ)
  - Generate x_j from Normal$(\mu_{z_j}, \Sigma_{z_j})$

생성 이야기 1.1 가우스 혼합 모델에 대한 생성 이야기

흔히 위에서 설명한 요인들로 결합확률분포 자체를 설명하는 것은 혼란스러울 수 있으며, 충분히 상세한 설명이 되지 않을 수 있다. 그래프 모델(1.5.4절)과 같은 표현은 더 제한적일 수 있으며, 더 잘 드러나지 않을 수 있다. 이는 모델 내에 독립에 대한 가정을 갖고 대부분 설명하기 때문이다.

이러한 경우, 이 책에서는 각 변수가 모델에서 어떻게 생성되는지 과정을 순서대로 설명하는 언어 생성 이야기에 대한 내용을 다루게 된다. 예를 들어 생성 이야기 1.1은 가우스 혼합 모델에 대한 내용이다.

첫 번째와 세 번째 줄에는 잘 알려진 확률분포와 더불어 간단한 통계 모델이 숨겨져 있다. 첫 번째 줄에서 확률분포 $p(Z_j|\theta)$를 가정한다. 두 번째 줄에서 가우스 확률분포인 $p(X_j|\mu_{z_j}, \Sigma_{z_j})$를 가정한다. 이 둘을 합쳐서 1~3번째 줄까지 반복 적용하면 다음과 같은 결합 확률분포를 얻을 수 있다.

$$p(X_1, \ldots, X_n, Z_1, \ldots, Z_n | \theta, \mu_1, \ldots, \mu_K, \Sigma_1, \ldots, \Sigma_K) =$$
$$\prod_{j=1}^{n} p(X_j, Z_j | \theta, \mu_1, \ldots, \mu_K, \Sigma_1, \ldots, \Sigma_K)$$

이 책의 생성 이야기 박스는 모델에 존재하는 변수, 상수 및 파라미터에 대한 일부 정보를 담고 있다. 이는 생성 이야기의 시그니처로 생각된다. 이 시그니처는 위의 경우에서, 데이터에서 어떤 변수들이 관측됐는지 가정하고, 잠재변수인지 말해준다. 분

명히 말하지만 이것은 결합 확률분포의 속성은 아니다. 다만 맥락과 통계 모델에서 결합 확률분포를 사용하는 것에 더 의존하게 된다.

앞에서 언급한 바와 같이 생성 이야기는 모델의 파라미터들에 대한 결합 확률분포를 나타내는데, 이런 결합 확률분포는 몇 가지 요소들의 곱이다. 이는 1.3절의 연쇄 법칙과 관계가 있다. 생성 이야기는 랜덤변수의 순서를 고를 수 있도록 하고, 연쇄 법칙은 이러한 순서들을 이용해 결합 확률분포를 나타내는 데 적용된다. 각 요소들은 이론적으로 이전에 생성된 모든 가능한 랜덤변수들에 대해 조건화할 수 있지만, 모델의 독립성 가정은 이러한 변수 중 일부를 조건화할 필요가 없게 만든다.

생성 모델의 잠재변수

잠재변수는 데이터로부터 추론할 때 관측되지 않는다고 가정한 모델 내 랜덤변수이다(1.5.3절을 참고하자). 이에 따라 잠재변수는 일반적으로 다음과 같은 3가지 랜덤변수의 종류와 같다.

- 관측된 랜덤변수와 목표 예측 간에 증가, 세분화 또는 연계되는 랜덤변수
- 학습 도중 관측되지 않기 때문에(예를 들어 비지도학습), 목표 예측을 나타내는 랜덤변수
- 베이즈 환경에서 생성 모델의 파라미터를 나타내는 랜덤변수

1.5.4 모델의 독립 가정

모델링하고자 하는 상황, 현상을 감안해 생성 모델을 실제로 구성하는 방법은 무엇이 있을까? 먼저 어떤 랜덤변수가 모델을 구성하는지 결정해야 한다. 분명히 관측된 데이터는 랜덤변수와 연관돼야 하며, 예측 값 역시 그러하다. 관측된 값과 예측 값 사이에 숨겨진 요소들이 있다면, 원하는 대로 잠재변수를 추가할 수 있다.

종종 다음 단계는 조건부 독립성과 관련해 랜덤변수들이 서로 어떻게 관련되는지 정확히 결정하는 것이다. 이때, 아직 다양한 랜덤변수에 어떠한 확률분포를 할당하지 않고, 단지 랜덤변수 사이의 정보 흐름에 대한 가설을 세우고 있을 뿐이다. 이러한 독립적 가정은 다양하게 균형을 맞출 필요가 있다. 한편으로 그들의 관계가 약할수록(즉, 의

존도가 높을수록), 모델 패밀리는 더 많은 분포를 포함한다. 반면 만약 그들이 너무 많은 것을 표현하고 있다면, 우리는 적은 양의 데이터로 과적합되거나 계산량이 많은 비싼 추론 문제를 직면할 수 있다.

자연어 처리의 다양한 모델을 보면, 이를 위해 만들어진 독립 가정은 다소 강하다는 것을 알 수 있다. 일반적으로 주어진 랜덤변수가 소수의 다른 랜덤변수에 따라 달라지는 경우가 많다. 그런 의미에서 이 모델은 결합 확률분포에 "지역적 요인"을 갖고 있다.

예를 들어 문맥 자유 문법(8장 참조)은 어떠한 편미분에서도 현재 상태의 편미분에만 의존하는 독립가정을 한다. 마찬가지로, 은닉 마르코프 모델^{HMM}에서 이들을 서로 연결하는 정체성을 고려할 때 "미래 관찰"과 "과거 관찰"이 조건적으로 독립적이라는 가정을 한다. 이러한 강력한 가정은 더 차원의 **HMM**을 사용함으로써 완화되는 경우가 많다(마지막 두 개 또는 그 이상의 이전 상태뿐만 아니라 직전 상태에 따라 다음 상태로 전환).

모델의 독립 가정이 결정되면(이 요소들로 결합 확률분포를 사용하거나, 또는 어쩌면 베이즈 네트워크와의 그래픽 표현을 통해), 우리는 각 요인에 대한 정확한 분포, 즉 결합 확률분포의 조건적 분포를 계속 설명할 수 있다. 바로 이 부분에서 잘 알려진 확률분포 예를 들어 가우스분포, 다항분포, 로그 선형모델 등이 일반적으로 사용된다. 이러한 조건 분포의 파라미터는 조건화된 모든 랜덤변수에 따라 달라진다. 예를 들어 생성 이야기 1.1에서 x_j에 대한 분포함수는 이전에 z_j에 대해 유도된 값에 따라 달라진다.

1.5.5 방향성 그래프 모델

앞서 언급한 바와 같이 주어진 통계적 모델의 내부 작업을 완전히 이해하기 위해서는 전체 생성 이야기 또는 결합 확률분포를 상세히 설명해야 한다. 그러나 모델에 존재하는 독립 가정을 설명하는 데에만 관심이 있는 경우, 그래픽 표현은 이러한 가정을 설명하는 데 도움이 될 수 있다.

베이즈 모델이 종종 생성에 사용된다는 점을 감안할 때, 이들을 위한 가장 중요한 그래픽 표현 유형은 "방향성 그래프 모델"(또는 "베이즈 네트워크")이다. 2012년 머피^{Murphy} 책의 무방향성 그래프 모델과 같은 다른 종류의 그래프 모델에 대한 내용을 참고하자.

베이즈 네트워크에서, 결합 확률분포의 각 무작위 변수는 그래프의 정점으로 표현된다. X에 대한 분포를 정하고 X에 대한 분포를 설명하는 여러 요인을 체크할 때, X가 조건이 되는 모든 랜덤변수에서 각 정점 X에 들어오는 간선(엣지)가 있다.

베이지안 네트워크에서 설명하는 독립 가정의 기본 유형은 다음과 같다. 랜덤변수 X는 직계 부모를 조건으로 할 때 모든 조상으로부터 조건부로 독립된다. 이러한 유형은 미적분학과 세 번째 집합이 조건이 되는 모형의 하나의 집합의 랜덤변수가 다른 집합과 독립되는지 여부를 결정하는 데 도움이 되는 일련의 그래프 이론적 의사 결정 규칙으로 이어진다(다시 말해 세 번째 집합에서 랜덤변수는 해당되는 조건적 독립집합에서 관측된다고 간주한다). 미적분은 대칭과 같은 몇 가지 논리적 관계를 포함하고 있다. 만약 X와 Y가 Z에 대해 조건부 독립이라면, Y와 X는 Z에 대해 조건부 독립이다.

- **분해**: 만일 X와 $Y \cup W$가 Z에 대해 조건부 독립일 때, X와 Y는 Z에 대해 조건부 독립이다.
- **축약**: 만일 X와 Y가 Z에 대해 조건부 독립이고, X와 Y는 $Y \cup Z$에 대해 조건부 독립일 때, X는 Z에 대해 $W \cup Y$와 조건부 독립관계이다.
- **약 합집합**: 만일 X와 $Y \cup Z$가 W에 대해 조건부 독립이라면, X와 Y는 $Z \cup W$에 대해 조건부 독립이다.

여기서 X, Y, Z, W는 확률분포에서 랜덤변수의 부분집합이다. Pearl(1988)을 참고하자.

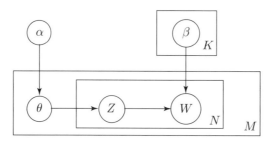

그림 1.1 잠재 디리클레 할당에서 그래프 모델. 주제 수는 K라고 쓰고 문서 수는 M이라 쓰며 문서당 단어의 개수는 N이라고 하자.[7]

---

7   Luis Pedro의 그림을 참고한다.

베이즈 네트워크는 또한 소위 "판 표기법"이라고 부르는 변수 또는 고정되지 않은 수의 랜덤변수를 기술하는 그래픽 메커니즘을 사용한다. 판 표기법으로, 일련의 랜덤 변수들은 판 안에 배치된다. 판은 횟수를 포함하는 랜덤변수의 집합을 나타낸다. 예를 들어 판은 문서의 단어들의 집합을 나타낼 때 사용된다. 그림 1.1은 그래프 판 언어의 사용법에 대한 연습 문제이다. 원으로 표시돼 있는 랜덤변수는 그래프 언어에서 가장 기본적인 구성 요소이며 판은 그러한 랜덤변수(또는 다른 판)로 구성되며, "더 큰 물체" 로 표시한다. 예를 들어 랜덤변수 W는 문서의 단어를 나타내며, 랜덤변수 Z는 그 단어 들과 관련 있는 주제 변수다. 그리하여 전체적으로 판은 문서를 나타내며, 이는 Z와 W로 부터 나온 N개의 랜덤변수로 이뤄진 더 큰 물체이다.

이 표기법에서 간선들은 모델의 조건부 독립 가정을 결정한다. 모든 랜덤변수에 대한 결합 확률분포는 그래프 표현에서 각 요소들을 위상적으로 정렬해 나타낼 수 있으며, 그래프의 간선들에 의해 결정되는 부모에 대한 각 랜덤변수와 같은 요인들을 곱하게 된다. 예를 들어 그림 1.1의 그래프 모델은 다음과 같은 결합 확률분포를 나타낸다.

$$\prod_{j=1}^{M} p\left(W_1^{(j)}, \ldots, W_n^{(j)}, Z_1^{(j)}, \ldots, Z_N^{(j)}, \theta^{(j)} | \beta_1, \ldots, \beta_K, \alpha\right)$$

$$= \prod_{j=1}^{M} \left(p(\theta^{(j)}|\alpha) \prod_{i=1}^{n} p\left(Z_i^{(j)}|\theta\right) p\left(W_i^{(j)}|Z_i^{(j)}, \theta^{(j)}, \beta_1, \ldots, \beta_K\right) \right) \quad (1.5)$$

이 결합 확률분포는 잠재 디리클레 할당 모델(문서별 N개의 단어를 갖고 있는 M개의 문서를 생성하는 모델)을 설명하는 데 2장에서 더 자세히 다룰 예정이다. 판 역시 중첩(랜덤변수를 나타내는 몇 가지 인덱스)되거나 교차될 수 있다.

기호를 다소 남용한 경우, 그래프 모델은 아마 종종 모델의 매개변수 꼭짓점을 포함하게 되는데 심지어 랜덤변수(빈도주의적 접근법)나 하이퍼파라미터(베이즈 접근법; 3장을 참고하자)가 아닐 때 역시 그러하다. 그래프 모델에서 이러한 노드에 들어오거나 나가는 간선은 없을 것이다. 그림 1.1에서 벡터 $\beta_1, \ldots, \beta_K$에 대한 판은 이런 경우에 대한 예시다. 같은 그림에서 α 노드는 같은 역할을 한다(분포를 적을 때, 비슷한 기호의 남용이 이뤄진다. 예를 들어 비록 α가 랜덤변수는 아니지만 고정된 하이퍼파라미터 값일지라도 α에 대해 $p(\theta|\alpha)$라고 표시한다).

이 책에서는 통계 모델을 설명하기 위해 그래프 모델을 거의 사용하지 않으며, 독자들은 대신 그래프 모델에 대해 더 많은 정보를 원한다면(Koller and Friedman, 2009) 머신러닝 책을 참고해야 한다. 그래프 모델은 연구 주제가 다양한 분야이지만, 이 책의 범위를 넘어선다. 바로 앞 절에서 생성 이야기를 설명하기 위해 소개된 메커니즘을 고려할 때, 이 책에서 다룬 범위에서 이 메커니즘 자체는 포함된 부분이 그리 많지 않다.

1.6 시나리오 데이터로부터 학습

이제 확률 이론과 통계로부터 얻은 기본 개념을 바탕으로 데이터로부터 배울 수 있게 됐다. 이제 우리가 가진 데이터는 "관측된" 랜덤변수로 매핑해 통계 모델을 만들 수 있다. 하지만 여전히 의문점은 있다. 데이터는 어떻게 표현될까? 자연어 처리에서, 보통 연구자들은 주석되거나 주석되지 않은 고정된 데이터 코퍼스에 의존한다. 데이터는 레이블되거나 레이블되지 않을 수 있다. 학습은 지도학습, 반지도학습, 비지도학습이 있다. 각각의 시나리오와 예측 목표는 표 1.1에 정리돼 있다.

이러한 모든 학습 환경에서 공통적으로 나타나는 중요한 개념은 주변 가능도다. 주변 가능도는 모델에 따른 관측된 데이터의 가능성을 나타내는 수치다. 베이즈 환경에서 주변화는 매개변수(사전 확률을 포함한)와 잠재변수에 의해 이뤄진다.

다음은 주변 가능도에 따른 몇 가지 학습 케이스이다.

- 비지도 품사 태그를 해보자. 관측된 데이터 $x^{(1)}, \ldots, x^{(n)}$은 문장이다. 품사 시퀀스에 대한 분포를 갖고 있다. 각 $x^{(i)}$는 랜덤변수 $z^{(i)}$와 관계가 있으며, 이를 품사 시퀀스라고 표시한다. (X, Z) 쌍의 가능도는 $p(X, Z|\theta) = p(Z|\theta)p(X|Z, \theta)$에 의해 결정된다. 이는 생성 이야기에서 품사 태그 시퀀스를 처음으로 만들고 나서 문장을 만든다는 것을 뜻한다. 여기서 θ에 대한 사전함수가 있다. 그러므로 최종 가능도는 다음과 같다.

$$\mathcal{L}\left(x^{(1)}, \ldots, x^{(n)}\right) = \int_{\theta} \left(\prod_{i=1}^{n} \sum_{z^{(i)}} p\left(z^{(i)}|\theta\right) p\left(x^{(i)}|z^{(i)}, \theta\right) \right) p(\theta) d\theta.$$

표 1.1 데이터로부터 학습하는 일반적인 과정. X랜덤변수 분포의 관측된 데이터, Z랜덤변수의 예측 목표(다른 경우로 적절하게 표시돼 있다).

Learning Setting	Learning Input Data	Learning Output
Supervised (inductive)	$(x^{(1)}, z^{(1)}),...,(x^{(n)}, z^{(n)})$	Mechanism to predict z values on arbitrary input instances
Supervised (transductive)	$(x_0^{(1)}, z^{(1)}),...,(x_0^{(n)}, z^{(n)})$ and $x_1^{(1)},...,x_1^{(m)}$	Predictions of z values on $x_1^{(i)}, i \in \{1,...,m\}$
Semi-supervised	$(x_0^{(1)}, z_1),...,(x_0^{(n)}, z_n)$ and $x_1^{(1)},...,x_1^{(m)}$	Mechanism to predict z values on arbitrary input instances
Unsupervised (instance-general)	$x^{(1)},...,x^{(n)}$	Mechanism to predict z values on arbitrary input instances
Unsupervised (instance-specific)	$x^{(1)},...,x^{(n)}$	Predictions of z on $x^{(1)},...,x^{(n)}$

- 전환적[8] 지도 품사 태그에 대해서 보자. 여기서 관측된 데이터는 $(x^{(1)}, z^{(1)}),...,$ $(x^{(n)}, z^{(n)})$(레이블이 있는 데이터)와 $x'^{(1)},..., x'^{(m)}$(예측에 필요한 문장)이다. X와 Z 변수에 대한 분포는 이전 경우와 동일하다. 사전분포 역시 동일하다. ($X'^{(i)}$에 대해 $Z'^{(i)}$가 예측된 시퀀스라고 할 때) 주변 가능도는,

$$
\mathcal{L}\left(x^{(1)},...,x^{(n)}, z^{(1)},...,z^{(n)}, x'^{(1)},...,x'^{(m)}\right)
$$
$$
= \int_\theta \left(\prod_{i=1}^{n} p\left(z^{(i)}|\theta\right) p\left(x^{(i)}|z^{(i)}, \theta\right) p(\theta)\right)
$$
$$
\times \left(\prod_{i=1}^{m} \sum_{z'^{(i)}} p\left(z'^{(i)}|\theta\right) p\left(x'^{(i)}|z'^{(i)}, \theta\right)\right) p(\theta)d\theta
$$

- 귀납적 지도 품사 태그를 알아보자. 여기서 관측된 데이터는 $(x^{(1)}, z^{(1)}),...,$ $(x^{(n)}, z^{(n)})$이다. X와 Z 변수에 대한 분포는 이전 경우와 동일하다. 사전분포 역시 동일하다. 주변 가능도는 다음과 같다.

$$
\mathcal{L}\left(x^{(1)},...,x^{(n)}, z^{(1)},...,z^{(n)}\right) = \int_\theta \left(\prod_{i=1}^{n} p\left(z^{(i)}|\theta\right) p\left(x^{(i)}|z^{(i)}, \theta\right)\right) p(\theta)d\theta
$$

---

8 변환적 학습 시나리오는 입력 및 출력 형태의 학습 데이터를 사용할 수 있도록 하는 것이다. 또한 학습하는 동안 예측에 관심 있는 입력값도 사용할 수 있다.

여기서 주변 가능도는 어떤 값을 직접 예측하기 위해 사용되는 것이 아니다. 그러나 예를 들어 만일 사전함수가 $p(\theta|\alpha)$로 매개변수화됐다면, 주변 가능도는 α에 대해 최대화할 수 있다. 4장을 참고하자.

- 각 시퀀스에 대해 품사 시퀀스가 추가 잠재변수를 가정하는 통계 모델이 있는 귀납적 지도 품사 태그에 대해서 알아보자. X, Z에 대해 가능도를 정의할 수 있고 H는 잠재변수이다. 예를 들어 H는 품사 레이블의 세분화다. 명사, 동사, 전치사와 같은 품사 태그를 설명하는 잠재 카테고리를 추가하는 것이다. 관측된 데이터는 $(x^{(1)}, z^{(1)}),\ldots, (x^{(n)}, z^{(n)})$이다. 주변 가능도는 다음과 같다.

$$\mathcal{L}\left(x^{(1)},\ldots,x^{(n)},z^{(1)},\ldots,z^{(n)}\right)$$
$$= \int_{\theta} \left(\prod_{i=1}^{n} \sum_{h^{(i)}} p\left(h^{(i)}, z^{(i)}|\theta\right) p\left(x^{(i)}|h^{(i)}, z^{(i)}, \theta\right) \right) p(\theta)d\theta$$

가능도의 개념은 이 책에서 다양한 내용을 더 설명될 것이며 주로 4장과 6장에서 다룰 예정이다.

로그 가능도와 주변 로그 가능도는 또한 주어진 모델에 대한 "본질적인" 평가를 하는 데 사용된다. 이 평가는 관측된 데이터의 일부를 보류한 다음 이 보류된 데이터 집합에 대한 주변 로그 가능도를 평가해 수행된다.

주어진 모델에 대해 로그 가능도가 높으면 높을수록, 데이터에 대해 더 "적합"하다고 말할 수 있다. 보류된 데이터 집합에 대해 이러한 종류의 평가를 수행하는 이유는 모델의 일반화 능력이 시험하는 매개변수라는 것을 확인하기 위함이다. 그렇지 않으면 학습 및 초기 추론 도중 관측된 데이터에 대한 로그 가능도를 평가한다면, 우리는 항상 다른 어떤 모델보다 더 높은 로그 가능도를 제공하는 그다지 유용하지 않은 모델을 만들게 된다. 이 더미 모델은 관측된 데이터의 각 인스턴스에 확률 $1/n$을 할당하는 확률분포(특정 모델 가족에 구속되지 않음)를 정의해 생성된다. 그러나 이런 분포는 복잡한 표본 공간을 제대로 일반화하지 못할 것이다. 여전히 학습 데이터에 대해서 주변 로그 가능도를 평가하는 것은 하이퍼파라미터 튜닝과 같은 다른 목적으로라도 사용될 것이다.

1.7 베이즈와 빈도주의 철학

베이즈 접근법과 빈도주의적 접근법의 가장 큰 차이는 "확률"의 개념에 대한 해석을 어떻게 하느냐다. 이름에서 보듯이 빈도주의적인 관점에서 사건의 확률은 반복되는 수많은 동일한 실험에서 "상대적 빈도수"를 숫자로 나타낸다. 반면 베이즈 관점에서 확률은 사건에 대해 우리가 알고 있는 정도를 숫자로 표현하는 것이다. 베이즈 통계학을 지지하는 사람들 사이에서도 두 가지 다른 부류가 있다. 베이즈 확률을 지식이 객관적이고 합리적인 상태의 척도로 보는 사람들(객관주의자) 그리고 그것을 개인적인 신념(주관주의자)의 표시로 보는 사람들이 있다. 이는 객관주의자들이 어떤 문제에 대해 같은 지식을 공유하는 모델러들 간의 데이터로부터 다소 균일하게 추론을 한다는 것을 의미하지만, 반면 주관주의자들은 이런 추론들이 서로 다를 것이라고 주장하며 개인적 신념에 더 의존하는 편이다.

객관주의자와 주관주의자 모두 베이즈 정리를 적용해 추론을 하고, 데이터와 명제 또는 모델과의 관계를 서로 뒤바꾸기도 한다. 그러나 객관주의자들은 최종 결론이 가능한 최대한 데이터에 의해 결정되게 하기 위해 개인이 스스로 내리는 추론 과정에 대한 영향을 최소화하길 원한다. 그리하여 종종 Jeffreys 사전확률(3.3.2절)과 같은 정보성이 없는 사전확률 또는 "참조" 표준이라는 개념을 도입해 이런 영향을 최소화하기 위해 노력한다.

과학에서 빈도주의적 접근법은 저미학적 접근과 관련이 있다. 이는 가설이 세워지고, 시험되며 마침내 결국은 받아들여지거나 거부되는 것을 의미한다. 빈도주의적 접근법은 이론의 위변조 아이디어에 기초해, 이 아이디어를 뒷받침하는 통계적 시험, 가설 시험 및 기타 다른 방법을 통해 이행된다. 반면 베이즈 접근법은 귀납적 추론법과 좀 더 관련이 있다. 데이터가 모아지고, 이론에 대한 우리의 믿음을 수정한다. 몇몇은 베이즈 접근법이 저미학적 접근법과 관련이 있다고 주장하기도 한다(Gelman and Shalizi(2013) 연습 문제를 참고하자). 베이즈와 빈도주의 철학에 대한 내용은 Jaynes(2003)를 참고하자.

1.8 요약

이 책을 이해하기 위해 필요한 확률과 통계에 대한 기본 개념을 설명했다. 1장에서 설명한 개념은 다음과 같다.

- 확률 측정, 확률분포, 표본 공간
- 표본 공간에 대한 함수인 랜덤변수
- 몇몇 랜덤변수에 대한 확률분포를 정의한 결합 확률분포 그리고 다른 값들과 엮이는 것을 허용하는 랜덤변수의 집합에 대한 확률분포를 정의한 조건부 확률분포
- 두 개의 랜덤변수는 서로에게 정보를 제공하지 않는 다는 것을 의미하는 랜덤변수 간의 독립성 그리고 제3의 랜덤변수의 값을 알고 있다는 전제하에 2개의 랜덤변수가 서로에게 정보를 제공하지 않는다는 랜덤변수 간의 조건부 독립성
- 베이즈 정리와 연쇄 법칙
- 확률분포에 가중치를 둔 함수의 평균을 계산하는 기댓값
- 확률분포의 집합인 모델
- 데이터를 기반으로 모델 집합 중 특정 구성원을 찾아내는 추정; 빈도주의적 환경에서 주로 이뤄진다.
- 확률분포와 주어진 데이터에서 파라미터 공간에 대한 사후확률분포를 측정하기 위한 베이즈 정리를 사용하는 베이즈 추론

1.9 연습 문제

1.1 p를 Ω에 대한 확률 측정이라 하자. Ω의 부분집합인 A, B 그리고 C 사건이 있다. 확률 측정의 공리를 활용해 다음을 증명해보자.

$$p(A \cup B \cup C)$$
$$= p(A) + p(B) + p(C) - p(A \cap B) - p(A \cap C)$$
$$- p(B \cap C) + p(A \cap B \cap C)$$

(이 공식은 포함 배제의 원리에 따라 불특정 사건들을 일반화할 수 있다.)

1.2 Ω를 자연수의 집합이라고 하자. 어떤 x, $y \in \Omega$에 대해 $p(x) = p(y)$가 성립하는 Ω에 대한 확률 측정 p를 정의할 수 있을까? 만일 그렇지 않다면 확률 측정이 존재하는 것을 증명하자.

1.3 X와 Y의 상관관계가 없으나 독립적이지는 않은 두 랜덤변수 X와 Y의 분포를 설명하자.

1.4   주어진 n에 대해서 그들의 각 부분집합은 독립적이지만 모든 n 랜덤변수 전체는 독립적이지 않은 n 랜덤변수를 설명하자.

1.5   그림 1.1의 그래프 모델과 식 1.5의 결합 확률분포를 참고하자. 먼저 $j \in \{1,\dots, N\}$으로 정의하자. 조건부 독립의 정의를 사용해, $W_i^{(j)}$가 $Z_i^{(j)}$에 대해서 $k \neq i$이고, $W_k^{(j)}$와 조건부 독립을 증명하자. 또한 $Z_i^{(j)}$가 주어진 $\theta^{(j)}$에 대해 어떤 l 그리고 $k \neq j$일 때 $Z_l^{(k)}$와 조건부 독립을 증명하자. $l \neq i$일 때, $\theta^{(j)}$에 대해 $Z_i^{(j)}$와 $Z_l^{(j)}$는 조건부 독립일까?

CHAPTER 2

개요

넓은 범위에서 자연어 처리는 컴퓨터를 사용해 인간의 언어를 처리하는 기술을 개발하는 컴퓨터공학의 한 분야라고 할 수 있다. 이와 같이 인공지능, 언어학, 머신러닝, 언어 이론, 통계학 등에서 아이디어를 차용한다. NLP에서 자연어는 보통 문자로 표현된다(음성 처리 분야에서 흔하게 사용되는 음성 신호와는 반대다).

전산언어학이라고 부르는 분야에서 자연어 탐구에 대한 또 다른 측면이 있다. 이런 각도에서 바라볼 때, 언어를 탐구하는 목적은 자연어에서 조금 다르다. 이 목표는 연산하는 방법을 이용해 과학적으로 언어를 이해하고, 발전 과정과 습득acquisition 과정, 역사, 사회에 미치는 영향 전반을 이해하기 위함이다. 전산언어학자들은 때때로 자동화된 방법과 컴퓨터 모델링만을 사용해 언어학자들이 대답하려고 시도하는 질문에 답을 주려고 한다. 언어에 대한 연구는 다른 계산 과정이 작용하는 방식과 유사하게 단어나 문자와 같은 기호를 수반하기 때문에, 대체로 전산적인 관점으로 다뤄질 수 있다.

전산언어학과 NLP는 특히 데이터를 학습하고 추론을 수행하고자 사용하는 기술이 많은 곳에서 중복 사용된다. 또한 이 분야에서 베이지안 방법을 사용하는 것 역시 마찬가지다. 결과적으로 비록 책에 나오는 대부분의 기술 관련 설명들이 전산언어학에서 다루는 주제와 매우 관련 있지만, 이 책에서는 주로 NLP에 대해서 다룰 것이다.

현대의 자연어 처리의 많은 노력은 대부분 문장의 형태를 갖춘 수준에서 텍스트 형태로 써 있다. 기계 번역, 통사적 파싱(자연어 문장을 문법적 구조와 연관시키는 과정), 형태소 분석(단어의 구조를 분석해 형태소 단위와 같은 기본 단위로 분해하는 과정), 의미적 파싱(자연어 문장을 의미로 나타내고 표현하는 과정)은 모두 문장을 분석해 언어 구조를 보여준다. 이렇게 예측된 문장 구조들은 자연어 처리에서 더 많은 곳에 사용될 수 있다. 이 책의 중점 포인트도 이와 같다. 이 책에서 논의할 대부분의 베이지안 통계 모델과 그에 대한 적용은 문장 수준으로 이뤄진다. 하지만 여전히 통계 모델을 개념적으로 활용할 것이며, 문장 또는 자연어 요소의 분포를 정의하는 것을 확실한 목표로 하지는 않는다.

실제로 독자들에게 좀 더 다양한 관점을 보여줄 수 있도록 2장에서는 전체 문서에 대해 간단하게 사용해볼 수 있는 "잠재 디리클레 할당" 모델을 알아볼 것이다. 이 모델은 문장 수준에서 정의되지 않았을 뿐만 아니라 원래 베이지안 문맥에도 국한되지 않는다. 그러나 2장에서 LDA를 선택한 것은 뚜렷한 이유가 있다. 기술적인 측면에서 봤을 때 LDA는 간단하지만 NLP에서 베이지안 통계 모델링에서 반복적으로 등장하는 기본적인 주요 포인트들을 보여주기 때문이다. 또한 여기서 최근 사용되는 베이지안을 사용한 LDA를 다룰 예정이다.

시작하기에 앞서 NLP에서 베이지안 통계학 발전의 역사를 다루고 이를 사용하게 된 이유를 언급할 것이다. 이는 다음 절의 주제이며 그 뒤를 이어 LDA 모델에 대한 내용을 다음 절에서 언급한다.

2.1 개요: 베이지안 통계학과 NLP의 접점

NLP에 소개되기 전 베이지안 통계학은 통계학에서 매우 활발히 연구되던 분야다. 이는 1700년대를 거슬러 올라가 매우 풍부하고 다채로운 연구들이 이뤄졌으며, 토머스 베이즈$^{Thomas Baye}$와 피에르 시몬 라플라스$^{Pierre-Simon Laplace}$와 같은 유명인사들이 소개한 신학 사상을 지니고 있다.

반면 NLP는 매우 짧은 역사를 갖고 있다. 1950년대까지 거슬러 올라가며, 현재 통계 기법을 활용한 NLP는 훨씬 늦은 1980년대 중반에 도입됐다.[1] 초기에 이뤄진 언어

---

1   자연어에 관한 통계적 분석 아이디어는 Warren Weaver, Claude와 같은 사람들로부터 연구되기 시작했다. Shannon, Victor Yngve와 기타 사람들도 있지만 요즘 자연어 처리에서 수행된 방식과 수준은 아니다.

의 통계학적 분석은 몇십 년 후 풍부한 베이지안 NLP 문헌이 등장할 수 있게 했다. 통계 NLP 초기에는, 대부분의 데이터 기반 기법이 빈도주의적 접근법을 사용했으며, 로그우도 또는 기타 일부 정보 이론적 기준과 같은 목적함수에 의해 파라미터 추정을 했다. 이로써 베이지안 점 추정의 형태로 베이지안 통계학을 도입할 수 있는 토대가 마련됐다(4장 참고).

실제로 NLP에서 베이지안 접근법을 가장 먼저 사용한 것은 베이지안 접근법을 최대한 활용하지 않고 피상적으로만 사용하도록 했다. 이 접근 방식은 대부분 보이지 않는 데이터에 대한 예측 능력을 향상시키기 위해 점 추정치를 편향시켜 베이지안 이전 로그우도에 추가로 페널티를 부여하고 사후확률 추정을 최대화하는 방법에 기초한다 (4.2.1절 참고). 이러한 경우 베이지안 접근법은 기존의 빈도주의적 접근법들보다 추가적인 해석을 줄 수 있었다. NLP에서 베이지안 기법은 주로 사용되거나 암시적으로 언급되는 평활화smoothing 기술이다.

2000년대 중반쯤 NLP에서 베이지안 기법의 집중적인 사용은 머신러닝 학회에서 베이지안 기법이 점점 인기를 끌면서 시작됐다. 처음에 이는 "완전한 베이지안 접근법"을 사용해 일부 언어 태깅과 문맥 파싱과 같은 NLP에서 잘 알려진 문제에 대한 방법을 설명하는 데 초점을 맞췄다. 그 시절 히든 마르코프 모델HMM, 확률적인 비문맥 문법context-free 등과 같은 일반 모델에 주로 사용됐다. 이후 베이지안 모델은 매우 구체적인 NLP 문제에 등장하기 시작했으며, 그러한 문제들은 다음과 같다. 다양한 수준의 텍스트를 세그멘테이션하는 문제를 푸는 베이지안 모델(Eisenstein and Barzilay, 2008), 형태소 분석(Dreyer and Eisner, 2011; Johnson et al., 2007b), 다언어 학습(Snyder and Barzilay, 2008; Snyder et al., 2008), 기계 번역(Blunsom and Cohn, 2010a), 지도학습(Shindo et al., 2012)과 비지도 학습(Blunsom and Cohn, 2010b)을 이용한 구문 파싱, 개체 또는 동일 지시어 해결과 같은 대화 문제(Bejan et al., 2009; Haghighi and Klein, 2007), 문서 단위 문제(Chen et al., 2009), 언어학적 발견(Daume III, 2009; Daume III and Campbell, 2007; Linetal., 2009).

앞서 언급했듯이 이 책의 초점은 문장 수준에서 개발된 모델이다. 이 모델은 이 책에서 "베이지안 NLP"라고 부르는 주요한 부분들이다. 모델의 예측은 주로 언어 구조를 바탕으로 이뤄진다. 그러나 베이지안 모델과 머신러닝을 발전시킨 다른 종류의 텍스트 처리에 대한 상당한 양의 발전도 있었다. 특히 토픽 모델링^{Topic Modeling}에서 잠재 디리클레 할당 모델이 도입된 이후 베이지안 통계학을 많이 활용하고 있다(Blei et al., 2003).

최근 NLP와 함께 베이지안 통계학을 사용하려는 대부분의 노력은 예측하는 구조에 대한 예시 없이 학습하는 모델에 입력된 예시만 사용하는 비지도학습 설정에 초점을 맞추고 있다. 더 일반적으로 대부분 모델은 잠재변수를 사용하기 위한 방향으로 발전하고 있다(비지도학습은 잠재변수 학습에 특수한 경우이며, 이는 전체 예측된 구조는 학습 또는 예측 과정에서 사라지곤 한다). 부분적으로 지도학습에서, 이러한 잠재변수는 모델 표현성 개선을 위한 보조변수로만 사용된다. "부분적인 지도학습"은 예측이나 학습 중에 예측하고자 하는 동일한 유형의 데이터를 이용할 수 있지만, 이는 모델에 관찰되지 않은 추가적인 랜덤변수를 포함하는 경우를 뜻한다. 기계 번역은 이 같은 세팅에 국한되는데, 타깃과 소스 언어 문장이 존재하는 학습을 말하며, 이들과 연결돼 있는 다른 구조들과 연결해 사용될 수 없다. 학습하는 동안 전체 파싱 트리가 주어지지만, 트리에서 통사적 범주를 정교화하는 작업은 이뤄지지 않는다(8장을 참고하자).

기술적인 관점에서 지도학습에서 베이지안 통계학을 배제할 이유는 없다. 사실 가장 기초적인 베이지안 통계학에서는 완전한 데이터가 존재한다고 간주한다. 그러나 NLP에서 베이지안 통계학을 사용함으로써 누락된 데이터와 잠재변수(비지도학습)를 가진 시나리오를 다음과 같은 이유 덕분에 발전시킬 수 있게 됐다.

- **판별 모델은 일반적으로 지도학습에서 생성 모델보다 더 잘 된다.** 지도학습에서 데이터가 완전히 존재할 때, 예측 알고리즘에 대한 입력이 통계적으로 모델링되지 않은 판별 모델은 일반적으로 다양한 자연어 문제에 대해 더 나은 성능을 나타낸다. 판별 모델 설정은 로그 선형 형태를 가지는 조건부 최대엔트로피 모델(Berger et al., 1996)과 함께 사용된다. 즉, 이러한 모델의 분포는 정규화(확률을 나타내기 위해)하고, 분포가 정의되는 다양한 요소들로부터 추출된 피처^{feature}를 지수화한 선형함수를 갖게 된다. 반면 NLP에서 베이지안 접근법은 본질적

으로 생성과 관련 있다. 결합 확률분포는 파라미터, 예측 구조와 입력 모두에 걸쳐 정의된다. 그러나 이는 모델링에 비용^{cost}이 수반된다. 생성 모델은 일반적으로 모델에서 만들어지고 있는 독립성에 대한 가정이 무엇인지 좀 더 명확하게 나타내야 한다. 모델의 다양한 요소들 간의 상호작용이 그래프 모델 또는 생성 모델에 특정 지어지게 된다(1.5.3절). 판별 모델 설정에서 임의의 중복되는 피처들이 사용된다.[2]

- **사전 확률은 지도학습보다 비지도학습에서 훨씬 더 중요한 역할을 한다.** 지도학습에서 생성에 관한 사례를 고려하더라도 로그우도함수는 모델의 기본 파라미터를 식별하기 위해 중요한 정보를 제공한다. 반면 비지도학습에서 사전 확률(특히 문제의 영역에 대한 사전 지식을 구성하고 통합하는 것)은 예측하는 문제에 더 큰 영향을 미친다.

- **베이지안 환경에서 모델의 파라미터는 이미 잠재변수로 소개됐다.** 베이지안 NLP에서 모델의 파라미터는 관찰되지 않은 랜덤변수이므로, 모델에 다른 잠재변수를 추가하고 이들에 대한 예측을 수행하는 것이 더 자연스러울 것이다. 이는 특히 잠재변수를 가진 베이지안 환경에서 나타난 더 나은 예측 기술 때문에 그러하다.

NLP에서 베이지안에 대한 기술적 설명은 최근 발전돼 통계학과 머신러닝에 기반한다. 예를 들어 베이지안 변분 추론은 통계 및 머신러닝 분야에서 이미 발견되고 한동안 사용된 후 NLP 분야에서 인기를 끌었다. NLP에서 개발된 머신러닝은 시나리오에 좀 더 구체적이지만, 여전히 NLP 밖에서 사용될 수 있는 일반적인 중요한 모델 구조를 포함한다.

일반적으로 베이지안 통계학은 통계학에서 고전적인 빈도주의적 접근법보다 더 많은 이점을 갖고 있다. 첫 번째이자 가장 중요한 것으로는, 이론 자체가 매우 간단하다.

---

2   여기서 말하는 "중복되는 피처"는 일반적인 생성에서 쉽게 설명될 수 없는 피처들을 의미한다. 이들은 중복되는 정보를 갖고 있으며, 특정 구조 또는 데이터를 다양한 부분들을 함께 "생성"하기 때문이다. 원칙적으로 중복 피처는 생성 모델이나 입력 및 출력 공간에 대한 분포를 정의하는 로그선형 모델과 같이 복잡한 상호작용이 있는 모델을 지정하는 것에 문제가 없다. 하지만 이러한 생성 모델은 입력과 출력 공간 모두에 걸쳐 지수 함수를 합하는 정규화 상수 때문에 어려운 경우가 종종 있다. 따라서 일반 로그선형 모델은 입력 공간의 특정 지점에 대해 출력 공간을 합해 정규화 상수를 계산하는 방법을 사용한다.

베이지안 통계학은 베이즈 법칙을 간단히 적용해 기존 정보를 데이터와 결합하는 원리이다. 모델 또는 파라미터 선택에 대한 불확실성은 모두 분포, 즉 사후확률분포를 통해 처리된다. 수학적으로 말하자면 이 이론은 매우 우아하다. 빈도주의적 통계학과 달리 베이지안 통계학은 크고 작은 데이터가 있을 때 이를 다루는 여러 방법들을 합한 접근법이다. 계산을 할 때 우리는 (제한된 컴퓨팅 파워로 인해) 각각 경우를 다르게 다루긴 하지만, 기본 원리는 그대로 유지된다.

NLP에서 베이지안 통계학을 사용하는 가장 큰 장점 중 하나는 더 나은 답을 위해 편향된 예측을 할 수 있도록 사전확률분포를 줄 수 있다는 점이다. 예를 들어 다른 사전확률분포는 자연어의 다양한 특징을 모델링할 수 있도록 한다. 단어 출현의 희소성 (이는 사전의 대부분 단어들이 매우 적게 등장하거나 아예 주어진 말뭉치 내에서 등장하지 않는 것을 말한다), 통사 범주 사이에 상관관계 그리고 문장 길이 빈도수에 따른 지수적 감쇠 현상 등이 있다. 그러나 아래와 3장에서 설명하는 바와 같이, 베이지안 NLP에서 이러한 자유도를 최대한 이용하지는 않는다. 게다가 베이지안 통계학에서 비모수 방법은 가능한 모든 데이터로 적절한 모델 복잡도를 판단하는 주요한 방법이다.

베이지안 통계학은 인지 모델링에 기초로 통용되기도 하는데, NLP와 인지과학 사이에 중복되는 연구 분야, 특히 언어 학습 연구와 같은 분야가 있다고 한다(Doyle and Levy, 2013, Elsner et al., 2013; Frank et al., 2013, 2014; Full-wood and O'Donnell, 2013; Pajak et al., 2013). 예를 들어 단어 분리에서 베이지안 비모수 모델이 NLP에 처음 소개됐다 (Börschinger and Johnson, 2014; Johnson, 2008, Johnson et al., 2010, 2014; Synnaeve et al., 2014). 그리고 신생아의 언어 학습 과정을 탐구하는 데에 해당 모델이 사용됐다고 한다 (Goldwater et al., 2006, 2009). 인지 과학에서 베이지안 프레임워크의 사용에 대한 리뷰는 다음에서 확인할 수 있다(Griffiths et al., 2008, 2010; Perfors et al., 2011; Tenenbaum et al., 2011).

베이지안 NLP는 지속적으로 번영하고 있으며 미래 또한 그럴 것으로 예상된다. 자연어의 풍부한 영역은 해당 영역과 파라미터에 대한 사전 믿음을 표현하는 기본적인 베이지안 원리를 충분히 활용할 수 있는 많은 기회를 제공할 것이다. 언어학 및 NLP 분야에는 언어에 대한 많은 지식이 있고, 베이지안 관점에서 언어에 대한 우리의 이해와 컴퓨터를 이용한 처리 능력을 잠재적으로 향상시킬 수 있다. 그럼에도 자연어 분야에서 베이지안 원리를 통해 이러한 지식을 이용하는 것은 다소 제한적인 부분이 있으며 이 영역을 그런 방향으로 발전시킬 수 있는 좋은 기회를 제시할 수 있다. 게다가 머신러닝에서 다양한 문제들은 베이지안 관점을 염두에 두고 접근하고 있다. 이 지식의 일부는 통계 모델과 추론 알고리즘이 특정한 문제에 맞춰 조정되고 적용돼 NLP로 넘어오고 있다.

베이지안 NLP에는 우리가 가지고 있는 언어에 대한 이전 언어 지식의 성격을 더 잘 이해하고 그것을 베이지안 모델의 사전확률분포에 통합하는 등 다양한 방법이 있다. NLP에서 베이지안 추론을 좀 더 확장해 사용하고, 더 효율적으로 사용하기 위해 더 발전된 베이지안 추론 기법을 사용하며, 베이지안 비모수 모델의 더 많은 사용을 권장한다(7.5절을 참고하자).

2.2 첫 번째 연습 문제: 잠재 디리클레 할당 모델

토픽 모델링을 위한 예시 모델인 잠재 디리클레 할당LDA 모델로 기술적인 부분에 대해 서술한다. 베이지안 분석으로 NLP 문제들에 접근하기 위한 몇 가지 유용한 기술적 부분들이 있다. 원본 LDA 논문(Blei et al., 2003)은 머신러닝과 베이지안 NLP에서 변분 추론 덕분에 함께 유명해졌으며, 6장에서 나올 예정이다.

LDA는 문서에 대한 가장 간단한 연산 표현 – Bag of WordsBoW를 좀 더 나이스하게 확장한 것이다. BoW 기법에서 문서를 단어들의 여러 집합 모음(또는 잠재적으로 하나의 집합)이라고 나타낸다. 이는 단어의 순서를 무시한 채, 텍스트에 있는 단어들의 독립적인 출현에만 초점을 맞춘다는 뜻이다. 모든 문서에서 모든 단어를 포함한 고정된 어휘집에서 유래한다고 가정한다(이러한 가정을 회피하기 위해서는 Zhai and Boyd-Graber(2013)를 참고하자).

BoW 기법은 문장들끼리 단어의 순서를 무시한다는 점에서 "유니그램 언어 모델unigram language model"과 관련이 있다.

앞서 언급한 바와 같이 BoW 모델에서 문서들은 수학적으로 멀티셋^{multiset}이라고 부른다. 예를 들어 단어의 집합 V와 특수 기호 ◇ 그리고 다음과 같은 글이 있다고 하자.[3]

> 골드만삭스는 목요일, 2008년 금융위기 이후 사업 관행을 강화하기 위해 제안했던 39개 이니셔티브를 모두 채택했다고 밝혔다. 직원과 고객 모두를 돕기 위해 회사 역사상 가장 힘든 과정을 극복하기 위한 조치이다. ◇

기호 ◇는 이 글의 마침표이다. 문서 속에 모든 단어들은 집합 V의 원소이다. 이 문서 d를 나타내는 수학적 표현은 멀티셋 $\{w : c\}$이며 $w : c$라고 나타내는데, 여기서 단어 w는 문서에서 c번 등장했음을 의미한다. 예를 들어 위의 문서에서 사업 : 1은 멀티셋에 해당되며, $both : 1$역시 동일하다. BoW는 좀 더 극단적이게 표현할 수 있는데, 출현 횟수를 무시하고 모든 단어에 대해서 $c = 1$이라고 나타내는 것이다. 실용적인 관점에서 볼 때, 문서는 이미 전처리가 됐으며 기능 단어 또는 극히 일반적인 단어들은 제거됐다.

이러한 멀티셋에 대한 확률모델을 정의하기 위해 V에 대한 확률분포 $p(W|\beta)$로 가정한다. β는 $p(w|\beta) = \beta_w$인 다항분포의 파라미터 집합을 의미한다. 이러한 단어 분포는 문서에 대한 분포를 유도할 수 있으며, 랜덤변수(랜덤 멀티셋) D로 나타내며 다음과 같다.

$$p(D = d|\beta) = \prod_{(w:c) \in d} p(w|\beta)^c = \prod_{(w:c) \in d} (\beta_w)^c \tag{2.1}$$

BoW 모델은 NLP의 다양한 분야에 적용되지만 언어 또는 문서를 모델링할 때 단독으로 쓰기에는 부족한 부분이 있다. 모델은 극단적으로 독립성을 가정하기 때문이다. 문서에서 모든 단어의 출현은 서로 독립적이다. 명백하게도 이러한 가정은 문서상에서 충족할 수 없는 부분이다. 단어들을 종종 함께 등장시켜야 하는 경우가 있기 때문이다. 축구에 관한 문서에서 "선수"와 "볼"과 함께 "골"이라는 단어를 사용하는 경향이 있고, 미국 정치에 관한 문서에서 "대통령", "의원", "법안"과 같은 단어를 사용하는 경

---

3   이 글은 2013년 5월 23일 「The Wall Street Journal Risk and Compliance Journal」에 Ju stin Baer가 기고했다.

향이 있다. 이는 문서에 "대통령"이라는 단어가 등장하면 문서에 다른 단어가 나타날 수 있는 것에 대해 많은 정보를 얻을 수 있다는 것을 의미하며, 따라서 BoW 모델이 만드는 독립 가정은 성립하기 어렵다. 사실 이러한 극단적인 독립 가정은 문서에서 단어 반복의 가장 직관적인 개념(실제 내용 단어, 특히 실체를 나타내는 단어)조차 포착하지 못하는데, 단어 반복은 문서 초기에 이미 나타났다면 문서에 나중에 나타날 가능성이 더 높다.

BoW 모델에 적용되는 이런 엄격한 독립 가정에 대한 단일 해법은 존재하지 않는다. 문서 모델링에 관한 많은 문헌이 이 책의 초점은 아니지만 문서 모델링에 관한 현재 많은 모델들은 1990년대 후반 고안된 다음과 같은 원리를 적용한다. 여러 다양한 "주제(토픽)"를 정의한다. 각 단어는 주제와 연관돼 있으며, 이 연관성은 확률적인 부분들이 있다. 또한 상호 배타적이지 않다. 단어들은 서로 다른 수준의 연관성을 가진 다양한 주제에 속할 수 있다. 추론 단계에서 문서 집합이 주어지면 각 문서는 데이터에서 학습되는 일련의 주제와 연관지어진다. 토픽들이 자동으로 학습되는 것을 감안해, 모델에 의해 라벨링을 하지 않지만(토픽 모델에서 예측(추론) 후 후처리 단계에 포함될 수는 있지만), 그러나 "축구" 또는 "정치"와 같은 주제를 찾아내기 위함이다(예를 들어 "골"이라는 단어가 가장 큰 연관성을 가진 것). 주제들은 각 주제에 대해 단어들을 잘 조립해 그에 상응하는 우도함수를 찾게 된다.

이러한 토픽 모델링 분야는 잠재 디리클레 할당 모델(Blei et al., 2003)이 소개되면서 최근 큰 발전을 이루게 됐다. 잠재 디리클레 할당 모델의 개념은 매우 직관적이고 매력적이고, Hofmann(1999b)의 업적과 같은 문서 모델링에 사용됐다. 모델에 K개의 주제가 있다. 각 주제 $z \in \{1,...,K\}$는 V에 대한 조건부 확률분포와 관련이 있으며, $p(w|z) = \beta_{z,w}$라고 나타낸다(β_z는 토픽 z에 대한 V의 다항분포이다). 잠재 디리클레 할당 모델LDA, Latent Dirichlet Allocation은 3가지 형태로 문서 d를 2.1절의 생성 이야기를 바탕으로 유도하게 된다(문서에서 고정된 단어를 샘플링하는 조건이며, N으로 표시한다).[4]

---

4 LDA 모델 설명을 충분히 하기 위해서 문서에서 단어 수 N을 유도해야 한다. 그리하여 LDA 모델은 다양한 길이의 문서를 만들어낼 수 있다. Biel's 외의 논문에 보면 문서에서 단어의 수는 어떤 비율 λ를 갖는 포아송분포를 따르게 된다. 이 부분은 주로 LDA를 설명할 때 하지 않는다. 문서에서 관측될 거라 간주하고 그 결과로서 단어 수는 추론할 때 알 수 있다. 그러므로 확률적으로 N을 모델링하는 것은 의미 없다.

잠재 디리클레 할당 모델은 식 2.1에서 BoW 모델의 독립 가정을 약화시킬 수 있다. 단어들은 서로 완전히 독립적이지 않지만 주어진 토픽에서 서로 독립적이다. 첫 번째로, 전체 문서에 대해 주제들의 분포를 만들 수 있다.

상수: K, N 정수

파라미터: β

잠재변수: θ, z_i for $i \in \{1,...,N\}$

관측 변수: $w_1,...,w_N(d)$

- -

- 다항 함수를 유도한다. θ over $\{1,...,N\}$. ($\theta \in \mathbb{R}^K$, $\theta_i \geq 0$ for $i \in \{1,...,N\}$, $\sum_{i=1}^{K} \theta_i = 1$)
- 토픽을 유도한다. $z_i \sim$ Multinomial(θ) for $i \in \{1,...,N\}$($z_i \in \{1,...,N\}$)
- 단어를 유도한다. $w_i \sim$ Multinomial(β_{z_i}) for $i \in \{1,...,N\}$($w_i \in V$)
- 문서는 $w_1,...,w_N$으로부터 만들어진 멀티셋을 포함한다.

$$d = \{w : c | w \in V, c = \sum_{j=1}^{N} I(w_j = w)\}$$

가정이 참일 때 1, 아닐 때는 0으로 나타낸다.

생성 이야기 2.1 잠재 디리클레 할당 모델에 대한 생성 이야기. 그림 1.1에서 LDA에 대한 그래프 모델 설명을 한다. 그림 1.1에서 그래프 모델과 비교할 때 생성 모델은 $M = 1$이라고 가정한다(이는 모델이 하나의 문서를 생성한다고 할 수 있다). 루프(loop) 밖은 복수의 문서를 생성하게 된다. θ에 대한 분포는 위에서 정의되지 않았지만, LDA는 디리클레분포에서 유도된다.

두 번째로 문서에서 각 단어에 대한 주제들도 생성된다. 세 번째, 주제와 관련된 단어 인덱스의 다항분포에 따라서 각 단어가 생성된다.

LDA 생성 모델 설명 중 첫 번째 줄을 보자. θ로부터 유도된 분포는 정의되지 않았다. LDA에 대해 설명하려면, 토픽분포에서 유도할 수 있는 "다항분포에 대한 분포"를 정해야 한다. 각 인스턴스 θ는 $\sum_{z=1}^{K} \theta_z = 1$을 만족하는 다항분포이며, $\theta_z \geq 0$이다. 그러므로 집합에 대한 분포는 다음과 같다.

$$\left\{ \theta \mid \forall z \, \theta_z \geq 0 \, , \sum_{z=1}^{K} \theta_z = 1 \right\}$$

LDA는 이런 단일 확률에 대한 분포를 정의하기 위한 디리클레분포를 사용한다.[5] 이는 θ에 대한 분포는 다음과 같이 정의된다고 할 수 있다.

$$p(\theta_1, \ldots, \theta_K \mid \alpha_1, \ldots, \alpha_K) = C(\alpha) \prod_{k=1}^{K} \theta_k^{\alpha_k - 1} \tag{2.2}$$

함수 $C(\alpha)$는 2.2.1절에서 정의된다(식 2.3 그리고 부록 B를 참고하자). 그리고 디리클레분포에 대한 정규화 상수이다.

디리클레분포는 $K(\alpha_1, \ldots, \alpha_K)$개 하이퍼파라미터들과 관련이 있으며, 이는 벡터 $\alpha \in \mathbb{R}^K$로 나타낼 수 있다. 디리클레분포를 $p(\theta_1, \ldots, \theta_K \mid \alpha)$로 나타내는 것은 의존성을 분명히 하기 위해 표기하는 방법에서 편리하다. 이는 α 자신이 랜덤변수 또는 사건을 의미하지 않지만 대신 디리클레분포의 특정 인스턴스를 결정짓는 파라미터들의 집합이라고 볼 수 있다(이 표기법에 관해서는 1.5.5절을 참고하자).

디리클레분포를 선호하는 이유는 3장에 자세히 설명돼 있으며, 켤레에 대한 표기법이 소개된다. 지금까지 디리클레분포를 선택하는 것은 LDA로 추론하기 쉽기 때문에 매우 자연스럽다. 디리클레분포에서 다항분포를 유도하고, 다항분포에 대한 주제를 유도하는 것은 수학적으로 그리고 계산하는 것에 있어서 편리하다. 디리클레분포는 언어를 모델링함에 있어 또 다른 매력적인 특징들이 있는데, 예를 들어 특정 하이퍼파라미터를 선택해 희소 다항분포를 고르는 것이다.

자연어 처리 모델은 종종 생성 구조에서 기본 구성 요소로 다항분포를 사용해 구성된다. 여기에는 파스 트리, 선형, 의존성 트리 등이 포함된다. 이러한 다항분포는 모델의 파라미터를 구성한다. 예를 들어 확률적인 비문맥 문법context-free의 파라미터(8장 참조)는 좌변에 조건화된 우변의 규칙을 생성하는 다항분포들의 집합이다.

---

5   K-차원의 심플렉스는 K-차원의 다면체이고, 이는 $K + 1$개의 꼭짓점을 갖는 볼록 껍질(convex hull)이다. 확률 심플렉스를 정의하는 꼭짓점은 기저벡터이고, 이때 e_i는 $i \in \{1, \ldots, K\}$, $e_i \in \mathbb{R}^k$ 어디서든 0이지만 i번째 좌표에서 1을 갖는 벡터이다.

베이지안 접근법에서 가장 핵심적인 아이디어 중 하나는 파라미터들이 모두 랜덤변수라고 간주하는 것과 더불어, 생성 과정에서 이러한 모델 파라미터 값을 유도하는 것이다. 디리클레-다항 모델 추론과 생성 NLP모델에서 다항분포의 조합은 베이지안 NLP에서 디리클레분포를 일반적으로 또는 집중적으로 사용할 수 있도록 하며, 이는 전혀 놀랍지 않다.

베이지안 NLP에서 디리클레분포를 사용하는 방법과 LDA과 원래 정의된 부분에서 한 가지 미묘한 차이가 있다. LDA에서 토픽분포 θ는 LDA 모델의 파라미터를 나타내지 않는다. LDA에서 유일한 파라미터들은 $k \in \{1,...,K\}$에 대한 토픽 다항분포 β_K이다. 토픽분포 θ는 모델에서 합쳐진 부분이며 이는 각 문서별로 따로 유도돼야 한다. LDA를 베이지안 모델로 돌리기 위해서는 디리클레분포(또는 다른 분포)로부터 β를 유도해야 한다. 이는 최근 LDA를 활용한 일반적인 방법이다(Steyvers and Griffiths, 2007). 그림 2.1에 완전한 베이지안 LDA 모델이 그래프 형태로 표시된다.

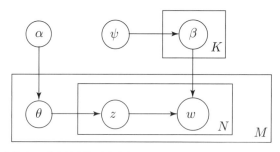

그림 2.1 잠재 디리클레 할당 모델의 완전한 베이지안 버전이다. 사전확률함수가 추가됐고, 현재 랜덤변수이다. 일반적으로 이 사전확률은 하이퍼파라미터를 갖는 (대칭) 디리클레분포이다.

베이지안 NLP에서 디리클레분포가 핵심이기 때문에 다음 절에서 기본적인 특징들을 다룬다. 또 3장에서 디리클레분포를 다시 한 번 다룬다.

2.2.1 디리클레분포

디리클레분포는 고정된 차원에서 확률에 대한 다변량 정규분포를 나타낸다. K개의 연속 랜덤변수에 대한 분포를 의미하며 다음과 같이 나타낸다. $k \in \{1,...,K\}$에 대해 $0 \leq \theta_K \leq 1$일 때,

$$\sum_{k=1}^{K} \theta_k = 1$$

확률 밀도함수는 K개 양의 실수 $\alpha_1, ..., \alpha_K$에 의존한다. $C(\alpha)$가 정규화 상수인 식 2.2에 나타나는 확률 밀도함수는 다음과 같이 정의된다.

$$C(\alpha) = \frac{\Gamma(\sum_{k=1}^{K} \alpha_k)}{\Gamma(\alpha_1) \ldots \Gamma(\alpha_K)} \tag{2.3}$$

$x \geq 0$(부록 B 참조)인 감마 함수−x가 자연수일 때, $\Gamma(x) = (x-1)!$을 만족하는 재귀 함수의 일반화.

이름에서 나타나는 바와 같이 "확률 심플렉스"에서 벡터는 정해진 크기 K에 대한 확률분포를 나타낸다. LDA와 함께 θ는 K개 주제들에 대한 확률분포를 다루고, (개별 토픽은 확률 심플렉스에서 K차원 중 하나와 관련이 있다) 문서에서 각 단어에 대한 주제를 유도하는 데 사용된다.

자연스럽게 디리클레분포의 첫 번째와 두 번째 모멘트는 α와 관련 있다. $\alpha^* = \sum_{k=1}^{K} \alpha_k$를 적용할 때

$$E[\theta_k] = \frac{\alpha_k}{\alpha^*},$$
$$\mathrm{var}(\theta_k) = \frac{\alpha_k(\alpha^* - \alpha_k)}{(\alpha^*)^2(\alpha^* + 1)},$$
$$\mathrm{Cov}(\theta_j, \theta_k) = -\frac{\alpha_j \alpha_k}{(\alpha^*)^2(\alpha^* + 1)}$$

를 만족한다. (모든 k에 대해서 $\alpha_k > 1$일 때) 디리클레분포의 최빈값[6]은

$$\mathrm{mode}(\theta_k) = \frac{\alpha_k - 1}{\alpha^* - K}$$

이다. 만약 $\alpha_K < 1$일 때, 최빈값은 정의되지 않는다. 이런 경우 디리클레분포의 밀도는 잠재적으로 무한하기 때문이다.

---

6   확률분포에서 최빈값은 분포에 대해 가장 일어날 확률값을 뜻한다. 확률 밀도함수와 확률 질량함수로부터 얻어진 최댓값을 나타낸다.

베타분포 $K = 2$일 때와 같은 특수한 경우, 디리클레분포는 또한 베타분포라고 부르며 밀도함수는 다음과 같다.

$$p(\theta_1, \theta_2 \mid \alpha_1, \alpha_2) = \frac{\Gamma(\alpha_1 + \alpha_2)}{\Gamma(\alpha_1)\Gamma(\alpha_2)} \theta_1^{\alpha_1 - 1} \theta_2^{\alpha_2 - 1}$$

$\theta_1 + \theta_2 = 1$이기 때문에, 베타 분포는 $\theta' \in [0, 1]$에 대해 일변수분포라고 표현된다.

$$p(\theta' \mid \alpha_1, \alpha_2) = \frac{\Gamma(\alpha_1 + \alpha_2)}{\Gamma(\alpha_1)\Gamma(\alpha_2)} (\theta')^{\alpha_1 - 1} (1 - \theta')^{\alpha_2 - 1} \tag{2.4}$$

대칭 디리클레분포 K개의 다른 파라미터를 사용하는 대신 디리클레분포는 $\alpha_1 = \alpha_2 = ... = \alpha_K = \alpha' \in \mathbb{R}^+$를 만족하는 α를 사용한다. 이런 경우 디리클레분포는 대칭 디리클레분포라고 부른다. α' 하이퍼파라미터는 집중돼 있는 하이퍼파라미터라고 부른다.

$\alpha_1, ..., \alpha_K$를 단일 파라미터로 만드는 이유는 다음과 같다. (i) 이는 확률분포를 상당히 간단하게 해주며 학습을 더 쉽게 만들어준다. (ii) 모델에 잠재변수가 있다면, 사전확률분포 그리고 (디리클레분포로부터 유도된) 다항분포로부터 유도된다. 또한 다항분포의 다양한 사건에 대한 그 역할은 교환 가능^{interchangeable}하다. 이런 경우를 LDA 모델이라고 한다. 데이터에서 단지 텍스트만 확인할 수 있기 때문에(토픽분포 또는 각 단어와 연관된 토픽과 관계없이), K개 주제의 역할은 순열로 배치될 수 있다. 만일 $\alpha_1, ..., \alpha_K$가 학습 알고리즘에 의해 예측되지 못하고 대신 특정 값에 묶여 있다면, 대칭 디리클레분포를 사용해 α_K를 대칭으로 유지하는 것이 적절하다.

파라미터: θ
잠재변수: Z (and also θ)
관측변수: X

- -

- 파라미터 집합을 유도한다. θ from $p(\theta)$
- 잠재변수를 유도한다. z from $p(z|\theta)$
- 관측 데이터를 유도한다. x from $p(x|z, \theta)$

생성 이야기 2.2 베이지안 모델을 이용한 생성 이야기

그림 2.2는 몇몇 α'값에 대해 $\alpha_1 = \alpha_2 = \alpha' \in \mathbb{R}$일 때, 식 2.4에 대한 확률밀도를 나타내며, α'에 대해 "집중 파라미터"라고 부르는 것을 증명한다. α'가 0에 가까워질수록 분포는 대부분 질량이 확률 0에 가까워질수록 점점 더 밀도가 낮아진다. α'가 커질수록 평균값 주변에 분포는 점점 더 집중된다. 그림은 대칭 베타분포를 보여주는데, 이때 평균값은 모든 α'에 대해 0.5이다. $\alpha' = 1$일 때, 분포는 정규분포를 따른다.

α'에 대해 작은 값은 디리클레분포를 희박하게 만든다는 사실은 NLP 베이지안에서 종종 사용된다. 이 부분은 3.2.1절에서 더 깊이 다룰 것이다. 그림 2.3을 참고하자.

2.2.2 추론

이전에 언급했듯이 토픽 모델링에서 토픽은 잠재변수와 같다. 데이터셋은 다양한 사람이 주석 표시한 주제와 연관돼 있는 문서와 연관돼 존재하지만 대부분의 문서는 이러한 주석을 갖고 있지 않다. 특히 각 단어가 각 주제와 어느 정도 연관돼 있는 LDA 모델과 같은 스타일이 아니다. 사실 LDA 스타일로 토픽 모델에서 정의된 방식으로 주석을 달도록 요청하는 것은 아마도 번거로운 작업일 것이다. 이러한 주제들은 종종 이러한 단어들과 연관성이 뚜렷하지 않거나 완전히 해석할 수 없는 부분이 있기 때문이다(Chang et al., 2009를 참고하자). 자동으로 주제 연관성을 평가하는 부분은 Mimno et al.(2011)과 Newman et al.(2010)을 참고하자. LDA 모델에 관해 주제에 대한 분포 θ와 각 단어에 대한 주제 정체성은 모두 잠재변수를 의미한다. 이런 내용들은 데이터에서 전부 알 수 없으며, 데이터는 그저 텍스트일 뿐이다.

이는 베이지안 NLP에서 역시 일반적이다. 랜덤변수 Z라고 쓰여지는 예측된 문장 구조와 관련 있는 랜덤변수 X(예를 들어 문서 또는 문장)가 있다. X와 Z의 생성은 θ로 파라미터화된 어떤 분포들과 관련 있다. 파라미터 θ는 랜덤변수인데 이는 예를 들어 디리클레분포를 따르게 되거나 더 일반적으로 특정 분포 $p(\theta)$를 따른다. 이 분포는 다시 말해 사전확률분포라고 부른다. 생성 이야기 2.2는 이 과정을 설명한다.

여기서 LDA에서 생성 과정과 매우 흡사한 내용이 있는데, 토픽분포는 파라미터 집합의 역할을 하고, 주제 선정은 잠재 구조에 관한 역할을 하며, 문서의 단어는 관측된 데이터 역할을 수행한다.

위의 생성 과정은 다음과 같은 결합확률분포를 따른다. $p(X, Z, \theta)$

$$p(x, z, \theta) = p(\theta) p(z \mid \theta) p(x \mid \theta, z)$$

베이지안 추론의 목표는 잠재변수 z(또는 이와 관련된 분포)를 추론하거나 파라미터 θ(이와 관련된 분포)를 추론하는 것이다. 일반적으로 베이지안 추론의 목표는 주어진 데이터 x에 대해 모델에서 관측되지 않은 랜덤변수에 대한 사후확률분포를 얻는 것이다. 위의 일반적인 베이지안 모델과 같이 사후확률분포는 $p(Z, \theta \mid x)$이다.

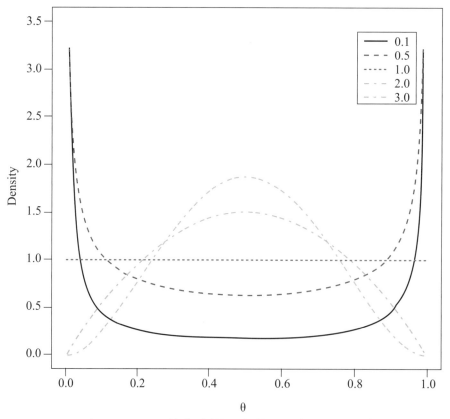

그림 2.2 $\alpha_1 = \alpha_2 = \alpha'$일 때, 베타분포 밀도함수 $\alpha' = \{0.1, 0.5, 1, 2, 3\}$.

이러한 예측들은 고정값이 아닌 사후확률분포와 같은 분포를 따른다. 기본적인 수준에서 베이지안 추론은 단일 z 또는 θ에 의존하지 않는다(그러나 우리는 점 추정값에 더 관심을 갖는 경우가 있다. 4장을 참고하자. 그리고 가끔은 예측 구조 중 고정값에 더 초점을 맞추기도 한다).

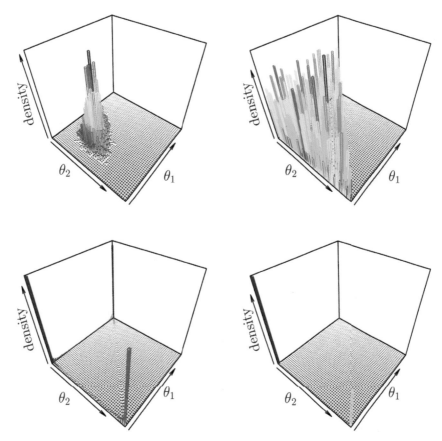

그림 2.3 다양한 α에 대해 $K = 3$일 때 대칭 디리클레분포로부터 표본 데이터를 표시한 그림. 위-왼쪽: $\alpha = 10$, 위-오른쪽: $\alpha = 1$, 아래-왼쪽: $\alpha = 0.1$, 아래-오른쪽: $\alpha = 0.01$. 위 그림은 $\alpha < 1$임을 증명하고, 디리클레분포는 확률값이 희박한 가운데 중심에 위치함을 보여준다. $\alpha = 1$일 때, 확률분포는 정규분포를 따른다.

사후확률분포를 정의하기 위해 베이지안 통계는 베이즈 법칙을 적용해 랜덤변수 θ를 이용한다. 좀 더 자세하게 사후확률분포는 다음과 같이 정의된다.

$$p(z, \theta \mid x) = \frac{p(\theta)\,p(z \mid \theta)\,p(x \mid z, \theta)}{p(x)} \qquad (2.5)$$

위에서 $p(x)$는 주변 상수이며, 식 2.5에 대한 확률을 합하는 역할을 한다. 그러므로

θ는 연속적이라고 가정할 때, 다음과 같은 경우가 성립한다.

$$p(x) = \int_\theta p(\theta) \left(\sum_z p(z \mid \theta) p(x \mid z, \theta) \right) d\theta \qquad (2.6)$$

수학적으로, 베이지안 추론은 쉽고 명쾌하다. 베이즈 법칙에 따라 조건분포 를 역으로 구하고, 사후확률분포를 계산할 수 있다. 식 2.5의 모든 부분들은 이미 이론적으로 알고 있는 사실이다. 단지 확률이론에서 좀 더 기본적이고 간단한 결과들에 의존할 필요가 있을 뿐이다.

그러나 베이지안 추론을 사용해서 계산하는 것이 항상 사소한 일은 아니다. 가장 어려운 부분은 예측에 필요한 주변화 상수(식 2.6)를 계산하는 것이다. 주변화 상수는 무한한 이산 집합을 합하거나 연속 집합을 합하는 것이 필요하다. 이는 종종 매우 다루기 힘든 문제이지만 켤레사전확률분포는 이런 문제를 쉽게 해줄 것이다(3장). 이런 주변화 상수 중 오직 하나가 필요할 때라도(변분 추론, 6장을 참고하자), 추론은 매우 복잡해질 수 있다.

마르코프 체인 몬테카를로 또는 변분 추론과 같은 근사 추론 방법을 통해 이런 어려운 부분들을 해결할 수 있다. 이는 5장과 6장에서 차례로 다룰 예정이다.

2.2.3 요약 정리

LDA 모델링과 추론의 핵심 아이디어는 베이지안 NLP에서 사용되는 일부 원리와 매우 흡사하다. 가장 주목할 만한 것은 다항분포 정의를 위해 디리클레분포를 사용하는 것이다.

LDA는 각 문서의 각 단어에 대한 토픽 할당 사후확률분포와 각 문서의 주제에 대한 분포를 추론해야 한다. 이것이 바로 LDA 모델에서 2가지 잠재변수다. 유사하게 베이지안 NLP에서도 파스 트리 또는 시퀀스와 같은 잠재 구조와 모델 파라미터를 추론할 필요가 있다.

2장에 기술된 LDA, 베이지안 모델, 더 일반적으로 생성 모델과 같은 추론 종류는 기본 모델로 여겨지는 생성 모델의 역설이라고 생각될 수 있다. 모델은 연속적으로 샘플 데이터를 생성하고 우리는 이 모델로부터 생성된 최종 결과물의 부분만 보게 된다. LDA의 경우, 모델은 일반 텍스트를 결과물로 생성할 것이다. 추론은 거꾸로 작용해 이 텍스트를 생성하는 데 사용된 누락된 값(토픽분포 또는 토픽 그 자체)을 표현하고자 한다.

2.3 두 번째 연습 문제: 베이지안 텍스트 회귀

비록 베이지안 NLP가 대부분 비지도 학습에 초점을 맞추고 있지만, 일반적으로 베이지안 추론은 불완전 데이터로부터 학습하는 것에 국한돼 있지는 않다. 이는 또한 학습 예시가 모델의 입력과 출력을 모두 포함하는 분류 및 회귀와 같은 문제를 예측하는 데 종종 사용된다.

이번 절에서는 텍스트의 본문에 기초한 연속된 값을 예측하는 텍스트 회귀 사례를 베이지안 학습으로 설명한다. 2.2절의 표기법을 이번에도 계속 사용할 것이고 d는 문서를 의미하고, 이는 단어들의 집합과 단어 등장 횟수를 나타낸다. 더불어 예측돼야 하는 연속값을 랜덤변수 Y라 지칭한다. 예를 들어 D는 영화 리뷰이며, Y는 비평가 또는 그와 관련된 사람들이 해당 영화에 준 평균 평점을 예측한 값이다(Joshi et al., 2010). 그러므로 여기서 예측 문제는 영화 리뷰 텍스트에서 해당 영화가 몇 개의 별점을 받을 것인지 예측하는 것이다.

이 예측 문제를 푸는 방법 중 하나는 베이지안 선형회귀 문제다. 이는 추론 알고리즘의 입력으로 이러한 연습 문제 $(d^{(i)}, y^{(i)})$ for $i \in \{1,...,n\}$을 받는 것을 의미한다. 함수 $f(d)$는 문서를 벡터로 매핑하는 것을 의미한다. 이는 문서의 정보를 벡터로 나타내는 피처함수이며, 최종 예측은 이에 기반한다. 예를 들어 K는 문서에 포함되는 단어집의 크기이며, $[f(d)]_j$는 문서 d에서 j번째 단어의 등장 횟수를 나타낸다.

선형회귀 모델은 일반적으로 Y와 d 사이에 확률적 관계가 있다고 가정한다.

$$Y = \theta \cdot f(d) + \epsilon$$

이때 $\theta \in \mathbb{R}^K$는 선형회귀 모델의 파라미터이고 ϵ는 평균 0을 갖는 노이즈이며 가우스 변수 분산 σ^2로 나타낼 수 있다. 단순하게 표현하기 위해 우리는 σ^2를 안다고 가정하고, 그에 대해 추론하지 않는다. 그 결과로 학습 문제는 θ에 대한 추론 문제가 된다.

위에서 언급한 바와 같이 ϵ는 모델의 가우시안 변수로 간주하고, Y는 특히 가우시안 고정 θ와 문서 d에 대해 평균 값 $\theta \cdot f(d)$로 나타낼 수 있다. Y의 분산은 σ^2이다.

베이지안 선형회귀에서, θ에 대해 사전확률분포를 정하고, 분포 $p(\theta|\alpha)$라고 한다. 결과적으로 θ와 $Y^{(i)}$에 관한 결합확률분포는 다음과 같다.

$$p\left(\theta, Y^{(1)} = y^{(1)}, \ldots, Y^{(n)} = y^{(n)} \mid d^{(1)}, \ldots, d^{(n)}, \alpha\right)$$

$$= p\left(\theta \mid \alpha\right) \prod_{i=1}^{n} p\left(Y^{(i)} = y^{(i)} \mid \theta, d^{(i)}\right)$$

이런 경우 베이지안 추론은 베이즈 법칙을 사용해 데이터 $y^{(i)}$, $d^{(i)}$ for $i \in \{1, \ldots, n\} \theta$ 에 대한 확률분포를 구할 수 있다. 만약 $Y^{(i)}$에 대해 우도함수를 켤레사전확률분포에 따라 선택한다면 이 경우 역시 정규분포를 따르게 되고 분포는 다음과 같은 정규분포로 표현된다.

$$p(\theta \mid y^{(1)}, \ldots, y^{(n)}, d^{(1)}, \ldots, d^{(n)})$$

정규분포와 그 자신 사이의 켤레 관계는 3장에서 더 자세히 다룰 것이다. 또한 2장의 연습 문제 6번을 참고하자. 또한 2가지 더 확장된 시나리오가 있다. 하나는 $Y^{(i)}$가 다변임을 뜻하며, $y^{(i)} \in \mathbb{R}^M$로 나타낸다. 이런 경우 θ는 $\mathbb{R}^{M \times K}$ 행렬이다. 또 다른 경우는 분산 σ^2을(또는 다변항의 경우 공분산 행렬로 우도함수와 사전확률분포를 계산할 수 없는 경우) 알 수 없는 경우이다. 이런 2가지 경우에 대한 베이지안 선형회귀의 모든 유도 과정은 Minka(2000)를 참고하자.

2.4 요약

NLP에서 처음에는 베이지안 통계를 베이지안 점 추정을 바탕으로 한다. 베이지안 환경에서 점 추정치를 얻는 방법은 4장을 참고하자. NLP에서 요즘 베이지안 통계를 사용하는 방법은 이론적인 방법과 기술적인 방법을 모두 사용하는 것이며, 이는 최근 통계학과 머신러닝 커뮤니티에서 큰 발전을 이뤘다. PCFG 또는 HMM과 같은 NLP 모델에 특별히 맞춰진 베이지안 모델 또한 설명돼 있다. 8장을 참고하자.

NLP 분야 이외에도 실질적인 관점에서 볼 때 옛날 빈도주의적 방법과 베이지안 방법 모두 장점과 단점이 있다. 베이지안 추론은 베이즈 법칙을 통해 데이터에 대한 사전 정보를 합치는 자연스럽고 주요한 방법이 있다. 추론은 사후확률분포를 추론한다는 것을 의미하고, 이는 새로운 데이터가 등장했을 때 사전 정보로 활용할 수 있다. 또한 해석할 수 있는 결과들을 제공한다(예를 들어 베이지안 신뢰 구간). 개념적으로 베이지안 접근법은 또한 데이터에 따라 다른 추론을 하며 이는 매우 정확하다. 그러나 때론 이러한 추론을 수행하는 것이 계산적으로 난해하며, 근사하는 방법을 사용해야 한다. 베이지안 접근법도 사전분포에 많이 의존하지만, 어떻게 해당 사전분포를 선택해야 하는지에 대한 방법을 제시하지는 않는다. 베이지안 분석에 대한 장점과 단점을 분석한 내용은 Berger(1985)를 참고하자.

2.5 연습 문제

2.1   다음 생성 이야기를 보자. 사후확률분포를 분석할 수 있는지? 만일 가능하다면 다음에서 증명해보자.

상수: n 정수
하이퍼파라미터: $\alpha > 0$
잠재변수: $Z^{(1)},...,Z^{(n)}$
관측 변수: $X^{(1)},...,X^{(n)}$

- -

- 대칭 베타분포에서 하이퍼파라미터($\alpha > 0$)를 갖는 크기 2인 다항분포를 유도하자
- 다항분포에서 $z^{(1)},...,z^{(n)}$를 유도하자. $z^{(i)} \in \{0, 1\}$
- $n - 1$개 이진랜덤변수를 정의하자. $x^{(1)},...,x^{(n-1)}$. $x^{(i)} = z^{(i)}z^{(i+1)}$

2.2   (그림 2.1) 베이지안 LDA의 그래프 모델을 보자. 관측 변수(문서에 대한 단어들)에 대한 결합확률분포를 적어보자(주제 분포에 대한 디리클레분포를 사용하자).

2.3 Alice는 "앞면"보다 "뒷면"이 더 자주 등장하는 편향된 동전을 갖고 있다. 그녀는 하이퍼파라미터 α에 대해 이 동전에 대한 대칭 베타 사전분포를 구하고자 한다. 베타 분포로부터 유도된 θ는 뒷면의 확률을 나타낸다($1 - \theta$는 앞면의 확률이다). 동전의 불공정함에 대한 Alice의 지식은 α 범위로 어떻게 설명될 수 있을까?

2.4 2장에서 언급했듯이 대칭 디리클레분포에서 $\alpha < 1$을 만족하는 하이퍼파라미터를 선택하는 것은 디리클레분포를 희박하게sparse 만든다. 언어의 어떤 특성이 그렇게 희박한 사전확률분포를 사용해 수학적으로 모델을 만드는 데 유용하다고 생각하는가?

2.5 LDA 모델은 문서의 각 단어에 대해 작성하는 주제들 사이에 독립성을 가정한다. 토픽에 대한 바이그램bigram과 같은 분포를 가정하는 결합 확률분포와 생성 이야기를 설명할 수 있는가? 이는 각 토픽 $Z^{(i)}$는 $Z^{(i-1)}$에 의존하는 것을 의미한다. 문서 모델링에서 어떤 시나리오가 이 모델에 더 적합한가? 이유는?

2.6 2.3절의 연습 문제에 관한 설명을 완성하라. 더 자세히 설명하자면 $p(\theta|\mu, \lambda^2)$에 대한 사전확률분포는 평균 μ과 분산 λ^2을 가진 정규분포라는 사실을 가정하고, $y^{(i)}$, $d^{(i)}$ for $i \in \{1,...,n\}$, θ에 대한 사후확률분포를 구하는 것이다.

CHAPTER 3

사전확률분포

사전확률분포는 베이지안 모델링의 기본 구성 요소이다. 베이지안 NLP를 설명하기 위해서 사전확률분포의 개념과 일부 역학적 관계에 관한 설명을 해야 한다. 핵심은 우선 일련의 가설에 대한 분포 또는 매개변수 모델 군을 다룰 때 매개변수에 대한 분포다. 본질적으로 사전분포는 모델러가 데이터를 관찰하기 전에 데이터가 생성되는 매개변수의 아이덴티티에 대한 사전 신념을 나타낸다.

베이지안 통계에 관한 비판 중 하나는 특히 적은 양의 데이터만 사용할 수 있는 경우에 이전 패밀리가 사용한 데이터를 기반으로 다른 추론을 유도한다는 점에서 객관성이 부족하다는 것이다. 그러한 견해가 정당화되는 상황이 종종 발생한다(예를 들어 미국 식품 의약청Food and Drug Administration은 한동안 베이지안 접근법에 대해 비판적인 시각을 가졌지만 (Feinberg, 2011)). 특정 상황에서 베이지안 통계를 사용한 이후, FDA는 객관성 부족은 문제가 되지 않는다는 결론을 내렸다. 대신 NLP보다 엔지니어링 문제를 해결한다. NLP 에서 문장과 같은 일부 입력이 주어진 언어 구조를 예측하는 모델(또는 디코더)의 품질에 대한 최종 "테스트"는 종종 통계 모델에 직접 인코딩되지 않은 평가 메트릭을 사용한다. 이 평가 메트릭을 사용하기 위해 정확한 평가 메트릭이 존재하며(감독된 경우, 감독되지 않은 경우, 보이지 않는 데이터 또는 추론을 수행할 수 있는 데이터를 사용할 수 있음), 주관적으로 평가될 가능성을 제거할 수 있다.

사실 베이지안 모델링의 추가 자유도, 사전확률분포는 NLP에서 큰 이점이 될 수 있다. 모델러는 평가 척도를 최대화하는 방식으로 추론과 학습에 편향을 갖는 사전확률분포를 선택할 수 있다. 이것은 반드시 수학적 최적화 문제로 직접적으로 행해지는 것이 아니라 실험을 통해 이뤄진다.

이 점은 베이지안 NLP 문헌에서 일관되게 이용돼 왔는데, 여기서 사전확률분포는 자연어에서 발견되는 어떤 유용한 속성을 보여주기 때문에 선택할 수 있게된다. 올바른 설정에서 디리클레분포는 종종 희박한 해결 방법으로 이어지는 것으로 나타난다 (2장 참조). 반면 로지스틱정규분포는 다항분포의 다양한 매개변수 사이의 관계를 포착할 수 있다. 또 다른 수작업으로 조작된 전과도 사용돼 언어의 특정 속성을 반영하고 있다.

3장에서는 베이지안 NLP에서 사용되는 주요 사전확률분포의 종류를 다룬다. 여기서 켤레사전확률분포를 논의하고(3.1절), 특히 디리클레분포(3.2.1절)에 초점을 맞춘다. 디리클레분포에 대한 논의는 다항분포가 베이지안 NLP의 주요 모델링이기 때문에 다항분포를 고려해 이뤄진다(3.2절).

3.1 켤레사전분포

베이지안에서 기본적인 추론은 사후확률분포(2장)의 연산을 필요로 한다. 모델 매개변수에 대한 분포는 사전확률분포의 정보를 관측된 데이터와 함께 통합해 얻는다. 주의를 기울이지 않고 사전확률분포 또는 우도함수에 제한을 두지 않으면 이 추론을 다루기가 어려울 수 있다. 불완전한 데이터(잠재적 변수 포함)를 추론할 때 이 문제는 더욱 심각해진다. 이 경우, 사후확률분포는 두 파라미터와 잠재변수 모두에 걸쳐 정의된다.

켤레사전분포는 잠재변수가 존재하지 않을 때 이러한 잠재적 난이도성intractability을 제거하며, 또한 모델에 잠재변수가 존재할 때 큰 도움이 된다. 다음과 같은 계산으로 얻은 사후확률분포가 사전확률분포의 일원이면, 사전확률분포는

$$posterior = \frac{prior \times likelihood}{evidence}$$

우도함수의 켤레함수다.

이러한 개념을 좀 더 자세히 설명해보자. 우리는 모델에서 모든 무작위 변수에 대한 경험적 관찰을 하는 경우(즉, 잠재변수가 없는 경우) 켤레사전확률분포를 사용해 설명한

다. $p(\theta|\alpha)$가 하이퍼파라미터 α와 함께 사전확률분포가 되도록 해보자. 하이퍼파라미터 자체는 파라미터일 뿐이며, 우도함수를 파라미터화하는 대신, 사전확률분포를 파라미터화한다. 그것들은 고쳐지고 알려지거나 추론될 수 있다. 우리는 하이퍼파라미터가 일련의 하이퍼파라미터 A에서 온다고 가정한다. 또한 $p(X|\theta)$는 관측된 데이터의 우도에 대한 분포 함수가 되도록 한다. 우리는 임의 변수 $X = x$의 예를 관찰한다. 여기서 추론한다는 것은 분포 $p(\theta|x)$를 확인할 필요가 있다는 것을 의미한다. 우리는 다음과 같은 것들이 일부 $\alpha' = \alpha'(x, \alpha) \in A$에 대한 사후확률분포

$$p(\theta \mid x, \alpha) = p(\theta \mid \alpha')$$

에 해당하는 경우, 사전확률분포 $p(\theta|x)$는 확률 $p(X|\theta)$에 관한 켤레사전확률분포라고 말한다. α'는 관측치 x와 α의 함수로, 우리가 추론을 하고자 하는 하이퍼파라미터다(이것은 사후확률분포를 계산하기 위해 함수 $\alpha'(x, \alpha)$를 계산할 수 있어야 한다는 것을 의미한다). 켤레사전확률분포의 수학적인 정의가 베이지안 추론을 더 다루기 쉽게 만드는지에 대해서 제대로 설명하고 있지 않다. 사실 위의 정의에 따르면 켤레사전확률분포를 사용한다고 해서 계산하기 편한 것을 보장할 수는 없다.

켤레사전확률분포는 함수 $\alpha'(x, \alpha)$가 효율적으로 계산될 수 있을 때 유용하며 실제로 이는 켤레사전확률분포를 사용할 때 종종 그러하다.

$\alpha'(x, \alpha)$가 효율적으로 계산될 수 있다면, 베이지안 접근 방식의 추론 방법은 상당히 단순해진다. 위에서 언급한 바와 같이 매개변수에 대한 사후확률분포를 계산하기 위해서는 $\alpha'(x, \alpha)$ 계산만 하면 되며 이는 사후확률분포를 정의하는 새로운 하이퍼파라미터 세트를 도입한다.

다음 예는 정규분포 변수의 켤레사전분포에 대한 생각을 보여준다. 이 예에서는 변수 X를 이 지점까지의 이산형 변수로 끈질기게 취급하는 것과 달리, X는 연속형 변수로 설정된다. 이것은 비교적 단순하고 잘 알려진 예시인 (평균값 매개변수에 관한) 정규분포의 켤레성을 증명하기 위함이다.

예시 3.1 예상 값을 가진 정규분포에서 X를 추출하도록 한다. θ와 고정된 알려진 분산 σ^2(변수나 하이퍼파라미터가 아님), 즉, X 지점의 확률밀도함수는 다음과 같다.

$$p(x \mid \theta) = \frac{1}{\sigma \sqrt{2\pi}} \exp\left(-\frac{1}{2}\left(\frac{x-\theta}{\sigma}\right)^2\right)$$

또한 θ는 모든 $\alpha \in A$가 쌍 (μ, λ^2)인 하이퍼파라미터 세트 $A = \mathbb{R} \times \mathbb{R}^+$에 의해 제어되는 정규분포인 사전확률분포에서 도출된다. μ 값은 이전 값의 예상 값을 나타내고 λ^2 값은 분산을 나타낸다. $\mu \in \mathbb{R}$와 $\lambda^2 = \sigma^2$, 즉, 사전확률분포의 분산이 우도의 분산과 동일하다고 가정하는 것과 같다(이것은 사후확률분포를 유도하기 위해 단순하게 가정하는 부분이지만, 분산이 동일하지 않을 때 유사하게 유도하기 위해 이와 같은 가정을 따를 필요는 없다). 그러므로 사전확률분포는 다음과 같다.

$$p(\theta \mid \alpha) = \frac{1}{\sigma \sqrt{2\pi}} \exp\left(-\frac{1}{2}\left(\frac{\theta-\mu}{\sigma}\right)^2\right)$$

우도함수가 형성되는 것에 기초해 단일 관측치 x가 관찰된다고 가정하자. 관심의 양은 사후확률분포 $p(\theta|x, \alpha)$이다. 여기서 베이지안 추론은 다음과 같은 형식을 가지고 있다고 규정한다.

$$p(\theta|x, \alpha) = \frac{p(\theta \mid \alpha)\,p(x|\theta)}{\int_\theta p(\theta \mid \alpha)\,p(x|\theta)d\theta} \tag{3.1}$$

분자는 다음과 같다.

$$\begin{aligned}
p(\theta \mid \alpha)p(x|\theta) &= \left(\frac{1}{\sigma \sqrt{2\pi}} \exp\left(-\frac{1}{2}\left(\frac{x-\theta}{\sigma}\right)^2\right)\right) \times \left(\frac{1}{\sigma \sqrt{2\pi}} \exp\left(-\frac{1}{2}\left(\frac{\theta-\mu}{\sigma}\right)^2\right)\right) \\
&= \frac{1}{2\pi\sigma^2} \exp\left(-\frac{1}{2}\left(\frac{(x-\theta)^2 + (\theta-\mu)^2}{\sigma^2}\right)\right)
\end{aligned} \tag{3.2}$$

이를 정리하면 다음과 같은 결과를 나타낸다.

$$(x-\theta)^2 + (\theta-\mu)^2 = \frac{\left(\theta - \dfrac{x+\mu}{2}\right)^2 + \dfrac{1}{2}(x-\mu)^2}{1/2}$$

$\frac{1}{2}(x - \mu)^2$ 부분은 θ에 의존하지 않기 때문에 분자와 분모 둘 다에서 없어질 것이다. 이는 분모를 적분해서 빼낼 수 있다. 따라서 우리는 그것을 다음 방정식에 포함시키지 않는다. 그다음 방정식 3.1을 다음과 같이 다시 쓸 수 있다.

$$p(\theta|x,\alpha) = \frac{p(\theta \mid \alpha)p(x|\theta)}{\int_\theta p(\theta \mid \alpha)p(x|\theta)d\theta} = \frac{\exp\left(-\frac{\left(\theta - \frac{x+\mu}{2}\right)^2}{\sigma^2/2}\right)}{C(x,\alpha)} \quad (3.3)$$

분모에 있는 항은

$$C(x,\alpha) = \int_\theta \exp\left(-\frac{\left(\theta - \frac{x+\mu}{2}\right)^2}{\sigma^2/2}\right) d\theta$$

$p(\theta|x, \alpha)$가 θ를 1로 통합하는 것을 보장하는 정규화 상수다. 방정식 3.3의 분자는 평균값 $\frac{x+\mu}{2}$와 분산이 $\sigma^2/2$인 정규분포의 형태를 가지고 있기 때문에, 이는 방정식 3.3이 실제로 $\alpha'(x,\alpha) = \left(\frac{x+\mu}{2}, \frac{\sigma}{\sqrt{2}}\right)$와 같은 정규분포의 확률밀도함수라는 것을 의미하며, 여기서 μ와 σ^2는 α로 정의된다. 자세한 내용은 부록 A를 참조하자. 정규화 상수는 이러한 특정 하이퍼파라미터로 정규분포의 확률밀도함수를 쉽게 도출할 수 있다.

이 예로부터의 결론은 사전확률분포 $\{p(\theta|\alpha)|\alpha = (\mu, \sigma^2) \in \mathbb{R} \times (0, \infty)$가 고정 분산을 갖고 정규분포를 따르는 우도함수와 켤레 관계라는 것이다(즉, 우도함수는 정규분포의 평균값에 의해서만 매개변수화된다).

일반적으로 $\alpha = (\mu, \sigma_0)$(예: $\theta \sim \mathrm{Normal}(\mu, \sigma_0^2)$ 및 n 관측치 θ와 동일하게 분배되고 $(X^{(i)} \sim \mathrm{Normal}(\theta, \sigma^2)$와 독립적으로) 다음과 같이 유지된다.

$$\alpha'\left(x^{(1)}, \ldots, x^{(n)}, \alpha\right) = \left(\frac{\mu + \sum_{i=1}^n x^{(i)}}{n + 1}, \sqrt{(1/\sigma_0^2 + n/\sigma^2)^{-1}}\right) \quad (3.4)$$

즉, 사후확률분포는 식 3.4에 지정된 평균 및 분산을 갖는 정규분포다. 우도함수 분산에 대한 완전한 내용은 위의 예시에서 확장된 버전에서 가정할 수 있다.

이것은 사전확률분포가 θ에 대해서만 정의되고 σ가 아닌 것으로 정의됨을 의미한다. 분산을 모를 때, (좀 더 일반적으로 다변량 정규 변수의 공분산 행렬이 알려지지 않은 경우) 실제로 켤레사전확률분포에 대한 분산을 정의함에 있어서, 더 주의를 기울여야 한다(더욱 구체적으로 Inverse-Wishart 분포는 이 경우 공분산 행렬에서 대해 정의된 켤레사전확률분포일 것이다).

연습 문제 3.1과 식 3.4는 켤레사전확률분포와 그에 해당하는 사후확률분포가 반복되는 점을 보여준다. 많은 경우, 하이퍼파라미터 α는 함수 $\alpha'(x, \alpha)$에서 "의사 관찰"의 역할을 한다. 식 3.4에서 설명한 바와 같이 μ는 나머지 관측치의 합계에 추가해 함께 평균을 구한다. 따라서 이 하이퍼파라미터는 사후확률분포에서 고려되는 값 μ를 가진 추가 관측치로 기능을 한다.

혼동을 피하기 위해 사후확률분포와 우도함수 모두 이 켤레의 예에서 일반적이지만, 사전확률분포와 우도함수는 보통 같은 분포의 구성원이 아니라는 점에 유의할 필요가 있다. 가우스 우도함수의 경우, 정규 확률 밀도함수의 특정 대수적 특성 때문에 켤레사전확률분포 역시 (평균 파라미터에 관한) 가우스분포다.

3.1.1 켤레사전확률과 정규화 상수

식 3.1의 사후확률분포 추론을 보자. 중요한 계산은 사후확률분포를 완전히 구별하기 위해 정규화 상수 $\int_\theta p(\theta|\alpha)p(x|\theta)d\theta$를 계산하는 것이었다.[1] 이 정규화 상수는 공동분포 $p(\theta, x|\alpha)$에서 θ의 한계화marginalization하는 것일 뿐이므로 $p(x|\alpha)$와 동일하다.

따라서 사후확률분포의 계산에 필요한 핵심 단계는 "증거"라고 부르는 $p(x|\alpha)$를 계산하는 것이다. 그 후 θ 지점마다 사전확률분포와 우도함수의 곱을 나누어 쉽게 평가할 수 있다. 예시 3.1의 켤레사전확률분포를 사용하면 이러한 정규화 상수를 명시적으로 계산할 필요가 없어졌지만, 그 대신 우리는 좀 더 간접적으로 계산할 수 있게 된다.

---

1   이후 5장과 6장에서 볼 수 있듯이 MCMC 샘플링 및 변분 추론과 같은 근사 추론을 사용해 이런 주 변화 상수를 계산하지 않아도 된다.

식 3.2가 정규분포의 대수적 형태(상수까지)를 가지고 있다는 것은 사후확률분포가 적절한 $\alpha'(x, \alpha)$를 가진 정규 변수임을 의미한다. 따라서 $p(x|\alpha)$를 명시적으로 계산하는 것은 불필요하다. 사후확률분포는 분석적 형태로 그 확률밀도함수를 충분히 알고 있는 (정상적) 분포로 확인됐기 때문이다.

만약 우리가 $p(x|\alpha)$의 계산하고자 한다면, 우리는 우리의 계산을 정규분포의 잘 알려진 확률밀도함수에 기초할 수 있다. 식 3.1은 모든 θ에 대해 다음과 같은 것을 의미한다.

$$p(x|\alpha) = \int_\theta p(\theta|\alpha)p(x|\theta)d\theta = \frac{p(\theta|\alpha)p(x|\theta)}{p(\theta|x, \alpha)} \tag{3.5}$$

이는 체인 규칙을 양방향으로 적용한 직접적인 결과다.

$$p(x, \theta|\alpha) = p(x|\alpha)p(\theta|\alpha, x) = p(\theta|\alpha)p(x|\theta, \alpha)$$

식 3.5의 오른쪽이 θ에 의존하는 것처럼 보이지만, 우리가 오른쪽을 대수적으로 계산해본다면 θ를 포함한 모든 항이 없어진다는 점에 유의해야 한다. 왼쪽이 θ에 대해 의존하지 않기 때문이다. 언급한 바와 같이 오른쪽은 θ를 선택할 때 적용된다. 예시 3.1의 정규분포의 경우, 식 3.5의 세 가지 분포는 모두 정규분포이므로 공식을 사용해 확률밀도함수를 계산할 수 있다(단변량 또는 다변량 형태의 정규분포 정규화 상수 계산도 함께 알려져 있고 쉽게 계산할 수 있다).

이러한 종류의 대수적 관계는 잘 알려진 밀도함수를 갖는 대부분의 켤레사전확률분포에서 존재한다. 대수의 편리성은 종종 켤레사전확률분포의 다소 부정확한 정의로 이어질 수 있는데, 가장 흔한 것은 "켤레사전확률분포는 사후확률분포의 닫힌 형태의 해결책"이라는 것이다. 비록 이것이 많은 경우 사실일지라도, 켤레사전확률분포의 엄격한 정의는 주어진 사전확률분포와 우도함수로부터 얻은 사후확률분포가 동일한 사전확률분포에 속한다는 것을 의미한다. 이와 같이 켤레성은 항상 우도함수와 사전확률분포 집합이라는 맥락에서 결정된다.

3.1.2 잠재변수모델의 켤레사전확률 활용

본 절의 앞부분에서 완전한 데이터를 이용할 수 있을 때 켤레사전확률분포가 베이지안 추론을 다루기 쉽게 만든다는 것을 입증했다. 예시 3.1은 켤레사전확률분포를 가정할 때 사후확률분포를 쉽게 식별할 수 있는 방법을 보여줌으로써 이를 입증했다. 사전확률분포와 함께 우도함수의 결과물이 잘 알려진 분포의 대수 형태가 되기 때문에 켤레사전확률분포는 켤레사전확률분포와 근거 정규화 상수의 명시적 계산이 종종 불필요하다.

앞에서 언급한 바와 같이 사후확률분포 정규화 상수 계산은 사후확률 추론을 수행하는 데 있어서 주된 장애물이다.

만약 그렇다면, 우리는 다음과 같이 물어볼 수 있다. 모델의 잠재변수가 존재하는 경우에 켤레사전확률분포가 도움이 되는가? 잠재변수의 경우 정규화 상수는 파라미터와 잠재변수의 한계화를 수반하기 때문에 더욱 복잡하다.

매개변수 θ, 잠재변수 z 및 관측변수 x(둘 다 이산형)에 대한 전체 분포를 가정하고, 이는 다음과 같다.

$$p(\theta, z, x \mid \alpha) = p(\theta \mid \alpha)p(z \mid \theta)p(x \mid z, \theta)$$

잠재변수와 매개변수에 대한 사후확률분포에는 다음과 같은 형식이 있다(이러한 사후확률분포 예에 대한 자세한 내용은 2.2.2절 참조).

$$p(\theta, z \mid x, \alpha) = \frac{p(\theta \mid \alpha)p(z \mid \theta)p(x \mid z, \theta)}{p(x \mid \alpha)}$$

따라서 정규화 상수 $p(x \mid \alpha)$는 다음과 같다.

$$p(x \mid \alpha) = \sum_z \left(\int_\theta p(\theta)p(z \mid \theta)p(x \mid z, \theta)d\theta \right) = \sum_z D(z) \qquad (3.6)$$

여기서 $D(z)$는 위의 합 안에 있는 항으로 정의된다. 식 3.6은 정규화 상수가 잠재변수에 대한 합계를 요구할 때에도 켤레사전확률분포가 유용하다는 것을 보여준다. 사전확률분포 집합이 분포 $p(X, Z \mid \theta)$와 결합되는 경우 함수 $D(z)$는 어떤 z에 대해서도 수학적으로 쉽게 계산할 수 있다. 그러나 $D(z)$의 형태가 상당히 복잡할 수 있기 때문에 $\sum_z D(z)$가 항상 다루기 쉬운 것은 아니다.

관련 참고 사항에서 합과 적분의 순서를 바꾸면 다음과 같이 유지할 수 있다.

$$p(x \mid \alpha) = \int_\theta p(\theta) \left(\sum_z p(z \mid \theta) p(x \mid z, \theta) \right) d\theta = \int_\theta p(\theta) D'(\theta) d(\theta)$$

여기서 $D'(\theta)$는 z를 합한 항으로 다시 정의된다. 그 다음, 모든 θ에 대해 $D'(\theta)$를 이산형 공간에 걸쳐 합산하는 동적 프로그래밍 알고리즘이나 기타 알고리즘을 사용해 계산할 수 있는 경우가 많다(예를 들어 잠재변수 공간에 기초적인 PCFG 문법이 있는 파스 트리가 포함된 경우, 내부 알고리즘인 CKY 알고리즘의 변형을 사용해 $D'(\theta)$를 계산할 수 있다. 자세한 내용은 8장을 참고하자). 적분과 합으로 전환한다고 한계화 상수를 계산하는 것이 문제가 되지 않는다. 함수 $D'(\theta)$에 대한 바깥 적분은 여전히 사용할 수 없는 경우가 많다.

그럼에도 내부 항을 다루기 위한 쉬운 방법으로 적분과 합계를 전환해야 한다는 사실은 근사 추론, 특히 변분 추론에 매우 유용하다. 이것은 잠재변수가 있는 다루기 힘든 사후확률분포에서도 사전확률분포의 켤레성 활용이 유용한 부분이다. 이에 대해서는 6장에서 자세히 설명한다.

3.1.3 켤레사전확률분포의 혼합

혼합 모델은 확률분포 집합을 좀 더 표현력 있는 집합으로 확장하는 간단한 방법이다. 분포 $p_1(X), \ldots, p_M(X)$가 있는 경우, 이 분포 세트에 대한 혼합 모형은 M차원 확률 벡터 $(\lambda_1, \ldots, \lambda_M)(\lambda_i \geq 0, \sum_i \lambda_i = 1)$에 의해 매개변수화되며 X에 대한 분포를 다음과 같이 정의한다.

$$p(X \mid \lambda) = \sum_{i=1}^M \lambda_i \, p_i(X)$$

1.5.3절은 가우스 혼합 모델의 예를 제공한다. 혼합 모델에 대한 아이디어는 사전분포 집합군에서 사용할 수 있다. $p(\theta \mid \alpha)$를 $\alpha \in A$가 있는 사전확률분포로 두고, 다음과

같은 형식의 사전확률분포로 정의할 수 있다.

$$p\left(\theta \mid \alpha^1, \ldots, \alpha^M, \lambda_1, \ldots, \lambda_M\right) = \sum_{i=1}^{M} \lambda_i \, p\left(\theta \mid \alpha^i\right)$$

여기서 $\lambda_i \geq 0$와 $\sum_{i=1}^{M} \lambda_i = 1$(즉, λ는 $M-1$차원 확률 심플렉스의 한 부분)이다. $\alpha^i \in A$와 λ_i가 $i \in \{1, \ldots, M\}$에 대해 하이퍼파라미터화한 새로운 사전확률분포 집합은 $\alpha \in A$에 대한 원래 사전분포집합 $p(\theta|\alpha)$도 이 가능성에 결합한다면 실제로 우도함수 $p(x|\theta)$와 켤레 관계가 될 것이다.

이를 확인하려면 혼합 사전확률분포를 사용할 때 사후확률분포가 다음과 같은 형태를 갖고 있는지 고려해야 한다.

$$\begin{aligned} p\left(\theta \mid x, \alpha^1, \ldots, \alpha^M, \lambda\right) &= \frac{p(x \mid \theta)p(\theta \mid \alpha^1, \ldots, \alpha^M, \lambda)}{\int_\theta p(x \mid \theta)p(\theta \mid \alpha^1, \ldots, \alpha^M, \lambda)d\theta} \\ &= \frac{\sum_{i=1}^{M} \lambda_i \, p(x \mid \theta)p(\theta \mid \alpha^i)}{\sum_{i=1}^{M} \lambda_i Z_i} \end{aligned}$$

여기서

$$Z_i = \int_\theta p\left(x \mid \theta\right) p\left(\theta \mid \alpha^i\right) d\theta$$

따라서 다음과 같은 내용을 담고 있다.

$$p\left(\theta \mid x, \alpha^1, \ldots, \alpha^M, \lambda\right) = \frac{\sum_{i=1}^{M}(\lambda_i Z_i)\, p(\theta \mid x, \alpha^i)}{\sum_{i=1}^{M} \lambda_i Z_i}$$

$p(x|\theta)p(\theta|\alpha^i) = Z_i p(\theta|x, \alpha^i)$이 있기 때문이다. 켤레성 때문에, 각 $p(\theta|x, \alpha^i)$는 일부 $\beta^i \in A(i \in \{1, \ldots, M\})$에 대해 $p(\theta|\beta^i)$와 동일하다. 하이퍼파라미터 β^i는 사후확률분포 추론을 따르는 업데이트된 하이퍼파라미터다. 따라서 다음을 갖게 된다.

$$p\left(\theta \mid x, \alpha^1, \ldots, \alpha^M, \lambda\right) = \sum_{i=1}^{M} \lambda_i' \, p(\theta \mid \beta^i)$$

에서 $\lambda_i' = \lambda_i Z_i / \left(\sum_{i=1}^{M} \lambda_i Z_i\right)$

α에 의해 파라터화된 사전확률분포가 K차원 디리클레일 경우(2.2.1절 및 방정식 2.2 참조), 다음과 같이 한다.

$$Z_i = \frac{\prod_{j=1}^{K} \Gamma\left(\alpha_j^i + x_j\right)}{\Gamma\left(\sum_{j=1}^{K} \alpha_j^i + x_j\right)}$$

본 절은 텍스트 분석을 위해 혼합 사전확률분포를 사용하는 예시와 켤레사전확률분포의 혼합에 대한 내용을 다뤘다. Yamamoto and Sadamitsu(2005)는 주제 모델을 정의하는데, 여기서 디리클레분포의 혼합은 어휘에 대한 사전분포로 정의된다. 이 혼합 모델은 어휘에 대한 다항분포를 제공한다. 이 방식을 따라 문서의 단어들은 생성 과정에서 독자적으로 이뤄진다.

Yamamoto and Sadamitsu는 그들의 디리클레 혼합 분포의 성분을 주제에 대해 상응하는 내용으로 기술한다. 이러한 관점에서, 그들의 모델과 LDA 사이에는 큰 차이가 있는데, 이것은 각 문서에 대한 주제 분포를 별도로 샘플링하는 것이다. 난이도(부록 A 및 1.6절 참조)를 사용해 보류된 데이터 집합의 성능을 측정할 때 모델은 일본어로 된 10만 개의 신문 기사에서 LDA보다 일관되게 우수했다. 모델 성능도 20개 주제로 포화되고, LDA의 난이도는 훨씬 더 많은 주제로 계속 감소했다. 모델이 더 적은 주제(따라서 더 단순함)를 사용하지만 LDA보다 여전히 복잡성이 낮다.

3.1.4 재정규화된 켤레분포

이전 절에서, 우리는 혼합 모델에서 기본 사전분포를 사용해 좀 더 표현적인 사전분포 집합을 도출할 수 있음을 알 수 있었다. 켤레사전확률분포를 먼저 재정규화하는 것은 여전히 켤레성을 유지하면서 사전확률분포의 특성을 변화시키는 또 다른 방법이다.

사전확률분포 $p(\theta|\alpha)$가 일부 파라미터 공간 Θ에 걸쳐 정의된다고 가정하자. 우리가 Θ를 더 작은 하위 공간으로 제한하고, $p(\theta|\alpha)$가 $\Theta_0 \subset \Theta$를 어느 정도 지원하도록 정의하고 싶은 경우가 종종 있다. 이렇게 하는 한 가지 방법은 Θ_0에 대해 다음과 같은 분포 p'를 정의하는 것이다.

$$p'(\theta|\alpha) = \frac{p(\theta|\alpha)}{\int_{\theta' \in \Theta_0} p(\theta'|\alpha)d\theta'}$$ (3.7)

이 새로운 분포는 p와 같은 Θ_0의 원소 확률 사이의 비율을 유지하지만 기본적으로 $\Theta \backslash \Theta_0$의 어떤 요소에 대해서도 확률 0을 할당한다.

p가 어떤 우도함수의 켤레집합이라면 p'도 같은 우도함수에 켤레 관계라는 것을 알 수 있다. 이 예는 실제로 그 순수한 형태에서 상응하는 우도함수와 함께 사전확률분포와 켤레 관계로써 다루기 쉽다는 부분을 고려할 필요 없다는 것을 보여준다. 구체적으로는 식 3.7의 분모에서 Θ_0보다 큰 적분은 종종 계산하기 어려울 수 있으며, 대략적인 추론이 필요하다.

켤레 분포의 재정규화는 매개변수에 대해 디리클레 사전확률분포를 사용해 확률에 의한 문맥 없는 문법을 고려할 때 발생한다. 이 경우 비-밀착 PCFG를 정의하는 파라미터에 대해 사전확률분포를 0으로 할당하기 위해서는 특정 다항식 분포를 사전확률분포에서 제거해야 한다. 여기서 견고함은 기본 컨텍스트 프리 문법으로 생성된 모든 유한 구문 분석 트리의 총 측정값이 1이 되도록 하는 PCFG의 바람직한 특성을 나타낸다. 이 문제에 대한 자세한 내용은 Cohen and Johnson(2013)을 참조하자.

3.1.5 논의: 결합되거나 결합되지 않는다?

켤레사전확률분포는 단순히 분석적으로 다뤄질 수 있는 것(즉, 사후확률분포가 사전확률분포에 속한다)이 아니라 (i) 모델러의 사전 정보와 신념을 표현할 수 있을 정도로 풍부하고 (ii) 해석 가능한 전제를 정의하려는 의도로 이뤄졌다는 점에 유의할 필요가 있다. 사전확률분포의 특정 분포를 선택할 때 사전 정보가 사후확률분포에 주입된다는 것이다(Raiffa and Schllipper, 1961).

그러나 대부분의 우도함수에 대한 분석 가능성은 일련의 가능한 우도함수를 포함한다. 일단 분석 가능성 요건을 충족하면 풍부함과 해석 가능함이 충족되는지 검증하기 어렵다. 사실 베이지안 통계에 대한 비판 중 하나는 많은 경우에 베이지안들이 계산적으로 편리한 내용에 의존하고, 따라서 풍부함과 해석 가능함에 대해 가장 단순한 예시로만 다룬다는 것이다(Carlin and Louis, 2000).

자연어 처리에서 계산적으로 편리한 사전확률분포의 필요성이 특히 중요한다. 자연어 처리는 추론에 계산량이 많이 필요한 트리 및 시퀀스와 같은 조합 구조를 주로 예측하며 계산 기능을 제공하지 않는 사전확률분포를 사용하는 것은 금지돼 있다. 이러한 이유로, 예를 들어 디리클레분포는 베이지안 NLP에서 자주 사용된다. 디리클레분포는 다항성 우도함수와 다항성 패밀리와 켤레 관계이며, 차례로 자연어 처리에서 발생하는 순서, 나무 및 기타 구조에 대한 생성 모델의 가장 근본적인 구성 요소 역할을 한다. 3.2절은 이를 상세히 다룬다. 그럼에도 새로운 하드웨어와 최첨단 근사 알고리즘의 출현으로, 계산적으로 편리하지 않은 사전확률분포를 사용해 NLP의 문제를 해결할 수 있다고 주장하는 경우도 있다.

이 경우 MCMC 샘플링(5장) 및 변동 추론(6장)을 사용하게 된다.

우도함수에 대한 사전확률분포의 활용이 모델과의 추론 가능성을 보장하지는 않는다는 점도 중요하다. 켤레성을 활용하는 것이 유용하려면 함수 $\alpha'(x, \alpha)$를 효율적으로 계산할 수 있어야 한다. 이 점을 설명하기 위해 파라미터 공간 Θ를 고려하라. $\mathcal{P}$로 표시되는 $p(X|\theta)$에 대해 정의된 모든 분포는 실제로 $p(\theta|X) \in \mathcal{P}$를 간단히 나타내기 때문에 단순히 $p(X|\theta)$ 형태의 분포에 대한 켤레사전확률분포다. 확실히 $\alpha'(x, \alpha)$는 효율적으로 계산할 수 없기 때문에 켤레사전확률분포 $\mathcal{P}$는 다루기 어렵다.

다른 극단적인 경우, 파라미터 공간의 단일 지점에 모든 확률 질량 함수를 배치하는 단일사전분포를 포함하는 사전확률분포도 (이 파라미터 공간을 사용하는 모든 모델에 대한) 켤레관계이다. 이 경우 사후확률분포는 쉽게 계산될 수 있다(사후확률분포의 파라미터는 항상 사전확률분포에 의해 부과되기 때문에 그것은 사전확률분포의 단일 구성인 분포이다). 이 경우 단순히 사전확률분포가 충분하지 않기 때문에 유용하지 않다.

3.1.6 요약

켤레사전확률분포는 사전확률분포 집합과 관측치 및 잠재변수에 대한 모델의 변수 분포와 관련해 정의된다. 대부분의 경우 켤레사전확률분포는 사후확률분포의 정규화 상수를 사용하기 위함이다. 예를 들어 켤레사전확률분포는 일련의 관측치(및 모델에 존재하는 경우 잠재변수에 대한 값)가 주어진 경우 사후확률분포에 대한 닫힌 형태의 잠재 분석 솔루션이 된다.

켤레사전확률분포는 종종 너무 단순하다고 주장되지만, 자연어 처리 모델의 계산 복잡성 때문에 자연어 처리에서 매우 유용하다. 켤레사전확률분포에 대한 대안은 종 종 덜 효율적이지만 새로운 하드웨어 및 근사 알고리즘의 출현으로 이러한 대안이 좀 더 실용적이 됐다.

3.2 다항분포와 카테고리분포에 대한 사전확률

자연어 처리에서 예측되는 구조의 특성은 범주형분포를 사용한 모델링에 매우 적합하 다. 범주형분포는 베르누이분포의 일반화로, K 결과(예: 문서의 주제 또는 비-터미널이 이끄 는 컨텍스트가 없는 규칙의 다른 한쪽)가 지정되는 방식으로 분배된다. 범주형분포는 파라미 터 벡터 θ로 지정되며, 여기서 $\theta \in \mathbb{R}^K$는 다음 두 가지 특성을 충족하게 된다.

$$\forall k \in \{1, \ldots, K\} \; \theta_k \geq 0 \tag{3.8}$$

$$\sum_{k=1}^{K} \theta_k = 1 \tag{3.9}$$

K 결과에 대한 범주형분포에 허용되는 매개변수의 공간

$$\Theta = \{\theta \in \mathbb{R}^K | \theta \; satisfies \; Equations \; 3.8\text{--}3.9\}$$

또한 "$K - 1$ 차원의 확률 심플렉스"라고 부르는데, 모든 확률을 1로 합해야 하는 요건 때문에 자유도가 1보다 낮다. 집합 Θ는 심플렉스를 정의하는데, 즉 기하학적으로 K 꼭짓점의 볼록 껍질인 $K - 1$ 차원의 다면체이다. 꼭짓점은 모든 확률 질량이 단일 이벤트에 배치되는 점이다. 다른 모든 확률분포는 이러한 꼭짓점의 조합으로 볼 수 있 다. 이 심플렉스의 각 꼭짓점은 범주형 분포를 정의한다.

$i \in \{1, \ldots, K\}$일 때, $X \sim$ 범주 θ인 경우 X에 대한 확률분포는 다음과 같이 정의된다.[2]

---

[2] 베이지안 자연어 처리 문헌은 종종 범주형분포를 "다항분포"라고 지칭하지만, 이것은 실제로 잘못된 명칭이다(문헌과 일치시 키기 위해 이 책에서 사용되는 잘못된 명칭).

$$p(X = i|\theta) = \theta_i$$

범주형분포는 베르누이분포를 일반화하지만, 다항식분포는 실제로 이항분포의 일반화이며, 임의의 고정된 n에 대한 $\sum_{i=1}^{K} X_i = n$(자연수)인 다항식분포의 파라미터인 랜덤변수 $X \in \mathbb{N}^K$에 대한 분포를 설명한다. 파라미터 n은 이항분포의 "실험 횟수" 파라미터와 유사한 역할을 한다. 그런 다음 위에서 설명한 대로 $\sum_{j=1}^{K} i_j = n$일 때, $\theta \in \Theta$와 n이 주어지면 다항분포는 다음과 같이 정의된다.

$$p(X_1 = i_1, \ldots, X_K = i_K) = \frac{n!}{\prod_{j=1}^{K} i_j!} \prod_{j=1}^{K} \theta_j^{i_j}$$

범주형분포와 다항분포가 다르더라도 이들 사이에는 강한 상관관계가 있다. 더욱 구체적으로, X가 파라미터 θ를 갖는 범주형 분포에 따라 분포하는 경우 랜덤변수 $Y\{0, 1\}^K$는 다음과 같이 정의된다.

$$Y_i = I(X = i) \tag{3.10}$$

파라미터 θ와 $n = 1$를 갖는 다항분포에 따라 분포된다. 이진 지표를 사용해 위 형태의 다항분포로 범주 분포를 나타내는 것이 수학적으로 편리한 경우가 종종 있다. 이 경우 확률함수 $p(Y|\theta)$는 $\prod_{i=1}^{K} \theta_i^{y_i}$로 쓸 수 있다.

디리클레분포에 대한 다양한 일반화와 확장법이 있다. 그러한 예 중 하나는 디리클레분포와 비교해 더 많은 공분산 구조를 제공하는 일반화된 디리클레분포다(디리클레분포의 공분산 구조에 대한 3.2.2절 참조). 다른 예는 디리클레-나무분포(Minka, 1999)로 트리와 같은 확률 프로세스에서 리프 노드를 생성하는 사전확률분포를 제공한다.

이 절의 나머지 부분에서는 범주형 분포를 자연어 처리 문헌과 일치하도록 다항분포로 지칭한다. 이 절의 대부분의 토론 지점이 두 분포 모두에 유효하므로 이는 중요한 문제가 아니다.

3.2.1 디리클레분포 리뷰

디리클레분포는 베이지안 NLP에서 어디에나 존재한다. 이는 범주형 및 다항분포에 대해 가장 단순한 컬레분포이기 때문이다. 주제 모델링을 위한 잠재 디리클레 할당 모델과 함께 사용되는 정의 및 연습 문제는 절 2.2에 나와 있다. 완전성을 위해 다음의 식 2.2를 반복하고 디리클레분포가 벡터 $\alpha \in \mathbb{R}^K$에 의해 파라미터화돼 있음을 반복 설명한다.

$$p(\theta_1, \ldots, \theta_K | \alpha_1, \ldots, \alpha_K) = C(\alpha) \prod_{k=1}^{K} \theta_k^{\alpha_k - 1}$$

$(\theta_1, \ldots, \theta_K)$가 벡터일 때 $\theta_i \geq 0$, $\sum_{i=1}^{K} \theta_i = 1$.

여기서 디리클레분포와 그 속성에 관해 좀 더 자세히 설명할 것이다.

디리클레분포의 컬레성

범주형분포에 대한 디리클레분포의 활용은 디리클레분포의 확률밀도와 다항확률분포 사이의 "대수 유사성"의 직접적인 결과이다.

예시 3.2 $\alpha = (\alpha_1, \ldots, \alpha_K) \mathbb{R}^K$를 갖는 $\theta \sim \text{Dirichlet}(\alpha)$을 보자. X는 식 3.10에 기술된 바와 같이 다항분포를 정의하는 길이 K의 이진 랜덤 벡터라고 하자. 이 범주형 분포의 파라미터 벡터는 θ이다. X의 표본인 x가 관측된다고 가정하자. 그렇다면

$$p(\theta \mid x, \alpha) \propto p(\theta | \alpha) p(x \mid \theta) \propto \left(\prod_{i=1}^{K} \theta_i^{\alpha_i - 1} \right) \times \left(\prod_{i=1}^{K} \theta_i^{x_i} \right) = \prod_{i=1}^{K} \theta_i^{\alpha_i + x_i - 1} \quad (3.11)$$

"같음" 대신 $\propto$(즉, "에 비례")를 사용하자. 사후확률분포를 단순화하기 위해 식 3.11에서 두 개의 정규화 상수가 생략됐다. 첫 번째 상수는 주변화 상수인 $p(x|\alpha)$이다. 두 번째 상수는 디리클레분포의 정규화 상수이다(식 2.3). 우리가 그것들을 생략할 수 있는 이유는 이러한 상수가 θ로 변하지 않고 우리가 관심 있는 분포가 θ에 정의돼 있기 때문이다.

식 3.11은 $\alpha'(x, \alpha) = \alpha + x$를 사용한 디리클레분포의 대수 형태(정규화 상수 없음)를 갖는다. 이는 사후확률분포가 하이퍼파라미터 $\alpha + x$를 사용한 디리클레분포에 따라 분포됨을 의미한다.

예시 3.2는 유사 관측치 역할을 하는 하이퍼파라미터의 원리를 다시 보여준다. 결과 i가 관찰되는 것처럼(초기 하이퍼파라미터 α_i는 관측치에 추가돼 사후확률분포를 도출한다(단, α_i를 적분할 필요는 없다).

범주형 분포에서 $x^{(1)}, \ldots, x^{(n)}$를 관측하는 일반적인 경우(각 표본이 다른 표본과 독립적인 θ 임), 사후확률분포는 결과적으로 하이퍼파라미터 $\alpha + \sum_{i=1} x^{(i)}$를 가지며, 여기서 각 $x^{(i)}$는 길이 K의 이진 벡터이다.

디리클레분포와 희소성

대칭 디리클레분포(2.2.1절)는 $\alpha > 0$으로 하이퍼파라미터화된다. 이는 일반적인 디리클레분포의 하이퍼파라미터 벡터가 α와 동일한 값만 포함하는 디리클레분포의 특정 사례다. 대칭 디리클레분포 $\alpha \in \mathbb{R}$의 하이퍼파라미터가 $\alpha < 1$이 되도록 선택하면 각 디리클레분포에서 가져온 점 $x \in \mathbb{R}^K$의 좌표는 대부분 0에 가까우며 소수의 값만 0보다 훨씬 큰 값을 갖게 된다.

대칭 디리클레분포의 특성에 대한 직관적인 부분은 디리클레분포 밀도의 주요 용어를 보면 이해할 수 있다. $\prod_{i=1}^{K} \theta_i^{\alpha-1}$ $\alpha < 1$인 경우의 곱은 $0 < \beta = \alpha - 1$의 $\frac{1}{\prod_{i=1}^{K} \theta_i^{\beta}}$가 된다. 분명히 θ_i 중 하나가 0에 가까우면 이 곱은 매우 커진다. 많은 θ_i가 0에 가까우면 이 효과가 곱해져 결과가 더 커지게 된다. 따라서 $\alpha < 1$인 대칭 디리클레에 대한 대부분의 밀도함수는 θ_i의 대부분이 0에 가까운 확률 심플렉스의 포인트 주위에 집중돼 있다.

대칭 디리클레의 특성은 베이지안 NLP 문헌에서 일관되게 활용됐다. 예를 들어 Goldwater and Griffiths(2007)는 히든 마르코프 모델(8장)을 사용해 베이지안 품사 태그 지정을 정의했다. 여기서 그들은 트라이그램 히든 마르코프 모델에서 전이 확률과 출력 확률에 대해 다항식 집합보다 우선적으로 디리클레를 사용했다.

첫 번째 실험에서 Goldwater와 Griffiths는 모든 전이 확률에 대해 고정 희소 하이퍼 파라미터를 사용했고 모든 출력 확률에 대해 고정된 다른 하이퍼파라미터를 사용했다. 그들의 발견은 전이 하이퍼파라미터 (0.03)에 대해 작은 값을 선택하고 출력 확률에 대한 하이퍼파라미터 1을 선택하면 품사 태그의 최상의 예측 정확도를 얻는다는 것을 보여준다.

이것은 최적의 전이 다항식이 유사하게 매우 희박할 가능성이 있음을 의미한다. 소수의 품사 태그만 특정 상황에 나타날 수 있기 때문에 이는 놀라운 일이 아니다. 그러나 출력 하이퍼파라미터 1은 디리클레분포가 단순히 균일한 분포임을 의미한다. 저자들은 드문sparse 사전확률분포의 출력 확률이 그다지 유용하지 않은 이유는 모든 출력 확률이 동일한 하이퍼파라미터를 공유하기 때문이라고 주장했다.

실제로 모델을 개선하고 각 출력 분포에 대해 다른 하이퍼파라미터를 유추할 때(하이퍼파라미터 추론은 5장 및 6장에서 논의됨) 결과가 개선됐다. 또한 출력 분포에 대해 추론된 하이퍼파라미터는 0에 매우 가까웠으며, 이는 주어진 태그에 대해 출력된 단어 세트에 대해 매우 드문 분포를 의미한다.

Toutanova and Johnson(2008)은 디리클레분포를 사용해 파라미터 공간의 희소성을 장려하는 베이지안 준지도학습[3] 품사 태깅에 대한 모델도 설명했다. Goldwater 및 Griffiths 모델과 달리 모델은 히든 마르코프 모델을 기반으로 하지 않고 품사 태그 지정을 위해 LDA 모델을 적용한다. 이 모델에는 단어에 조건이 지정된 태그를 생성하는 다항식 구성 요소가 포함돼 있다(히든 마르코프 모델에서처럼 태그에 조건이 지정된 단어와 반대). 이 구성 요소는 대부분의 단어가 매우 작은 태그, 주로 단일 품사 태그와 관련돼 있다는 개념을 포착하기 위해 희소한 디리클레분포와 관련이 있다. 사용된 하이퍼파라미터 α의 범위는 사용된 사전의 크기에 따라 0.2 에서 0.5 사이이다.

그들은 그들의 모델을 $p(T|W)$의 성분들에 앞서 베이지안을 포함하지 않는 거의 동일한 모델과 대조 비교했다(여기서 T는 태그 시퀀스의 랜덤변수를 나타내고 W는 워드 시퀀스, 즉 문장에 대한 랜덤변수를 나타낸다). 희소 디리클레 사전확률분포는 더 나은 태깅 정확도를

---

3   Toutanova와 Johnson의 연구는 일부 단어에 대해 품사 태깅 사전을 사용했기 때문에 여기에서 semi-supervised 영역에 있는 것으로 간주된다. 이 접근법은 Goldwater 와 Griffiths 가 수행한 일부 실험에서도 수행됐다.

얻는 데 도움이 된다. 비-베이지안 모델은 확률론적 잠재 의미론 분석 모델 PLSA와 유사하다(Hofmann, 1999a). LDA와 유사한 모델은 PLSA와 비교해 최대 36%의 오류 감소를 달성했다.

일반적으로 사전확률분포의 희소성은 자연어 모델을 효과적으로 지원할 수 있다. 대부분 특징은 어휘 레벨에서 언어를 모델링하는 데 유용한 특성이다. 단어를 일련의 클러스터(예: 구문 범주)와 연관시킬 때마다 단어는 상대적으로 적은 수의 클러스터와 연관된다. 이러한 특성은 희소 디리클레분포를 사용한 모델링에 매우 적합하며 베이지안 자연어 처리 문헌에서 여러 번 활용됐다.

디리클레의 감마 분포

디리클레분포는 감마 분포를 축소해 나타낸다. 이러한 표현은 더 나은 모델링에 직접 기여하지는 않지만 디리클레분포의 한계를 설명하고 이에 대한 (다음 절에서 설명하는 것과 같은) 대안을 제안하는 데 도움이 된다.

$\alpha_i > 0$ 및 스케일 1을 갖는 감마 분포를 따르는 K 독립, 동일 랜덤변수를 $\mu_i \sim (\alpha_i, 1)$ 라고 하자(부록 B 참조). 그 다음 $i \in \{1,...,K\}$에 대한 정의는 $K - 1$차원의 확률 심플렉스에서 랜덤 벡터 θ를 생성해 θ가 하이퍼파라미터 $\alpha = (\alpha_1,...,\alpha_K)$를 사용한 디리클레분포를 따른다.

$$\theta_i = \frac{\mu_i}{\sum_{i=1}^{K} \mu_i} \tag{3.12}$$

디리클레분포를 독립적이고 정규화된 감마 변수로 표현하면 디리클레분포에 내재된 한계를 설명할 수 있다. θ 좌표 사이의 풍부한 관계 구조에 대한 명시적 매개변수는 없다. 예를 들어 $i \neq j$에 주어진 비율 θ_i/θ_j는 랜덤변수로 처리됐을 때 두 개의 다른 좌표 $i \neq \ell$에서 계산된 다른 비율 θ_K/θ_ℓ과 독립적이다(이는 식 3.12에서 분명히 알 수 있다. $\theta_i = \theta$ 비율 $\mu_i = \mu_j$는 $i \in \{1,...,K\}$이고, 여기서 모든 μ_i는 모두 독립적이다). 따라서 디리클레분포는 의존도가 약한 경우에도 θ 매개변수를 더 잘 모델링할 때 적합한 모델링 선택이 아니다.

그러나 자연어 요소는 서로 간에 크게 의존한다. 예를 들어 베이지안 유니그램 언어 모델(즉, 문장을 단어 한 줄로 취급하는 언어 모델)을 생각해보자. 여기서 모델은 어휘에서

K 단어에 대한 분포인 θ를 통해 파라미터화된다.

데이터로부터 추정할 때, 이들 파라미터는 데이터의 도메인에 따라 큰 의존성을 나타 낸다. 의미적으로 서로 관련이 있는 단어(다른 관련 없는 텍스트에서 학습한 언어 모델과 비교 되는 단어)의 빈도가 증가하거나 감소하는 것은 한 데이터 도메인을 다른 데이터 도메인 과 비교하게 된다. 수의학에 관한 텍스트는 각각의 단어가 높거나 낮거나 독특한 확률 을 가질 수 있지만 종교에 관한 텍스트에 비해 "개", "고양이" 그리고 "퍼"와 같은 단어 의 확률을 동시에 증가시킬 것이다. 이 유니그램 모델에 대한 사전확률분포는 예를 들 어 매개변수에 대한 텍스트 영역에 따라 달라지는 우리의 사전확률분포의 믿음을 요 약한다. 디리클레분포를 사용하는 것은 만족스럽지 못하다. 디리클레분포를 어휘에서 단어 사이의 종속 구조를 포착할 수 없기 때문이다.

다음 절에서는 다항분포에 대한 사전확률분포로써 다른 분포를 사용해 디리클레분 포의 독립성을 부분적으로 교정할 수 있는 방법을 설명한다.

요약

디리클레분포는 종종 범주형 및 다항분포에 대한 켤레사전분포로 사용된다. 범주형 분포가 자연어 처리 모델링에서 어디에나 있기 때문에 이 켤레분포는 베이지안 자연 어 처리에서 매우 유용하다. 디리클레분포의 장점은 하이퍼파라미터가 올바르게 설정 되면 드문 해를 찾을 수 있다. 이러한 속성은 언어 부분 태그나 단어와 같은 언어적 요 소에 대한 분포가 일반적으로 희박한 경향이 있어서 NLP 문헌에서 반복적으로 이용 돼 왔다. 디리클레분포도 한계가 있다. 예를 들어 이 분포는 확률 심플렉스 내에서 점 의 좌표 사이에 거의 독립적인 구조를 가정해야 한다.

3.2.2 로지스틱정규분포

로지스틱정규분포는 확률 심플렉스의 구성 데이터를 사용해 디리클레분포의 한계를 극복하기 위해 Aitchison(1986)에 의해 제안됐다. 랜덤 벡터 $\theta \in \mathbb{R}^K$는 다음과 같은 경 우 매개변수 $\alpha = (\eta, \Sigma)$를 사용해 (가산) 로지스틱정규분포에 따라 분포된다. 여기서 $\eta = (\eta_1, \ldots, \eta_{K-1}) \in \mathbb{R}^{K-1}$와 $\Sigma \in \mathbb{R}^{(K-1) \times (K-1)}$는

$$\theta_i = \frac{\exp(\mu_i)}{1 + \sum_{j=1}^{K-1} \exp(\mu_j)} \quad \forall i \in \{1, \ldots, K-1\} \tag{3.13}$$

$$\theta_K = \frac{1}{1 + \sum_{j=1}^{K-1} \exp(\mu_j)} \tag{3.14}$$

평균값 η 및 공분산 행렬 Σ를 갖는 다변량 정규분포에 따라 분포하는 일부 $\eta \in \mathbb{R}^{K-1}$ 랜덤 벡터에 대한 공분산 행렬이다.

따라서 로지스틱정규분포는 이름에서 알 수 있듯이 로지스틱 변환을 사용해 변형된 다변량 정규분포 변수이다. 이 다변량 정규분포 변수가 K차원 대신 $K-1$차원이어야 하는 이유는 중복된 자유도를 제거하기 위함이다. 로지스틱정규분포가 K차원 다변량 정규분포 변수를 사용했다면 좌표 중 하나를 선택해 다른 모든 변수에서 빼냄으로써 둘 중 하나가 없어질 수 있었다(결과적으로 뺄셈을 한 벡터는 여전히 다변량 정규 변수일 것이다).

공분산 행렬 Σ를 통해 대표되는 명시적 의존성 구조 때문에 디리클레분포에 존재하지 않는 추가 의존성 구조가 로지스틱정규분포에 나타난다. 따라서 3.2.1절의 논의에 비추어 로지스틱정규분포는 디리클레분포의 대안이 될 수 있다.

그림 3.1은 $K=3$ 및 $n=5{,}000$에 대한 다양한 하이퍼파라미터와 함께 로지스틱정규분포의 그래프를 제공한다(즉, 그려진 표본의 수는 5,000개). 차원 수 사이의 독립성과 각 차원에 대한 분산 1로 분포는 전체 확률 단순성에 걸쳐 분포한다. 상관관계가 음수이고 -1에 가까우면 더 좁은 스프레드가 나타난다. 큰 분산(및 좌표 간 독립성)을 사용하면 로지스틱 선은 희소 분포와 거의 비슷하다.

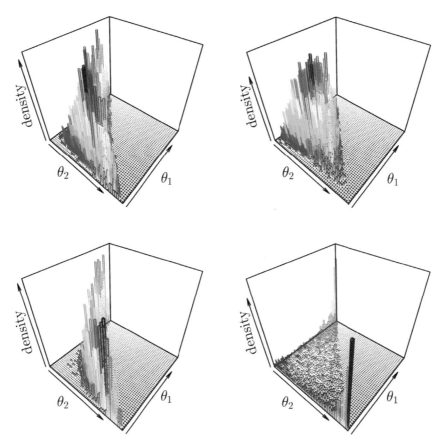

그림 3.1 다양한 A를 갖는 $K = 3$인 로지스틱정규분포에서 샘플링된 데이터의 도표. 하이퍼파라미터 B는 항상 (0,0)이다. 왼쪽 위: $\Sigma = \begin{pmatrix} 1 & 0 \\ 0 & 1 \end{pmatrix}$, 오른쪽 위: $\begin{pmatrix} 1 & 0.7 \\ 0.7 & 1 \end{pmatrix}$, 왼쪽 아래: $\Sigma = \begin{pmatrix} 1 & -0.7 \\ -0.7 & 1 \end{pmatrix}$, 오른쪽 아래: $\Sigma = \begin{pmatrix} 5 & 0 \\ 0 & 5 \end{pmatrix}$

덧셈 로지스틱정규분포의 특징

Aitchison(1986)은 Jacobian 변환 방법(부록 A 참조)을 사용해 가산 로지스틱정규분포의 확률밀도함수는 다음과 같다.

$$p(\theta \mid \eta, \Sigma)$$

$$= \frac{1}{\sqrt{(2\pi)^K \det(\Sigma)}} \times \left(\prod_{i=1}^{K} \theta_i \right)^{-1}$$

$$\exp\left(-\frac{1}{2} (\log(\theta_{-K}/\theta_K) - \eta)^\top \Sigma^{-1} \log(\theta_{-K}/\theta_K) - \eta) \right)$$

where $\theta_{-K} = (\theta_1, \ldots, \theta_{K-1})$ and $\log(\theta_i/\theta_K) \in \mathbb{R}^{K-1}$ with:

$$[\log(\theta_{-K}/\theta_K)]_i = \log(\theta_i/\theta_K) \quad \forall i \in \{1, \ldots, K-1\}$$

이 확률밀도함수는 확률 심플렉스에서만 정의된다. 로지스틱정규분포의 모멘트와 로그 모멘트는 모든 양수에 대해 잘 정의돼 있다. 이러한 모멘트는 $a_i > 0$의 경우 $E[\prod_{i=1}^{K} \theta_i^{a_i}]$ 및 $E[\prod_{i=1}^{K} (\log \theta_i)^{a_i}]$이다. 안타깝게도 이러한 모멘트가 존재하더라도 닫힌 형태의 표현은 없다.

θ_i와 θ_j 사이의 로그 비율은 정규분포에 따라 분포되므로 다음과 같이 유지된다(Aitchison, 1986).

$$E[\log(\theta_i/\theta_j)] = \eta_i - \eta_j,$$
$$\mathrm{Cov}(\log(\theta_i/\theta_j), \log(\theta_k/\theta_\ell)) = \sigma_{\ell k} + \sigma_{ji} - \sigma_{i\ell} - \sigma_{kj}$$

또한

$$E[\theta_i/\theta_j] = \exp\left(\mu_i - \mu_j + \frac{1}{2} (\sigma_{ii} - 2\sigma_{ij} + \sigma_{jj}) \right)$$

로지스틱정규분포의 활용

로지스틱 정규(덧셈 및 곱셈)분포의 사용은 디리클레분포(베이지안 NLP)를 사용하는 것만큼 일반적이지 않다. 이것의 주된 이유는 MCMC 방법이나 변분 추론(6장 및 5장에서 논의됨)과 같은 근사 추론이 있더라도 로지스틱 법칙에 대한 추론이 번거롭기 때문이다. 이 유형의 추론은 번거로울 뿐만 아니라 많은 계산을 필요로 한다. 그래도 MCMC 설정(Mimno et al., 2008) 또는 변분 설정(Blei and Lafferty, 2006)에서 로지스틱정규분포의 사용을 제한할 수는 없다.

최근의 텍스트 분석에 (가산) 로지스틱정규분포를 사용하는 예시는 Blei and Lafferty (2006)의 상관된 주제 모델[CTM]이다. Blei와 Lafferty는 LDA 모델과 동일한 모델을 제시하며(2.2절 참조), LDA 모델에서와 같이 디리클레분포 대신 각 주제에 대한 주제 분포를 그리기 위한 로지스틱정규분포만 사용하게 된다.

저자의 주요 동기는 주제 간의 상관관계를 모델링하는 것이다. 그들은 많은 양의 문서가 주어졌을 때 말뭉치의 주제는 서로 관련이 있다고 가정했다. 예를 들어 유전학 및 전산 생물학과 같은 주제는 모두 생물학의 우산 아래에 있으며 문서가 하나에 관한 경우 다른 것에 관한 것이다. 다른 한편으로, 천문학은 일반적으로 생물학과 적게 관련돼 있기 때문에, 우리는 천문학과 생물학의 우산 아래 각 주제들 사이에 관계가 0에 가깝거나 심지어 음의 상관관계를 기대한다.

저자는 LDA와 CTM을 사이언스 저널의 기사와 비교했다. 그들의 발견은 CTM이 LDA보다 더 나은 적합성(평균 보류 로그우도함수를 사용해 측정한 경우 1.6절 참조)을 달성했다는 것이다. 또한 CTM의 확률은 $K = 90$(즉, 90개의 주제)일 때 정점에 도달했으며 LDA의 확률은 30개의 주제로 정점에 도달했다. 이는 CTM이 사용된 데이터에 대해 사용 가능한 주제를 더 잘 활용할 수 있음을 의미한다.

가산 로지스틱정규분포는 또한 의존성 문법 유도와 같은 구조화된 문제에 대한 선행으로 사용됐다. Cohen et al.(2009)은 의존성 모델에서 사전에 로지스틱정규분포를 사용하는 방법을 탐색하고(Klein and Manning, 2004), 사전확률분포 모델 추정에서 상당한 개선을 보여준다. Cohen et al은 디리클레분포를 사용하고 사전확률분포를 전혀 사용하지 않는 것과 비교했다. 디리클레분포는 사전확률분포가 전혀 없는 경우와 매우 유사하게 작동했다. 위에서 언급한 것처럼 모델링한 문제는 의존도 문법 유도 문제인데, 예측 대상은 일련의 품사 태그에서 예측된 의존성 트리(8장 참조)이다.

이 연구는 Cohen and Smith(2010b)에 의해 개발됐으며, 단일 다항식을 넘어서 로지스틱정규분포의 확장에 대한 내용을 제시한다. 자세한 내용은 다음 절을 참조하자.

분할된 로지스틱정규분포

로지스틱정규분포는 단일 다항식에 해당하는 확률 심플렉스에 대한 분포다. 자연어 처리에서 사용된 생성 모델은 종종 다항분포의 패밀리로 구성된다. 이 경우, 파라미터 θ는 k개의 서브 벡터 $\theta^1,...,\theta^K$로 구성되며, 여기서 각 θ^K는 확률 심플렉스에서 N_k-차원의 벡터가 된다.

자세한 설명은 8장을 참조하자.

이 경우 전체 다항식 집합에 대한 사전확률분포 선택은 다음과 같다.

$$p(\theta) = \prod_{k=1}^{K} p\left(\theta^k\right)$$

Constants: K, N_k for $k \in \{1,...,K\}$ integers
Hyperprameters: $\eta \in \mathbb{R}^{(\Sigma_{k=1}^K N_k) - K}$ mean vector, the corresponding covariance matrix
Target random variables: θ^k, vectors in the probability simplex of dimension $N_k - 1$ for $k \in \{1,...,N\}$
Auxiliary random variables: $\mu^k \in \mathbb{R}^{N_k-1}$ for $k \in \{1,...,N\}$

- - - - - - -

- Generate a multivariate normal variable $\mu \in \mathbb{R}^{\Sigma_{i=1}^K N_k - K}$. The multivariate normal variable has mean η and covariance matrix Σ of size $(\Sigma_{i=1}^K N_k - K) \times (\Sigma_{i=1}^K N_k - K)$
- Break μ into K subvectors, each of length $Nk - 1$.
- The random vector θ is set to:

$$\theta_i^k = \frac{\exp(\mu_i^k)}{\prod_{j=1}^{N_k-1}\left(1 + \exp(\mu_j^k)\right)} \quad \forall i \in \{1,\ldots,N_k-1\},$$

$$\theta_{N_k}^k = \frac{1}{\prod_{j=1}^{N_k-1}\left(1 + \exp(\mu_j^k)\right)}$$

생성 이야기 3.1 분할된 로지스틱정규분포에 대한 생성 스토리

여기서 각 분포 $p(\theta^k)$는 예를 들어 디리클레 또는 로지스틱의 선일 수 있다. 그러나 이 분해는 다른 다항식 사건 사이에 공분산 구조를 도입하지 않는다. 이전에는 다른 인덱

스 k의 다항식 사이에 명확한 독립 가정이 있기 때문이다.

이 문제를 극복하는 한 가지 방법은 분할된 로지스틱정규분포를 사용하는 것이다(Aitchison, 1986). 분할된 로지스틱정규분포는 로지스틱정규분포와 유사하지만 $\theta^1,...,\theta^K$와 같은 다항분포의 전체 모음에서 사전확률분포를 정의한다. 이러한 다항식 모음을 생성하기 위해 생성 이야기 3.1에서 생성 프로세스가 나와 있다.

공분산 행렬 Σ는 이제 벡터 θ의 모든 성분 사이의 상관관계를 보여준다.

분할 로지스틱정규분포는 Cohen and Smith(2009)가 소개한 공유 로지스틱정규분포와 관련이 있다. 둘 다 파라미터 세트를 다항식으로 자연스럽게 인수분해해 정의한 대로 다항식 경계 밖 존재하는 공분산 구조를 통합하게 된다.

공유된 로지스틱정규분포는 지수화 및 정규화된 여러 가우스 변수("노멀 전문가")를 평균해 이러한 공분산을 더 암시적으로 표현하게 된다. 또한 Cohen and Smith(2010b)를 참조하자.

곱셈적 로지스틱정규분포

로지스틱정규분포의 또 다른 유형은 곱셈 로지스틱정규분포다. 곱셈 로지스틱정규분포의 정의는 덧셈에서의 정의와 유사하다. 차이점은 식 3.13~3.14에 있으며 다음과 같이 대체된다.

$$\theta_i = \frac{\exp(\mu_i)}{\prod_{j=1}^{K-1}\left(1 + \exp(\mu_j)\right)} \quad \forall i \in \{1,\ldots,K-1\},$$
$$\theta_K = \frac{1}{\prod_{j=1}^{K-1}\left(1 + \exp(\mu_j)\right)}$$

곱셈 로지스틱정규분포는 베이지안 NLP 모델에서 자주 사용되지 않으며 여기에서는 완전성을 위해 제공될 뿐이다.

로지스틱정규분포 대 디리클레분포

Aitchison(1986)에 따르면 로지스틱정규분포와 디리클레분포 패밀리는 상당히 다르며, 한 패밀리에서 다른 패밀리의 다른 분포와 비슷한 방식으로 유용한 분포를 찾기가 어렵다.

Aitchison은 하이퍼파라미터 $\alpha = (\alpha_1, \ldots, \alpha_K)$가 포함된 디리클레분포와 로지스틱정 규분포 간의 최소 KL 발산(Kullback-Leibler 발산, 부록 A 참조)의 값을 다음과 같이 추정 할 수 있다고 한다. α_i가 상대적으로 큰 값일 때마다 최소 KL 발산은 약 $(1/12)(\sum_{i=1}^{K} \alpha_i^{-1} + 2/(\sum_{i=1}^{K} \alpha_i))$이다.

디리클레분포는 α_i가 무한대로 갈 때 로지스틱정규분포의 경향을 갖는다. 구체적으로는 θ가 하이퍼파라미터 α가 있는 디리클레분포에서 $\alpha \to \infty$로 분포할 때, $p(\theta | \alpha)$는 하이퍼파라미터 $\mu = \mathbb{R}^{K-1}$와 $\Sigma \in \mathbb{R}^{K-1} \times \mathbb{R}^{K-1}$가 있는 로지스틱정규분포와 매우 유사하게 작용하며 다음과 같은 역할을 한다고 주장한다.

$$\mu_i = \psi(\alpha_i) - \psi(\alpha_K) \qquad\qquad i \in \{1, \ldots, K-1\}$$
$$\Sigma_{ii} = \psi'(\alpha_i) + \psi(\alpha_K) \qquad\qquad i \in \{1, \ldots, K-1\}$$
$$\Sigma_{ij} = \psi'(\alpha_K) \qquad\qquad i \neq j, i, j \in \{1, \ldots, K-1\}$$

여기서 ψ는 digamma 함수이고 ψ'는 파생된 부분이다(부록 B 참조).

요약

범주형 분포와의 켤레성이 부족하더라도 로지스틱정규분포는 범주형 분포에 앞서 유용하다. 디리클레분포는 확률 심플렉스에서 독립 구조를 나타내지만, 로지스틱정규분포는 다변량 정규분포에서 비롯된 명시적 의존 구조를 이용하게 된다.

로지스틱정규분포에는 덧셈과 곱셈의 두 가지 변형이 있다. 일반적으로 분포를 로지스틱 노멀분포라고 하지만 사용된 로지스틱 정규 유형에 대한 추가 참조가 없는 경우 덧셈 분포를 참조하게 된다.

3.2.3 논의

Aitchison(1986)이 지적했듯이 디리클레분포에 더 의존적인 구조를 가진 집단으로 (3.2.1절 참조) 일반화하고 디리클레분포의 집단을 가정하는 여러 연구가 수행됐다. 이러한 두 가지 시도는 확장된 디리클레분포와 Connor-Mosimann 분포다.

스케일링된 디리클레분포는 모두 같은 길이의 두 벡터 알파와 베타에 의해 매개변수화된다. 확률밀도함수는 다음과 같다.

$$p(\theta|\alpha,\beta) = \frac{\Gamma(\sum_{i=1}^{d}\alpha_i)}{\prod_{i=1}^{d}\Gamma(\alpha_i)} \times \frac{\prod_{i=1}^{d}\beta_i^{\alpha_i}\theta_i^{\alpha_i-1}}{\left(\sum_{i=1}^{d}\beta_i\theta_i\right)^{\sum_{i=1}^{d}\alpha_i}}$$

여기서 $\Gamma(x)$는 감마함수다. 반면 Connor-Mosimann 분포는 다음 확률밀도함수를 갖는다(또한 모든 양수 값으로 $\alpha, \beta \in \mathbb{R}^d$로 매개변수화된다).

$$p(\theta|\alpha,\beta) = \prod_{i=1}^{d}\frac{\theta_i^{\alpha_i-1}}{B(\alpha_i,\beta_i)}$$

여기서 $B(\alpha_i,\beta_i)$는 다음과 같이 정의된 베타함수다.

$$B(\alpha_i,\beta_i) = \frac{\Gamma(\alpha_i)\Gamma(\beta_i)}{\Gamma(\alpha_i+\beta_i)}$$

이 두 가지 시도는 디리클레분포의 의존성 구조를 개선하고 Aitchison이 지적한 것처럼 디리클레분포를 일반화하고 더 많은 의존성 구조로 강화하는 분포 분류를 찾는 문제는 여전히 열려 있다.

3.2.4 요약

다항분포는 특히 생성 모델링 기법을 고려하게 되면 자연어 처리 모델에서 중요한 구성 요소다. 자연어 처리의 대부분의 언어 구조는 다항분포에서 비롯된 부분으로 설명할 수 있다. 예를 들어 확률론적 맥락 없는 문법 모델을 사용하는 구^{phrase} 구조 트리의 각 규칙은 왼편의 비-터미널과 연관된 다항식에서 규칙의 오른편을 생성하는 다항분포로 시작된다.

이와 같이 베이지안 자연어 처리에서 다항식보다 사전확률분포가 광범위하게 사용돼 왔으며, 특히 디리클레분포가 있다. 디리클레분포의 선택은 다항식 분포와의 연관성에서 기인하며, 이는 다루기 쉬울 수 있지만 모델의 희소성과 같은 특성을 나타내도록 권장하는 데 사용될 수도 있다.

이 절에서 논의된 두 번째 다항식 사전확률분포는 로지스틱정규분포군이다. 디리클레분포와 달리 로지스틱정규분포군은 다항분포의 다양한 모수 간에 명시적 공분산 구조를 통합하며, 덧셈 및 곱셈 버전이 있다.

3.3 비-정보성 사전확률분포

지금까지 논의된 사전확률분포는 대부분 정보성이다. 정보성 사전확률분포를 사용하면 모델러가 이전의 매개변수에 대한 특정 신념을 포착해 분석에 통합하려는 시도를 하게 된다. 예를 들어 디리클레 사전확률분포를 사용하면 파라미터 공간의 희소성에 대한 믿음이 될 수 있다. 반면에 로지스틱정규분포를 사용하면 이 신념은 파라미터 공간의 일부 파라미터 의존성 구조와 관련될 수 있다.

때로는 비-정보성 사전확률분포, 즉 어떤 식으로든 분석을 편향시키지 않는 사전확률분포가 선호되는 경우가 있다. 이러한 유형의 사전확률분포에 대한 필요성은 파라미터에 대한 명확한 사전 신념이 없을 때 발생한다.

비-정보성 사전확률분포를 사용하는 것은 반-직관적인 것처럼 보일 수 있다. 자연어 처리에서 베이지안 접근 방식을 사용하는 이유 중 하나는 정확한 정보를 사용하는 사전정보를 사용해 예측을 좀 더 그럴듯한 구조로 편향시키기 위함이다. 사전정보가 없다면 왜 베이지안 접근 방식을 사용해야 하는가?

그 질문에 대한 대답은 간단하지 않다. 이 질문은 베이지안 확률을 개인의 신념의 정도로 보는 사람들과 그것이 객관적이고 합리적인 지식 척도를 나타내야 한다고 생각하는 사람들처럼 "주관주의자들"과 "객관주의자들" 사이의 논쟁의 근본 원인이다. 비-정보성 사전확률분포는 객관주의자의 관점에 더 잘 맞다. 이 견해의 지지자들 중 일부는 일련의 공리를 통해 베이지안 통계를 도출하고(Cox, 1946; Jaynes, 2003), 이 견해는 주관적인 관점보다 과학적 추론에 더 적합하다고 생각한다. 1.7절도 참조하자.

비-정보성 사전확률분포를 사용하면 4장에서 논의한 것처럼 빈도주의적 방법론과 일치하는 경우가 종종 있지만, 비-정보성 사전확률분포를 사용하면 구조에 대한 예측을 할 때 파라미터에 대한 사후확률분포를 통합하면 파라미터의 공간을 더욱 효과적으로 탐색하는 추론이 가능하다.

이 점은 Goldwater and Griffiths(2007)에 의해 입증됐다. 저자가 품사 태그 지정을 위해 히든 마르코프 모델을 비교한 경우(한 모델은 전이 및 출력 행렬의 파라미터보다 균일한 성질을 갖는 완전 베이지안 히든 마르코프 모델이고 다른 모델은 최대 우도함수를 사용해 추정되는 바닐라 히든 마르코프 모델이다)의 일부 태그는 품사 태그의 예측 성능을 향상시켰다.

여전히 베이지안 NLP에서 정보가 없는 사전확률분포는 모델의 파라미터가 아닌 하이퍼파라미터 위에 계층적 사전확률분포로써 사용된다. 이것은 3.5절에서 논의된다.

3.3.1 UNIFORM AND IMPROPER PRIORS

파라미터 공간 $p(\theta)$에 대한 비-정보성 사전확률분포 Θ를 선택하는 한 가지 방법은 직관을 따른다. 모든 $\theta \in \Theta$에 동일한 확률밀도함수를 할당하는 사전확률분포를 선택한다.

예를 들어 집합 Θ가 $\mathbb{R}^d$의 부분집합이고 유한한 볼륨 $v(\Theta)$를 가질 때마다(Lebesgue 측정값에 따름), Θ에 대한 균일한 분포는 단순히 일정한 분포 $1/v(\Theta)$이다. 그러나 집합 Θ에 균일한 분포를 강요하면 때때로 부적절한 사전확률분포가 될 수 있다. 부정확한 사전확률분포 $p(\theta)$는 $p(\theta)$의 하나로 통합하는 필수요건을 위반하는 '사전확률분포'가 된다.

$$\int_{\theta} p(\theta)d\theta = \infty$$

예를 들어 실제 $\mathbb{R}$에 균일 분포가 없으며(또는 더 일반적으로 $d \in \mathbb{N}$에 대한 $\mathbb{R}^d$의 제한되지 않은 집합), 단순히 $c > 0$에 대해 적분 $\int_{-\infty}^{\infty} cd\theta$가 무한대로 발산하기 때문이다. 결과적으로, 실제 선에서 균일한 사전확률분포를 정의하려는 시도는 부정확한 사전확률분포로 이어질 수 있다.

사전확률분포가 부적절하더라도 베이즈 규칙을 사용해 사후확률분포를 계산하는 것은 여전히 기술적으로 (대수적으로) 가능하다.

$$p(\theta|x) = \frac{p(\theta)p(x \mid \theta)}{\int_{\theta} p(\theta)p(x \mid \theta)d\theta}$$

적분 $\int_{\theta} p(\theta)p(x|\theta)d\theta$가 수렴하면 적절한 사후확률분포를 얻을 수 있다. 이러한 이유로, 사후확률분포가 명확하게 정의돼 있는 한, 부적절한 사전확률분포는 때때로 베이

지안에서 사용될 수 있다.

$c > 0$일 때 $p(\theta) = c$를 사용하는 경우 즉 균일한 (아마도 부적절한) 사전확률분포에서 베이지안 통계와 최대우도 확률 간에 겹치는 부분이 있으며 이는 순전히 빈도주의적 접근 방법이다. 이것은 4.2.1절에서 논의된다.

평평한 균일 사전확률분포가 부정확한 사전확률분포가 되면 대신 모호한 사전확률 분포를 사용하는 것이 가능하다. 그러한 사전확률분포는 부적절하지 않지만 균일하지 않다. 대신 파라미터 공간에서 통합될 때 사전확률분포의 발산을 피하기 위해 꼬리가 0이 되도록 큰 스프레드를 갖는다. 꼬리는 가능한 한 균일한 분포를 유지하기 위해 보통 "무거운" 상태를 갖게 된다.

3.3.2 Jeffreys Prior

위에서 설명한 바와 같이 비-정보성 사전확률분포에 대한 하나의 비판은 이들이 재-매개변수화에 의해 변하지 않는다는 것이다. 즉, 일대일 매핑을 사용해 θ를 파라미터에 대한 새로운 표현으로 변환해 결과적으로 비-정보성 사전확률분포 속성이 서로 다른 속성을 갖게 되며 예를 들어 균일한 사전확률분포가 유지되지 않는다.

직관적으로 사전확률분포의 파라미터에 대한 정보가 없으면 사전확률분포는 재-매개변수화에서 일관된 상태를 유지해야 한다. 이는 파라미터 집합에서 지정된 확률 질량함수를 파라미터화된 후 이러한 파라미터 집합에 지정된 확률 질량과 동일하게 유지돼야 함을 의미한다. 이러한 이유로 통계학자들은 여전히 정보가 아닌 것으로 간주할 수 있지만, 파라미터가 변하지 않는 일련의 사전확률분포를 찾을 수 있다. 이러한 한 예는 Jeffreys Prior(Jeffreys, 1961)이다.

Jeffreys 사전확률분포는 파라미터의 Fisher 정보를 기반으로 정의된다. 다변량 파라미터 벡터 θ의 경우 우도함수 $p(x|\theta)$와 결합된 Fisher 정보 $i(\theta)$는 파라미터 값의 함수이며 행렬을 리턴한다.

$$(i(\theta))_{ij} = -E\left[\left(\frac{\partial^2}{\partial \theta_i \theta_j} \log p(x|\theta)\right)\middle| \theta\right]$$

θ가 단일 변량인 경우 Fisher 정보는 로그우도함수의 미분인 점-함수의 분산으로 감소한다. Jeffreys(1961)는 다음과 같은 사전확률분포 정의를 제안했다.

$$p(\theta) \propto \sqrt{\det(i(\theta))}$$

Eisenstein et al.(2011)은 가우스분포에서 분산 역할을 하는 파라미터에 대한 SAGE Sparse Additive Generative 모델을 Jeffreys 사전확률분포에 사용했다. 가우스분포에서 각각 자신의 분산을 가진 "배경 분포"와 결합해 한 가지 주제를 나타내는 일련의 단어에 대한 분포를 생성한다. Eisenstein et al은 정상-제프레이즈 조합(그들도 시도했던 정상-제프레이즈 조합과 비교)의 사용은 간극을 조장하고, 또한 사전확률분포(그들이 사용하기 전의 제프레이즈는 파라메트릭이 되지 않는다)를 위한 하이퍼파라미터의 선택 필요성을 완화시킨다고 주장한다.

하지만 현재 베이지안 자연어 처리 작업에서 제프레이즈 사전확률분포를 사용하는 것은 드문 일이다. 감마분포를 사용해 균일하게 비-정보성 사전확률분포나 애매한 사전확률분포를 사용하는 것이 더 일반적이다. 그러나 디리클레와 다항분포 사이의 강한 상관관계는 제프레이즈 사전확률분포의 맥락에서 다시 등장한다. 하이퍼파라미터 1/2(3.2.1절 참조)이 있는 대칭 디리클레는 다항분포에 대한 제프레이즈 사전확률분포다.

계층적 사전확률분포에 관심 있는 경우(3.5절 참조), 모델의 구조가 Dirichlet-multinomial인 경우, 디리클레분포 하이퍼파라미터에 앞서 Jeffreys 사전확률분포를 사용할 수 있다(Yang and Berger, 1998). 디리클레분포가 $\alpha_1, ..., \alpha_K > 0$로 파라미터화되면 알파에 대한 Jeffreys 사전확률분포는 $p(\alpha) \propto \sqrt{\det(i(\alpha_1, ..., \alpha_K))}$이다.

$$[i(\alpha_1, \ldots, \alpha_K)]_{ii} = \psi'(\alpha_i) - \psi'\left(\sum_{i=1}^{K} \alpha_i\right) \qquad i \in \{1, \ldots, K\}$$

$$[i(\alpha_1, \ldots, \alpha_K)]_{ij} = -\psi'\left(\sum_{i=1}^{K} \alpha_i\right) \qquad i \neq j; i, j \in \{1, \ldots, K\}$$

3.3.3 DISCUSSION

통계 분야에서 비-정보성 사전확률분포의 의미에 대해 명확하게 정의된 내용은 없다.

어떤 사람들은 균일한 사전확률분포는 파라미터 공간에서 모든 파라미터에 동일한 확률을 할당하기 때문에 유익하지 않다고 주장한다. 그러나 이들이 존재하는 경우 균일한 사전확률분포는 재-파라미터화에 영향을 미치지 않으므로 많은 통계 학자들이 비-정보성을 간주하지 않는다. 반면 Jeffreys 사전확률분포의 파라미터는 파라미터화에 변경되지 않지만 파라미터 공간의 특정 부분에 대한 기본 설정에 대한 편향을 가질 수 있다.

3.4 CONJUGACY AND EXPONENTIAL MODELS

지수군은 통계에 유용하고 NLP에서도 매우 일반적인 중요한 모형군이다. 시작하려면 지수 모형의 파라미터 공간을 Θ로, 표본 공간을 Ω로 표시하자. 특정 지수 모델을 정의하려면 다음 함수를 정의해야 한다.

- $\eta : \Theta \to \mathbb{R}^d$ for some d
- $t : \Omega \to \mathbb{R}^d$ (t is also called "the sufficient statistics")
- $h : \Omega \to (\mathbb{R}^+ \cup \{0\})$ (also called "the base measure")

이 함수는 다음 모델을 정의한다.

$$p(x|\theta) = h(x) \exp(\eta(\theta) \cdot t(x) - A(\theta))$$

여기서 $A(\theta)$는 정규화 상수로 사용된다. "로그 파티션 함수"라고도 하며 다음과 같이 정의된다.

$$A(\theta) = \log \left(\sum_x h(x) \exp(\eta(\theta) \cdot t(x)) \right)$$

잘 알려진 많은 분포가 이 범주의 지수군에 속한다. 예를 들어 d 이벤트가 있는 공간 Ω, $\Omega = \{1,...,d\}$ 및 매개변수 $\theta_1,...,\theta_d$에 대한 범주 분포는 다음을 사용해 지수 모델로 표시될 수 있다.

$$\eta_i(\theta) = \log(\theta_i) \tag{3.15}$$

$$t_i(x) = I(x = i) \tag{3.16}$$

$$h(x) = 1 \tag{3.17}$$

가우시안분포, 디리클레분포, 감마분포 및 기타와 같은 많은 다른 분포가 이 범주에 속한다. 지수 모델을 다시 파라미터화할 수 있다. 여기서 새 파라미터 세트는 $\eta(\Omega)$이고 η은 항등함수로 대체된다. 이 경우 지수 모델은 자연수 형태('자연 모수' 포함)라고 한다. 나머지 논의는 다음과 같은 자연수 형태의 지수 모델에 중점을 둔다.

$$p(x|\eta) = h(x)\exp(\eta \cdot t(x) - A(\eta)) \tag{3.18}$$

로그 파티션 기능과 충분 통계량의 평균 간에는 강력한 상관관계가 있다. 더 구체적으로, 다음과 같이 표시할 수 있다.

$$\frac{\partial A(\eta)}{\partial \eta_i} = E[t_i(X)]$$

이러한 사실은 자연어 처리에서 로그 선형 모델의 기울기를 계산해 파라미터를 최적화해야 할 때 자주 사용된다. Ω가 일련의 구문 분석 트리 또는 레이블된 시퀀스와 같은 조합 분리 공간인 경우 동적 프로그래밍 알고리즘을 사용해 이러한 기대치를 계산할 수 있다. 자세한 내용은 8장을 참조하자.

베이지안 설정에 대해 논의하기 때문에 지수 모델에 대한 켤레사전확률분포가 무엇인지 문의하는 것이 당연하다. 식 3.18의 모형에 대한 켤레사전확률분포도 다음과 같은 일반적인 형태의 지수 모형이다.

$$p(\eta|\xi_0, \xi) = f(\xi_0, \xi)\exp(\xi^\top \eta - \xi_0 A(\eta))$$

여기서 $\xi \in \mathbb{R}^d$, $\xi_0 \in \mathbb{R}$, $f: \mathbb{R}^d \to (\mathbb{R}^+ \cup \{0\})$이다. 이런 일반적인 결과는 잘 알려진 켤레분포 쌍 사이의 많은 활용 관계를 증명하는 데 사용될 수 있다(3장 끝부분에 있는 연습문제를 참조하자). 또한 자연수 형태의 지수 모델과 로그 선형 모델 사이에는 강력한 상관관계가 있다. 로그 선형 모델에 관한 자세한 내용은 4.2.1절에 나와 있다.

3.5 모델이 갖는 다중 파라미터

사전확률분포 $p(\theta)$에서 파라미터를 추출한 다음 분포 $p(X|\theta)$에서 데이터를 추출하는 기본 베이지안 모형을 고려해보자. 여기서 데이터는 랜덤변수 X를 사용해 추상적으로 표현되지만, 관측된 데이터가 모두 분포 $p(X|\theta)$에서 가져온 다중 관측치 $x^{(1)},...,x^{(n)}$로 구성된 경우가 종종 있다.

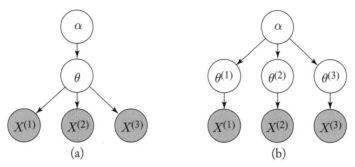

그림 3.2 세 가지 관측치가 있는 모델에 사전확률분포를 배치할 수 있는 두 가지 수준의 그래픽 묘사. (a) 모든 관측치에 대한 파라미터가 한 번 그려진다. (b) 경험적 베이즈 스타일로 각 관측치에 대해 여러 파라미터가 다시 그려진다. 음영 처리된 노드가 관찰된다.

이 경우 데이터 및 파라미터에 대한 결합확률분포를 작성하는 한 가지 방법은 다음과 같다.

$$p\left(\theta, x^{(1)},\ldots,x^{(n)}\right) = p(\theta) \prod_{i=1}^{n} p\left(x^{(i)}|\theta\right)$$

이 식을 주의 깊게 살펴보면 사전확률분포를 배치할 때, 추가 자유도가 있음을 알 수 있다. 모든 데이터포인트에 대한 파라미터를 한 번 그리는 대신 각 데이터포인트에 대한 파라미터 세트를 그릴 수 있다. 이 경우 결합확률분포는 다음과 같다.

$$p\left(\theta^{(1)},\ldots,\theta^{(n)}, x^{(1)},\ldots,x^{(n)}\right) = \prod_{i=1}^{n} p\left(\theta^{(i)}\right) p\left(x^{(i)}|\theta^{(i)}\right)$$

이 유형의 모델을 복합 샘플링 모델이라고도 한다. 사전확률분포 모델링에 대한 접근 방식을 통해 파라미터 $(\theta^{(1)},...,\theta^{(n)})$의 결합 세트보다 단일 사전확률분포로 간주될 수 있다.

$$p\left(\theta^{(1)},\ldots,\theta^{(n)}\right) = \prod_{i=1}^{n} p\left(\theta^{(i)}\right) \qquad (3.19)$$

이 두 가지 접근 방식은 그림 3.2에 나타나 있다.

개념적으로 사전확률분포 배치에 대한 두 가지 접근법 모두 자연어를 모델링할 때 장단점이 있다. 각 관측치에 대한 파라미터를 작성하면 관측치(또는 잠재적 변수 모델의 경우 예측된 구조)에서 더 많은 유연함이 가능하게 되고, 모델이, 예를 들어 저자 또는 장르의 차이로 인해 발생하는 모음에서의 변화를 캡처할 수 있다. 최상위 수준에서 파라미터를 생성하면 (단 한 번) 더 작은 공간에서 추론을 수행해야 한다고 제안한다. 단일 파라미터 집합보다 사후확률분포를 찾아야 한다. 이것은 모델의 복잡성을 줄여준다.

파라미터가 각 데이터에 대해 개별적으로 나타낼 수 있을 때 (즉, 식 3.19에서 사전확률분포를 사용함), 종종 이러한 파라미터 사이에서 어떤 종류의 종속성을 가정하는 것이 유용하다. 또한 파라미터 간의 종속성을 유추하기 위해 하이퍼파라미터를 추론하는 데 관심이 있다. 이러한 유형의 추론을 수행하는 데는 두 가지 지배적인 접근 방식이 있다. 두 접근법 모두 $\theta^{(i)}$가 그려진 사전확률분포 $p(\theta)$가 하이퍼파라미터에 의해 제어되므로 일부 α에 대해 $p(\theta|\alpha)$가 있다고 가정한다.

첫 번째 접근법은 경험적 베이즈(Berger, 1985)라고 한다. 경험적 베이즈는 하이퍼파라미터가 일반적으로 최대우도확률 기준을 사용해 추정됨을 의미한다. 실제 베이즈에 관한 자세한 내용은 4.3절을 참조하자.

두 번째 방법은 계층적 베이지안 모델링이다. 계층적 베이지안 모델은 하이퍼파라미터(사전확률분포를 파라미터화) 자체가 (하이퍼) 사전확률분포와 연관되는 모델이다. 계층적 베이지안 모형은 일반적으로 파라미터($\lambda \in \Lambda$로 파라미터화됨), $p(\alpha|\lambda)$를 결합해 다음과 같은 결합 확률분포로 나타낼 수 있다.

$$p\left(\alpha,\theta^{(1)},\ldots,\theta^{(n)},x^{(1)},\ldots,x^{(n)}|\lambda\right) = p\left(\alpha \mid \lambda\right) \prod_{i=1}^{n} p\left(\theta^{(i)}|\alpha\right) p\left(x^{(i)}|\theta\right)$$

두 번째 단계 사전확률분포의 선택은 모델의 예측에 대한 첫 번째 사전확률분포의 선택보다 눈에 띄는 효과가 없다. 따라서 우리의 신념에 가장 적합하지 않더라도 수학적으로 편리하지만 모호한 사전확률분포가 하이퍼파라미터에 대해 사전확률분포에 좀 더 일반적이다.

아쉽게도 많은 베이지안 자연어 처리 논문은 모델 설명에서 각 예에 대한 파라미터가 그려졌는지 또는 모든 관찰과 잠재 구조에 대한 단일 매개변수 집합이 있는지 여부를 명시적으로 설명하지 않는다. 이러한 모호함은 주로 베이지안 NLP 모델의 생성 과정이 단일 관찰(또는 잠재 구조)에 대해 설명되기 때문에 발생한다. 모든 관측치에 대한 "루프"는 모델 설명에서 명확하게 설명되지 않았다.

예를 들어 (8장) 히든 마르코프 모델을 사용하면 히든 마르코프 모델에 대한 파라미터를 한 번만 나타낼 수 있으므로 여러 시퀀스에서 데이터포인트로 여러 문제를 암시적으로 처리할 수 있다. 데이터의 모든 시퀀스가 단일 시퀀스로 연결돼 있고 그 사이에 구분 기호가 있다고 가정할 수 있다. 그런 다음 단일 시퀀스에 대한 추론을 진행할 수 있다. 이는 분리 기호에서 다른 기호로의 전환 확률을 초기 확률로 처리하는 다중 시퀀스를 갖는 것과 동일한 시나리오로 이어지게 된다.

일반적으로 베이지안 NLP 논문의 독자는 논문이 경험적 베이지안 설정 또는 계층적 베이지안 설정으로 정해지지 않는 한 모든 관측치에 대해 단일 파라미터 집합이 있다고 가정해야 한다. 이 일반적인 규칙은 추론 알고리즘의 유도 또는 논문의 방법이 비교되는 다른 베이지안 기준선과 같은 사전확률분포를 배치하는 것과는 다른 것으로 대체된다.

이 책은 사전확률분포의 배치에 대해 가능한 한 명확하게 하려고 한다. 사전확률분포는 최상위 수준에서 추상적으로 정의되지만 많은 경우에 θ는 식 3.19에 정의된 사전확률분포와 함께 실제로 다중 파라미터를 이끌어낸다는 점을 고려해야 한다.

계층적 베이지안 모델링과 경험적 베이즈는 모든 파라미터에 대한 단일 파라미터 추첨의 경우에 사용할 수 있다. 단, 다중 파라미터 추첨은 특히 경험적 베이즈 설정에서 NLP에서 가장 많이 사용된다.

3.6 구조적 사전확률분포

베이지안 NLP의 대규모 작업은 모델 구조가 고정된 경우에 중점을 둔다. 여기서 모델 구조는 엄격하게 정의돼 있지 않지만, 모델의 핵심 독립성 가정을 만드는 표현을 나타낸다. 문맥이 없는 문법이나 방향이 있는 그래프 모델을 예로 들 수 있다. 이 구조가 데이터와 관련해 역할하기 위해서 다양한 구성 요소의 파라미터와 연관된다. 예를 들어 PCFG는 각 규칙을 규칙 확률과 연관시켰다.

우리는 보통 구조가 고정돼 있다고 가정하기 때문에, 베이지안 NLP의 사전확률분포는 이 구조의 파라미터에 걸쳐 정의된다. 모델 구조에 대해 사전확률분포를 설정하는 것은 더 복잡하다. 이를 위해 한 가지 암묵적인 방법은 구조가 매우 적은 독립가정을 하고, 고정된 매개변수 집합(예: 컨텍스트 없는 문법에 대해 가능한 모든 오른편)에 잠재적으로 사용되지 않는 많은 요소들을 통합하는 것이다. 그런 다음 이 모델에 대한 희소성을 선택하면 (예를 들어 작은 농도의 하이퍼파라미터가 있는 대칭 디리클레) 모델에서 이러한 구성 요소의 하위 집합을 선택하게 된다.

자연어 처리에서 구조적 사전확률분포를 사용하는 몇 가지 더 명백한 예시가 있다. 예를 들어 Eisner(2002)는 문맥 없는 규칙의 구조적 "변형적 사전확률분포"를 정의한다. Eisner의 목표는 훈련 데이터에서 볼 수 없었던 규칙을 문법에 도입하는 것이다. 규칙 도입은 로컬 편집 작업을 기존 규칙에 도입해 수행된다. 전체 규칙 집합은 그래프로 표시되며, 여기서 노드는 규칙에 대응되며, 가장자리는 로컬 편집 작업을 사용해 한 규칙에서 다른 규칙으로의 가능한 전환에 해당된다. 이 그래프의 가장자리는 가중치를 적용하고 최종 문법에서 규칙의 확률을 결정하게 된다.

베이지안 설정에서 구조적 사전확률분포를 설정하는 다른 예시로는 Stolcke and Omohundro(1994)가 있다. Stolcke는 "베이지안 병합 모델"을 사용해 문법의 구조를 배우는 데 관심이 있었다. 자세한 내용은 8.9절을 참조하자.

3.7 요약

사전확률분포는 파라미터의 불확실성을 관리하는 데 사용되는 베이지안 통계에서 기본 메커니즘이다. 사전확률분포는 두 가지 트레이드오프를 염두에 두고 선택해야 한다. 즉, 사전확률분포의 표현성과 매개변수 공간에서 특성을 포착할 수 있는 능력 그리고 사후확률분포 추론을 취급하는 부분이다.

켤레사전확률분포는 이 절충의 두 번째 측면에 더 초점을 맞춘 한 유형의 사전확률분포다. 베이지안 NLP 모델은 대개 범주형 분포에 기초하기 때문에 범주형 분포의 켤레사전확률분포인 디리클레분포를 베이지안 NLP에서 사용하는 것이 일반적이다.

디리클레분포에는 몇 가지 제한이 있으며, 로지스틱정규분포와 같은 다항분포의 다른 사전확률분포를 디리클레분포 대신 사용할 수 있다. 이러한 사전확률분포는 계산적으로 다루기 어렵지만, 대략적인 추론 방법을 사용해 이 과제를 극복할 수 있다.

베이지안 NLP에서 계층적 우선순위를 사용하는 경우가 많으며, 하이퍼파라미터에 대한 불확실성은 실제로 다른 사전확률분포 버전을 사용해 관리된다. 이러한 유형의 사전확률분포 버전(하이퍼프라이어라고도 한다)은 사전확률분포군을 부적절하게 선택했기 때문에 성능 저하에 덜 취약하다. 이는 모델의 계층에 있는 하이퍼프라이어 위치로 인해 발생하며, 이는 파라미터보다 파라미터에서 직접적인 사전확률분포보다 더 멀기 때문이다.

베이지안 NLP에는 사전확률분포 방식을 배치하는 두 가지 방법이 있다. 첫 번째 옵션은 모든 관측치에 대해 파라미터를 한 번에 나타내는 최상위 레벨에 사전확률분포 값을 배치하는 것이다. 두 번째 옵션은 각 관측치(또는 잠재 구조)에 대해 파라미터를 별도로 나타내는 것이다. 이 접근 방식은 종종 계층적 우선순위 및 경험적 베이즈의 추정과 관련이 있다(4.3절 참조).

사전확률분포는 베이지안 추론의 역학에서 중요한 부분이다. 좀 더 추상적으로 다양한 가설(또는 파라메트릭모델의 파라미터)에 대한 모델러의 사전확률분포 신념을 모델링하는 방법으로 간주해야 한다.

베이지안 NLP에 특별한 관심을 가질 수 있는 미지의 영역은 사전확률분포를 추출하는 영역이다. 사전확률분포의 도출과 함께, 사전확률분포의 지식은 전문가 지식에 기초해 구성된다(언어 영역에서 그러한 전문가는 언어학자일 수 있다). 일부 연구 영역에서는 전문가가 사전확률분포군을 위한 하이퍼파라미터 설정을 선택하기만 하면 된다. 자연어 처리에서 이러한 사전확률분포 도출은 명확한 원칙을 사용해 언어 정보를 통합하는 데 사용될 수 있다.

3.8 연습 문제

3.1 3.1.4절에 따라 분포가 다른 분포와 결합되는 경우 첫 번째 분포가 파라미터 공간의 하위 집합으로 다시 형식화될 때 이 관계가 유지됨을 보여라.

3.2 다항분포 또는 범주형분포를 지수 모델로 나타낼 수 있는지 확인해보라(예: 식 3.15~3.17이 올바르다는 것을 증명하라).

3.3 디리클레분포를 지수 모델로 나타낼 수 있음을 보여주고, 3.4절을 사용해 Dirichletmultinial celeugacy를 보여라.

3.4 앨리스는 단일 정수 매개변수인 $p(X|\lambda)$에 의해 파라미터화된 모델을 설계했다. 여기서 $\lambda \in \mathbb{N}$는 $p(\lambda)$이다. 그녀는 사전확률분포를 정의하는 데 관심이 있다. 앨리스가 그 문제에 대한 파라미터나 사전 정보를 많이 가지고 있지 않기 때문에 λ에 대해 $\mathbb{N}$의 균일 사전확률분포를 정의하고자 한다. 이때, 어떤 사전확률분포라도 부적절할 수 있음을 보여라.

3.5 앞의 질문에서 앨리스는 부정확한 사전확률분포에 대해 만족하지 않았다. 그녀는 자신이 모델링하고 있는 문제를 더 많이 알게 됐고, 이제 λ는 0을 중심으로 해야 하며, $|\lambda|$가 증가함에 따라 기하급수적으로 감소해야 한다고 생각한다. $|\lambda|$의 사전확률분포에 적절한 방법을 제안할 수 있는가?(지수 붕괴 속도를 결정하는 단일변수 α에 의해 하이퍼파라메트리화돼야 한다.)

CHAPTER 4

베이즈 추정

베이지안 추론의 주된 목표는 (데이터에서) 모델의 잠재변수, 특히 모델의 매개변수에 대한 사후분포를 도출하는 것이다. 이후 이러한 사후분포는 추후 매개변수의 범위를 확률적으로 추론하는 데 사용될 수 있으며, 매개변수의 평균 또는 최빈값을 구하거나 베이지안 추정량에 따른 또 다른 기댓값을 구하는 데 사용될 수 있다. 앞의 두 장에서 설명한 바와 같이 이 모든 것은 완전한 형태의 사후분포를 유지하기 위함이 아니라 사후분포를 정리하기 위한 방법이다.

일반적으로 사용되는 베이지안 통계에서 사후분포정리는 일반적으로 문제의 본질 또는 주어진 데이터에 대해 설명할 수 있는 결론을 내릴 때 사용된다. 베이지안 통계의 일반적인 사용 형태와 다르게, 자연어 처리는 사후분포를 정리하는 데 집중하는 것이 아니라 보지 못한 데이터에 대한 모델의 예측 능력 향상에 더 집중한다. 예를 들어 문장의 통사 구조, 두 문장의 정렬 또는 단어의 형태학적 분할을 예측하는 것이다.[1]

자연어 처리 문제에 사용되는 사후분포를 정리하는 가장 기본적인 방법은 사후확률에서 예측되는 점 한곳을 구하는 것이다. 즉, 주어진 매개변수 공간(그리고 전체 모델에서 보여지는 분포)에서 이후 예측에 사용될 하나의 점을 찾아내는 것을 말한다. 처음에는 이러한 접근 방식이 전체 분포를 사용해 모델의 매개변수에 대한 불확실성을 관리하기

1 　자연어 처리 문제에서 파라미터의 실제값이 매우 중요한 경우가 있다. 파라미터는 학습 단계에서 사용돼 모델의 예측력을 향상시키는 데 가장 큰 도움이 된다. 실제값은 모델을 해석하고 모델이 학습한 패턴을 이해하는 데 사용할 수 있다. 이런 정보는 모델의 표현력 향상을 위해 반복적으로 사용할 수 있다.

위한 베이지안 추론의 포인트를 간과하는 것처럼 보일 수 있다. 하지만 사후확률평균 등과 같은 사후확률정리는 많은 매개변수를 통합할 수 있으며, 이런 사후확률정리를 활용한 예측에서 특히 전체 크기가 작은 데이터에서 사전확률에 크게 의존하는 효과가 있다(사후확률분포는 사전확률분포를 고려한다).

사후분포정리는 어떠한 예측이든 전체 사후분포만을 사용하는 "완전 베이지안 접근법"과 대조를 이룬다. 이러한 "완전 베이지안 접근법"의 예시로, 가능한 모든 매개변수에 대한 평균을 활용해 가능성 함수를 최대로 하는 사후분포의 매개변수를 적분하는 방법이 있다. 이런 베이지안 접근 방법과 하나의 점을 추정하는 방법의 차이를 이해하기 위해서는 4.1절을 참고하자. 베이지안 관점에서, 베이지안 접근은 확률적으로 더 정확하지만 이는 종종 다루기 어려울 때가 있다. 반면 자주 등장하는 점 추정을 하는 사후분포정리는 이후 예측에 쉽게 사용될 수 있도록 모델의 크기를 경량화하는 데 도움을 준다.

4장은 사후분포를 정리하는 몇 가지 방법과 빈도주의적 추정을 위한 몇 가지 접근 방법과의 관계에 대해 설명한다. 4장은 2가지 주요 부분을 포함하고 있다. 첫 번째 부분은 4.2절에 등장하는데, 베이지안 자연어 처리에서 사후분포를 정리하는 핵심 방법에 대한 부분을 자세히 설명하고, 두 번째 부분은 4.3절에서 실험을 통한 베이즈 접근법에 대해서 설명하는데, 이 접근법에서 하이퍼파라미터로부터 포인트 추정을 하고 이는 종종 매개변수 자체를 대체하는 데 사용되기도 한다.

4장에서 설명하는 기법은 5장(표본 추출 방법)과 6장(변분 추론)에서 설명하는 기법과 다르다. 이후에 나올 기법은 온전히 사후분포를 활용하거나 적어도 표본에서 평균을 도출하는 방법을 설명한다. 이러한 기법들은 완전 베이즈 추론에 종종 사용되지만 사후분포를 파악하는 데에도 사용되며, 더 나아가 4장에서 설명하는 접근법으로 사후분포를 정리할 수 있다.

4.1 잠재변수를 통해 배워 볼 두 가지 관점

학습 과정에서 "입력input"할 예시(데이터)는 존재하지만, "출력output"이 존재하지 않는 비지도 환경에서, 학습에 대한 2가지 다른 접근법을 제시할 수 있다.

첫 번째 접근 방법에서, 추론은 모든 가능한 데이터에서 전부 이뤄진다. 여기서 우리는 최종 예측 과정에서 사용될 데이터를 포함한다. 두 번째 접근 방법에서, 우리는 학습 데이터를 학습 데이터와 테스트셋^{developement set}으로 나누는 전통적인 머신러닝 방법을 고수한다. 그리고, 우리는 모델 매개변수를 학습셋^{training set}으로부터 예측하고, 테스트셋을 활용해 모델을 개선^{fine-tune}하고, 최종적으로 모델의 예측력을 평가하기 위해 평가셋에 포함된 사용되지 않은 예시들을 추론^{decode}한다.

베이지안 자연어 처리에서 이러한 접근법에 대한 예시는 다음과 같다. 일반적으로 첫 번째 방법은 비지도 환경에 적합하고 지도 환경에는 사용할 수 없다. 그리하여 당연하게도, 첫 번째 방법이 베이지안 자연어 처리에서 일반적으로 사용된다. 2장에서 논했듯이 베이지안 자연어 처리는 데이터의 비지도학습에 많은 부분을 집중한다.

완전 베이지안 접근법은 분리된 학습셋과 테스트셋을 활용하지만, 이러한 분리 작업은 베이지안 자연어 처리에서 베이지안 포인트 추정을 할 때 자주 사용된다. 완전 베이지안 접근법은 일반적으로 계산량이 부담스러운 추론 알고리즘을 필요로 한다. 자연어 처리는 종종 알지 못하는 데이터에 대해서 빠른 추론을 요구하기 때문에 경량화된 모델을 필요로 하며, 이런 설정이 항상 자연어 처리에 적합한 것은 아니다. 이는 특히 상업적 또는 기타 대규모 사용을 위한 자연어 처리 시스템에 해당된다. 이러한 상황에서, 베이지안 포인트 추정은 베이지안 접근과 모델 경량화를 위한 필요성 사이에서 적절한 균형을 맞추는 역할을 한다.

위에서 언급했던 바와 같이, 베이지안 포인트 추정은 학습셋과 테스트셋을 나누는 전통적인 머신러닝 방법론과 베이지안 추정을 합치는 유일한 선택지는 아니다. 만일 비지도 문제의 학습셋에 $x^{(1)}, \ldots, x^{(n)}$까지의 인스턴스가 있고, 우리가 z' 구조를 갖는 새로운 x'를 예측한다면, 학습셋의 인스턴스를 활용해 우리는 매개변수에 대한 전체 사후분포를 추론할 수 있다.

$$p\left(\theta | x^{(1)}, \ldots, x^{(n)}\right) = \sum_{z^{(1)}, \ldots, z^{(n)}} p\left(\theta, z^{(1)}, \ldots, z^{(n)} | x^{(1)}, \ldots, x^{(n)}\right)$$

이어서 근사 사후분포로부터 추론하게 된다.

$$p\left(z' \mid x^{(1)}, \ldots, x^{(n)}, x'\right) \approx \int_\theta p\left(z'|\theta, x'\right) p\left(\theta|x^{(1)}, \ldots, x^{(n)}\right) d\theta \quad (4.1)$$

이런 근사치는 n이 클수록 특히 더 정확하다. 사후확률이 더 정확하기 위해서, 우리는 x'에 대한 매개변수 분포가 필요하다. 이는 다음과 같다.

$$p\left(z' \mid x^{(1)}, \ldots, x^{(n)}, x'\right) = \int_\theta p\left(z' \mid \theta, x'\right) p\left(\theta \mid x^{(1)}, \ldots, x^{(n)}, x'\right) d\theta \quad (4.2)$$

그러나 n이 클수록 사후분포에 대한 x'의 영향은 무시해도 될 정도가 된다. 식 4.1은 식 4.2의 우변의 적절한 근삿값이다. 식 4.2를 미분하면 입력과 출력 매개변수 집합 θ에서 조건화된 입력과 출력 인스턴스 간 독립성을 직접적인 결과로 보여준다.

이러한 방식으로 사후분포에 대해 가능성함수를 적분하는 것은 상당히 복잡하고 비효율적인 계산이다. 이러한 이유 때문에 이 책에서는 사후분포를 예측할 때 근사법에 의존하거나 대안으로 베이지안 포인트 추정을 사용한다.

4.2 베이지안 점 추정

베이지안 점 추정의 목적은 사후확률분포를 정해진 파라미터에 맞춰서 요약하는 것이다. 이러한 추정 방법은 때론 최대우도 측정 또는 정규화된 최대우도 측정과 같은 빈도주의적 접근법과 매우 유사하다. 이러한 관계는 다음 절에서 설명되는 바와 같이 베이지안 최대 사후확률 추정치^MAP를 이용한 베이지안 추정을 유도하는 과정에서 명백히 드러나게 된다.

4.2.1 최대 사후확률 추정 방법

이번 절에서는 완전한 데이터 조건(즉, 지도학습 환경)에서 최대 사후확률 추정을 다룰 것이다. 우도^likelihood $p(X|\theta)$를 가진 모델의 사전확률을 $p(\theta)$라고 하자. 생성 과정은 θ는 사전확률에서 유도됐으며, $x^{(1)}$, $x^{(2)}$,..., $x^{(n)}$은 확률분포 $p(x^{(i)}|\theta)$에서 독립적으로 유도된다. 이런 관측치와 관련 있는 무작위 변수는 $X^{(2)}$,..., $X^{(n)}$와 같다. 최대 사후확률 추정은 사후확률의 최빈값인 점 추정치 θ^*를 고르는 것과 같다.

$$\theta^* = \arg\max_{\theta} p\left(\theta \mid x^{(1)}, \dots, x^{(n)}\right) = \arg\max_{\theta} \frac{p(\theta)\, p\left(x^{(1)}, \dots, x^{(n)} \mid \theta\right)}{p\left(x^{(1)}, \dots, x^{(n)}\right)}$$

최대 사후확률^{MAP} 추정의 원리는 간단하고 직관적이다. 사전확률과 관측 데이터를 모두 설명할 수 있는 사후확률을 설명할 수 있는 가장 유사한 매개변수들의 집합을 선택하는 것이다. $p(x^{(1)}, x^{(2)}, \dots, x^{(n)})$는 θ와 관련이 없다. 따라서 이는 다음과 같다.

$$\theta^* = \arg\max_{\theta} p(\theta)\, p\left(x^{(1)}, \dots, x^{(n)} \mid \theta\right)$$

또한 주어진 θ에 대해 $X^{(i)}$는 독립적일 때 그리고 로그함수가 단조함수일 때, 최대 사후확률^{MAP} 추정은 다음과 같다.

$$\theta^* = \arg\max_{\theta} \log p(\theta) + L(\theta) \tag{4.3}$$

$$L(\theta) = \sum_{i=1}^{n} \log p(x^{(i)} \mid \theta)$$

만약 $p(\theta)$가 상수일 때(예를 들어 $p(\theta)$는 확률 심플렉스에서 정규분포를 나타내는데, 이는 하이퍼파라미터 1을 가진 대칭 디리클레함수다) 식 4.3에서 최대우도 해를 설명할 수 있다. 함수 $L(\theta)$는 최대우도 추정에서 사용한 로그함수와 같다. 정규분포의 사전확률분포 $p(\theta)$는 비-정보성 사전확률분포다. 3.3절을 참고하자.

일반적으로 로그 $p(\theta)$는 식 4.3의 목적에서 페널티 항으로 여겨진다. 이 페널티 항은 θ가 사전확률분포에 의해 거의 일어날 가능성이 없을 때, 목적함수는 점점 더 작아진다.

최소 표현 길이와의 관계

최소 표현 길이 즉, MDL은 머신러닝의 아이디어 중 하나인 오컴의 면도날 법칙과 관련 있다. MDL 원리는 어떤 가정(우리의 경우, 파라미터의 집합)은 관측 데이터를 가장 간략한 방법으로 표현할 수 있어야 한다고 제안한다. 이런 간결한 방식은 자연스럽게 가정 자체를 인코딩해야 한다.

MAP 추정은 확률적인 인코딩을 위한 MDL 프레임워크를 그대로 따르게 된다. 만약 식 4.3에서 사전확률분포와 우도함수의 로그 부분을 무시한다면, 최적화 문제는 최대화에서 최소화 문제로 바뀌게 된다. $\log p(\theta)$ 항은 특정 코드에 따라 가설을 인코딩하는 데 필요한 네이비트의 수를 나타낸다. 이 코드는 $p(\theta)$에 따라 나눠진 가정들을 인코딩하는 데 최적화돼 있다(예를 들어 예상 코드 길이를 최소화한다).

마찬가지로 로그우도항은 가설 θ에 기초해 데이터를 인코딩하는 데 필요한 네이비트 수를 나타내며, 이 θ의 우도(가능성)에 따라 분배되는 데이터를 인코딩하는데 필요한 예상 네이비트 수를 최소화하는 코드를 사용한다.

이런 2개의 네이비트로 정량화된 값은 데이터로부터 얻은 가정을 나타내기 위해 필요한 네이비트 수를 측정하는 데 사용된다. 이는 우리의 사전 논리와 데이터로부터 관측된 것을 합쳐 설명할 수 있다. 그리하여 우리는 오컴의 면도날 법칙에 따라 이 값들을 같이 최소화한다.

자연로그대신 $\log_2$를 사용하면, 측정 단위가 네이비트에서 비트로 바뀌게 된다. 그러나 로그의 밑^{base}을 바꾼다 해도 MAP의 해는 변하지 않는다.

디리클레와 가법 평활법

언어 데이터에서는 희소한 카운트는 조심스럽게 다뤄야 한다. 예를 들어 단어의 분포 또는 더 일반적으로 n-grams라고 부르는 분포는 지프분포를 따른다고 잘 알려져 있다. 이것은 n-그램의 또 다른 의미가 있다는 것을 나타내며, 대부분의 확률 질량 함수는 상대적으로 작은 n-그램의 집합에 집중된다. 꼬리 부분은 상당히 무겁고, 언어에 대부분의 단어 유형을 포함하기 때문에 무시할 수 없다. 그러나 이 꼬리 부분에서 나오는 단일 요소는 종종 코퍼스 안에서 발생하지 않기 때문에 이 꼬리 부분의 각 요소의 확률을 추정하기는 어렵다.

확률을 추정하기 위해 사용하는 텍스트에서 실제로 발생하는 n-그램에만 0이 아닌 확률을 할당하면 보류된 데이터 세트에 나타나는 n-그램에 대한 확률이 0이 될 수 있다. 이는 모델이 강건하지 않고 노이즈에 취약하기 때문에, 어떠한 모델에도 적합하지 않을 수 있다. 이를 입증하기 위해 어떤 모델이 보이지 않는 단 하나의 n-그램에도 0의 확률을 할당하는 경우, 전체 데이터의 로그 가능성은 음의 무한대로 분산된다는 점을 고려해야 한다.[2] 더욱 일반적으로 자주 발생하지 않는 n-gram에 대한 나이브한 추정치의 차이는 매우 크다. 우리는 이제 이 간격 문제를 해결하기 위한 접근법과 디리클레분포 사이의 연관성에 대해 설명하고자 한다.

$\alpha > 0$인 하이퍼파라미터를 갖는 θ는 대칭 디리클레분포에서 유도됐다고 하자. 더불어 $x^{(1)},...,x^{(n)}$는 다항분포 θ로부터 유도됐으며, 각 $x^{(i)}$는 $\{0,1\}^K$에 속해 있다($\sum_{j=1}^{K} x_j^{(i)} = 1$). 3.2.1절에서 우리는 사후분포 $p(\theta|x^{(1)},...,x^{(n)}, \alpha)$가 디리클레분포라는 점을 증명했으며, 이때 하이퍼파라미터는 $(\alpha, \alpha,...,\alpha) + \sum_{i=1}^{n} x^{(i)}$과 같다.

디리클레분포의 밀도함수는 모든 하이퍼파라미터가 1보다 클 때, 단 하나의 최대치를 갖고 있다. 이때, 만일 θ^*가 사후확률 최대화함수일 때, 다음과 같다.

$$\theta_j^* = \frac{(\alpha - 1) + \sum_{i=1}^{n} x_j^{(i)}}{K(\alpha - 1) + \sum_{j=1}^{K} \sum_{i=1}^{n} x_j^{(i)}} \tag{4.4}$$

$\alpha = 1$일 때, 분자와 분모의 $\alpha - 1$항은 사라지게 되고, 최대우도 추정치만 남게 된다. θ^*에 대한 추정치는 각 사건의 상대적 빈도로 구성돼 있다. 결국 $\alpha = 1$일 때, 사전함수 디리클레분포 $p(\theta|\alpha)$은 단지 정규 비-정보성 사전분포이며, 그로 인해 우리는 최대우도 확률 추정치를 유도할 수 있다(3절과 식 4.3을 참고하자).

$\alpha > 1$일 때, 식 4.4에서 디리클레-다항분포함수의 최대우도확률 추정치는 평활된 최대우도추정치와 일맥상통한다. 각 관측값에 $\alpha - 1$ 즉 슈도 카운트를 추가한다. 이러한 유형의 스무딩(Additive smoothing 또는 Laplace-lidstone smoothing)은 언어 데이터의 희박한 카운트 문제를 해결하는 데 도움이 되기 때문에 초기부터 데이터 기반 자연어 처리에서 종종 사용돼왔다($\alpha < 1$이면 그다지 도움이 되지 않는다. $\alpha - 1 < 0$이기 때문이다).

Additive smoothing은 구현이 쉽기 때문에 특히 매력적이다. MAP(최대사후확률)으로의 해석은 추가된 값이 있지만, Additivie Smoothing의 기원은 아니다. 실제로 NLP 커뮤니티의 n-gram 모델에는 1980년대 후반부터 Additive Smoothing이 사용됐지만, 반드시 베이지안 방식을 참조하지는 않았다.

---

2   이러한 이유로 SRI 언어 모델 툴(Stolcke, 2002)과 같은 특정 언어 모델 툴은 보지 않은 데이터에 대한 복잡성을 계산할 때 보지 않은 단어는 모두 무시하는 옵션이 있다.

Chen과 Goodman(1996)은 언어 모델링을 위한 smoothing 기법에 대한 철저한 연구를 진행했으며, 다른 smoothing 기법과 additive smoothing과 비교했다. 그들의 연구 결과는 additive smoothing이 n-gram 모델의 정확한 예측을 위해 최적의 해법은 아니라고 이야기한다. Katz smoothing(Katz, 1987) 및 n-gram 언어 모델의 낮은 차수 추정(Jelinek and Mercer, 1980)이 보류 데이터셋에 대해서 상당히 더 좋은 성능을 나타냈다(크로스 엔트로피로 측정한 성능이며 자세한 내용은 부록 A를 참고하자). 그러므로 모든 항목에 1씩 더해주는 smoothing 기법은 n-gram에 다양한 유사 카운트를 더해 smoothing하는 것보다 성능면에서 부족할 수밖에 없다.[3]

최적의 해법이 아님에도, 자연어 처리에서 additive smoothing은 최대우도추정 이후 종종 시도하는 가장 기본적인 방법이다. 이는 아마 최대우도추정 이후 시도하기 위한 방법으로 additive smoothing의 효율성과 간단한 구현 때문일 것이다. 그러나 더 나은 최대우도추정 성능을 달성하기 위해 낮은 차수 모델 보간법interpolation 또는 통합incorporation과 같은 더 복잡한 smoothing 기법이 필요하다.

최대 사후확률 추정과 정규화

특정 베이지안 사전확률을 기반으로 최대 사후확률 추정과 빈도주의 유형의 정규화 사이에는 강한 연관성이 있으며, 이는 로그우도와 같은 목적함수가 오버피팅하는 것을 막기 위해 정규화 항으로 사용된다. 우리는 지금부터 로그-선형모델과 연결지어 설명하려고 한다.

로그-선형모델은 자연어 처리의 지도학습 문제에서 일반적인 유형의 모델이다. 생성 사례에서, 모델은 (x, z)의 쌍으로 정의되며 여기서 x는 디코딩 문제에 대한 입력이고 z는 예측해야 할 구조다. 모델 형태는 다음과 같다.

$$p(X, Z|\theta) = \frac{\exp\left(\sum_{j=1}^{K} \theta_j f_j(X, Z)\right)}{A(\theta)}$$

---

3   요즘 언어 모델은 Kneser and Ney(1995)와 같은 smoothing 기법을 자주 사용한다. 베이지안 해석은 비교적 최근에 연구됐다. 7.4.1장을 참고하자.

$f(x, z) = (f_1(x, z),...,f_K(x, z))$는 모델로부터 각각의 확률을 정의하기 위해 (x, z) 쌍에 대한 정보를 도출하는 피처 벡터다.

각 함수 $f_i(x, z)$는 (x, z)를 실수 범위 $\mathbb{R}$에 대응시키고, 이는 0 또는 1를 선택하는 이진함수이다(x와 z 사이에서 있는지 없는지를 가리킨다. 또는 자연수 파트에서 x와 z에서 몇 번 등장하는지 셀 수 있다).

함수 $A(\theta)$는 분할함수이며 분포를 정규화하기 위해 정의되는데, 다음과 같다.

$$A(\theta) = \sum_x A(\theta, x) \tag{4.5}$$

$$A(\theta, x) = \sum_z \exp\left(\sum_{j=1}^{K} \theta_j f_j(x, z)\right)$$

대체적으로 판별^{discriminative} 분석에서 예측된 구조만 모델화되며, 로그-선형 모델은 조건부 모델로 정의된다.

$$p(Z|X, \theta) = \frac{\exp\left(\sum_{j=1}^{K} \theta_j f_j(X, Z)\right)}{A(\theta, X)}$$

이 경우 식 4.5의 $A(\theta)$는 필요 없어진다. 이는 매우 중요한 사실이다. $A(\theta)$는 가능한 모든 x에 대한 합계로 인해 종종 계산하기 어렵기 때문이다. 반면 함수 $A(\theta, x)$는 동적 프로그래밍과 같은 알고리즘을 사용해 특정 x에 대해 계산하기 훨씬 쉽다.

$Z \in \{-1, 1\}$일 때, 로그-선형 모델은 "로지스틱(이진) 회귀"로 정의된다. 이 경우, 우리는 다음과 같이 정의할 수 있다(레이블 확률이 합쳐서 1이 돼야 하는 제약 조건 때문에 피처함수를 갖지 않아도 된다).

$$p(Z|X, \theta) = \begin{cases} \dfrac{1}{1 + \exp\left(-\sum_{j=1}^{K} \theta_j f_j(X)\right)} & if \quad Z = 1 \\[4mm] \dfrac{\exp\left(-\sum_{j=1}^{K} \theta_j f_j(X)\right)}{1 + \exp\left(-\sum_{j=1}^{K} \theta_j f_j(X)\right)} & if \quad Z = -1 \end{cases}$$

어느 쪽이든 생성 및 판별 로그-선형 모델 또는 로지스틱 회귀 분석에서, 매개변수 A를 추정하기 위한 NLP의 고전적 접근 방식은 A에 관한 로그우도 목표를 최대화하는 것이다. 생성의 경우, 목적함수는 다음과 같다.

$$\sum_{i=1}^{n} \log p\left(x^{(i)}, z^{(i)} \mid \theta\right)$$

그리고 판별의 경우 다음과 같다.[4]

$$\sum_{i=1}^{n} \log p\left(z^{(i)} \mid x^{(i)}, \theta\right)$$

간단하게 가능도를 최대화하면 종종 훈련 데이터에 모델이 지나치게 오버피팅하게 된다. 매개변숫값은 너무 크다는 이유로 제한되거나 불리하게 되지 않는다. 따라서 로그우도함수는 노이즈에 기인하거나 일반적인 경우를 나타내지 않는 데이터의 패턴이 고려되는 방식으로 매개변수를 적합하게 만드는 경향이 있다. 이로 인해 모델은 일반화되지 않고 보이지 않는 데이터에도 일반화되지 않는다. 단일 출력(결과)과 관련된 특정 저수준 $^{\text{low level, low-frequency}}$ 피처의 경우 피처 가중치가 무한대로 발산할 수도 있다.

정규화는 이러한 문제를 해결하기 위한 방법 중 하나다. 예를 들어 (생성의 경우) L_2 정규화에서 최적화된 새로운 목적함수는 다음과 같다.[5]

$$\sum_{i=1}^{n} \log p\left(x^{(i)}, z^{(i)} \mid \theta\right) + R(\theta) \tag{4.6}$$

$$R(\theta) = -\frac{1}{2\sigma^2}\left(\sum_{j=1}^{K} \theta_j^2\right)$$

정규화된 판별목적함수는 로그우도를 조건부 로그우도로 대체하는 것으로 정의된다.

---

4   요즘 머신러닝은 이와 유사한 선형 모델을 학습하기 위해 다른 분류 알고리즘. 특히 최대 마진 알고리즘과 자각 알고리즘을 사용한다.

5   벡터 $x \in \mathbb{R}^d$의 L_2 놈(norm)은 유클리드 거리이다. $\sum_{i=1}^{d} x_i^2$.

이런 종류의 정규화와 관련된 직관은 간단하다. 목적함수에서 매개변수가 너무 커지면(목적함수가 훈련 데이터의 노이즈와 맞지 않아서 오버핏으로 이어질 때 발생한다) 정규화 항(절댓값)이 커지며 전체 목적함수를 훨씬 작게 만든다. 그러므로 θ값에 따라 정규화 항 $R(\theta)$은 피처가 0에 가까워지도록 해가 만들어진다.

이러한 유형의 정규화는 추정 문제에 있어서 빈도주의적 접근접에 근거하고 있지만, 정규화와 베이지안 분석 사이에 연관성은 분명히 존재한다. 정규화 항을 지수화하고 상수를 곱하면(θ에 의존하지 않음), 이 정규화 항은 θ에 대해 정의된 다변량 정규분포의 밀도함수의 값이 되며, 평균은 0이고 σ^2를 갖는 대각공분산행렬이 된다.

식 4.6을 최대화하는 것은 다음을 최대화하는 것을 의미한다.

$$\sum_{i=1}^{n} \log p\left(x^{(i)}, z^{(i)} \mid \theta\right) + \log p\left(\theta \mid \sigma^2\right) \tag{4.7}$$

$p(\theta|\sigma^2)$는 매개변수 θ에 대해 다변량정규분포 사전확률분포가 된다. 다변량 정규분포의 평균값은 0이고 공분산은 $\sigma^2 I_{K \times K}$이다. 식 4.7은 식 4.3과 정확하게 같은 구조를 갖고 있다. 그러므로 L_2 정규화는 매개변수에 대해 가우스 사전확률분포로 최대사후확률 추정을 하는 것과 같다.

L_2 정규화에 대한 다른 방법도 있다. 예를 들어 θ에 대해 다음 사전확률분포를 참고하자.

$$p(\theta \mid \lambda) = \prod_{j=1}^{K} p(\theta_j \mid \lambda)$$

$$p(\theta_j \mid \lambda) = \frac{1}{2\lambda} \exp\left(-\frac{|\theta_j|}{\lambda}\right) \tag{4.8}$$

식 4.8에서 θ_j에 대한 분포는 라플라스 분포(평균이 0이고 공분산이 $2\lambda^2$. 부록 B를 참고하자)라고 부른다. 최대 사후확률 추정과 묶여 있는 사전확률분포 $p(\theta|\lambda)$는 위의 형태를 최대화하는 문제와 같다(상수는 무시한다).

$$\sum_{i=1}^{n} \log p\left(x^{(i)}, z^{(i)} \mid \theta\right) - \frac{1}{\lambda}\left(\sum_{j=1}^{K} |\theta_j|\right)$$

이런 정규화 유형은 L_1 정규화라고 부른다. L_1 norm은 다음과 같이 정의된 정규화 항 $\mathrm{Supp}(\theta)$을 완화하는 데 사용된다.

$$\mathrm{Supp}(\theta) = |\{i \mid \theta_i \neq 0\}|$$

로그가능도함수와 직접적으로 연결된 서포트^{support}를 최소화하는 것은 어렵기 때문에 L_1을 사용한다.

잠재변수에 따른 최대 사후확률분포 추정

추정 문제에 잠재변수가 존재할 때(예를 들어 비지도학습), 최대 사후확률분포 추정은 더 부담스러울 수 있다. 다음과 같이 정리된 결합확률분포가 있다고 가정하자.

$$p\left(x^{(1)}, \ldots, x^{(n)}, z^{(1)}, \ldots, z^{(n)}, \theta \mid \alpha\right)$$

$$= p(\theta|\alpha) \prod_{i=1}^{n} p\left(z^{(i)} \mid \theta, \alpha\right) p\left(x^{(i)} \mid z^{(i)}, \theta, \alpha\right)$$

잠재 구조는 랜덤변수 $Z^{(i)}$로 나타내며, 관측변수는 랜덤변수 $X^{(i)}$라고 정의한다. 사후확률분포는 다음과 같다.

$$p\left(\theta, z^{(1)}, \ldots, z^{(n)} \mid x^{(1)}, \ldots, x^{(n)}, \alpha\right)$$

최대 사후확률 추정으로 이런 사후확률분포로부터 점 추정치를 얻을 수 있는 가장 포괄적인 방법은 $Z^{(i)}$를 주변화^{marginalize}하고, 다음과 같이 θ^*를 찾는 것이다.

$$\theta^* = \arg\max_{\theta} \sum_{z^{(1)}, \ldots, z^{(n)}} p\left(\theta, z^{(1)}, \ldots, z^{(n)} \mid x^{(1)}, \ldots, x^{(n)}, \alpha\right) \tag{4.9}$$

그러나 이런 추정치는 분석할 수 있는 형태가 아니고, 계산하는 과정도 비효율적이다. 이런 어려움을 피할 수 있는 한 가지 가능한 방법은 식 4.9의 최적화 문제를 다음과 같이 변경하는 것이다.

$$\theta^* = \arg\max_{\theta} \max_{z^{(1)}, \ldots, z^{(n)}} p\left(\theta, z^{(1)}, \ldots, z^{(n)} \mid x^{(1)}, \ldots, x^{(n)}, \alpha\right) \tag{4.10}$$

매개변수와 잠재변수에 관한 사후확률분포 최빈값을 식별하는 이 최적화 문제는 더 쉽게 해결할 수 있다. 예를 들어 MCMC 알고리즘과 같은 시뮬레이션 방법을 시뮬레이션 어닐링simulated annealing과 함께 사용해 사후확률분포 최빈값을 찾을 수 있다. 시뮬레이션 어닐링 아이디어는 MCMC 추론을 통해 대부분의 확률 질량함수로 최빈값을 찾기 위해 샘플을 추출하는 것이다. 이는 "temperature schedule"이라고 부르며, temperature 매개변수를 서서히 감소시킨다. 이런 특정 temperature 매개변수는 분포에서 가장 최대가 무엇인지를 결정해주며, temperature가 낮을수록 분포의 최대치는 더 높아지게 된다.

5.6절에서 시뮬레이션 어닐링에 관해 더 자세히 다룰 예정이다. 주변 최대화 문제(식 4.9)를 식 4.10의 최적화 문제로 바꾸는 것은 중요한 근사치다. 사후확률분포가 정점에 있을 때 가장 잘 동작하기도 한다. 이는 대부분 사후확률분포의 확률질량함수는 예측하기 위해 가능한 구조 중 몇몇 요소에 집중된다.

식 4.9에서 최적화 문제에 대한 또 다른 근사하는 방법은 변분근사(변분 베이지안 방법)를 사용할 수 있다. 이런 경우 사후확률분포는 분포 q를 사용하게 되며, 정리된 형태는 다음과 같다.

$$p\left(\theta, z^{(1)}, \ldots, z^{(n)}\right) \approx q(\theta) \times \left(\prod_{i=1}^{n} q\left(z^{(i)}\right)\right)$$

분포 $q(\theta)$는 매개변수 형태를 갖게 되며, 분포 q의 각각의 구성 요소를 구분하는 것은 평균장변분 추론mean-field variational inference과 같은 근사 추론법을 반복적으로 사용하면서 이뤄지게 된다. 그리하여 최대사후확률을 추정하는 것은 다음과 같이 간단하게 정리된다.

$$\theta^* = \arg\max_{\theta} q(\theta)$$

이때, $q(\theta)$는 매개변수에 대해 주변 근사 사후확률분포로 나타낸다. 베이지안 NLP에서 변분 근사 방법에 대한 포괄적인 내용은 6장에서 다룰 예정이다.

4.2.2 최대사후확률방법에 따른 사후확률분포 근사

(Θ가 $\mathbb{R}^K$에 속하는) 이런 경우 사후확률분포의 최빈값은 사후확률분포의 가장 근사한 값을 얻기 위해 사용될 수 있다. 이런 근사치는 사후확률분포가 다변량정규분포와 비슷하게 된다고 가정한다(다변량정규분포의 최빈값과 평균은 동일하다).

x가 사전확률 $p(x|\theta)$를 갖는 우도확률 $p(\theta)$의 관측값이라고 하자. 사후확률분포에 대한 정규근사(또는 "Laplace 근사"라고 부름)는 다음을 가정한다.

$$p(\theta \mid x) \approx f(\theta \mid \theta^*, \Sigma^*) \tag{4.11}$$

$$f(\theta \mid \theta^*, \Sigma^*) = \frac{1}{(2\pi)^{-K/2}\sqrt{|\det(\Sigma^*)|}} \exp\left(-\frac{1}{2}(\theta - \theta^*)^\top (\Sigma^*)^{-1}(\theta - \theta^*)\right)$$

평균 θ^*(사후확률분포의 최빈값)과 헤시안의 부정 로그 사후확률분포의 역으로 정의되는 공분산을 갖는 다변량 정규분포의 밀도함수다.

$$(\Sigma^*)_{i,j}^{-1} = \frac{\partial^2 h}{\partial\theta_i \partial\theta_j}(\theta^*)$$

헤시안은 식 4.11에서 분포의 공분산 행렬 역할을 하기 위해 양의 정부호 행렬positive definite matrix이어야 한다. 이는 헤시안은 대칭 행렬임을 의미한다. 필요조건은 로그-사후확률분포의 2차 미분값은 연속이다.

Laplace 근사법은 로그 사후확률분포에 대해 2차 Taylor 근사법에 근거한다. θ^*에 대해 2차 Taylor 근사법은 다음을 나타낼 수 있다.

$$\begin{aligned}
\log p(\theta \mid X = x) &= -h(\theta) \\
&\approx -h(\theta^*) - (\theta - \theta^*)^\top \nabla h(\theta^*) - \frac{1}{2}(\theta - \theta^*)^\top (\Sigma^*)^{-1}(\theta - \theta^*) \\
&= -h(\theta^*) - \frac{1}{2}(\theta - \theta^*)^\top (\Sigma^*)^{-1}(\theta - \theta^*) \tag{4.11}
\end{aligned}$$

식 4.12는 참이다. θ^*는 사후확률분포의 최빈값으로 가정하고, θ^*에서 h의 그래디언트는 0과 같다. 식 4.12는 평균 θ^*와 공분산행렬 Σ^*를 갖는 다변량 정규분포의 로그 밀도와 비례한다. 그러므로 2차 Taylor 근사법이 정확할 때, 사후확률분포는 최빈값에 대한 다변량 정규변수라고 할 수 있다.

사후확률분포에 대한 Laplace 근사법은 베이지안 NLP에서 널리 사용되지 않고, 관심 있는 독자들에게만 쓰이게 된다. 그러나 사후확률분포에 대한 Taylor 근사법은 글자와 함께 모델로써 사용된다. 예를 들어 Ahmed and Xing(2007)은 로지스틱정규분포를 위해 2차 근사법을 사용해 상관관계가 있는 토픽 모델을 향상시켰다.

이 책의 초반부에 언급했다시피 θ는 종종 다항분포를 나타낸다. 이러한 경우 Laplace 근사법이 사용됐을 때 사전확률분포에 대한 매개변수를 변경할 필요가 있으며, θ_i는 실수 측에서 정의된다(Gelman et al., 2003). Laplace 근사법은 실수부에 대해 정의된 가우스분포로 이뤄져 있기 때문이다. 한 가지 변환 중 $(0,1)$을 $(-\infty, \infty)$로 매핑하는 것을 로짓변환이라고 한다.

$$\text{logit}(u) = \log\left(\frac{u}{1-u}\right) \quad \forall u \in (0,1) \tag{4.13}$$

부록 A에 자코비안 변환을 사용한 분포를 새로운 파라미터에 정의하는 방법이 나와 있다.

4.2.3 결정이론 점 추정치

이번 절에서 우리가 다룰 내용은 모델에서 잠재변수가 없는 경우다. 사전확률분포 $p(\theta)$와 로그우도함수 $p(X = x|\theta)$가 있다고 가정하자. 결정이론 베이지안 분석은 손실함수 $L(\hat{\theta}(x), \theta)$을 가정하고 이는 x를 관측했을 때 θ로 $\hat{\theta}(x)$를 예측하는 손실로 표기한다. 이러한 분석은 베이즈 위험$^{\text{bayes risk}}$으로 이어지며, 이와 같이 정의된다.

$$R\left(\hat{\theta}\right) = \int_\theta \sum_x L\left(\hat{\theta}(x), \theta\right) p(X = x|\theta) p(\theta) d\theta$$

이러한 분석은 추정량 함수 $\hat{\theta}(x)$를 사용해 파라미터를 예측하는 평균 로스를 계산하는 것이다. 이때 평균은 매개변수에 대한 사전정보와 우도함수에 근거하게 된다. 베이즈 위험은 최적화된 매개변수를 찾기 위한 최소화를 위한 후보이며, 가장 낮은 평균 손실값을 초래한다. 베이지안 분석에 대한 결정 이론의 사용은 Berger(1985)를 참고하자.

베이즈 위험을 최소화하는 방법은 사후확률 손실을 최소화하기 위해 $\hat{\theta}(x)$를 선택하는 것과 같다.

$$E\left[L\left(\hat{\theta}(x), \theta\right) | X = x\right] = \int_\theta L\left(\hat{\theta}(x), \theta\right) p(\theta | X = x) d\theta$$
$$\propto \int_\theta L\left(\hat{\theta}(x), \theta\right) p(X = x | \theta) \, p(\theta) d\theta$$

$\hat{\theta}(x) = \text{argmin}_\theta, E[L(\theta', \theta) | X = x]$

이 기댓값을 최소화하는 것은 일반적인 경우에서 꼭 필요한 것은 아니지만, 특정 손실함수를 선택하는 것은 이런 기댓값을 분석적으로 푸는 것을 가능하게끔 한다. 예를 들어 매개변수 공간이 $\mathbb{R}^K$의 부분집합이라고 할 때,

$$L\left(\hat{\theta}(x), \theta\right) = \left\|\hat{\theta}(x) - \theta\right\|_2^2 \tag{4.14}$$

사후확률 손실 최소화함수는 사후확률분포에 대해 매개변수의 평균값이며, 이는 다음과 같다.[6]

$$\hat{\theta}(x) = \arg\min_{\theta'} E[L(\theta', \theta) | X = x] = E_{p(\theta | X = x)}[\theta] \tag{4.15}$$

또는 대체적으로

$$L\left(\hat{\theta}(x), \theta\right) = \begin{cases} 1, & \text{if } \hat{\theta}(x) = \theta \\ 0, & \text{otherwise} \end{cases}$$

일 때, 사후확률 손실 최소화 함수는 최대 사후확률 추정량과 같다.

만일 사전확률분포가 우도함수와 켤레라면, 기댓값과 사후확률분포의 최빈값은 아마 더 분석이 가능한 해일 것이다.

베이지안 NLP에서, 일반적이지 않은 손실함수를 사용해 베이지안 점 추정을 사용하는 것은 일반적이지 않다. 최대 사후확률분포 추정을 사용하거나 사후확률분포를 알고 있을 때 매개변수의 평균값을 사용한다. NLP에서 손실함수는 입력에 따른 예측

---

6 어떤 랜덤 변수 T에 대해, $E[(T-\mu)^2]$은 $\mu = E[T]$일 때 μ에 대해 최소화할 수 있다.

된 구조 공간과 더 직접적인 관련이 있다. 예를 들어 이런 손실 함수는 파싱(Goodman, 1996)의 베이즈 위험 디코딩 최소화 또는 기계 번역(Kumar and Byrne, 2004; Tromble et al., 2008)에서 사용된다.

4.2.4 정리

베이지안 점 추정은 매개변수에 대한 사후확률분포 정보를 요약하는 접근이다. 자연어 처리에서 베이지안 점 추정에 대한 가장 일반적인 접근 방법은 사후확률분포 매개변수의 평균값을 구하고 사후확률분포 추정값을 구하는 것이다.

L_2 정규화와 additive smoothing과 같은 몇몇 빈도주의적 접근법은 특정 사전확률분포를 바탕으로 베이지안 점 추정 문제와 같은 형태이다. L_2 정규화와 비슷한 방법을 갖고 있는 빈도주의적 이론에 따르면 이러한 해석은 베이지안 관점에서 바라봤을 때, 이러한 방법들에 대해 추가적인 설명이 될 수 있다.

4.3 실험적 베이즈 정리

3.5절에서 언급했던 바와 같이, 파라미터 공간에 대한 의존성을 활용하기 위해 하이퍼프라이어hyperprior는 하이퍼파라미터에 대해 정의된다. 이런 경우 예측에 필요한 어떤 잠재변수도 없는 모델의 파라미터에 대한 사후분포는 다음과 같이 정의된다.

$$p(\theta|X = x) = \frac{\int_\alpha p(X = x|\theta) p(\theta|\alpha) p(\alpha) d\alpha}{\int_\theta \int_\alpha p(X = x|\theta) p(\theta|\alpha) p(\alpha) d\alpha d\theta}$$

$p(\alpha)$는 하이퍼파라미터에 대한 분포다. 이런 완전한 베이지안 접근은 하이퍼파라미터에 대해 2단계 사전분포를 배치하고 사후확률분포를 유추할 때 α에 대해 적분한다. 실험적 베이즈는 하이퍼파라미터를 인코딩하는 문제에 대해 다른 접근 방식을 취한다. 실험적 베이즈에서 사전분포 $p(\alpha)$를 사용하는 대신, α에 대해 고정 값을 관측값 x로부터 배워서 설정하게 된다. 여기서 하이퍼파라미터 $\hat{\alpha}(x)$는 주변 가능도 $p(X = x|\alpha)$를 최대화하거나 다른 추정 방법을 통해 추정하게 된다. 그리고 예측은 $p(\theta|X = x, \hat{\alpha}(x))$와 같은 사후확률분포 형태를 통해 이뤄지게 된다. 또한 최종 추론이 이뤄지는 데

이터셋에서 $\hat{\alpha}(x)$에 대해 알 수 있다.

관측 데이터로부터 하이퍼파라미터 $\hat{\alpha}(x)$를 판단하는 이 아이디어는 켤레사전분포를 사용한 하이퍼파라미터 판단과 관련이 있다(3.1절). 그럼에도 이 절에서 설명된 바와 같이 켤레사전분포를 가진 하이퍼파라미터와 실험적 베이즈에는 몇 가지 주요한 차이점이 있다. 첫째, 실험적 베이즈는 켤레사전분포와 더불어 이뤄질 필요가 없다. 둘째, $\hat{\alpha}(x)$를 판단하는 것은 일반적인 베이지안 추론(베이즈 법칙 적용)이 아닌 다른 통계 기술을 사용한다(예를 들어 제2형식 최대우도에 관한 것). 셋째, 경험적 베이즈는 대개 일련의 하이퍼파라미터를 알아내기 위한 예비 단계에 불과하며, 이후 베이지안 추론을 따를 수 있으며, 잠재적으로 새로운 데이터에 관한 것이다.

계층적 사전분포의 경우와 유사하게 모델의 파라미터를 전체 말뭉치에 대해 한 번 유도되는 것이 아니라 말뭉치에 대해 여러 번 유도^{draw}된다(3.5절 참고).

이런 경우 여러 가지 관측값이 있는데, 각각은 파라미터 $\theta^{(i)}$와 연결된다. 경험적 베이즈는 베이지안 점 추정과 매우 유사한데 관측 데이터로부터 하나의 파라미터 θ를 판단하는 점이 다르고 즉, 하나의 하이퍼파라미터가 식별된다.

이 하이퍼파라미터($\hat{\alpha}(x^{(1)},...,x^{(n)})$ 사전확률분포의 정보를 요약하게 된다.

$$p\left(\theta^{(1)},\ldots,\theta^{(n)}|\hat{\alpha}\left(x^{(1)},\ldots,x^{(n)}\right)\right) = \prod_{i=1}^{n} p\left(\theta^{(i)}|\hat{\alpha}\left(x^{(1)},\ldots,x^{(n)}\right)\right)$$

비록 전통적인 경험적 베이지안 세팅은 사후확률분포 $p(\theta|\hat{\alpha}(x^{(1)},...,x^{(n)})$로부터 추론하게 되지만, 자연어 처리에서 간단한 함수 $\hat{\alpha}(x^{(1)},...,x^{(n)})$을 적용해서 모델에 대해 점 추정을 하는 것이 더 유리할 수 있다. 예를 들어 예측한 사전분포의 최빈값을 찾거나 평균값을 찾을 수 있다.

주변 가능도 확률을 최대화하는 것은 자연어 처리에서 경험적 베이즈가 가장 일반적인 접근 방법이다. 이런 경우 최적화하는 문제 ─ 또는 이에 대한 근사치 ─ 는 다음과 같이 풀 수 있다.

$$\alpha\left(x^{(1)},\ldots,x^{(n)}\right) = \arg\max_{\alpha} p\left(x^{(1)},\ldots,x^{(n)}|\alpha\right) \qquad (4.16)$$

식 4.16에서 파라미터 θ에 대한 내재적 주변화$^{implicit\ marginalization}$가 있다. (또는 관측된 각 기준점이 파라미터와 연관되지 않는 경우 하나의 θ) 또한 잠재 구조를 갖는 랜덤변수 $Z^{(i)}$는 모델의 일부일 경우 주변으로 빠지게 된다$^{marginalize\ out}$. 이런 설정에서, 경험적 베이즈는 type II 최대 가능도 추정이라고 부른다. 잠재변수와 더불어, 이런 방법으로 우도함수를 최대화하는 것은 계산량이 생각보다 많을 수 있으며, 변분 EM$^{variational\ EM}$과 같은 알고리즘이 사용된다. 변분근사$^{variational\ approximation}$에 관한 내용은 6장에서 다룰 예정이다.

Finkel and Manning(2009)은 자연어 처리에서 경험적 베이즈의 사용과 그 장점에 대한 내용을 간단한 예시와 함께 설명한다. 도메인 적용을 위한 목적으로 계층적 사전분포를 정의한다. 그러한 모델은 로그-선형모델이며, 이는 피처 가중치에 대해 다양한 평균값을 갖는 가우스 사전분포를 사용한다(4.2.1절을 참고하자). 제로 평균 가우스 사전분포를 사용한 일반적인 L_2 정규화 대신 도메인마다 가우스 사전분포로부터 다른 평균값을 갖는다. 더불어 모든 도메인의 가우스 사전분포 평균값에 대해 제로-평균 가우스 사전분포값을 갖게 된다. 이러한 계층적 사전분포는 통계적으로 유의미한 정보가 부족하다면 모델끼리 서로 정보를 공유하도록 한다. 만일 특정 도메인의 데이터가 충분하다면, 이러한 정보 공유는 굳이 필요하지 않을 수도 있다.

파라미터의 공간은 $\mathbb{R}^K$이고, 이는 조건부 임의장$^{random\ field}$을 파라미터화한다. Finkel과 Manning의 계층적 사전분포는 다음과 같이 정의된다.

$$p\left(\overline{\theta}, \theta^{(1)}, \ldots, \theta^{(J)} | \sigma_1, \ldots, \sigma_J, \overline{\sigma}\right) = p\left(\overline{\theta}|\overline{\sigma}\right)\left(\prod_{i=1}^{J} p\left(\theta^{(j)}|\sigma_j, \overline{\theta}\right)\right)$$

각 $p(\theta^{(j)}|\sigma_j, \overline{\theta})$는 공분산행렬 $\sigma_j^2 I$를 갖는 다변량 정규분포 변수이고 평균 $\overline{\theta}$ 그리고 $p(\overline{\theta}|\overline{\sigma})$는 평균 0과 공분산행렬 $\overline{\sigma}^2 I$를 갖는 다변량 정규분포 변수이다.

이러한 접근법에 대한 실험적 평가에서, Finkel과 Manning은 그들의 사전확률분포를 개체명 인식^{NER}과 의존성 분석(파싱)에 시도했다. 개체명 인식에서, 각 도메인은 다른 개체명 인식 데이터셋을 대표한다(CoNLL 2003, MUC-6, MUC-7). 이런 문제에서 그들의 모델은 데이터셋을 단순히 전부 합치고 하나의 조건부 랜덤장을 만들어서 학습시키는 것보다 더 나은 성능을 보여준다. 실험에 사용한 데이터셋에 따라 F_1으로 측정한 성능에 대한 이득은 2.66%에서 0.43%이다.

파싱 문제에서 Finkel과 Mannging은 7개 다른 도메인의 파싱 트리가 존재하는 OntoNotes 데이터를 사용했다. 이 문제에서 결과들은 전부 혼합돼 있다. 4가지 경우에서 계층 모델은 다른 실험 방법보다 더 나은 성능을 보여준다. 또한 나머지 3가지 경우에서 모든 도메인을 하나의 도메인으로 합치는 것이 지금까지 실험한 나머지 방법보다 더 나은 성능을 보여준다.

Finkel과 Manning은 또한 Daume III(2007)가 보여준 도메인 적용 모델과 동일한 모델을 제시했다. Daume의 모델에서 기초 조건부 확률장 피처들은 각 도메인에 대해 복제된다. 그런 다음 각 도메인의 각 기준점에 대해 2가지 피처 집합이 사용된다. 즉, 기준점이 온 특정 도메인과 관련된 피처 집합과 모든 도메인에 사용되는 피처 집합 하나가 있다.

4.4 사후확률분포의 점근적 행동

핵심은 이렇다. 베이지안 추론의 시작과 끝은 파라미터와 관측된 데이터 사이의 관계를 뒤바꾸는 베이즈 법칙을 적용하는 것이다. 그러나 사후확률분포 요약을 함에 있어, 어떤 사람은 표본 데이터 사이즈가 증가함에 따른 사후확률분포에 대해 논의하기 위해 빈도주의적 접근을 활용할 수 있다.

위와 같은 방법에서 가장 주목할 만한 분석은 "참" 파라미터를 중심으로 사후확률분포의 다변 정규성을 논의하는 것이다. 이는 다음과 같은 사실을 의미한다. 만약 베이지안 모델 $p(X, \theta) = p(\theta)p(X|\theta)$가 있고, 어떤 파라미터 공간에서 $p(X|\theta)$로부터 뽑은 표본 데이터 집합 $x^{(1)}, \ldots, x^{(n)}$가 있을 때, 어떤 정규화 조건(Gelman 외가 언급했듯이, 이러한 정규화 조건은 로그우도는 θ값에 대해 연속적이며, θ_0는 파라미터 공간안에 존재하지 않음을 나타낸다)에서, 사후확률분포는 표본(샘플)데이터가 증가함에 따라(다른 말로 n이 무한대로 갈때) θ_0에 대해 다변량 정규분포와 같다. 이는 θ_0에 대해 로그-사후확률분포를 테일러급수로 근사하게 된다.

이와 같은 근사는 4.2.2절에 설명해 놓았다. 사후확률분포의 정규화에 대한 일반적인 결과는 다른말로 "베이지안 중심 극한 정리$^{\text{Bayesian central limit theorem}}$"라고 부른다.

만약 $x^{(i)}$가 모델 집합에 속하지 않는 분포에서 뽑힐 경우는 어떻게 될까(다시 말해, 모델 집합이 맞지 않다 – θ_0가 존재하지 않는다)? 이런 경우 θ_0의 역할은 $x^{(i)}$의 파라미터를 참 분포와 모델 집합 사이의 거리를 최소화하는 파라미터 집합으로 만드는 것이다. Gelman 외에 더 자세한 내용이 있고, 또는 부록 B를 참고하자.

일반적으로 이런 종류의 결과에서 사전확률분포는 n이 작을 때, 훨씬 더 중요한 역할을 한다. n이 커지면 커질수록 사후확률분포는 θ_0에 대해 점점 더 집중되게 된다. 빈도주의자 용어로 보면 사후확률분포의 최빈값은 일관된 추정량을 나타낸다.

4.5 요약

베이지안 점 추정은 사후확률분포의 요약이 필요할 때 가장 유용하다. 자연어 처리에서 고정된 파라미터로 가벼운 모델을 만들어서 유지하고 싶을 때 가장 잘 쓰이는 이유다. 이러한 고정된 파라미터는 디코딩할 때 계산하는 부분에 있어 효율적인 해결책이 될 수 있다.

몇 가지 일반적인 스무딩 기법과 정규화 기법은 특정 사전확률분포를 가진 베이지안 점 추정으로 해석할 수 있다. 예를 들어 가법 평활$^{\text{additive smoothing}}$은 디리클레 사전분포로부터 기인한 사후확률분포의 평균으로 해석할 수 있다. L_2 정규화는 가우시안 사전분포를 바탕으로 최대 사후확률 추정치^{MAP}로 해석되며, L_1 정규화는 라플라스 사전분포를 바탕으로 최대 사후확률 추정치로 해석할 수 있다.

경험적 베이즈 추정은 베이지안 점 추정과 연관된 또 다른 기법이다. 경험적 베이즈와 더불어, 하이퍼파라미터에 대한 점 추정을 할 수 있다. 이런 점 추정은 일반적인 베이지안 추론법을 따르거나, 파라미터에 대한 최종 점 추정을 나타내기 위한 파라미터들의 사후확률분포를 요약하기도 한다.

4.6 연습 문제

4.1 식 4.4가 참임을 증명하시오(힌트: 로그-사후확률분포의 최대는 사후확률분포의 최대와 같다).

4.2 (α, β)를 갖는 베타 분포의 θ가 [0, 1] 사이의 값이다. 이때, 자코비안 변형(부록 A)을 사용해 θ 분포를 새로운 랜덤변수 $\mu = \text{logit}(\theta)$에 대한 실선으로 변형하시오. 로짓 변형은 식 4.13에 나와 있다.

4.3 식 4.14에 나와 있는 대로, $L(\hat{\theta}(x), \theta)$이 식 4.15에서 참임을 증명하시오.

4.4 $x^{(i)} \in \mathbb{R}^d$이고, $y^{(i)} \in \mathbb{R}$이다. Least square ridge regression을 활용해, 우리의 목표는 가중치 벡터 θ^*를 찾는 것이다. $\lambda > 0$인 고정값일 때,

$$\theta^* = \arg \min_{\theta} \left(\sum_{i=1}^{n} \left(y^{(i)} - \theta \cdot x^{(i)} \right)^2 \right) + \lambda \left(\sum_{j=1}^{d} \theta_j^2 \right) \qquad (4.17)$$

위의 θ^*이 이런 모델의 **MAP** 해일 때, 베이지안 통계 모델 $p(\theta, X)$를 설명하시오. 다시 말해, $\theta^* = \arg \max_{\theta} p(\theta | x^{(1)}, \dots, x^{(n)})$. 여기서 $x^{(1)}, \dots, x^{(n)}$는 $p(X|\theta)$로부터 독립적으로 뽑았다고 가정한다. 베이지안 모델은 λ를 하이퍼파라미터로 사용한다(힌트: 모델을 만들 때, 다변량 정규분포 또는 다른 잘 알려진 분포를 사용해보자).

4.5 MAP 문제에 대해 분석적인 해결책이 있는가? (또는 식 4.17에 대한 분석적인 해결책이 있는가?) 있다면 서술하시오.

CHAPTER 5

샘플링(표집) 방법

사후확률분포를 분석적으로 표현하거나 효율적으로 계산할 수 없는 경우, 종종 근사 추론 방법을 따라야 한다. 근사 추론의 주요 포인트 중 하나는 사후확률분포로 대표되는 기본 분포에서 구조 또는 파라미터를 도출하기 위해 사후확률분포를 시뮬레이션하게 된다. 사후확률분포에서 추출한 샘플은 대략적인 기대치(또는 정규화 상수)까지 평균화할 수 있다. 이런 경우 샘플은 모델에 따라 가장 높은 점수 구조를 찾아야 하는 필요성이 없어지는데, 이는 파라미터에 대해 추론된 분포를 평균화하는 것은 계산량이 많고 어려운 문제다.

몬테카를로^{MC} 방법은 특정 조건을 만족하는 타깃 분포에서 샘플을 도출하는 데 최적의 일반적인 프레임워크다. 베이지안 통계에서 특정하지는 않지만, 베이지안이라는 측면에서 특히 유용한 MC 방법군은 마르코프 체인 몬테카를로^{MCMC}다. 일반적으로 이러한 방법은 특정 조건을 만족하는 분포의 집합(일반적으로 정규화 상수까지 분포를 계산할 수 있다는 것)에서 샘플 추출할 수 있는 장점이 있다. 베이지안 통계에서는 다양한 베이지안 모델에 대한 사후확률분포가 자연스럽게 이러한 조건을 충족하기 때문에 사후확률분포 추정에 자주 사용된다. MCMC 알고리즘은 특히 베이지안이라는 측면에서 사후확률분포의 정규화 상수를 찾고, 변수를 무시하며, 요약 통계의 기댓값을 구하고, 사후확률분포 최빈값을 찾는 데 유용하다.

베이지안 추론은 그 핵심에서 분포를 이용해 파라미터 및 나머지 잠재변수에 관한 불확실성을 관리할 수 있다는 점이 중요하다. 이것은 베이지안 추론의 목표가 결국 어떤 형태로든 사후확률분포를 찾아내는 것을 의미한다. 몬테카를로 방법은 이 문제를 약간 다르게 다룬다. 일부(아마도 대략적인) 분포 중 하나로 사후확률분포를 나타내는 대신(예를 들어 변분 추론. 6장을 참고하자), MC 방법은 이 사후확률분포에 대한 간접적인 접근을 할 수 있다. 사후확률분포에 대한 접근은 사후확률분포에서 도출할 수 있는 형태이며, 이에 대한 완전한 분석 표현이 필요하지 않다.

베이지안 NLP에서 몬테카를로 방법이 사용되는 부분을 설명하는 것이 5장의 핵심이다. 주요 마르코프 체인 몬테카를로 방법을 다룰 것이며, 디자인함에 있어 상세한 내용, 베이지안 NLP라는 부분에서 이를 사용하는 것에 대한 장점과 단점을 다룰 것이다. 또한 타깃분포에 대해 MCMC 방법이 수렴하는지 평가하는 기법도 다룰 것이다. 여기서 수렴은 반복적이고 일련의 샘플을 출력하는 MCMC가 "burn-in"이 끝난 것을 의미하며, 이는 타깃분포로부터 반드시 추출되지 않은 샘플을 출력해낸다. MCMC 샘플러가 수렴하게 되면 그 출력은 타깃분포의 샘플을 나타낸다. MCMC 방법에 잘못된 평가는 반환된 값이 종종 무효이며, 사용된 베이지안 모델을 제대로 나타내지 못하는 경우가 있다.

5장은 다음과 같이 구성됐다. 5.1절에서 MCMC 방법의 개요를 설명하고, 5.2절에서는 자연어 처리에서 MCMC가 어떻게 이뤄지는지를 설명한다. 그리고 몇 가지 중요한 MCMC 샘플링 알고리즘을 다룰 것인데, 예를 들어 깁스 샘플링(5.3절), Metropolis Hastings(5.4절) 그리고 slice sampling(5.5절)이다. 또 다룰 주제는 다음과 같다. 시뮬레이션 어닐링simulated annealing(5.6절), MCMC 알고리즘의 수렴(5.7절), MCMC 알고리즘의 기본 이론(5.8절), 중요도 샘플링과 같은 MCMC 샘플링이 아닌 알고리즘(5.9절), 마지막으로 몬테카를로 통합(5.10절)을 다루며, 5.11절과 5.12절로 마무리한다.

5.1 MCMC 알고리즘: 개요

MCMC 방법의 기본 개념은 직관적이다. 첫째, 알고자 하는 랜덤변수에 대한 상태 공간이 정의된다. 이런 랜덤변수는 우리가 샘플로 얻고자 하는 변수들이다. 베이지안 NLP에서 이러한 랜덤변수는 대개 사후확률분포가 정의된 랜덤변수들이다. 공간의 각 상태는 모든 변수에 대한 값 할당에 해당한다. 다음으로 이 공간을 탐구하는 전략을 정의한다. MCMC 방법의 각 유형(깁스 샘플링이든 Metropolis-Hastings이든 또 다른 MCMC 방법이든)은 이 전략을 정의하기 위해 모두 다른 프레임워크를 갖고 있다. 일단 전략을 정하고 나면, 알고리즘은 융합이 이뤄질 때까지 전략을 이용해 공간을 탐색하는 것으로 작동하며 만족스러운 수의 샘플을 얻게 된다. 공간을 탐색하면서 샘플을 수집할 수 있게 된다.

MCMC 방법이 제대로 돼 있고 MCMC가 제공하는 프레임워크를 올바르게 사용할 경우 추출되는 샘플(즉, 각 상태에 따라 랜덤변수를 할당)은 샘플러가 설계한 분포(사후확률분포 등)에서 비롯된다는 이론적 근거가 있다. 샘플들은 꼭 독립적일 필요는 없다. 사실 대부분의 MCMC의 경우 MCMC 알고리즘의 경우 서로 근접하게 탐색한 상태와 알고리즘이 생성한 샘플 사이에 큰 의존성이 존재한다. 일반적으로 추출한 샘플은 멀리 떨어져 있을수록 상관관계가 적어진다. 여기서 아예 상관이 없는 것에 가까운 샘플을 만들어낼 수 있다는 사실을 알 수 있다. 만일 $S = \{y_1,...,y_M\}$는 큰 데이터셋 M에서 추출하는 상관관계가 있는 샘플이라고 할 때, 몇몇 정수 m에 대한 부분집합 $\{y_i \in S | i$ mod $m = 0\}$은 비교적 약한 상관관계를 갖는 샘플일 것이다(m이 크면 클수록, 상관관계는 작아진다). 다시 말해 m에 대해 매 m번째 샘플을 뽑아 부분집합으로 만든다. 이러한 과정을 "세선화^{thinning}"라고 부른다.

MCMC 방법은 샘플 공간의 하나의 상태에서 다른 상태로 매번 넘어가기 때문에 반복적이라고 할 수 있다. 반복적이기에 종료 조건이 필요하다. MCMC 알고리즘에서 종료 조건은 매우 중요한 항목이다. 무성의하게 고르면 알고리즘은 절대 수렴하지 않을 것이고, 알고리즘으로 추출한 모든 샘플은 의도된 사후확률분포로부터 뽑은 게 되지 않을 것이다. 역시 MCMC 알고리즘이 시작하는 부분에서는, burn-in 단계라고 부르는 진짜 사후확률분포와 관계없는 랜덤 샘플을 뽑게 된다. 때때로 샘플러의 burn in 기간이 짧아지도록 특정 방법을 초기화할 수 있다. MCMC 알고리즘의 융합에 관한 더 자세한 내용은 5.7절을 참고하라.

MCMC 알고리즘이 베이지안 통계를 사용한다는 것은 매우 중요한 사실이지만, 베이지안 관점에서 발생하지 않은 일부 다른 분포 또는 베이지안 사후확률분포든 어느 분포에서 샘플을 얻어야 할 때 일반적으로 사용할 수 있다. MCMC 알고리즘은 종종 베이지안 내용에서 언급되는데, 이는 정규화 상수와 더불어 분포를 함께 계산할 때 유용하다. 이런 상태는 베이지안 모델의 사후확률분포에서 나왔으며, 사후확률분포는 결합분포에 비례한다. 이 결합분포는 일반적으로 계산하기 쉽지만, 여기서 결합확률분포를 사후확률분포로 바꿔줄 정규화 상수는 계산하기가 훨씬 더 어렵다(3장 참고).

5.2 MCMC 추론을 위한 자연어 처리 모델 구조

베이지안 통계에 관한 입문서는 일반적으로 완전한 데이터셋에 대한 파라미터 추론에 관한 내용을 다룬다. 그러나 자연어 처리에서 대부분 베이지안 통계는 잠재변수와 함께 사용되는데, 이는 사후확률분포가 파라미터와 몇몇 예측된 구조로 정의되기 때문이다. 이런 예측된 구조는 일반적으로 구문 트리parse tree와 같은 언어 구조로, 품사 태그를 나타내는 시퀀스 또는 문장 또는 한 쌍의 트리 사이의 정렬을 나타낸다.

베이지안 자연어 처리는 잠재변수 모델에 의존하기 때문에 5장에서 다룰 추론 방식은 잠재변수에 따른 베이지안 추론 방식이다. 이는 기본 통계 모델이 다음과 같은 구조를 따른다는 것을 의미한다.

$$p(\theta, X = x, Z = z \mid \alpha) = p(\theta|\alpha)\,p(Z = z|\theta)\,p(X = x|Z = z, \theta)$$

더불어 상위 레벨에서 사전확률분포를 갖는 n개의 동일한 분포 표본(모델 파라미터에 따른 조건부 독립)을 고려한다(3.5절 참고). 그러므로 이 과정에서 랜덤변수에 대한 결합확률분포는 다음과 같이 정의된다.

$$p\left(\theta, x^{(1)}, \ldots, x^{(n)}, z^{(1)}, \ldots, z^{(n)} \mid \alpha\right) = p(\theta \mid \alpha)\left(\prod_{i=1}^{n} p\left(z^{(i)}|\theta\right) P\left(x^{(i)}|z^{(i)}, \theta\right)\right)$$

$i \in \{1, \ldots, n\}$에 대해 $x^{(i)}$만 있다고 가정할 때, 사후확률분포는 다음과 같은 형태다.

$$p\left(z^{(1)}, \ldots, z^{(n)}, \theta|x^{(1)}, \ldots, x^{(n)}\right)$$

MCMC 샘플 추출은 위의 사후확률분포로부터 샘플을 추출해 파라미터의 점 추정치를 찾거나, 사후확률분포에서 예측된 구조를 도출하거나, 시뮬레이션 어닐링simulation annealing을 사용해 사후확률분포의 최댓값을 찾도록 하는 다양한 방법으로 사용할 수 있다(5.6절 참고). 붕괴^{collapsed} 설정에 관심이 많은 경우, 사후확률분포는 예측된 구조에서만 도출할 수 있으며, 다음과 같이 모델 파라미터를 전부 통합하게 된다.

$$p\left(z^{(1)},\ldots,z^{(n)}|x^{(1)},\ldots,x^{(n)}\right) = \int_{\theta} p\left(z^{(1)},\ldots,z^{(n)},\theta|x^{(1)},\ldots,x^{(n)}\right)d\theta$$

이런 경우 파라미터는 장애변수^{nuisance varibales}라고 한다. 추론 과정에서 해당 변수에 초점을 맞추지 않기 때문이다. 여전히 4장에서처럼 파라미터에 대한 요약은 모델의 잠재변수로부터 도출된 표본들에서 추출할 수 있는 경우가 있다.

5.2.1 잠재변수 분할법

베이지안 NLP 모델의 MCMC 샘플러를 설계할 때 가장 중요한 요소는 아마 (잠재) 랜덤변수를 분할하는 방식에 관한 것이다. 가장 일반적인 형태에서 MCMC 방법은 모델에서 잠재변수를 분할하지 않는다. 사실 MCMC에 대한 가장 기본적인 설명에서 모델의 모든 잠재변수의 하나의 범용적 상태를 나타내고(여기서 상태는 $i \in \{1,\ldots,n\}$일 때, 모든 $z^{(i)}$에 대한 튜플을 의미한다), 공간에서 상태끼리 움직임을 나타내는 연결이다. 이런 상태는 종종 단일 랜덤변수를 나타낸다.

그러나 자연어 처리 문제에서 샘플 공간에서 더 정련하지 않고 단일 랜덤변수로 처리하는 것은 더욱 어려운 추론 문제다. 이런 단일 랜덤변수는 잠재적으로 트리 또는 그래프와 같은 복잡한 조합 구조로 나타낼 수 있기 때문이다. 따라서 잠재변수 집합은 더 작은 하위 집합으로 구분된다.

앞서 언급한 바와 같이 자연어 처리 모델은 보통 이산형 구조로 정의되며, 이에 따라 변수 $z^{(i)}$는 일반적으로 구문 트리, 선형 또는 시퀀스와 같은 구조를 나타낸다. 우리는 이번 절의 나머지 부분에서 이러한 유형의 구조를 가정한다. 즉, 이산형 구조다.

사후확률분포에서 샘플을 얻기 위해 잠재변수 $z^{(i)}$를 분할할 때, 흔히 선택할 수 있는 두 가지 방법이 있다.

- 각 변수 $z^{(i)}$를 단일 원자^{atomic} 단위로 유지한다. 상태와 상태 사이를 이동할 때, 일부 i에 대해 전체 $z^{(i)}$ 구조를 한 번에 두 개 이상 다시 샘플링하자. 이는 단일

유닛이 전체 구조를 나타내는 블록 샘플링 기법^{blocked sampling} 중 하나다. 동적 프로그래밍 알고리즘을 사용해 각 $Z^{(i)}$를 샘플링하는 경우가 종종 많다. 더 자세한 내용은 5.3절을 참고하자.

- 예측된 구조를 일련의 랜덤변수로 정제하고, 그로부터 몇몇을 샘플링한다. 이는 예를 들어 $Z^{(i)}$가 독립성 트리임을 의미한다면, 트리에서 간선이 존재함을 나타내는 일련의 랜덤변수로 정제된다는 것을 의미한다. 상태 사이를 이동할 때, 한 번에 하나의 간선^{edge}(또는 적은 수의 간선)만 변경된다. 이를 점^{pointwise} 샘플링이라고 부른다. 5.3절에 더 자세한 내용을 다룰 것이다.

파라미터 자체, 일반적으로 연속변수도 더 작은 단위로 정제할 수 있다. 예를 들어 파라미터가 디리클레의 산물인 경우(8.3.1절 참조), 각 요소는 단일 디리클레분포로 구성된다.

5장의 나머지 부분에서 우리는 추론할 때 잠재변수라고 나타내는 단일 랜덤변수 U를 가정한다. non-collapsed 설정에서 $U = (Z, \theta)$에서 Z는 예측할 잠재 구조를 나타낸다. 반면, Collapsed 설정에서 $U = Z$이다. 여기서 Z는 $(Z^{(1)}, \ldots, Z^{(n)})$의 튜플 형태이다. (비슷하게 우리는 X를 $(X^{(1)}, \ldots, X^{(n)})$로 나타낸다.) 다변량 랜덤변수 U는 분해할 수 있는 형태로 간주되는데, $U = (U_1, \ldots, U_p)$와 같다. 이러한 분해한 파티션 (Z, θ)(non-collapsed 설정에서)을 더 작은 요소로 나누게 된다. 랜덤변수 U_{-i}는 $(U_1, \ldots, U_{i-1}, U_{i+1}, \ldots, U_p)$의 벡터로 표시한다.

5.3 깁스 샘플링

깁스 샘플링^{Gibbs Sampling} 알고리즘(Geman and Geman, 1984)은 베이지안 NLP에서 가장 흔한 MCMC 알고리즘 중 하나다. 이와 같은 설정에서, 깁스 샘플링은 상태 공간을 탐색하고, $i \in \{1, \ldots, p\}$일 때, u_{-i}를 매번 샘플링한다. u_{-i}는 조건부 확률분포 $p(U_i | U_{-i}, X)$로부터 도출한다. 전체 알고리즘은 5.1에 소개돼 있다.

각 단계에서 알고리즘의 "상태"는 U에 대한 값들의 집합이며, 매 단계마다 확률분포 $p(U_i | U_{-i})$는 현재 상태의 값 u_{-i}에 의존하고, U_i의 새로운 값 하나를 정해 현재 상태를

변경한다. 알고리즘의 현재 상태로의 업데이트는 변수 중 하나에 대한 새로운 값을 얻어낼 때 이뤄진다. 깁스 알고리즘은 전역 상태 업데이트를 늦추지 않고, 매번 새로운 랜덤변수을 얻는 과정은 전역 상태 업데이트가 뒤따른다(그러나 깁스 샘플링 병렬화를 위한 "기존" 상태 사용에 대한 내용은 5.4절을 참고하자).

알고리즘 5.1은 마르코프 체인이 수렴했을 때 단 하나의 샘플을 반환한다. 그러나 일단 깁스 샘플링이 수렴되면 조건부 확률분포에 따라 상태를 변경하고 검색 공간을 확인해 샘플 세트를 수집함으로써 샘플의 흐름을 반복적으로 생산할 수 있다. 이 샘플들은 모두 타깃분포 p에 대해 생산된다. 이런 샘플은 서로 독립되지 않을 것이지만, 샘플들이 서로 멀리 떨어져 있을수록 상호 연관성이 떨어진다.

5.2.1절에 따르면 깁스 샘플러는 점 추정 또는 블록 추정(Gao and Johnshon, 2008)이다. 점 샘플링은 깁스 샘플러가 하나의 품사 태그와 같은 상태를 매우 국소적으로 변경하는 단계를 번갈아가며 블록 샘플링은 구조의 더 큰 부분을 각 단계에서 샘플 추출한다는 것을 의미한다.

Input: Samplers for the conditionals $p(U_i|U_{-i}, X)$ of the distribution $p(U_1,....,U_p|X)$
output: $u = (u_1,....,u_p)$ drawn from $p(U_1,....,U_p|X)$

- -

1: Initialize $u_1,....,u_p$ with some value from their space of allowed values
2: **repeat**
3:     **for all** $i \leftarrow 1$ to p do
4:        Sample u_i from $p(u_i|u_{-i}, X)$
5:     **end for**
6: **until** Markov chain converged
7: **return** $u_1,....,u_p$

알고리즘 5.1 깁스 샘플링 알고리즘은 체계적인 스윕(systematic sweep) 형태다. 깁스 샘플링 알고리즘의 입력 중 일부는 타깃분포로부터 유추된 조건부 확률분포의 샘플러다. 이러한 샘플러는 4번째 줄의 조건부 확률분포로부터 얻어진 샘플을 얻을 수 있는 블랙박스 함수처럼 여겨진다.

예를 들어 품사 태깅을 위한 문장-차단 샘플러는 동적 프로그래밍 순방향 알고리즘을 사용해 전체 문장에 대한 태그를 샘플링할 수 있다. 또한 블록된 샘플러는 한 번에 5개의 품사 태그창에 적용된 순방향 알고리즘을 사용해 한 번에 5개의 품사 태그와 같은 작은 요소들도 샘플링할 수 있다.

깁스 샘플러를 사용하려면 모델의 변수 하나에 대한 샘플을 다른 모든 변수에 대해 고정된 값으로 조절할 수 있어야 한다. 이를 위해 조건부 확률분포에서 샘플링하기 위해 다른 MCMC 알고리즘을 사용할 수 있다(5.11절 참고). 그러나 베이지안 NLP 모델에서는 이러한 조건이 분석 형태를 갖고 있기 때문에 샘플 추출이 비교적 쉬운 경우가 있다(전체 사후확률분포는 다루기가 어렵고 MCMC 또는 다른 근사 방법이 필요하다).

연습 문제 5.1 2장의 잠재 디리클레 할당 모델을 보자. 우리는 N으로 모델링한 문서 수, V로 어휘 크기 및 M으로 문서당 단어 수를 나타낸다(일반적으로 문서의 단어 수는 다양하지만 문제를 단순하게 하기 위해 모든 것을 가정한다. 문서의 길이도 동일하다). LDA의 전체 모델은 그림 2.1에 나와 있다.

우리는 여기서 인덱스 i로 문서 전체를 색인하고, j로 특정 문서의 단어를 나타내고, 가능한 주제는 k로 나타내며, 단어는 v로 표시한다. 더불어 랜덤변수 $\theta^{(i)} \in \mathbb{R}^K$는 문서 주제 분포를 나타내고, $Z_j^{(i)}$는 i번째 문서에서 j번째 단어에 대한 주제를 나타내며, $W_j^{(i)}$는 i번째 문서에서 j번째 단어를 나타내고, $\beta_k \in \mathbb{R}^V$는 k번째 주제에 대한 단어 분포를 나타낸다.

결합 확률분포는 다음과 같이 분해할 수 있다.

$$
p\left(\theta, \beta, Z, W \mid \psi, \alpha\right) = \left(\prod_{k=1}^{K} p\left(\beta_k \mid \psi\right)\right)
$$
$$
\left(\prod_{i=1}^{N} p\left(\theta^{(i)} \mid \alpha\right) \prod_{j=1}^{M} p\left(Z_j^{(i)} \mid \theta^{(i)}\right) p\left(W_j^{(i)} \mid \beta, Z_j^{(i)}\right)\right)
\tag{5.1}
$$

우리가 추론해야 할 랜덤변수는 θ, β, Z이다. 깁스 샘플러로 조건부 확률분포에 따라 랜덤변수를 분해하는 방법은 다음과 같다.

- $p(\beta_k | \theta, \beta_{-k}, z, \omega, \psi, \alpha)$ for $k \in \{1,...,K\}$. 각 주제에 대해 단어에 대한 확률을 나타내는 LDA 모델의 파라미터 분포다(이는 모든 다른 랜덤변수의 조건이다). 우리는 β_{-k}는 $\{\beta_{k'} | k' = k\}$로 나타낸다.

- $p(\theta^{(i)} | \theta^{(-i)}, \beta, z, \omega, \psi, \alpha)$ for $i \in \{1,...,N\}$. 이는 모델에서 모든 다른 랜덤변수에 조건화된 i번째 문서로부터 얻을 수 있는 주제 분포다. 여기서 $\theta^{(-i)}$를 i번째 문서 이외에 모든 문서에 대한 주제 분포라고 나타낸다.

- $p(Z_j^{(i)} | \theta, z_{-(i,j)}, \omega, \psi, \alpha)$ for $i \in \{1,...,N\}$ and $j \in \{1,...,M\}$. 특정 문서에 대한 특정 단어(j번째 단어)에 대한 주제 선정 분포를 나타내는데, 모델에서 다른 모든 랜덤변수에 의존한다. $z_{-(i,j)}$는 $Z_j^{(i)}$ 이외 모든 주제 선정 변수들의 집합을 나타낸다.

여기서 각 분포는 어떤 형태인지, 그것으로부터 어떻게 샘플링을 할 수 있을지에 대한 질문은 여전히 남아 있다. $p(\beta_k | \theta, \beta_{-k}, z, \omega, \psi, \alpha)$부터 시작할 수 있다. 식 5.1에 따르면 β_k와 상호작용할 수 있는 유일한 요소는 다음 식의 우변이라고 볼 수 있다.

$$
\begin{aligned}
p\left(\beta_k \mid \theta, \beta_{-k}, \boldsymbol{z}, \boldsymbol{w}, \psi, \alpha\right) &\propto p(\beta_k \mid \psi) \left(\prod_{i=1}^{N} \prod_{j=1}^{M} p\left(w_j^{(i)} \mid \beta, z_j^{(i)}\right)^{I\left(z_j^{(i)}=k\right)} \right) \\
&= \left(\prod_{v=1}^{V} \beta_{k,v}^{\psi-1} \right) \left(\prod_{i=1}^{N} \prod_{j=1}^{M} \prod_{v=1}^{V} \beta_k^{I\left(w_j^{(i)}=v \wedge z_j^{(i)}=k\right)} \right) \\
&= \prod_{v=1}^{V} \beta_{k,v}^{\psi-1+\sum_{i=1}^{N}\sum_{j=1}^{M} I\left(w_j^{(i)}=v \wedge z_j^{(i)}=k\right)} \qquad (5.2)
\end{aligned}
$$

$\sum_{i=1}^{N} I(w_j^{(i)} = v \wedge z_j^{(i)} = k)$는 $n_{k,v}$라고 나타낸다. 여기서 $n_{k,v}$는 샘플러의 현재 상태에 따라 어떤 문서이든 주제 k가 할당된 단어 v의 출현 횟수를 나타낸다. 식 5.2의 형태는 하이퍼파라미터 $\psi + n_k$에 대한 디리클레분포이며, v에 대해 $n_{k,v}$의 벡터이다. 이는 조건부 확률분포에 대한 미분 결과라고 할 수 있으며, 새로운 주제 분포 β 집합에서 샘플링해야 한다.

$p(\theta^{(i)} | \theta^{(-i)}, \beta, z, \omega, \psi, \alpha)$을 보자. 다음은 유사한 유도 결과다.

$$p\left(\theta^{(i)} \mid \theta^{(-i)}, \beta, \boldsymbol{z}, \boldsymbol{w}, \psi, \alpha\right) \propto p\left(\theta^{(i)} \mid \alpha\right) \prod_{j=1}^{M} p\left(z_j^{(i)} \mid \theta^{(i)}\right)$$

$$= \prod_{k=1}^{K}\left(\theta_k^{(i)}\right)^{\alpha-1} \prod_{j=1}^{M} \prod_{k=1}^{K}\left(\theta_k^{(i)}\right)^{I\left(z_j^{(i)}=k\right)}$$

$$= \prod_{k=1}^{K}\left(\theta_k^{(i)}\right)^{\alpha-1+\sum_{j=1}^{M} I\left(z_j^{(i)}=k\right)} \tag{5.3}$$

$\sum_{j=1}^{M} I(z_j^{(i)} = k)$를 $m_k^{(i)}$라고 할 때, 이는 k번째 주제에 i번째 문서에 할당된 단어 빈도 수를 나타낸다. 이는 식 5.3으로 나타낼 수 있으며, 모델의 모든 랜덤변수에 의한 $\theta^{(i)}$는 디리클레분포를 갖고 있으며, 이때 하이퍼파라미터 $\alpha + m^{(i)}$에서 $m^{(i)}$는 모든 k에 대해 $m_k^{(i)}$의 벡터 형태다.

우리가 마지막으로 고려해야 할 확률분포는 $p(Z_j^{(i)} | \theta, z_{-(i,j)}, \omega, \psi, \alpha)$이다. 식 5.1의 결합 확률분포를 다시 한 번 보면 다음과 같다.

$$p\left(Z_j^{(i)}=k \mid \theta, \boldsymbol{z}_{-(i,j)}, \boldsymbol{w}, \psi, \alpha\right) \propto p\left(Z_j^{(i)}=k \mid \theta^{(i)}\right) p\left(w_j^{(i)} \mid \beta, z_j^{(i)}\right)$$

$$= \theta_k^{(i)} \beta_{k, w_j^{(i)}} \tag{5.4}$$

식 5.4는 k번째 토픽 아래 문서에서 j번째 단어를 생성할 확률에 곱한 토픽분포 확률에 비례하는 다항분포에 해당한다.

이 샘플러는 점[pointwise] 샘플러이다. 이 샘플러는 $Z^{(i)}$의 각 좌표를 샘플링한다. 이 연습 문제에서 다항분포 간의 사소한 관계가 있는 디리클레-다항분포 집합에서 깁스 샘플러를 한다. 이는 NLP(PCFG, HMM 등)에서 더 복잡한 다른 모델과의 관계이다. 이 깁스 샘플러의 구조는 이러한 복잡한 경우에서도 비슷하다. 이는 θ를 도출하는 과정에서 특히 더 그렇다. 더 복잡한 모델에서는 잠재 구조에 대한 현재 샘플 집합에서 통계 정보를 얻고, 디리클레분포의 사후확률분포를 위한 하이퍼파라미터로 결합한다.

더 복잡한 경우, $Z^{(i)}$를 유도하는 과정에서 동적 프로그래밍 알고리즘을 더욱 사용할 수 있다. 예를 들어 파라미터[PCFG]에 대해 구절-구조 트리를 유도하거나 잠재 시퀀스를 유도할 수 있다[HMM]. 8장을 참고하자.

> **Input**: Distribution $p(Z|X)$
>
> **output**: $z^{(1)},...,z^{(n)}$ drawn from $p(Z^{(1)},...,Z^{(n)}|X)$
>
> -
>
> 1: Initialize $z^{(1)},...,z^{(n)}$ with some value from their space of allowed values
> 2: **repeat**
> 3:   **for all** $i \in \{1,...,n\}$ **do**
> 4:   Sample $z^{(i)}$ from $p(Z^{(i)}|Z^{(1)},...,Z^{(i-1)}, Z^{(i+1)},...,Z^{(n)}, X)$
> 5:   **end for**
> 6: **until** Markov chain converged
> 7: **return** $z^{(1)},...,z^{(n)}$

알고리즘 5.2 축소된 관측 제한적 깁스 샘플링 알고리즘은 "체계적인 스윕(systematic sweep)" 형식이다.

5.3.1 축소된 깁스 샘플링

파라미터 추론에 대해 관심이 없는 경우가 종종 있다. 이때 주요 초점은 사후확률분포에서 예측된 구조를 직접 유추해내는 것이다. 이 경우, 주변^{marginalized} 사후확률분포에서 샘플을 얻어 마르코프 체인의 번인^{burn-in} 기간을 축소할 수 있다.

$$p(Z \mid X) = \int_{\theta} p(\theta, Z \mid X)d\theta$$

주변 사후확률분포를 이용해 깁스 샘플링을 사용하는 것을 축소된 깁스 샘플링이라고 부른다. 이후의 논의를 위해, 통계 모델을 사용해 베이지안 추론을 수행해 사후확률분포가 특정 형태를 갖는 것으로 가정하는 것이 축소된 깁스 샘플링의 예시이다. 유사한 타깃분포가 하나의 형태 또는 다른 형태로 빈번하게 발생하는데 이를 베이지안 NLP 모델에서 사후확률분포라고 한다.

연습 문제 5.2   다음과 같은 간단한 다항 모델이 있다고 가정하자.

- 하이퍼파라미터 $\alpha = (\alpha_1,...,\alpha^K)$를 갖는 디리클레분포로부터 $\theta \in [0, 1]^K$를 유도하자.

- 다항분포 θ로부터 $z^{(i)}$를 유도하자(여기서 $z^{(i)}$는 길이 K를 갖는 이산 벡터이며 하나의 좌표에는 1, 다른 하나에는 0이다).

모델의 결합 확률분포는 다음과 같다.

$$p\left(z^{(1)}, \ldots, z^{(n)}, \theta | \alpha\right) = p(\theta|\alpha) \prod_{i=1}^{n} p\left(z^{(j)}|\theta\right)$$

축소된 깁스 샘플러를 유도하기 위해 조건부 확률분포 $p(Z^{(i)}|Z^{(-i)})$가 필요하다. e_k는 모든 좌표에 대해 0을 갖고, 나머지는 모두 1을 갖는 이산벡터이다. 그리하여 다음과 같은 증명을 할 수 있다.

$$
\begin{aligned}
p\left(Z^{(i)} = e_k | z^{(-i)}, \alpha\right) &= \int_{\theta} p\left(Z^{(i)} = e_k, \theta | z^{(-i)}, \alpha\right) d\theta \\
&= \int_{\theta} p\left(\theta | z^{(-i)}, \alpha\right) p\left(Z^{(i)} = e_k | z^{(-i)}, \theta, \alpha\right) d\theta \\
&= \int_{\theta} p\left(\theta | z^{(-i)}, \alpha\right) p\left(Z^{(i)} = e_k | \theta, \alpha\right) d\theta \qquad (5.5) \\
&= \int_{\theta} p\left(\theta | z^{(-i)}, \alpha\right) \theta_k d\theta \\
&= \frac{\sum_{j \neq i} z_k^{(j)} + \alpha_k}{\sum_{k'=1}^{K} \left(\sum_{j \neq i}^{n} z_{k'}^{(j)} + \alpha_{k'}\right)} \qquad (5.6) \\
&= \frac{\sum_{j \neq i} z_k^{(j)} + \alpha_k}{n - 1 + \sum_{k'=1}^{K} \alpha_{k'}} \qquad (5.7)
\end{aligned}
$$

파라미터 θ에 대해 조건부 독립인 $Z^{(i)}$ 때문에 식 5.5는 참이다. 식 5.5에서 $p(\theta|z^{(-i)}, \alpha)$항은 하이퍼파라미터 $\alpha + \sum_{j \neq i} z^{(j)}$를 갖는 디리클레분포이며(3.2.1절 참고), 바로 아래 식 $p(Z^{(i)} = e_k|\theta) = \theta_k$ 역시 마찬가지이다. 그러므로 적분의 결과는 식 5.6(부록 B 참고)으로 이어지는 하이퍼파라미터 $\alpha + \sum_{j \neq i} z^{(j)}$를 갖는 디리클레분포에 따라 θ_k의 평균값이다.

연습 문제 5.2에서 볼 수 있듯이 샘플링된 분포가 디리클레 사전확률분포의 다항 확률분포일 때, 깁스 샘플러는 흥미로운 구조로 이뤄져 있다.

$$p\left(Z^{(i)} = e_k | Z^{(-i)} = z^{(-i)}\right) = \frac{n_k + \alpha_k}{(n-1) + \left(\sum_{k'=1}^{K} \alpha_{k'}\right)} \tag{5.8}$$

$z^{(-i)}$로 나타나는 사건 k의 전체 숫자를 의미하는 $n_k = \sum_{j \neq i} z_k^{(j)}$. 직관적으로 특정 값을 갖는 잠재변수 $Z^{(i)}$의 확률은 나머지 잠재변수 $Z^{(-i)}$로 할당된 이러한 값들의 횟수와 비례한다. 식 5.8은 추정이 조절되는 변수의 값을 기반으로 할 때 파라미터의 최대우도 추정에 부가적으로 평활화된(4.2.1절 참조) 버전이다. 이런 종류의 구조는 디리클레 다항식 구조를 가진 모델을 위한 깁스 샘플러를 설계할 때 자주 사용된다.

위의 예시보다 조금 더 중요한 다음의 예시는 이와 같은 사실을 잘 보여준다.

연습 문제 5.3 LDA 연습 문제 5.1을 살펴보자. 주제 할당 Z가 추론할 수 있는 유일한 랜덤변수인 경우가 많다.[1] 따라서 깁스 샘플링을 수행할 때, 파라미터 β와 주제 분포 θ를 무시할 수 있다.

그러므로 우리는 랜덤변수 Z와 W에 더 집중할 수 있다. $z_{-(i,j)}$와 w를 갖는 $Z_j^{(i)}$의 값을 얻으려고 한다. 이는 우리가 $p(Z_j^{(i)} | z_{-(i,j)}, w)$ 분포에 더 관심이 있음을 의미한다. 베이즈 법칙에 따르면 우리는 다음과 같은 결과를 얻을 수 있다.

$$p\left(Z_j^{(i)} = k \mid z_{-(i,j)}, \boldsymbol{w}\right) \propto p\left(w_j^{(i)} \mid Z_j^{(i)}, z_{-(i,j)}, \boldsymbol{w}_{-(i,j)}\right) p\left(Z_j^{(i)} = k \mid z_{-(i,j)}\right) \tag{5.9}$$

더 간단하게 나타내기 위해 우리는 항상 이런 배경이 존재한다고 가정할지라도 하이퍼파라미터 α와 ψ에 대해 명시적으로 조건을 달지 않는다. 먼저 첫 번째 항을 보도록 하자. 모델에서 조건부 독립성을 가정했을 때 주제 1과 K 사이에 인덱스된 k로부터 다음과 같은 사실을 알 수 있다.

$$\begin{aligned}
p\left(w_j^{(i)} \mid Z_j^{(i)} = k, z_{-(i,j)}, \boldsymbol{w}_{-(i,j)}\right) &= \int_{\beta_k} p\left(\beta_k, w_j^{(i)} \mid Z_j^{(i)} = k, z_{-(i,j)}, \boldsymbol{w}_{-(i,j)}\right) d\beta_k \\
&= \int_{\beta_k} p\left(w_j^{(i)} \mid Z_j^{(i)} = k, \beta_k\right) p\left(\beta_k \mid Z_j^{(i)} = k, z_{-(i,j)}, \boldsymbol{w}_{-(i,j)}\right) d\beta_k \\
&= \int_{\beta_k} p\left(w_j^{(i)} \mid Z_j^{(i)} = k, \beta_k\right) p\left(\beta_k \mid z_{-(i,j)}, \boldsymbol{w}_{-(i,j)}\right) d\beta_k \tag{5.10}
\end{aligned}$$

1 　우리는 Griffiths(2002)의 어원을 참고한다.

마지막 항등식은 $W_j^{(i)}$가 관측되지 않았을 때, $Z_j^{(i)}$와 β_k가 조건부 독립이기 때문에 성립하게 된다. β_k와 $Z_{-(i,j)}$는 서로에게 독립적인 사전확률분포이고 그러므로 다음과 같이 정의할 수 있다.

$$
\begin{aligned}
p\left(\beta_k \mid z_{-(i,j)}, \boldsymbol{w}_{-(i,j)}\right) &\propto p\left(\boldsymbol{w}_{-(i,j)} \mid \beta_k, z_{-(i,j)}\right) p\left(\beta_k \mid z_{-(i,j)}\right) \\
&= p\left(\boldsymbol{w}_{-(i,j)} \mid \beta_k, z_{-(i,j)}\right) p(\beta_k) \\
&= \prod_{v=1}^{V} \prod_{i'=1}^{N} \prod_{j'=1,(i',j')\neq(i,j)}^{M} \beta_k^{I\left(Z^{(i,j)}=k \wedge w_j^{(i)}=v\right)} p(\beta_k) \\
&= \prod_{v=1}^{V} \beta_k^{\sum_{i'=1}^{N} \sum_{j'=1,(i',j')\neq(i,j)}^{M} I\left(Z^{(i,j)}=k \wedge w_j^{(i)}=v\right)} p(\beta_k) \\
&= \prod_{v=1}^{V} \beta_k^{\sum_{i'=1}^{N} \sum_{j'=1,(i',j')\neq(i,j)}^{M} I\left(Z^{(i,j)}=k \wedge w_j^{(i)}=v\right)+\psi-1}
\end{aligned}
$$

위의 식은 다음과 같은 의미를 갖고 있다. 분포 $p(\beta_k|z_{-(i,j)}, w_{-(i,j)})$는 $n_{-(i,j),k}$가 길이 V를 갖는 벡터일 때, 파라미터 $\psi+n_{-(i,j),k}$로 디리클레분포 형태이며, 각 좌표 v는 주제 k에 할당된 v번째 단어의 $z_{-(i,j)}$와 $w_{-(i,j)}$의 인스턴스 수와 동일하다(여기서 우리는 i번째 문서에서 j번째 단어를 세는 부분을 제외했다).

식 5.10에서 $p(w_j^{(i)}|Z_j^{(i)}=k, \beta_k)$은 $\beta_{k,w_j^{(i)}}$이며 위와 함께 생각했을 때 식 5.10은 파라미터 $\psi+n_{-(i,j),k}$를 갖는 디리클레분포의 평균값과 같다. 이는 다음을 의미한다.

$$
p\left(w_j^{(i)}=v \mid Z_j^{(i)}=k, z_{-(i,j)}, \boldsymbol{w}_{-(i,j)}\right) = \frac{\psi+[n_{-(i,j),k}]_v}{V\psi+\sum_{v'}[n_{-(i,j),k}]_{v'}} \quad (5.11)
$$

식 5.9에서 첫 번째 항에 대한 분석을 했다. 하지만 여전히 $p(z_j^{(i)}=k|z_{-(i,j)})$항에 대한 것을 살펴봐야 한다. 베이즈 법칙과 모델에서 조건부 독립에 대한 가정을 바탕으로 다음과 같이 정의할 수 있다.

$$
\begin{aligned}
p\left(Z_j^{(i)}=k \mid z_{-(i,j)}\right) &= \int_{\theta^{(i)}} p\left(\theta^{(i)}, Z_j^{(i)}=k \mid z_{-(i,j)}\right) d\theta^{(i)} \\
&= \int_{\theta^{(i)}} p\left(Z_j^{(i)}=k \mid \theta^{(i)}\right) p\left(\theta^{(i)} \mid z_{-(i,j)}\right) d\theta^{(i)} \quad (5.12)
\end{aligned}
$$

이전의 비슷한 유도 과정에서 $p(\theta^{(i)}|z_{-(i,j)})$는 $m_{-(i,j)}$이 길이 K를 갖는 벡터이면서 $[m_{-(i,j)}]_{k'}$ 주제 k'에 할당된 i번째 문서의 단어들의 출현 횟수를 나타내는 파라미터

$\alpha + m_{-(i,j)}$를 갖는 디리클레분포다. $p(z_j^{(i)} = k|\theta^{(i)})$항은 $\theta_k^{(i)}$이다. 식 5.12는 그러므로 디리클레분포의 평균값이 된다. 파라미터 $\alpha + m_{-(i,j)}$를 갖는 디리클레분포의 평균값에서 k번째 좌표를 갖는다.

$$p\left(Z_j^{(i)} = k \mid z_{-(i,j)}\right) = \frac{\alpha + [m_{-(i,j)}]_k}{K\alpha + \sum_{k'}[m_{-(i,j)}]_{k'}} \tag{5.13}$$

식 5.9, 5.11과 5.13을 보면 축소된 설정에서 LDA에 깁스 샘플링을 적용하기 위해 우리는 다음과 같은 분포에 따라 하나의 문서에서 하나의 단어가 하나의 주제에 할당되는 특정 포인트를 샘플링해야 한다.

$$p\left(Z_j^{(i)} = k \mid z_{-(i,j)}, w\right) = \frac{\psi + [n_{-(i,j),k}]_{w_j^{(i)}}}{V\psi + \sum_{v'}[n_{-(i,j),k}]_{v'}} \times \frac{\alpha + [m_{-(i,j)}]_k}{K\alpha + \sum_{k'}[m_{-(i,j)}]_{k'}}$$

위의 예에서 축소된 깁스 샘플러가 닫힌 분석 형태를 갖고 있다는 것은 전혀 놀라운 일이 아니다. 이는 디리클레분포가 $Z^{(i)}$와 $W^{(i)}$를 만들어내는 다항분포와 결합되는 직접적인 결과다. 파라미터의 통합과 잠재변수의 결합이 사후확률분포에 대한 비분석적 해결책으로 이어질 수 있음에도, 결합 사전확률분포를 사용하는 것은 여전히 조건부 확률분포에 있어 분석적인 해결책으로 이어진다(그리고 결과적으로 이 경우가 깁스 샘플러가 된다).

이번 절을 요약하자면, 알고리즘 5.2는 축소되고 블록된 깁스 샘플러의 예시를 보여준다. 이는 수렴할 때까지 각 예시에 대한 잠재적 구조를 반복적으로 유도하게 된다.

5.3.2 연산자 관점

깁스 샘플링의 연산자 관점$^{Operator\ View}$은 5.3절에서 설명한 사후확률분포변수를 랜덤변수 $U_1, \ldots, U_p$로 나누는 부분에서 자연어 처리에 종종 사용된다. 타깃분포를 $p(U|X)$로 표시하고, 표본(샘플)공간을 오메가(Ω)로 표시한다. 구현하는 관점에서 바라본다면, 연산자 관점의 가장 큰 장점은 모델러가 특정 타깃분포를 지칭하지 않고 올바른 깁스 샘플러를 디자인할 수 있도록 도와준다는 것이다. 이러한 설계가 몇 가지 간단한 원칙을 따른다면, 기초적인 타깃분포에 관계없이 샘플 추출을 정확히 할 것이라고 보장한다.

연산자 관점에서, $\mathcal{O} = \{f_1,...,f_M\}$와 같이 연산자 집합을 정의할 수 있는데, 각 연산자 f_i는 원소 $\omega \in \Omega$를 이웃집합 $A \subseteq \Omega$로 매핑하는 함수다. 샘플러는 연산자들 사이를 매번 교대하며, 매번 현재 상태의 이웃 중 하나를 $p(U|X)$에 따른 확률에 비례해 샘플링한다. 이러한 깁스 알고리즘은 알고리즘 5.3에 설명돼 있다. 여기서 $I(u' \in A)$는 표시함수$^{\text{indicator function}}$를 나타내는데, $u' \in A$이면 1, 나머지는 모두 0이다. 이 표시함수는 u'가 연산자 f_i에 따라 u의 이웃에 속하는지 아닌지를 체크하기 위한 것이다. $Z(f_i, u)$항은 $q(U')$가 분포임을 입증하기 위해 $f_i(\Omega)$에 대해 U를 통합하거나 합치는 표준화 상수이다. 예를 들어 만약 Ω이 이산공간일 때, 이는 다음과 같은 식을 의미한다.

$$p\left(Z_j^{(i)} = k \mid \mathbf{z}_{-(i,j)}, \mathbf{w}\right) = \frac{\psi + [n_{-(i,j),k}]_{w_j^{(i)}}}{V\psi + \sum_{v'}[n_{-(i,j),k}]_{v'}} \times \frac{\alpha + [m_{-(i,j)}]_k}{K\alpha + \sum_{k'}[m_{-(i,j)}]_{k'}}$$

알고리즘은 각 단계별로 시스템적으로 연산자를 고르는 방식 대신 무작위로 연산자 사이를 이동할 수 있다.

Input: Operators $\mathcal{O} = \{f_1,...,f_M\}$ and a target distribution $p(U|X)$

output: u drawn from $p(U|X)$

- - -

1: Initialize u to a random value
2: **repeat**
3:    **for all** $i \leftarrow 1$ to M **do**
4:       Sample u' from

$$q(u' \mid u) = \frac{p(u' \mid X)I(u' \in f_i(u))}{Z(f_i, u)} \qquad (5.14)$$

5:       Set $u \leftarrow u'$
6:    **end for**
7: **until** Markov chain converged
8: **return** u

알고리즘 5.3 연산자 깁스 샘플링 알고리즘은 "체계적인 스윕" 형태다. 함수 $Z(f_i, u)$는 분포 $q(u')$에 대한 정규화 상수를 나타낸다. 이때 정규화 상수를 모르는 경우 분포 $p(U|X)$를 사용할 수 있다.

연산자는 보통 상태 공간에서 현재 상태를 국지적으로 변경한다. 만약 잠재 구조의 관심 부분이 품사 태그 시퀀스인 경우, 연산자는 품사 태그 중 하나를 변경할 수 있다. 잠재 구조의 관심 부분이 구문 구조 트리인 경우, 연산자는 트리의 주어진 노드와 그의 이웃노드를 변경할 수 있다. 이런 경우 연산자에 의해 리턴된 주변 노드는 입력 공간과 동일한 상태의 집합이다.

연산자가 유효한 깁스 샘플러를 유도하는 것을 보장하기 위해, 다음과 같은 조건을 만족해야 한다.

- **세부 균형**: 세부 균형 조건에서 충분조건은 다음과 같다. 각 연산자 $f_i \in \mathcal{O}$와 각 ω에 대해, 세부 균형은 $\omega' \in f_i(\omega)$일 때, $f_i(\omega) \in f_i(\omega')$임을 만족해야 한다. 이는 세부 균형 조건에서 어떤 u 또는 u'에 대해 다음을 만족함을 보장할 수 있다.

$$p(u \mid X)q(u' \mid u) = p(u' \mid X)q(u \mid u') \qquad (5.15)$$

  식 5.14에 따라 정의된 $q(u|u')$과 $q(u'|u)$이다. 식 5.15가 보장되는 이유는 정규화 상수 $q(u|u')$과 $q(u'|u)$가 위의 충분조건을 만족할 때, $Z(f_i, u) = Z(f_i, u')$를 만족하기 때문이다.

- **반복**: 검색 공간에서 어떤 상태에서 또 다른 상태로 가는 것이 가능하다는 것을 의미한다. 좀 더 형식적인 표현으로 하자면, 이는 어떤 $\omega, \omega' \in \Omega$에서 $a_i \in \{1, ..., M\}$를 갖는 연산자 시퀀스 $f_{a_1}, ..., f_{a_\ell}$가 $\omega' \in f_{i_M}(f_{i_{M-1}}(...(f_{i_1}(\omega))))$이고, 이는 식 5.14에 따라 0이 아닌 확률이 가능하다.

대칭 조건에서 모든 ω와 f_i는 $\omega \in f_i(\omega)$를 만족하는데, 이는 다시 말해 연산자는 주어진 상태를 전혀 변경할 수 없다. 더욱 일반적으로, 세부 균형과 반복은 샘플러의 정확성을 보장하는데 중요한 마르코프 체인의 형식적 특성(즉, 원하는 타깃분포에서 실제로 샘플링하는 것)이며, 연산자의 위의 두 가지 요건은 깁스 샘플러가 만든 기초적인 마르코프 체인에 대한 것을 충족시키기 위한 한 가지 방법이다.

베이지안 NLP에서 깁스 샘플링의 연산자 관점을 사용하는 몇 가지 예시들이 있는 데, 가장 유명한 것이 번역 분야다. DeNero et al.(2008)은 기계 번역에서 구문 정렬을 샘플링하기 위해 깁스 샘플링을 사용한다. 여기서 정렬을 변경하기 위해 사용되는 몇 가지 연산자가 있다. SWAP은 두 쌍의 구문의 정렬을 바꾼다. FLIP은 구문의 경계를 변경한다. TOGGLE은 구문의 연결고리를 추가한다. FLIPTWO는 출처^{source}와 타깃 언어 모두 구문 경계를 변경한다. MOVE는 정렬된 경계를 왼쪽 또는 오른쪽으로 변경한다. 비슷한 연산자들은 기계 번역에서 기능 단어에 대한 정렬을 다루기 위해 Nakazawa and Kurohashi(2012)가 사용했다. Ravi and Knight(2011)는 또한 번역을 위한 IBM Model 3의 파라미터를 예측하기 위해 깁스 연산자를 사용했다. 동기 문법 모형을 위한 깁스 샘플링의 세부 균형에 대한 논의는 Levenberg et al.(2012)을 참고하자.

깁스 샘플링에 대한 연산자 관점은 점 추정 샘플러와 근사한 샘플러를 만들어내는데, 이는 위에서 언급한 연산자가 상태 공간에서 변경을 만들어내기 때문이다. 이런 연산자들은 일반적으로 잠재 구조에서 이뤄지고, 파라미터에 대해서는 작동하지 않는다. 만약 샘플러가 명시적이라면 즉, 파라미터가 주변화되지 않았다면 파라미터는 잠재 구조에서 주어진 파라미터의 조건부분포에서 샘플을 얻는 추가적인 깁스 단계에서 샘플링할 수 있다.

5.3.3 깁스 샘플러 병렬화

깁스 샘플러의 각 단계는 꽤 비싼 연산이다. 특히 자연어 처리에서 축소된 예시-블록된 환경이다. 그러므로 멀티 프로세서로 깁스 알고리즘을 병렬화하는 것은 매우 큰 도움이 된다. 깁스 샘플링 알고리즘을 병렬화하기 위한 가장 쉬운 방법은 조건부 확률분포에서 병렬화하는 것이다. 각 프로세서는 $p(U_i | U_{-i}, X)$ 조건부 확률분포에서 단일 조건부 확률분포를 할당하고, 해당 프로세서에서 U_i를 위한 샘플링을 하는 것이다.

Geman and Geman(1984)은 알고리즘 5.4에서 설명하고 있는 병렬 깁스 샘플러를 사용하는 방법을 제안했다(다른 말로 동기 깁스 샘플러라고 부른다). 깁스 샘플링 알고리즘에 이러한 간단한 변화(특정 상태에 대해 즉시 변화를 만드는 것이 아니라 모든 조건부 확률분포가 샘플링된 뒤에 업데이트하는 것이다)는 실제로 깁스 샘플링 알고리즘을 깨뜨린다. 이 샘플러에 대해 정적 분포가 만일 존재한다면 $p(U|X)$에 대해 불필요하다.

> **Input**: Samplers for the conditionals $p(U_i|U_{-i}, X)$ for the distribution $p(U_1,...,U_p|X)$.
>
> **output**: $u = u_1,...,u_p$ approximately drawn from the above distribution.
>
> ---
>
> 1: Initialize $u_1,...,u_p$ with some value from their space of allowed values
> 2: **repeat**
> 3:   **for all** $i \leftarrow 1$ *to* p (in parallel over i) **do**
> 4:   Sample u_i' from $p(u_i'|u_{-i}, X)$
> 5:   **end for**
> 6:   **for all** $i \leftarrow 1$ *to* p **do**
> 7: $u_i \leftarrow u_i'$
> 8:   **end for**
> 9: **until** Markov chain converged
> 10: **return** $u_1,...,u_p$

알고리즘 5.4 병렬 깁스 샘플링 알고리즘

그러나 비슷한 형태로 샘플러는 사용된 적이 있다(예를 들어 LDA 모델). LDA에 대해 MCMC 샘플링을 병렬화하는 것에 관한 더 자세한 내용은 Newman et al.(2009)을 참고하자. 샘플링의 병렬화 난이도는 변분 추론처럼 병렬화에 더 적합한 추론 알고리즘을 선택하는 이유가 될 수 있다. 이는 6장에서 더 다룰 예정이다.

Neiswanger et al.(2014)은 깁스 샘플링 알고리즘(또는 어떤 종류의 MCMC 알고리즘)을 병렬화하기 위한 또 다른 방법을 설명하고 있다. 이러한 접근 방법으로 추론이 필요한 데이터는 서브셋으로 분할되고, 깁스 샘플링은 각 서브셋에서 별도로 실행돼 타깃분포에서 샘플을 추출한다. 그리고 나서 모든 병렬 MCMC 체인이 샘플링하는 것을 끝내면 샘플들은 비증상적으로 더 정확한 샘플을 얻기 위해 다시 결합된다.

5.3.4 요약

깁스 샘플링은 관심 있는 랜덤변수 집합의 파티션을 가정한다. 파티션의 각 섹션에 있는 각 랜덤변수에 대한 조건부 확률분포 집합에서 샘플을 얻기 위한 단계 사이를 교대로 해 타깃분포에서 샘플을 추출하는 방식을 MCMC 방식이라고 한다. MCMC 방법 중 깁스 샘플링은 베이지안 NLP에서 가장 일반적인 방법이다.

Input: Distribution $p(U|X)$ for the distribution $q(U'|U)$.

output: u drawn from p.

1: Initialize u with some value from its space of allowed values
2: **repeat**
3:　　Randomly sample u' from q$(U'|u)$
4:　　Calculate an acceptance ratio

$$\alpha = \min\left\{1, \frac{p(u'|X)q(u|u')}{p(u|X)q(u'|u)}\right\} \qquad (5.16)$$

5:　　Draw a value α' from a uniform distribution over $[0, 1]$
6:　　**if** $\alpha' < \alpha$ **then**
7:　　　　$u_i \leftarrow u_i'$
8:　　**end if**
9: **until** Markov chain converged
10: **return** u

알고리즘 5.5 메트로폴리스-헤이스팅스 알고리즘

5.4 메트로폴리스-헤이스팅스 알고리즘

메트로폴리스-헤이스팅스 알고리즘MH, Metropolis-Hastings Algorithm은 타깃분포로부터 샘플 링해 예측 분포를 사용하는 MCMC 샘플링 알고리즘이다. Ω는 타깃분포 $p(U|X)$의 샘플 공간이라고 하자(예를 들어 U는 모델의 잠재변수를 나타낸다). 예측 분포에서 각 $u \in \Omega$는 분포 $q(U'|u)$로 정의되는 함수 $q(U'|U) \in \Omega \times \Omega \to [0, 1]$를 뜻한다.

또한 어떤 $u \in \Omega$에 대해서 $q(U'|u)$로부터 샘플링하는 것은 컴퓨팅 측면에서 효율적 이라고 가정할 수 있다. 타깃분포는 정규화 상수까지 계산 가능하다고 가정할 수 있다.

MH 샘플러는 알고리즘 5.5에 나와 있다. 이는 랜덤값으로 관심 있는 상태를 초기화

하고, 기본적인 제안 분포에서 반복적으로 샘플링하는 것으로 시작된다. 제안 분포는 타깃분포인 $p(U|X)$와 상당히 다를 수 있으므로, 제안 분포의 샘플을 받아들일지 여부를 결정하는 단계가 식 5.16에 나타나 있다.

깁스 샘플러와 마찬가지로, MH 알고리즘은 샘플을 스트리밍한다. 여러 연결^{chain}이 수렴하면 알고리즘의 루프를 반복해 샘플을 연속적으로 생산할 수 있다(꼭 독립적이어야 할 필요는 없다). 각 단계에서 u는 기초 분포의 샘플이라고 간주된다.

앞에서 우리는 분포 p가 그것의 정규화 상수까지 계산될 필요가 있다고 언급했다. 식 5.16이 p값을 명시적으로 사용하더라도 이는 사실이다. 이를 허용하는 비율은 항상 p의 서로 다른 값 사이의 비율을 계산하므로 정규화 상수는 상쇄된다.

허용되는 비율을 사용해 제안된 샘플을 보면 샘플이 타깃분포에 따라 확률이 높은 공간의 일부도 탐색하도록 한다. 허용 비율은 다음 상태의 확률과 현재 상태의 확률 사이의 비율과 비례한다. 다음 상태 확률이 클수록 허용 비율이 더 커지기 때문에 샘플 추출에 의해 허용될 가능성이 더 높다. 단 현재 상태에서 제안된 분포는 다음 상태에서 제안된 분포 사이의 비율과 중요한 보정 비율이 존재한다. 이 보정 비율은 제안 분포가 다른 부분보다 주 공간의 특정 부분에 더 높은 확률 질량을 가짐으로써 발생되는 편향^{bias}에 대해 조절한다(이는 타깃분포와는 다르다).

제안 분포의 도움은 타깃분포로부터 받는 도움을 포함(또는 이와 같아야 함)해야 한다는 점에 유의해야 한다. 이렇게 하면 기초가 되는 마르코프 체인이 반복되고 샘플러가 충분히 오래 실행되면 모든 샘플 공간을 탐색할 수 있게 된다. 허용 비율을 이용한 보정 단계를 통해 주어진 MCMC 샘플러의 정확성을 보장하기 위한 세부 균형 특성(5.3.2절 참조)도 중요하다.

5.4.1 메트로폴리스-헤이스팅스의 변형

Metropolis et al.(1953)은 제안 분포를 대칭(이는 $q(U'|U) = q(U|U')$와 같다)이라고 가정하는 메트로폴리스 알고리즘을 개발했다. 이 경우 식 5.16의 허용 비율은 다음 잠재적 상태에서 관심 있는 분포와 현재 상태 사이의 비율로만 구성된다. Hastings(1970)는

나중에 비대칭 q의 경우 이를 일반화해 메트로폴리스-헤이스팅스 알고리즘을 만들어냈다.

MH 알고리즘의 또 다른 구체적인 사례는 $q(U'|U) = q(U')$와 같으며, 즉 제안 분포가 이전 상태에 의존하지 않는 경우다. 이런 경우 MH 알고리즘은 독립성 샘플러 independence sampler로 줄어들게 된다.

알고리즘 5.5에 제시된 MH의 중요한 변형은 MH 알고리즘의 구성 요소 측면이다. 구성 요소 측면에서 MH 알고리즘은 타깃분포의 변수에 대한 분할을 가정한다는 점에서 깁스 샘플러와 유사하며, 제안 분포의 집합을 사용해 각 변수의 상태를 반복적으로 변경한다.

구성 요소 측면의 MH 알고리즘에서 제안 분포의 집합 $q_i(U'|U)$를 정의할 수 있는데, 여기서 q_i는 0이 아닌 확률 질량을 U_{-i}를 온전하게 유지하고 U_i를 변화시키는 상태 공간의 전환에만 할당돼 사용된다. 좀 더 정확하게 $q_i(U'_{-i}|U) > 0$는 $U'_{-i} = U_{-i}$일 때 성립한다. 그리고 구성 요소 측면의 MH 알고리즘은 무작위하게 또는 규칙적으로 왔다 갔다하는데, 그때마다 q_i를 샘플링하고 다음의 허용 비율을 사용해

$$\alpha_i = \min \left\{ 1, \frac{p(u'|X)q_i(u|u')}{p(u|X)q_i(u'|u)} \right\} \tag{5.17}$$

새로운 샘플을 수용하거나 accept 기각한다 reject. 채택되면 U의 딱 하나의 좌표만 변경한다.

깁스 샘플링 알고리즘은 구성 요소 측면의 MH 알고리즘의 특수 경우로 볼 수 있는데, 다음과 같이 쓸 수 있다.

$$q_i(u'|u) = \begin{cases} p(u'_i|u_{-i}, X), & \text{if } u'_{-i} = u_{-i} \\ 0 & \text{otherwise} \end{cases}$$

이런 경우 식 5.17의 α_i는 다음을 만족한다.

$$\alpha_i = \min \left\{ 1, \frac{p(u'|\boldsymbol{X})q_i(u|u')}{p(u|\boldsymbol{X})q_i(u'|u)} \right\}$$

$$= \min \left\{ 1, \frac{p(u'|\boldsymbol{X})p(u_i|u'_{-i},\boldsymbol{X})}{p(u|\boldsymbol{X})p(u'_i|u_{-i},\boldsymbol{X})} \right\}$$

$$= \min \left\{ 1, \frac{p(u'_{-i}|\boldsymbol{X})p(u'_i|u'_{-i},\boldsymbol{X})p(u_i|u'_{-i},\boldsymbol{X})}{p(u_{-i}|\boldsymbol{X})p(u_i|u_{-i},\boldsymbol{X})p(u'_i|u_{-i},\boldsymbol{X})} \right\}$$

$$= \min \left\{ 1, \frac{p(u'_{-i}|\boldsymbol{X})}{p(u_{-i}|\boldsymbol{X})} \right\}$$

$$= 1$$

이때 마지막 등식은 q_i가 상태 u에서 좌표 i만을 변경한다는 사실에서 비롯되며, 두 번째와 세 번째 부등식으로 넘어가는 부분은 $p(u|\boldsymbol{X})$, $p(u'|\boldsymbol{X})$가 적용되는 연쇄 법칙chain rule에서 비롯된다. $i \in \{1,...,p\}$일 때, $\alpha_i = 1$이기 때문에, 깁스 제안 분포의 MH 샘플러는 어떠한 상태 변화도 기각하지 않는다. 이러한 이유 때문에, 깁스 샘플러에는 어떠한 수정을 위한 단계까지 필요하지 않으며, 이는 없어지게 될 것이다.

5.5 분할 샘플링

분할 샘플링Slice Sampling(Neal, 2003)은 깁스 샘플러의 구체적이지만 흥미로운 경우인 MCMC 방식이다. 가장 기본적인 형태에서, 분할 샘플러는 일변량 분포에서 샘플을 추출하도록 돼 있다.

이러한 논의를 구체화하려면 타깃분포가 $q(\alpha)$이며, 여기서 α는 하이퍼파라미터로써 계층 모델에 나타나는 일변량 랜덤변수라고 가정해보자(3장 참조). 이는 파라미터가 붕괴된 경우 $p(\alpha|\theta, \boldsymbol{Z}, \boldsymbol{X})$ 또는 $p(\alpha|\boldsymbol{Z}, \boldsymbol{X})$와 같은 분포를 나타낼 수 있음을 의미한다.

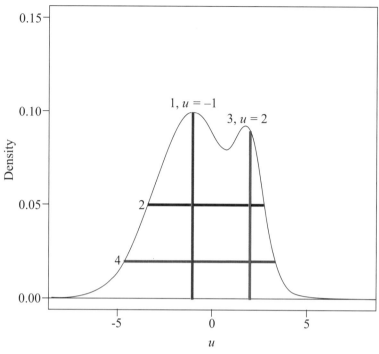

그림 5.1 일변량 변수 U에 대한 분할 샘플링을 한 모습이다. U의 밀도는 주어졌다. 보라색 선 (1)은 $u = -1$일 때, 처음 시작하는 첫 번째 샘플을 나타낸다. 그리고 여기서 정규분포에 따라 1번 선에서 점을 샘플링한다. 그 점을 선택하고 나서, 검정색 선 (2)를 고려하게 되는데, 이는 그 점에서 1번 선과 수직으로 만난다. 다음으로 2번 선에서 하나의 점을 균등하게 샘플링하는데, 이때, 두 번째 샘플은 $u = 2$이다. 그리고 다시 파란색 선 (3)에서 무작위 점을 샘플링하는데, 이 점은 새로운 점에서 2번 선과 수직으로 만난다. 계속해서 세로와 가로 선이 수직으로 만나는 점을 선택하는 과정을 반복한다(빨간색 4번은 3번과 수직으로 만난다). 이는 밀도 함수 U의 임의 확률 보행(random walk)이다.

일변량 분할 샘플러는 기초 분포 그래프에서 한 점을 균일하게 샘플링한 다음 이 점을 x축에 투영하면 분포에서 샘플링을 수행할 수 있다는 사실을 따른다. 여기서 "그래프"는 밀도 함수의 곡선에 의해 경계되는 영역을 말한다. x축은 α가 커버할 수 있는 값에, y축은 실제 밀도 값에 걸쳐 있다. 그림 5.1은 그러한 생각을 보여준다.

그래프를 균일하게 샘플링하는 이 아이디어는 MCMC를 사용해서 가능한 것이다. 계산적으로 어려울 수 있는 그래프에서 직접 샘플링하는 대신, 분할 샘플러는 고정된 분포가 관심 갖는 분포 그래프의 영역(또는 볼륨)에 걸쳐 균일한 분포를 얻는 MCMC 샘플러다.

좀 더 구체적으로, 분할 샘플러는 보조변수 $V \in \mathbb{R}$를 분포 $q(\alpha)$에 보여주고 (v, α) 상태를 변경하는 2가지 깁스 샘플링 단계를 정의한다. 첫 번째 단계에서, $\alpha(V = v$일 때)는 집합 $\{\alpha' | v \leq q(\alpha')\}$로부터 균일하게 뽑히게 된다. 이는 본질적으로 x축의 움직임에 해당한다. 두 번째 단계에서 아마 좀 더 직관적으로 볼 수 있는데, y축을 따라 이동하는 움직임에 상응하는 집합 $\{v | v \leq q(\alpha)\}$에 대한 정규분포로부터 $v(\alpha$에 대해)를 도출하게 된다.

5.5.1 보조변수 샘플링

분할 샘플링은 보조변수 샘플링$^{Auxiliary\ Variable\ Sampling}$이라고 부르는 샘플링의 일반적인 접근 방법 중 특수한 경우다. 이 접근 방법은 변수 V, 보조변수가 존재함을 가정하고 U와 더불어 이는 결합 확률분포 $p(U|V, X) = p(U|X)p(V|U, X)$를 만들어낸다. 그리하여 MCMC 알고리즘 중 하나를 사용해 $p(U, V|X)$로부터 샘플링한다. V로부터 얻은 샘플은 결국 무시되며, U의 샘플은 타깃분포 $p(U|X)$의 샘플로 사용된다.

보조변수를 선택하는 것은 간단하지 않고 해당 모델에 따라 다를 수 있다. 이런 선택은 MCMC 샘플러가 더 높은 확률 질량을 가진 영역을 탐색하는 경향이 있다는 것을 보장해야 한다. 깁스 샘플링을 보조변수와 함께 사용할 경우 조건 $p(V|U, X)$, $p(U|V, X)$를 효율적으로 샘플링할 수 있는지 확인해야 한다.

명시적 샘플링(모델의 파라미터를 샘플링할 때)과 보조변수 방법 사이에는 한 가지 흥미로운 연결고리가 있다. 파라미터 자체는 샘플 추출에 관심이 있는 잠재적 구조 사이에 조건부 독립을 가정하고, 그에 따라 샘플 추출을 계산적으로 용이하게 하기 때문에 "블록된 사후확률분포"의 보조변수로 생각할 수 있다.

5.5.2 자연어 처리에서 분할 샘플링과 보조변수 샘플링 사용법

일변량 연속 분포를 위한 분할 샘플링은 특히 하이퍼파라미터 추론을 위해 자연어 처리에서 사용된다. 예를 들어 Johnson and Goldwater(2009)는 분할 샘플링을 사용해 농도^{concentration} 및 줄어드는 값$^{discount\ values}$에 해당하는 Pitman-Yor 과정에 의해 하이퍼파라미터 샘플을 얻었다. 분할 샘플러는 이러한 하이퍼파라미터 위에 배치되기 전에 모호한 gamma값과 함께 사용됐다. 하이퍼파라미터에 모호한 사전확률 배치로, 분할 샘플링은 최상의 하이퍼파라미터 설정을 찾기 위한 검색 절차로 보통 작동하게 된다. 이 방법은 예를 들어 4.3절의 경험적 베이즈와 함께 얘기할 수 있다. 하이퍼파라미터 추정에 분할 샘플링을 사용하는 다른 최근의 예시로는 Lindsey et al.(2012)이 있다.

자연어 처리에서 보조변수 샘플링을 철저히 사용한 것 중 하나는 동기 문법에 보조변수 샘플러를 도입한 Blunsom and Cohn(2010a)이다. 이 샘플러는 한 쌍의 문장이 주어지는 동기적 미분이다. 원문 길이와 대상 문장의 길이가 모두 입방체인 나이브한 동적 프로그래밍 알고리즘보다 더 빠르게 그러한 유도를 얻어내는 것이 목표였다.

Blunsom and Cohn(2010a)의 샘플러는 동기 미분에서 각각의 가능한 범위에 대한 보조 연속 변수를 도입한다. 그런 다음, 이 연속 변수 집합에 주어진 파생 모델을 샘플링할 때, 동적 프로그래밍 알고리즘은 보조변수의 해당 값보다 낮은 확률을 갖는 차트의 스팬span을 제거한다. Blunsom과 Cohn은 그들의 샘플러를 정확하게 만들기 위해 MH 알고리즘에 존재하는 것과 비슷한 수정 단계를 도입했다. 논문에서 논의하는 보조변수 샘플링에 대한 두 가지 대안으로 논의되는 MCMC 방법은 매우 느리게 혼합되거나(나이브 깁스 샘플링), 계산적으로 비효율적인 것(붕괴된-collapsed 깁스 샘플링)으로 보고된다. MCMC 알고리즘의 수렴에 관한 자세한 내용은 5.7절을 참고하자.

Blunsom and Cohn(2010a)의 분할 샘플러는 중국어를 영어로 번역하는 데 있어 BLEU 점수를 높였고, 또한 Blunsom 외 연구진(2009a)의 나이브 깁스 샘플링 접근법에 비해 모델의 로그 가능도log-likelihood 역시 더 높았다. 이는 부분적으로 깁스 샘플러가 초기화에 더 민감하다는 것을 알아냈기 때문이다. 자세한 내용은 5.7절을 참고하자. 저자들은 또한 깁스 샘플러가 보조변수 샘플러보다 분포의 최빈값에 더 많은 영향을 받는 경향이 있다는 것을 발견했다.

Van Gael et al.(2008)은 동적 프로그래밍과 분할 샘플링을 결합한 무한한 히든 마르코프 모델(8.1.1절)에 대한 추론 알고리즘을 설계했다(그들은 이를 "빔beam 샘플러"라고 불렀다). 그들은 『이상한 나라의 앨리스』의 텍스트를 예측하기 위해 추론 알고리즘을 테스트했다. 그래도 그들의 빔 샘플러는 깁스 샘플링 알고리즘보다 이 문제에 대해 더 나은 예측력을 가지고 있지 않았다. 그러나 자연어 처리가 아닌 다른 문제와 인위적인 데이터 문제에 대해 그들은 그들의 빔 샘플러가 깁스 샘플링 알고리즘보다 더 빠르게 섞일 수 있음을 발견했다.

Bouchard-côté et al.(2009)은 PCFG의 내부 알고리즘과 같은 동적 프로그래밍 알고리즘을 실행할 때 가지치기 목표를 가진 보조-변수 샘플러를 함께 설명한다(8장 참고). 이들의 알고리즘은 문장의 스팬과 구문 범주에 의해 색인된 2진수 벡터인 보조변수의 공간을 통과시켜 작동하며, 여기서 벡터의 각 요소는 그것이 제거됐는지 여부에 관계없이 각 성분을 나타낸다. 각 지점에서 그러한 바이너리 벡터가 샘플링되고, 벡터에 따라 구성 요소를 가지치기(따라서 훨씬 더 빨리 실행된다)하면서 내부-바깥쪽 알고리즘이 실행된다. 마지막으로 이 모든 단계에서 계산된 모든 기대치는 기대치의 대략적인 부분을 달성하기 위해 평균을 취하게 된다. 이 과정은 몬테카를로 통합(5.10절 참고)과도 관련이 있다.

5.6 시뮬레이션 어닐링

시뮬레이션 어닐링Simulated Annealing은 MCMC 샘플러를 바이어스해 분포의 확률 질량의 대부분으로 구성된 상태 공간의 영역에 점차 초점을 맞추도록 하는 방법이다. 따라서 주어진 사후확률분포를 위한 최대 사후확률분포의 해를 찾기 위한 디코딩 방법으로 사용할 수 있다.

시뮬레이션 어닐링은 가장 단순한 형태로, 상태 공간에서 탐색 단계에 해당하는 높은 온도계수에서 시작해 상태 공간을 탐색하게 된다. 샘플러가 수렴할 때, 온도 계수가 낮아지기 때문에 검색이 그 지점 즉, 샘플러가 도달한 영역에 더 집중된다.

만약 타깃분포 $p(U|X)$일 때, 시뮬레이션 어닐링에서 다음과 같은 분포에서 샘플링하도록 할 것이다.

$$\frac{p^{1/T_t}(U|X)}{Z(T_t)} \tag{5.18}$$

$Z(T_t)$는 U에 대해 $p^{1/T_t}(U|X)$를 통합하거나 합치는 정규화 상수이다. T_t값은 고온에서 시작해 t로 표시된 샘플러의 반복^{iteration}이 증가함에 따라 서서히 1로 감소하는 온도에 해당한다. 최적화를 위해 시뮬레이션 어닐링을 사용하는 것, 즉 사후확률분포의 최빈값을 찾는 것에 관심이 있다면 온도를 0으로 낮출 수 있으며 이때 식 5.1에서 다시 정규화된 사후확률분포는 샘플 공간의 단일 지점에 대부분의 확률 질량을 집중시킨다.

예를 들어 깁스 샘플링에서 시뮬레이션 어닐링은 $\frac{1}{T_t}$만큼 조건부 확률분포를 거듭제곱하게 되고 깁스 샘플러의 매 반복마다 t를 증가시키면서 다시 정규화하게 된다. MH 알고리즘에 따르면 $\frac{1}{T_t}$만큼 $p(U|X)$를 거듭제곱하기 위해 허용 비율을 변경할 필요가 있다. 이 경우 $Z(T_t)$를 계산할 필요가 없으며, 식 5.16에서 나타난 것처럼 허용 비율은 사라지기 때문이다.

5.7 MCMC 알고리즘의 수렴

모든 MCMC 알고리즘을 실행하면 "Burn-in"기간을 거치게 된다. 그 단계에서 마르코프 체인은 아직 안정화되지 않았으며(또는 혼합되지 않았으며), 실제 사후확률분포에서 얻은 샘플은 추가되지 않는다. Burn-in 기간이 지나면, 마르코프 체인은 사후확률분포로 수렴하며, 이때 얻어지는 샘플은 사후확률분포에서 얻는 (종속하는) 샘플이다.

수렴하기 전에 반복 횟수를 정하는 것은 일반적으로 MCMC 알고리즘과 특히 베이지안 NLP모델에서 매우 어려운 문제다. 전이 행렬$^{transition\ matrix}$의 스펙트럼 분해$^{spectral\ decomposition}$를 기초로 한 반복 횟수의 상한선을 제시하는 융합 이론이 일부 있지만 (Robert and Casella, 2005) — 5.8절을 참고하자 — 이런 이론은 자연어 처리의 실질적인 문제에는 적용하기 어렵다.

수렴을 테스트하기 위한 대부분의 접근 방식은 경험적이며 휴리스틱하다. 몇몇 접근 방식은 다음과 같은 사항을 포함한다.

- **육안 검사**: 단일 일변량 파라미터가 샘플링되는 경우, 샘플링된 파라미터의 값 대 샘플링된 파라미터의 반복 번호를 표시하는 트레이스 플롯을 수동으로 검사할 수 있다. 만약 우리가 체인이 모수의 특정 범위에서 "고착"된 다음 다른

범위로 이동하고 잠시 동안 그곳에 머무르며 이 범위들 사이에서 계속 움직이는 것을 관찰하게 된다면, 이는 샘플이 섞이지 않았다는 것을 뜻한다.

자연어 처리에서 파라미터는 분명히 다차원이며, 연속 변수를 샘플링하는 경우가 항상 있는 것은 아니다. 이 경우 샘플링할 구조나 다차원 벡터의 스칼라 함수를 매 반복마다 계산해 대신 표시할 수 있다. 이는 체인의 혼합에 대한 단방향 표시를 나타낸다. 위에서 언급한 패턴이 관찰된 경우, 이것은 샘플러가 혼합되지 않았음을 나타낸다.

또한 t에 대해 스칼라 함수 $\frac{1}{t}(\sum_{i=1}^{t} f(u^{(i)}))$의 평균을 표시할 수 있으며, 여기서 t는 샘플러 반복이고 $u^{(i)}$는 i번째 단계에서 얻은 샘플이다. 이 평균값은 결국 (대수의 법칙에 의해) 고원화돼야 하며, 그렇지 않다면 그것은 샘플이 혼합되지 않았음을 나타낸다. 예를 들어 스칼라 함수는 로그우도함수일 것이다.

- **개발 세트에 대한 검증**: MCMC 샘플러를 실행하는 것과 병행해, 이러한 개발 세트가 이런 목적을 위해 존재하는 경우, 레이블된 작은 개발 세트에 대한 예측을 할 수 있다. 명시적 MCMC 샘플링 설정에서 파라미터를 사용해 이 개발 세트에 대한 예측을 할 수 있으며, 성능이 향상되지 않을 때 샘플러를 중지할 수 있다(수중의 문제와 관련된 평가 지표에 따라 여기서 성과를 측정한다). 무너진^{collapsed} 설정을 사용할 경우 샘플러의 현재 상태에 근거한 점 추정치를 추출한 후 이를 다시 사용해 개발 세트에 대한 예측을 할 수 있다.

  이러한 접근 방식으로 우리는 "참 사후확률분포"에 대한 샘플러의 수렴을 확인하는 것이 아니라 최종 평가 지표와 잘 맞는 상태 공간에서 작동하도록 우리의 샘플러를 최적화하고 있다는 점에 유의해야 한다.

- **자기상관관계 테스트**: 실제 값에 대한 타깃분포를 정의할 때, 자기 상관관계를 사용해 MCMC 알고리즘의 진단에 대한 테스트를 할 수 있다. 타깃분포는 $p(\theta)$라고 표시한다. 시차^{lag} k에 따른 자기상관관계는 다음과 같이 정의된다.

$$\rho_k = \frac{\sum_{t=1}^{T-k}(\theta_t - \overline{\theta})(\theta_{t+k} - \overline{\theta})}{\sum_{t=1}^{T-k}(\theta_t - \overline{\theta})^2} \tag{5.19}$$

$\bar{\theta} = \frac{1}{t}\sum_{t=1}^{T} \theta_t$이고, θ_t는 체인의 t번째 샘플이며, T는 전체 샘플 수를 나타낸다. 식 5.19의 분자는 추정 공분산 항에 해당하며, 분모는 추정 분산 항에 해당한다. 자기상관관계 테스트는 MCMC 샘플러가 정지된 분포에 도달한 경우 k가 증가함에 따라 자기 상관 값이 작아야 한다. 따라서 혼합되는 것이 느려지거나 수렴이 부족하다는 표시는 비교적 큰 k에도 큰 자기상관값을 나타낸다.

- **다른 테스트**: Geweke 테스트(Geweke, 1992)는 MCMC 알고리즘이 수렴됐는지 확인하는 잘 알려진 방법이다. 이는 추정된 burn-in 기간 후에 연속되는 샘플들을 두 부분으로 분할함으로써 작용한다. 그리고 나서 이 두 부분은 그것들이 서로 유사한지 알아보기 위해 시험된다. 실제로 연속되는 것들이 정지 상태에 도달했다면, 이 두 부분은 유사해야 한다. 테스트는 이른바 z-테스트(Upton and Cook, 2014)를 수정해 사용되며, 체인의 두 부분을 비교하는 데 사용되는 점수를 Geweke z-점수라고 한다. MCMC 수렴 진단에 널리 사용되는 또 다른 테스트는 Raftery-Lewis 테스트다. 실제 값보다 타깃분포를 정의하는 경우에 적합하다. 그것은 체인의 모든 요소들을 특정 정량 q에 대해 임계점으로 작용하며, 따라서 체인을 1초와 0초의 순서로 이항화한다. 그런 다음 이항 값 사이의 전환 확률을 추정해 시험을 진행하며, 이러한 전환 확률을 사용해 수렴을 평가한다. 자세한 내용은 Raftery and Lewis(1992)를 참고하자.

자연어 처리에서 MCMC 알고리즘의 사용에 대한 유효한 비판은 알고리즘이 체인 수렴을 제대로 검증하지 않고 사용되는 경우가 많기 때문이다. MCMC 알고리즘은 베이지안 NLP의 맥락에서 상당히 비싼 과정일 수 있기 때문에, 경험적 평가에 할당된 시간에 의해 제한되는 일정한 횟수의 반복으로 실행되는 경우가 많다. 이는 보고된 결과의 높은 민감도를 마르코프 체인의 시작 조건에 이르게 하거나, 심지어 진짜 사후확률분포에서 추출되지 않은 샘플에 기초하는 결과를 초래한다. 이 경우 MCMC 알고리즘의 사용은 랜덤 검색과 유사한 결과를 보여준다.

따라서 베이지안 모델을 사용함에 있어 더욱 주의하게 되고, MCMC 알고리즘의 수렴을 모니터링하는 것을 권장할 수밖에 없다. MCMC 알고리즘이 너무 느려서 수렴할 수 없는 경우(베이지안 NLP 모델에서 자주 발생할 수 있는 문제), 수렴을 좀 더 쉽게 평가할 수 있는 변분 추론(6장 참고)과 같은 다른 대략적인 추론 알고리즘으로 전환하는 것을 고려해야 한다.

5.8 마르코프 체인: 기본 이론

마르코프 체인과 MCMC 방법의 이면에 있는 이론을 충분히 설명하는 것은 이 책이 다루는 범위는 아니다. 마르코프 체인 이론에 대한 좀 더 자세한 내용은 Robert and Casella(2005)를 참고하자. 대신 우리는 이러한 방법의 핵심 아이디어에 대한 좀 더 쉽게 설명하겠다. 첫 번째로 주목해야 할 것은 MCMC 방법이 각각의 반복에서 한 상태에서 다른 상태로 전환하면서 샘플 공간을 횡단하는 메커니즘으로 생각될 수 있다는 것이다. 예를 들어 검색 공간에는 각각 관찰된 결과에 대한 파라미터와 잠재 구조 쌍이 포함된다. $(\theta, z^{(1)},...,z^{(n)})$

우리는 샘플 공간을 Ω로 나타내고, 좀 더 단순하게, 이를 유한하다고 가정한다(분명히 파라미터가 연속적일 때, 또는 주어진 관찰 데이터에서 가능한 잠재적 구조의 수가 잠재적으로 무한할 수 있는 붕괴된collapsed 샘플 추출로 한정하지 않는다). 그러므로 Ω는 $N = |\Omega|$일 때, $\{s_1,...,s_N\}$로 나열할 수 있다.

동일한 마르코프 체인은 T가 이 마르코프 체인에 따라 s_i에서 s_j로 이행할 확률을 나타내는 변환행렬 T(또는 변환 커널)에 의해 결정된다. 따라서 행렬 T는 스토캐스틱(확률) 행렬로서 각 열이 1로 합산되는 음수가 아닌 요소를 가지게 된다.

$$\sum_{j=1}^{N} T_{ij} = 1 \quad \forall i \in \{1, \ldots, N\} \tag{5.20}$$

비동치 마르코프 체인은 단일 T가 아닌 시간당 변환 커널을 가지게 된다. 5장에서 다룰 모든 샘플러와 알고리즘은 동질적 체인homogenous chains이다.

T에 관해서 마르코프 체인의 중요한 대수적 특성이 있다. ν를 Ω에 대한 분포라고 하자. 이때 벡터는 $\nu_i \geq 0$와 $\sum_i \nu_i = 1$이다. 이 경우 T에 ν(왼쪽)를 곱하면, 즉 νT를 계산하게 되면 분포를 얻을 수 있다. 이를 위해, $\omega = \nu T$일 때, 식 5.20에 따라 다음을 만족

하게 된다.

$$\sum_{j=1}^{N} w_j = \sum_{j=1}^{N} \sum_{i=1}^{N} v_i T_{ij} = \sum_{i=1}^{N} v_i \times \underbrace{\left(\sum_{j=1}^{N} T_{ij} \right)}_{=1} = \sum_{i=1}^{N} v_i = 1$$

그러므로 w는 상태 공간 Ω에 대한 분포다. 분포 w는 랜덤분포가 아니다. 상태에서의 초기 분포 v로 시작해서 마르코프 체인을 사용해 한 단계씩 진행함으로써 발생하는 분포다. 더 일반적으로 마르코프 체인에서 k단계 이후 정수 $k \geq 0$일 때, vT^k는 Ω에 대한 분포를 제공한다. 만약 시간 t에 대해 $v^{(t)}$가 Ω의 분포라고 할 때, 이는 다음을 의미한다.

$$v^{(t+1)} = v^{(t)} T = v^{(0)} T^{t+1} \tag{5.21}$$

마르코프 체인의 핵심 개념은 고정분포다. 고정분포는 우리가 체인을 개시하기 위해($v^{(0)}$를 사용한다) 이를 사용한다면 다음 상태에 대한 확률은 고정분포에 따라 여전히 분포될 것이다. 일부 정규화 조건 아래(불투명성 및 영구성, 자세한 내용은 Robert and Casella (2005) 참조), 이러한 고정분포가 존재하며, 고유의 값이 될 것이다. 또한 이러한 정규화 조건하에서, 초기 분포가 어떻든 간에 마르코프 체인은 결국 합쳐져 정지된 분포에 도달하게 된다.

식 5.21에 따르면 만일 π가 고정분포라고 한다면,

$$\pi T = \pi \tag{5.22}$$

이고 여기서 π는 고윳값^{eigenvalue}이 1인 고유벡터^{eigenvector}이다(이는 암시적으로 T가 고정분포를 가지고 있을 경우 그다음부터 1의 고윳값을 가지며 이 또한 가장 큰 고윳값이 될 것이라는 것을 의미한다).

이런 기본 이론은 깁스 샘플러와 MH 알고리즘과 같은 샘플러의 증명을 위한 기초가 된다. 이런 증명을 위해 2가지 단계가 필요하다.

- 샘플러가 유도한 체인이 고정분포로 수렴되는 것을 입증한다(즉, 기본적인 정규화 조건을 만족한다).

- 샘플링하려는 타깃분포가 샘플러에 의해 유도된 마르코프 체인의 고정분포 (즉, 식 5.2를 만족해야 한다)임을 입증한다.

5.9 MCMC 영역에 포함되지 않는 샘플링 알고리즘

마르코프 체인 몬테카를로 방법만이 사후확률분포와 같은 타깃분포에서 샘플을 얻는 방법이 아니다. MCMC 방법은 정규화 상수까지 타깃분포만 계산할 수 있는 경우에 대부분 필요하다. 정규화 상수를 포함한 타깃분포를 평가할 수는 있지만 일부 알고리즘이나 계산상의 이유로 분포로부터 샘플링이 어려운 경우 기각 샘플링[rejection sampling]과 같은 방법이 MCMC 방법보다 유용하고 효율적일 수 있다.

다음으로 우리는 기각 샘플링(수용-기각 알고리즘이라고도 함)에 대해 설명한다. 여기서 우리는 타깃분포가 A라고 가정한다. 기각 샘플링 알고리즘은 샘플링이 계산적으로 실현 가능한 제안 분포 $q(U)$를 가정한다. 이는 다음과 같은 제안 분포를 만족해야 한다.

$$p(U|X) \leq Mq(U)$$

$M > 0$일 때, 이는 M이 기각 샘플링 알고리즘에서 직접적으로 사용되거나 평가됐기 때문이다. 또한 어떤 u에 대해서도 $p(u|X)$를 계산할 수 있다고 가정한다(정규화 상수 포함). 그리고 $p(U|X)$에 대해서 샘플링을 하기 위해서 알고리즘 5.6을 참고하자.[2]

각 반복에서 y를 받아들일 확률은 $1/M$임을 알 수 있다. 따라서 M이 매우 클 때는 기각 샘플링이 실용적이지 않다. 이런 문제는 고차원 데이터에서 분포가 정의되면 좀 더 심각하다. 기각 샘플링에서 직관적으로 알 수 있는 부분은 일변량 경우에서 좀 더 확실하게 설명할 수 있다. 그림 5.2를 참고하자. $Mq(u)$는 타깃분포 $p(u)$를 둘러싼 형태로 볼 수 있다.

---

2 이 문제는 조정 가능한 기각 샘플링 알고리즘 $u^{(1)}, ..., u^{(m)}$에 의해 부분적으로 해결할 수 있다. 조정가능한 기각 샘플링은 분포 $p(u)$로부터 여러 샘플이 필요할 때 사용된다. 이는 목적분포 $p(u)$로부터 제안분포 $q(u)$를 엮을 때 작용하게 된다. 자세한 내용은 Robert and Casella(2005)를 참고하자. 베이지안 자연어 처리에서 조정 가능한 기각 샘플링을 사용하는 예시는 꽤 드물지만, Carter et al.(2012)과 Dymetman et al.(2012)을 보면 몇몇 예시를 찾을 수 있다.

$p(u)$로부터 샘플링하는 과정을 이어가기 위해서 $p(u)$ 그래프에서 어떤 점에 도달할 때까지 $Mq(u)$로 정의된 부분에서 반복적으로 샘플링하게 된다. 그리하여 이 속에서 점을 샘플링하기 위해 우리는 $q(u)$로부터 점을 샘플링하게 된다. 이것은 샘플 공간의 한 점에 해당하는 x축의 점으로 제한된다. 이제 y축 좌표에서 $Mq(u)$까지 뻗어 있는 선만 검사하고, 그 선에 균일한 점을 그리는 것을 진행하게 된다.

Input: Distribution $p(U|X)$ and $q(U)$, a sampler for a distribution $q(U)$, and a constant M.

output: u, a sample from $p(U|X)$.

1: Set accept to false
2: **repeat**
3:   Set u to be a sample from $q(U)$
4:   Draw $\alpha \in [0, 1]$ from a uniform distribution.
5:   **if** $\alpha \leq (p(u|X)/Mq(u))$ **then**
6:     Set accept to true.
7:   **end if**
8: **until** accept equals true
9: **return** u

알고리즘 5.6 기각 샘플링 알고리즘

만일 이것이 그래프 $p(u)$ 아래로 떨어진다면, 샘플러는 $p(u)$로부터 샘플을 얻어야 한다. 만일 $p(u)$ 아래로 떨어지지 않는다면, 이러한 과정은 반복적으로 진행돼야 한다.

일반적인 형태에서 기각 샘플러를 사용하는 가장 큰 어려움은 상수 M에 따라 연결된 분포 $q(U)$를 찾는 것이다. 그러나 이러한 양을 쉽게 식별할 수 있는 구체적인 기각 샘플링 사례가 있다. 샘플 공간의 제한된 부분 공간에서 샘플 추출을 하고자 하는 경우를 고려해보자. $p(u)$가 존재한다고 가정할 때, 타깃분포는 다음과 같은 형태를 갖는다.

$$p'(u) = \frac{p(u)I(u \in A)}{Z}$$

이때 $A \subset \Omega$와 $I(u \in A)$는 $u \in A$일 때 1이고, 나머지는 0인 지시함수^{indicator function}이고, Z는 A에 대해 $p(u)$를 합치는 정규화 상수이다. 만약 $p(u)$가 각 $u \in \Omega$로 계산하고 효율적으로 샘플링되며 멤버십 쿼리 $u \in A$가 $u \in \Omega$로부터 효율적으로 얻을 수 있을 때, 기각 샘플링은 제안 분포 $p(u)$에 따라 $p(u)$로부터 샘플링하는 데 사용될 수 있다.

Cohen and Johnson(2013)은 PCFG를 묶기 위해 PCFG의 베이지안 추정을 제한하기 위해 기각 샘플링을 사용할 수 있다. 여기서 PCFG에서 정규화 상수가 1로 합쳐진다(문법에 따라 모든 가능한 트리 형태를 다 합친다). 기각 샘플링은 디리클레 사전분포와 관계가 있다. 디리클레 사전분포를 샘플링한 후, 그 결과 규칙의 확률을 검사해 그들이 잘 묶여 있는지 확인했다. 만약 그들이 잘 묶여 있다면, 이러한 규칙 확률은 받아들여지게 된다.

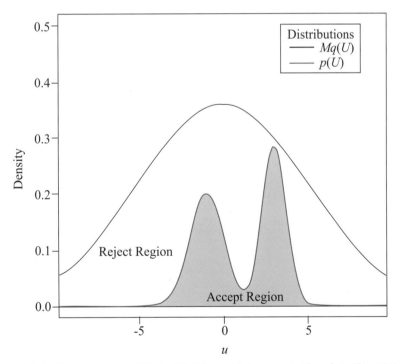

그림 5.2 $Mq(U)$의 모습과 기각 샘플링 $p(U|X)$(관심 분포). Andrieu et al.(2003)에 의한 그림이다.

역변환 샘플링: 샘플링에 대한 또 다른 비-MCMC 방법은 역변환 샘플링ITS, Inverse Transform Sampling이다. 실제 값의 랜덤변수 X의 경우 ITS 방법은 주어진 $u \in \mathbb{R}$에 대해 F의 CDF인 $F(x) \leq u$와 같은 가장 큰 x를 식별할 수 있다고 가정한다(1.2.1절 참조). 그다음 ITS는 [0, 1] 사이의 정규분포에서 u를 샘플링한 다음 가장 큰 x를 반환하는 방식으로 작동한다.

이 역변환 샘플링 기법은 다항분포의 샘플 추출에 적용된다. 그러한 분포로부터 샘플링하기 위해서 우리는 다중분포의 각 이벤트를 1과 n 사이의 고유한 정수로 매핑하는 랜덤변수 X에 역변환 샘플링 방법을 적용할 수 있다. 여기서 n은 다항분포의 이벤트 수다.

다항분포에 대한 간단한 ITS 구현 방법은 각 샘플에 대해 n의 선형 시간이 필요하다. 다항분포는 각 샘플마다 $O(\log n)$으로 속도를 쉽게 올릴 수 있다. 랜덤변수 X에 대해 1과 n 사이의 정수로 각 사건을 매핑할 때, $j \in \{1,\dots,n\}$, $\alpha_0 = 0$에 대해 숫자들의 벡터값 $\alpha_j = F(j) = \sum_{i=1}^{j} p(X = i)$을 계산할 수 있다. 그리고 이제 ITS를 사용하기 위해, 균등 변수 u를 뽑아내고, 벡터 $(\alpha_0,\dots,\alpha_n)$을 대표하기 위한 행렬에 대해 로그 시간만큼의 이진 검색을 적용하는데, 여기서 $u \in [\alpha_{j-1},\ \alpha_j]$를 만족하는 j를 찾을 수 있다. 그러고 나서 인덱스 j와 연관된 다항사건을 반환하게 된다.

5.10 몬테카를로 적분

몬테카를로 적분은 타깃분포 $p(U)$에서 함수 f의 변수에 대해 $I(f) = E_{p(U)}[f(U)]$의 형태를 갖는 기댓값을 구할 수 있다. 이는 MC 샘플링 방법의 원래 유래가 됐던 방법 중 하나였다. MC 적분은 단순한 형태로 $u^{(1)},\dots,u^{(M)}$가 타깃분포로부터 샘플의 스트림이라면, 이러한 기댓값은 대략적으로 다음과 같이 보인다.

$$I(f) = E_{p(U)}[f(U)] \approx \frac{1}{M} \sum_{i=1}^{M} f\left(u^{(i)}\right) \qquad (5.23)$$

이 근사치는 큰 수의 법칙에 따라 유효하다. 이는 $M \to \infty$일 때 식 5.23의 우변의 합이 좌변의 기댓값으로 수렴하게 된다.

중요도 샘플링: 중요도 샘플링^{Importance Sampling}은 식 5.23에 그 아이디어가 있으며, 제안 분포 $q(U)$를 사용해 샘플링한 기댓값 $I(f)$를 근사하는 방법이다. 따라서 p에서 샘플링이 쉽지 않을 때, 중요도 샘플링을 사용할 수 있다(그러나 그 값을 계산하는 것이 가능하다). 또한 특정 상황에서 특정 제안 분포를 선택할 때 중요도 샘플링은 완벽한 몬테카를로 적분보다 더 효율적이다(즉, $p(U)$의 샘플을 사용해 $I(f)$를 추정할 때). 이는 근사 적분은 $I(f)$에 더 적은 샘플과 수렴하는 경향이 있음을 의미한다.

중요도 샘플링은 $p(U) = 0$이면 $q(U) = 0$이 되는 어떤 분포 $q(U)$를 만족하는 간단한 명제를 따르게 된다.

$$I(f) = E_{p(U)}[f(U)] = E_{q(U)}\left[f(U) \times \frac{p(U)}{q(U)} \right] \tag{5.24}$$

그리하여 식 5.24는 참이다. 기댓값 연산자는 $q(U)$를 사용해 가중합 또는 적분 연산을 하게 되는데, $\frac{p(U)}{q(U)}$ 항은 $p(U)$를 사용해 합/적분의 재-가중치를 따르게 된다.

여기서 볼 수 있는 함축된 의미는 $I(f)$는 다음과 같이 근사된다.

$$I(f) \approx \frac{1}{M} \sum_{i=1}^{M} f\left(u^{(i)}\right) \times \frac{p(u^{(i)})}{q(u^{(i)})} = \hat{I}(f)$$

이며 $i \in \{1,...,M\}$인 $u^{(i)}$는 $q(U)$로부터 얻은 샘플이다.

위에서 언급했다시피, $q(U)$의 특히 선택되는 것들은 다른 것들에 비해 더 선호되는 부분이다. 제안 분포에서 얻은 샘플을 사용하는 효율적인 방법은 $q(U)$에 대해 $f(U) \times \frac{p(U)}{q(U)}$의 분산이다. 이 분산은 $q^*(U)$로부터 샘플링됐을 때 최소화된다.

$$q^*(u) = \frac{|f(u)|p(u)}{\int_u |f(u)|p(u)du},$$

이때 만약 u가 이산값이라면 적분은 합으로 대체될 수 있다. q^* 그 자체는 종종 계산하거나 샘플링하기가 어렵다. 최적이 되는 이유는 f의 크기와 p의 질량/밀도가 큰 곳에 큰 확률 질량을 배치한다는 사실과 관련이 있다(p에 따라 확률 질량이 높지만 잠재적으로 미미할 수 있는 f의 작은 값을 가진 지역을 선택하는 것과 반대). 우리는 매우 가능성 있는 것과 또한 f에 지배적인 가치를 주는 것 사이의 균형을 이루는 공간에서의 점들을 표본화하기를 원한다.

식 5.23으로 돌아가서 적분을 추정하기 위한 p에서 추출한 샘플은 MCMC 방법을 포함해 5장에 제시된 MC 방법을 사용해 생성할 수 있다. 이것은 예를 들어 깁스 샘플러를 사용해 반복적으로 샘플 u를 주 공간에서 추출할 수 있다는 것을 의미하며, 우리가 관심 있는 특정 기능의 적분을 추정하는 데 사용된다.

5.11 논의

이제 샘플링 방법과 자연어 처리에서의 사용에 대한 몇 가지 추가 주제에 대해 간략히 논의하려고 한다.

5.11.1 분포 측정 대 샘플링

우리는 MCMC에서 샘플을 채취하기 위해 랜덤변수에 대한 주어진 할당에 대해서 확률분포를 계산할 필요가 없다는 것을 알게 됐다. 예를 들어 MH 샘플 추출로, 우리가 필요한 것은 확률분포를 곱셈 상수까지 계산할 수 있는 것이다. 그럼에도 모든 랜덤변수 할당에 대한 확률분포를 계산할 수 있다는 것은 그로부터 샘플링이 쉽다는 것을 의미하진 않는다. 이는 예를 들어 완전히 계산할 수 있는 분포에서 샘플 추출 문제에 대해 고유하게 만족할 수 있는 논리 공식에 대한 만족스러운 할당을 찾는 문제를 줄여줌으로 좀 더 공식적으로 보일 수 있다.

더욱 구체적으로, 위의 문제에 대한 고유한 만족도 할당을 찾기 위한 가장 잘 알려진 알고리즘은 변수 개수에 따른 지수분포다. 이러한 공식을 고려해볼 때, x가 만족하는 공식인 경우에만 $p(x) = 1$과 같은 변수에 대한 분포 p를 x가 만족하는 공식인 경우에만 쉽게 정의할 수 있다. 분포 p는 사용된 여러 변수들에서 선형 시간으로 계산할 수 있다. 그러나 p에서 샘플링하는 것은 독특하게 만족할 만한 부울^{Boolean} 할당을 찾는 것과 같다.

5.11.2 내포 MCMC 샘플링

MCMC 방법은 서로 연계해 사용할 수 있다. 예를 들어 조건(또는 그중 적어도 몇 개)에서 직접 샘플링하는 대신 단일 메트로폴리스 단계를 취하는 깁스 샘플링 알고리즘인 메트로폴리스-내부-깁스 샘플러를 사용할 수 있다. 이 경우, 샘플러가 이론적으로 수렴해 타깃분포로부터 샘플을 추출한다는 것을 보여주기 위해 하나의 MH 단계를 취하는 것만으로도 충분하므로, Burn-in 기간이 끝날 때까지 각 깁스 단계에서 샘플을 얻을 필요가 없다. 자세한 내용은 Robert and Casella(2005)를 참조하자. 베이지안 NLP (Johnson et al., 2007b)의 다양한 문제에 메트로폴리스-내부-깁스 알고리즘이 사용돼 왔다.

5.11.3 MCMC 샘플러의 실행 시간

MCMC 방법의 실행 시간은 마르코프 체인이 혼합되는 데 걸리는 반복 횟수와 제안 분포 또는 조건부분포에서 샘플을 얻는 시간(깁스 샘플링의 경우)이라는 2가지 요인에 따라 결정된다. 일반적으로 가능하다면 붕괴된^{collapsed} 환경에서 실행하는 것이 좋은 관행이며, 예측할 때 관심이 없는 샘플 변수는 필요하지 않다(붕괴된 설정의 샘플러가 실제로 명시적인 샘플러보다 더 오랜 시간 동안 실행될 수 있다는 증거가 있지만, 예를 들어 Gao and Johnson (2008)을 참고하자).

마찬가지로 MCMC 방법은 점 방향 설정에 비해 차단된 설정에서 반복 횟수가 적어야 한다. 차단된 설정은 반복당 샘플러를 더 비싸게 만들 수 있기 때문에(예를 들어 주어진 예에서 전체 잠재 구조를 샘플링하는 동적 프로그래밍 알고리즘을 필요로 한다) 반복의 총 횟수는 점방향 샘플러를 사용하는 것보다 작을 수 있기 때문에 여기에 절충이 필요하다. 경험적으로 차단된 샘플러가 총 실행 시간이 더 짧은 경우가 종종 있다.

5.11.4 파티클 필터링

때로는 순차 몬테카를로 방법이라고도 하는 파티클 필터링$^{Particle Filtering}$은 관찰에 기초해 순차적으로 잠재된 상태를 샘플링하는 데 사용되는 샘플링 기법이다. 파티클 필터링을 바탕으로, 잠재 상태의 시퀀스와 관찰되는 시퀀스 $(X_1,...,X_m)$에 따라 시퀀스 모델 $Z = (Z_1,...,Z_m)$을 가정한다. 독립 가정은 우리가 히든 마르코프 모델과 만든 것과 동일하다. X_i는 Z_i에 대해 모든 다른 변수와 독립적이며, Z_i는 모든 Z_j, $j < i-1$, Z_{i-1}에 대해 독립적이다.

그러므로 모델은 다음과 같은 구조다. 이는 바이그램 히든 마르코프 모델(8.1절)의 구조와 동일하다.

$$p(Z_1,\ldots,Z_m,X_1,\ldots,X_m) = p(Z_1)p(X_1|Z_1)\prod_{i=2}^{m} p(Z_i|Z_{i-1})p(X_i|Z_i) \quad (5.25)$$

파티클 필터링의 목표는 분포 $p(Z_i|X_1 = x_1,...,X_i = x_i)$를 근사하기 위한 것이다. 이는 해당 점까지 관측된 데이터 조건하에 시퀀스에서 포지션 i에 대한 잠재 상태를 예측하기 위한 것이다. 이는 다시 말해 $i \in \{1,...,m\}$에 대해 $p(Z_i|X_1 = x_1,...,X_i = x_i)$로부터 Z_i를 샘플링하는 것을 의미한다. 파티클 필터링은 일련의 중요 샘플링 단계를 통해 이 문제에 접근한다. 분포 p는 알고 있는 것들을 가정한다.

첫째, 파티클 필터링은 분포 $p(Z_1|X_1)$로부터 M "파티클"을 샘플링한다. 이는 분포 $p(Z_1)$와 동시에 $p(X_1|Z_1)$에 간단한 베이즈 법칙을 적용한 분포인데, 둘 다 식 5.25의 모델 구성 요소다. 이는 $i \in \{1,...,M\}$에 대해 파티클 $z_1^{(i)}$들에 대한 집합이다.

일반적으로, 파티클 필터링은 j번째 단계에서 Z_j에 맞는 M 파티클을 샘플링한다. 이런 M 파티클들은 분포 $p(Z_j|X_1 = x_1,...,X_j)$를 근사하는 데 사용된다. $i \in \{1,...,M\}$에 대한 각 파티클 $z_j^{(i)}$에 가중치 $\beta_{j,i}$를 할당하고, 분포 $p(Z_j|X_1,...,X_j)$를 다음과 같이 근사한다.

$$p\left(Z_j = z|X_1 = x_1,\ldots,X_j = x_j\right) \approx \sum_{i=1}^{M} I\left(z_j^{(i)} = z\right)\beta_{j,i} \quad (5.26)$$

파티클 필터링은 각 단계 j에서 각 분포의 계층 구조에 의존한다. $j \in \{1,...,m\}$에 대해 이전 관측에서 조건화된 상태를 예측하기 위해 베이즈 법칙이 적용된다.

$$p\left(Z_j | X_1, \ldots, X_j\right) \propto \sum_z p\left(Z_{j-1} = z | X_1, \ldots, X_{j-1}\right) p\left(Z_j | Z_{j-1} = z\right) p\left(X_j | Z_j\right)$$

위의 식은 $E_{p(Z_{j-1}|X_1,\ldots,X_{j-1})}[p(Z_j|Z_{j-1}=z)p(X_j|Z_j)]$와 정확히 일치한다. 그러므로 중요도 샘플링(5.10절 참고)을 사용해 $p(Z_{j-1}|X_1,\ldots,X_{j-1})$로부터 M 파티클을 샘플링하고, 각 샘플 z마다 $p(Z_j|Z_{j-1}=z)$로부터 $z_j^{(i)}$를 뽑고, $p(X_j=x_j|Z_j=z_j^{(i)})$와 비례해 가중치 $\beta_{j,i}$를 설정한다. 이는 식 5.26의 근사치가 되는데, 이는 파티클 필터링 알고리즘의 다음 단계에 사용된다.

파티클 필터링은 증분 파싱을 위한 모델을 설명하기 위해 Levy et al.(2009)에 의해 사용됐다. 이것의 동기는 정신 언어학이다. 저자들은 인간의 언어 이해력을 모델링하는 데 관심이 있었다. 저자들은 이전의 연구에 기초해 인간이 언어를 점진적으로 처리한다는 것을 보여주는 많은 증거가 있으며, 따라서 문장의 접두사에 따라 조건화된 부분적 통사적 파생의 확률을 모델링하는 것이 유익하다고 주장한다. 위의 표기법에서 부분 미분은 모델링된 반면, 잠재 랜덤변수 Z_i와 X_i는 문장의 단어를 나타내며, 정수 m은 문장의 길이를 나타낸다. Levy 외의 증분 파서parser는 특히 문장 이해에 있어 인간의 기억력 한계 효과를 모델링하는 데 좋았다.

표 5.1 몬테카를로 방법 리스트와 이를 위한 각 필수 요소 그리고 사후확률분포 $p(U|X)$로부터 샘플링. 기호는 단지 정규화 상수까지 수량을 계산할 수 있어야 함을 의미한다.

Sampler	Need to Sample From	Need to Calculate
Gibbs sampler	$p(U_i | U_{-i}, \boldsymbol{X})$	None
Gibbs, operator view	Proportional to $p(U|\boldsymbol{X})$ in operator neighborhood	$\{f_1,\ldots,f_M\}$
MH sampler	$q(U'|U)$	$\propto p(U|\boldsymbol{X})$
Independence sampler	$q(U)$	$\propto p(U|\boldsymbol{X})$
Rejection sampler	$q(U)$ s.t. $p(U|\boldsymbol{X}) \leq Mq(U)$	$M, p(U|\boldsymbol{X})$
Slice sampler	$q(\alpha|V)$ and $q(V|\alpha)$	Level sets
Importance sampler	$q(U)$	$q(U)$ and $p(U|\boldsymbol{X})$

Yang and Eisentein(2013)도 트윗을 영어로 정규화하기 위해 순차 몬테카를로 방법을 개발했다. 그들이 말하는 파티클은 영어로 정상화된 트윗에 해당한다. 이들이 사용한 (비베이지안) 모델은 영어 문장이 주어진 트윗에 대한 분포를 모델링하는 조건부 로

그선형 모델과 영어 문장을 통한 모델로 구성됐다. 이 두 모델은 트윗과 영어 문장에 대한 결합 확률분포를 얻기 위해 곱해진다.

5.12 요약

몬테카를로 방법은 베이지안 NLP에서 중요한 부분이다. 대부분 점 추정(4장 참조)이 뒤따를 수 있는 모형의 파라미터 집합 중 하나를 샘플링하는 데 사용되거나 예측될 구조를 직접 샘플링하는 데 사용된다. 샘플은 사후확률분포로부터 얻은 것이다.

몬테카를로 방법의 중요한 계열은 마르코프 체인 몬테카를로 방법이며, 마르코프 체인을 이용해 샘플 공간을 움직이고, 사후확률분포와 같은 타깃분포와 동일한 고정분포로 수렴하는 것이다. 이들은 정규화 상수까지 사후확률분포를 계산할 수 있어야 하기 때문에 베이지안 NLP에서 자주 사용된다. 이는 사후확률분포가 결합 확률분포에 비례하는 베이지안 설정에서 자연스러운 것이다. 대부분의 경우 결합 확률분포를 쉽게 계산할 수 있지만, 이를 사후확률분포로 바꾸기 위한 정규화 상수를 계산하는 것은 어려울 수 있다. 표 5.1은 5장에서 언급한 샘플링 알고리즘에 대한 요약이다.

본 장의 여러 절(예 5.1)에서, 특정 모델의 특정 샘플러를 도출하는 방법에 대해 자세히 설명했다. 우리는 깁스 알고리즘과 같이 샘플러 종류를 위해 따라야 할 기본 원칙으로부터 샘플러를 만들어냈다.

자연어 처리 연구자들은 종종 그러한 상세한 유도를 따르지 않고, 그 대신 많은 부분을 직관에 맡긴다는 것을 유념해야 한다. 이러한 직관은 특정 샘플링 알고리즘군에 과중한 시간을 들였기 때문에 나온다. 유사한 직관들도 기대-최대화 알고리즘과 같은 알고리즘으로부터 개발된다. 그러나 그러한 직관은 특히 샘플링 알고리즘의 세부 사항에 관해서도 종종 오해를 불러일으킬 수 있다. 이제 막 샘플링 알고리즘을 사용하기 시작한 연구자의 경우, 최소한 샘플링 알고리즘에 대한 뚜렷한 직관이 생길 때까지 기본 원리에서 샘플링 알고리즘을 유도해보는 것이 바람직하다.

5.13 연습 문제

5.1 그림 2.1에 나온 베이지안 LDA 모델을 살펴보자. 이에 대한 깁스 샘플러를 만드는데, 이는 주제 분포 $\theta^{(i)}$로부터 주제 파라미터 β와 단어 주제 $z_j^{(i)}$를 번갈아 샘플링한다. 여기서 인덱스 i는 N개의 문서를 나타낸다. 또한 2.1의 생성 이야기를 참고해보자.

5.2 MH가 매우 낮은 기각율을 갖지만, 실제로는 매우 느리게 섞이도록 샘플 추출 타깃분포와 제안 분포의 예를 생각해보자.

5.3 5.8절에서 설명된 것처럼, T를 전이 행렬^{transition matrix}라고 하자. 모든 i와 j에 대해

$$\pi_i T_{ij} = \pi_j T_{ji}$$

를 만족한다면, T는 분포 π에 대해 세부 균형 조건을 만족한다. 그렇다면 언제 세부 균형 조건이 만족하는지 증명하고, π는 고정분포다. 이 명제의 역도 참인지 증명해보자.

5.4 다음의 두 가지 질문은 간단한 모델에 대한 깁스 샘플러의 정확성을 증명한다 (이번 연습 문제는 3절 Casella and George(1992)에 기초한다). 2가지 랜덤변수 X, Y에 대해 확률분포 $p(X, Y)$가 다음과 같은 확률 테이블을 만족한다고 하자.

values	X 0	1
Y 0	p_1	p_2
1	p_3	p_4

이때 $\sum_{i=1}^{4} p_i = 1$이고, $p_i \geq 0$, $i \in \{1,\dots,4\}$이다. 크기 2×2인 두 행렬 $A_{y|x}$과 $A_{x|y}$를 p_i에 대해 적어보자. 이때,

$$[A_{y|x}]_{ij} = p(Y = i | X = j)$$
$$[A_{x|y}]_{ij} = p(X = i | Y = j)$$

이며, i와 j는 $\{0, 1\}$ 사이이다.

5.5 $p(X)$로부터 샘플링한다고 가정하자. 이전 문제에서 행렬 $A_{x|y}$와 $A_{y|x}$를 사용해 $x_0 \rightarrow y_1 \rightarrow x_1 \rightarrow y_2...$의 시퀀스를 샘플링한다고 가정하자. 전이확률 $p(x_i|x_{i-1})$를 구하고 y_i를 주변화하고 전이 행렬 $A_{x|x'}$를 적어보자. $A_{x|x'}$의 고유벡터를 구하는데, 여기서 고윳값은 1이다(π에 대해 $\pi A_{x|x'} = \pi$를 풀어본다). 그리고 π가 $p(X)$의 주변분포임을 증명하자.

5.6 깁스 샘플러는 정확한 샘플러다. 타깃분포의 조건부분포를 고려할 때, 그것을 실행하는 것은 타깃분포로 수렴될 것이다. 두 랜덤변수 X와 Y가 있을 때, 조건부 확률분포 $p(X|Y)$와 $p(Y|X)$는 결합 확률분포 $p(X, Y)$를 의미한다. 이때, 이를 분석해서 증명해보자(이는 $p(X, Y)$가 조건부 확률분포라는 것을 증명하는 것과 같다). 힌트: $p(X)$ 또는 $p(Y)$를 조건부분포로 나타낼 수 있는가?

CHAPTER 6

변분 추론

5장에서는 사후분포, 일반적으로는 분포 자체에서 샘플을 추출하는 주요 알고리즘을 살펴봤다. 6장에서는 다른 근사 추론 방법인 변분 추론을 알아본다.

변분 추론Variational Inference은 사후분포를 구하는 과정을 최적화 문제로 다룬다. 최적화 문제에 대한 해를 구했을 때 이에 대한 결과는 사후분포에 대한 근사치를 나타낸다. 이는 변분 추론에서 최적화하려는 목적함수가 분포모임Family of Distributions의 함수임을 의미한다. 여기서 변분 추론이 근사 추론인 이유는 분포의 집합이 일반적으로 사후분포에 포함돼 있지 않으며, 사후분포의 형태에 대해 강하게 가정하기 때문이다.

여기서 "변분"라는 용어는 함수의 최대화 및 최소화(함수 집합에서 실수로의 매핑)에 초점을 둔 수학적 분석(예를 들어 변분 미적분학과 같은)의 개념을 나타낸다. 이러한 종류의 분석은 물리학(예: 양자역학)에서 자주 사용됐다. 일반적으로 물리적 요소의 상태를 설명하는 함수를 활용해 에너지를 최소화하는 맥락에서 사용된다.

6.1절에서는 변분 추론에 사용되는 기본적인 변분 경계를 설명함으로써 6장의 변분 추론에 관해 논의한다. 그런 다음 베이지안 NLP에서 사용되는 변분 추론의 주요 유형, 평균장Mean-Field 변분 추론에 관해 알아본다(6.2~6.3절). 6.4절에서는 변분근사를 활용한 경험적 베이즈 추정을 알아본다. 그다음 절(6.5절)에서는 변분 추론 알고리즘 초깃값 설정, 수렴 진단, 변분 추론 디코딩, 변분 추론과 KLKullback-Leibler 최소화 간의 관계 그리고 온라인 변분 추론 등 베이지안 NLP에서의 변분 이론과 관련된 다양한 주제를 다뤄본다. 추가적으로 9장에서는 신경망과 표현학습 맥락에서의 변분 추론의 활용

성을 알아볼 수 있다.

6.1 주변 로그우도에 대한 변분 경계

관측치가 확률변수 $X^{(1)}, \ldots, X^{(n)}$으로 표현되는 일반적인 상황을 고려해보자. 관측치들은 $Z^{(1)}, \ldots, Z^{(n)}$ 잠재 구조에 대한 (결정적 또는 확률적) 함수이며 이러한 잠재 구조들은 예측을 대상들로 볼 수 있다.

잠재 구조 및 관측치 위에는 $\alpha \in A$가 초모수일 때, 모수들 θ에 대한 사전분포 $p(\theta|\alpha)$가 존재한다. 이러한 사전분포는 최상위의 사전분포이지만(3.5절), 동일한 상황에서 각 관측치 및 잠재 구조로부터 모수들이 추출된 상황을 나중에 살펴본다. 위의 일반적인 상황에서의 결합분포는 다음과 같다.

$$
\begin{aligned}
p(\theta, \boldsymbol{Z}, \boldsymbol{X}|\alpha) \\
= p\left(\theta, Z^{(1)}, \ldots, Z^{(n)}, X^{(1)}, \ldots, X^{(n)}|\alpha\right) \\
= p\left(\theta|\alpha\right)\left(\prod_{i=1}^{n} p\left(Z^{(i)}|\theta\right) p\left(X^{(i)}|Z^{(i)}, \theta\right)\right)
\end{aligned}
$$

3.1.2절에서 앞서 말한 것과 같이 사후분포를 계산하려면 다음 주변화 상수를 계산해야 한다.

$$
p\left(x^{(1)}, \ldots, x^{(n)}|\alpha\right) = \int_{\theta} \sum_{z^{(1)}, \ldots, z^{(n)}} p(\theta|\alpha)\left(\prod_{i=1}^{n} p\left(z^{(i)}|\theta\right) p\left(x^{(i)}|z^{(i)}, \theta\right)\right) d\theta
$$

위 식에서의 적분과 합의 조합에 대한 계산은 지수적 공간에 대한 적분 및 합임으로 이에 대한 계산은 불가능하다. 이러한 문제점은 켤레사전분포^{conjugate prior}를 선택했을 때에도 따라오지만, 켤레사전분포를 선택하는 것은 변분 EM과 같은 알고리즘을 단순화할 수 있기 때문에 중요하다(3.1.2절 참조).

주변분포에 대한 계산은 사후분포를 직접적으로 구하는 데 (결합분포를 주변분포로 나눌 때) 활용할 수 있다. 추가적으로 관측된 데이터에 대한 우도는 관측치의 고정값에 대한 주변분포의 값("Evidence"라고 부른다)을 활용해 도출할 수 있다.

이 문제점에 대한 부분적인 해결 방안은 데이터의 로그우도^{log-likelihood}를 고려하는 것이다. 앞서 언급했듯이 이는 직접적인 계산이 불가능한 로그우도에 대한 근삿값을 계산하는 해결 방안이다.

$q(\theta, \mathbf{Z}) = q(\theta, Z^{(1)},...,Z^{(n)})$는 모수에 대한 어떠한 분포로서 잠재 구조를 나타낸다고 가정해 다음 부등식을 고려해보자.

$$\log p(\mathbf{X}|\alpha) =$$

$$\log \left(\int_{\theta} \sum_{z^{(1)},...,z^{(n)}} q(\theta, z^{(1)}, \ldots, z^{(n)}) \times \left(\frac{p(\theta|\alpha) \left(\prod_{i=1}^{n} p(z^{(i)}|\theta) p(x^{(i)}|z^{(i)}, \theta) \right)}{q(\theta, z^{(1)}, \ldots, z^{(n)})} \right) d\theta \right) (6.1)$$

$$\geq \int_{\theta} \sum_{z^{(1)},...,z^{(n)}} q(\theta, z^{(1)}, \ldots, z^{(n)}) \times \log \left(\frac{p(\theta|\alpha) \left(\prod_{i=1}^{n} p(z^{(i)}|\theta) p(x^{(i)}|z^{(i)}, \theta) \right)}{q(\theta, z^{(1)}, \ldots, z^{(n)})} \right) d\theta \ (6.2)$$

$$= E_q \left[\log \left(\frac{p(\theta|\alpha) \left(\prod_{i=1}^{n} p(Z^{(i)}|\theta) p(x^{(i)}|Z^{(i)}, \theta) \right)}{q(\theta, \mathbf{Z})} \right) \Big| \alpha \right] \quad (6.3)$$

$$= \mathcal{F}(q, x^{(1)}, \ldots, x^{(n)}|\alpha)$$

식 6.1은 $p(\mathbf{X}|\alpha)$를 잠재변수들의 합으로 이뤄진 결합분포로 나타내고 $p(\mathbf{X}|\alpha)$을 분포 $q(\theta, \mathbf{Z})$로 나누고 곱한 후 관련 모수 및 잠재변수들에 대해 주변화한 결과다. 이는 로그우도 값에 아무런 영향을 미치지 않는다. 식 6.2는 젠센의 부등식^{Jensen's Inequality}을 적용한 결과로^(부록 A 참조) 로그함수에 대한 합과 적분의 순서를 바꿔준다. 마지막으로 식 6.3은 합과 적분식을 $q(\theta, \mathbf{Z})$에 대한 기댓값으로 처리한 결과다. 경계 $\mathcal{F}$는 흔히 "ELBO"라고 부르며 이는 "증거 하한^{Evidence Lower Bound}"의 줄임말이다.

이제 다음과 같이 분포 q가 사후분포와 일치했을 때 어떤 상황이 일어나는지 살펴보자.

$$q(\theta, \mathbf{Z}) = p(\theta, \mathbf{Z}|\mathbf{X}, \alpha)$$

이 경우, 조건확률의 정의를 활용해 식 6.1의 부등식이 등식이 되며 다음이 성립된다.

$$\log p(\mathbf{X}|\alpha) = \mathcal{F}\left(q, x^{(1)}, \ldots, x^{(n)}|\alpha \right)$$

이 경우 경계 $\mathcal{F}(q, x^{(1)},...,x^{(n)}|\alpha)$의 상하한이 같으며 이는 사후분포가 하한을 최대화하고 $\mathcal{F}(q, x^{(1)},...,x^{(n)}|\alpha)$이 주변 로그우도와 같다는 것을 의미한다. 일반적으로 베이지

안 NLP 문제에서 사후분포를 찾는 것은 불가능하기 때문에 q에 대해 $\mathcal{F}(q, x^{(1)},...,x^{(n)}|\alpha)$ 을 최적화하는 것도 불가능하다(만약 가능하다면 실제 사후분포를 찾을 수 있을 것이다).

이러한 부분에서 변분 추론이 최적화 문제의 계산이 불가능한 부분을 제거하는 데 주요한 역할을 수행할 수 있다. 변분 추론을 활용한다는 것은 계속 최적화 문제를 푼 다는 범주 안에 있지만 다음과 같은 부분과 타협이 필요하다. 경계를 최대화하는 데 있어 특정 분포 모임 Q에 대해 최대화한다. 분포 모임 Q는 최소한 다음 최대한 문제 의 극대(국소 최대)를 찾도록 선택한다.

$$\max_{q \in Q} \mathcal{F}\left(q, x^{(1)}, \ldots, x^{(n)}|\alpha\right) \tag{6.4}$$

실제 사후분포는 주로 Q에 속해 있지 않기 때문에, 이는 근사 방법이다. Q 안에 있 는 분포 중 하나의 분포가 실제 사후분포에 가까울수록 (또는 Q 안의 분포들이 많은 분포를 나타낸다면), 근사해가 좀 더 정확하다.

이는 해의 근사적 사후분포는 Q를 선택하는 데 나타나는 고유의 제한 때문만은 아 니다. 만약 "계산 가능한" Q를 활용해도 위의 최적화 문제는 볼록^{Convex}하지 않은 형태 의 문제로서 전체의 최댓값을 찾는 데 어렵다는 고질적인 문제를 지니고 있다. 평균장 $^{Mean-field}$ 변분 추론은 이러한 문제를 해결하기 위해 분해된 근사적 사후분포모임에 좌 표 오름$^{Coordinate\ Ascent}$를 적용하는 알고리즘 중 하나다(6.3절).[1] 하지만 최대화 문제는 그 대로 볼록하지 않다.

6.2 평균장 근사법

평균장 근사법$^{Mean-field\ Approximation}$은 분해된 형태를 띤 근사적 사후분포모임을 정의한 다. 깁스^{Gibbs} 샘플링(5장)의 경우와 마찬가지로 평균장 변분 추론은 모델의 잠재변수들 에 대한 분할이 필요하다(가장 일반적인 분할은 예측대상의 잠재변수의 모수들에 대한 분할이다).

---

1 좌표 오름(Coordinate Ascent)은 실수함수 값 $f(y_1,...,y_n)$을 최대화하는 방법이다. 이는 반복적 방법으로 각 단계에서 특정 변수 y_i를 선택한 후 $i \neq j$인 y_j를 이전 단계의 값으로 고정시킨 후 y_i에 대해 f를 최대화한다. 각 단계에서 y_i의 값을 지정하는 것은 f를 증가시키며 특수한 경우 f의 최댓값으로 수렴한다.

잠재변수들 $Z^{(1)},...,Z^{(n)}$와 θ가 p개의 확률변수들, $U_1,...,U_p$로 나뉘었을 때 근사적 사후분포의 분해된 형태는 각 U_i들 사이의 독립성을 가정한다. 자세히 말하면 분포모임 Q 안의 각 구성원 q는 다음의 형태를 갖는다고 가정한다.

$$q\left(U_1,\ldots,U_p\right) = \prod_{i=1}^{p} q\left(U_i\right) \tag{6.5}$$

베이지안 모델의 잠재변수에 관한 다양한 분할 방법의 자세한 내용은 5.2.1절을 참조하라.

가장 일반적인 근사적 사후분포모임 Q 중 하나는 모수 θ와 잠재 구조 $\mathbf{Z} = (Z^{(1)},...,Z^{(n)})$의 각 확률변수 간의 분리된 형태다. 최상의 사전분포를 활용했을 때 전형적인 근사적 사후분포는 다음의 형태를 지닌다.

$$q(\theta, \mathbf{Z}) = q(\theta)q(\mathbf{Z})$$

따라서 Q는 θ와 잠재 구조 $Z^{(i)}(i=1,...,n)$가 각각 독립적인 관계의 성질을 만족시키는 모든 분포의 집합이 된다. 이러한 사후분포모임에 대한 근사는 평균장 근사법에 속한다.

만약 새로운 모수들의 집합, $\theta^{(1)},...,\theta^{(n)}$이 각 샘플로부터 추출됐을 경우(3.5절) 일반적으로 각 $\theta^{(i)}$와 $Z^{(i)}$ 사이의 독립을 가정하는 평균장 근사법을 사용하며 근사적 사후분포는 다음의 형태를 지닌다.

식 6.6의 근사는 모델의 모든 변수들(모수 및 잠재 구조)이 각각 독립이라는 가정을 갖는 가장 기초적인naïve 평균장 근사라고 볼 수 있다.

하지만 여기서 중요한 점은, 이러한 평균장 근사 자체만으로는 그다지 유용하지 않다는 점이다. 식 6.3의 경계를 고려했을 때, 사후분포모임에 대한 위와 같은 분해는 n개의 최적화 문제를 풀어야 하며, 각각의 부분적인 문제들은 서로 연관성이 없다. 각각의 문제 간의 연관성을 고려하고 싶으면 모든 $\theta^{(i)}$들의 결합 초모수들을 추정하는 경험적 베이즈Empirical Bayes 유형의 변분 기댓값-최대화Expectation-Maximization 알고리즘을 활용할 수 있다. 경험적 베이즈에 대한 자세한 내용은 4.3절을 참조하고 변분 EM은 6.4절을 참조하라.

분해된 사후분포모임 q는 위의 분해의 형태를 따르지 않아도 되며 구조를 활용한 근사도 활용될 수 있다. 사후분포가 어떻게 분해되는지는 추론 대상의 변수들을 어떻게 나눌지에 대한 사용자의 여부에 따라 결정된다. 추가적으로 q의 각 인자는 (각 인자를 제어하는 "변분 모수"를 정의함으로) 모수적 또는 비모수적으로 나눌 수 있다(모수적 모델과 비모수적에 대한 차이는 1.5.1절을 참조하라). 여러 경우에는 만약 인자가 (특정한 형태를 갖지 않게 함으로써 상하한이 거의 비슷하도록 근사를 취하는) 비모수적이어도, 가장 상하한이 비슷하도록 만드는 근사는 모수적 형태를 지니고 있다. 자세한 내용은 6.3.1절을 참조하라.

평균장 방법은 통계물리학에서 비롯됐다. 통계물리학(또는 통계역학)에서 이 이론이 활용되는 이유는 여러 물리적 요소들 사이의 상호작용에 대한 확률 모델링의 복잡도를 좀 더 간단한 모델을 고려함으로써 줄이기 위함이다. 이제 평균장 방법은 머신러닝 분야, 특히 그래프 모델에서의 추론과 관련해 활발히 사용되고 있다(Wainwright and Jordan, 2008).

6.3 평균장 변분 추론 알고리즘

(식 6.3을 위한) 최적의 해를 구하는 건 좀 더 제한된 분포의 집합 Q으로 설정해도 일반적인 경우 계산이 불가능하다. 여기서의 주요 문제점은 범함수 $\mathcal{F}$가 주로 볼록하지 않은 최적화 문제를 만들기 때문이다. 비볼록 함수에 대한 현재 최적화 툴은 베이지안 NLP에서 나타나는 문제에 적용하기에 어려움이 존재하며, 거의 대부분의 최적화 알고리즘의 경우 최적화 문제 식 6.4에서 극대로만 수렴하는 것을 보장한다.

여기서 말하는 계산적 불가능함은 다음과 같이 표현될 수 있다. (PCFG, Cohen and Smith, 2010a와 같은) 여러 문제의 경우 $\mathcal{F}$의 전체 최댓값을 구하는 알고리즘은 NP-hard의 결정 문제도 풀 수 있다.

여러 변분 추론 알고리즘은 식 6.4의 최적화 문제에 대해 극대를 찾는다. 이는 'evidence' 하한에 대한 계산이 효율적으로 이뤄지는 근사적 사후분포모임을 선택하면서 수행된다. 예를 들어 근사적 사후분포모임을 모수적으로 만들어 'evidence' 하한과 기울기gradient 모두 효율적으로 계산 가능하도록 할 수 있다. 이러한 경우 경사법에 기반한 최적화 알고리즘을 적용해 경계에 대한 극대를 찾을 수 있다.

베이지안 NLP에서 활용되는 변분 추론의 대부분은 6.2절에 소개된 평균장 근사 방법의 맥락에서 좌표 오름 알고리즘과 함께 사용된다. 여기서 번갈아 가면서 최적화되는 "좌표"들은 식 6.5에서 나타나는 분해의 해당 인자를 나타낸다. 알고리즘 6.1은 좌표 오름 평균장 변분 추론 알고리즘의 골격을 나타낸다.

Input: Observed data $x^{(1)},...,x^{(n)}$, a partition of the latent variables into $U_1,...,U_p$ and a set of possible distributions for $U_1,...,U_p$: $\mathcal{Q}_1,...,\mathcal{Q}_p$.
output: Factorized approximate posterior $q(U_1,...,U_p)$.

1: Initialize $q^*(U_i)$ from $\mathcal{Q}_i$ for $i = 1,...,p$
   $q^*(U_1,...,U_p) \leftarrow (\prod_{i=1}^{p} q^*(U_i))$
2: **repeat**
3:    **for** $i \in \{1,...,p\}$ **do**
4:    Set $\mathcal{Q}^* = \{q^*(U_1)\} \times ... \times \{q^*(U_{i-1})\} \times \mathcal{Q}_i \times \{q^*(U_{i+1})\} \times ... \times \{q^*(U_p)\}$
5:    $q^*(U_i) \leftarrow$ the factor $q(U_i)$ in

$$\arg \max_{q \in \mathcal{Q}^*} \mathcal{F}(q, x^{(1)},...,x^{(n)}|\alpha) \qquad (6.7)$$

6:    **end for**
7:    $q^*(U_1,...,U_p) \leftarrow (\prod_{i=1}^{p} q^*(U_i))$
8: **until** the bound $\mathcal{F}(q^*, x^{(1)},...,x^{(n)}|\alpha)$ converged
9: **return** q^*

알고리즘 6.1 평균장 변분 추론 알고리즘. 입력값은 관측치, 추론대상의 확률변수들에 대한 분할 그리고 각 분할별 분포 모임의 집합이다. 입력값을 받은 알고리즘은 분할의 요소들을 번갈아 가면서 (반복변수 i로) 반복하며 각 반복에서 관측치들에 대한 변분 경계를 $\mathcal{Q}_i$에 대해 최대화한다. 이때 $j \neq i$에 대한 $q^*(U_j)$는 고정한다.

식 6.7의 최적화 문제에 대한 해를 구하는 것은 항상 쉽지는 않지만 다행히도 문제에 대한 해는 일반적인 공식으로 표현될 수 있다. 식 6.7을 최대화하는 $q^*(U_i)$는 다음과 같이 나타낼 수 있다.

$$q^*(U_i) = \frac{\exp\left(E_{q_{-i}}[\log p(X, U_1, \ldots, U_p)]\right)}{Z_i} \qquad (6.8)$$

여기서 q_{-i}는 U_{-i}에 대한 분포를 나타내며 다음과 같이 정의한다.

$$q_{-i}(U_1, \ldots, U_{i-1}, U_{i+1}, \ldots, U_p) = \prod_{j \neq i} q(U_j)$$

또한 Z_i는 정규화 상수로 식 6.8의 분자를 U_i에 대해 적분하거나 더한 값이다. 예를 들어 만약 U_i가 이산변수라면 $Z_i = \sum_u E_{q_{-i}}[\log p(X, U_1,\ldots,U_i = u,\ldots,U_p)])]$이다. 이런 일반적인 도출 과정은 Bishop(2006)에 자세히 서술됐지만, 6.3.1절에서 디리클레-다항Dirichlet-Multinomial 분포라는 특정 분포에 대한 도출 과정을 살펴본다.

알고리즘 6.1을 적용하기 위해선 다음 사항들에 대해 고려하고 결정해야 한다.

- **잠재변수에 대한 분할**: 해당 문제는 5장 및 6.2절에 자세히 기술돼 있다. 이 문제에 대해 결정해야 할 사항은 확률변수들을 어떻게 나눌지 정해야 하는 것이다. 이는 분할된 확률변수 집합 사이의 상호작용이 최소화되거나 확률변수 집합의 각 요소에 대해 변분 경계를 최대화하는 과정에서 필요한 계산에 도움이 되도록 분할을 정하도록 한다.

- **각 인자(Q_i)에 대한 모수화 과정 선택**: 각 인자에 대한 모수화 과정은 (상하한이 가까워지도록 하는) 모수화의 정확성 및 계산력(세 번째 사항 참조) 사이의 균형이 필요하다. 가끔의 경우에는 Q_i가 비모수적이어도 (또는, 표본 공간 Q_i에 가능한 모든 분포 집합을 포함했을 때), 좌표 오름의 단계는 실제로 모수 분포족에서 나오는 분포 중 하나다. 이러한 모수 집단은 변분 EM 알고리즘의 도출 과정에서 찾으며 이는 변분분포에서 계산적으로 표현될 수 있다(또한 모수들에 대해 최적화될 수 있으며, 이는 "변분모수"라고 부른다).

- **좌표오름의 각 단계에서의 경계 최적화**: 평균장 변분 추론 알고리즘의 각 단계에서 이전 반복 인자들에 대한 값을 고정시킴과 동시에 변분 경계를 최대화하는 인자 q를 찾아야 한다. 만약 각 인자에 대한 모수화 과정이 적절하게 선택됐을 경우 가끔은 이런 미니-최대화 문제에 대한 폐쇄형Closed-form 해가 존재한다

(만약 사전분포가 우도에 대한 켤레분포라면 이는 더욱 더 참인 경우가 많다). 또한 내포 최적화 문제의 경우 종종 경사하강법이나 뉴턴 방법^{Newton's Method}과 같은 최적화 기법을 활용해야 한다. 안타깝게도 내포 최적화 문제 자체가 비볼록의 최적화 문제인 경우가 가끔 존재한다.

Kucukelbir et al.(2016)과 같은 최근 연구에서는 모델링 및 데이터 수집과 관련 없는 사항을 제거하며 의사결정을 최소화한다. Kucukelbir 외의 연구는 자동미분을 활용해 자동화된 변분 추론 알고리즘을 제안한다. 여기서 사용되는 자동미분은 Carpenter et al.(2015)의 Stan 프로그래밍 언어에 포함돼 있다.

6.3.1 디리클레-다항변분 추론

다음 연습 문제는 변분 추론 알고리즘을 도출하는 과정에서 결정해야 할 사항들을 보여준다. 이번 절에서는 디리클레-다항^{Dirichlet-Multinomial} 모델에 자주 사용되는 평균장 변분 추론 알고리즘을 도출한다.

확률적 문맥 자유 문법^{PCFG, Probabilistic Context-Free Grammar} 및 히든 마르코프 모형과 같은 NLP 모델에서 자주 활용되는 우도가 다항분포 집단인 경우를 고려해보자. 이러한 경우 모델 집단은 $\theta = (\theta^1, ..., \theta^K)$로 모수화됐으며 이때 각 θ^k는 자연수 N_k에 대해 $N_k - 1$ 차원의 확률 심플렉스에 속해 있으며 다음의 성질을 지닌다.

$$\theta_i^k \geq 0 \qquad \forall k \in \{1, ..., K\}, \forall i \in \{1, ..., N_k\}$$
$$\sum_{i=1}^{N_k} \theta_i^k = 1 \qquad \forall k \in \{1, ..., K\}$$

예를 들어 PCFG의 경우 K는 문법에 비단말^{nonterminal} 개수를, N_k는 각 비단말에 대한 법칙의 개수를 그리고 θ_i^k는 k번째 비단말의 i번째 법칙의 확률을 나타낸다. 자세한 공식화 과정에 관한 내용은 8.2절을 참조하라. $f_i^k(x, z)$를 다항 k가 (x, z)에서 발생할 때 사건 i가 일어나는 회수를 세는 함수라고 정의해보자.

이 모델에 대한 가장 일반적인 켤레사전분포는 다음을 만족하는 디리클레분포의 곱이다.

$$p(\theta|\alpha) \propto \prod_{k=1}^{K} \prod_{i=1}^{N_k} \left(\theta_i^k\right)^{\alpha_i^k - 1}$$

$\alpha = (\alpha^1, \ldots, \alpha^K)$이며 $\alpha^k \in \mathbb{R}^{N_k}$는 모든 i 및 k에 대해 $\alpha_i^k \geq 0$이다.

최상위의 사전분포를 가정하며 $X^{(1)}, \ldots, X^{(n)}$는 관측된 확률변수를, $Z^{(1)}, \ldots, Z^{(n)}$는 잠재 구조를 나타낼 때 우도는 다음과 같다.

$$\prod_{j=1}^{n} p\left(x^{(j)}, z^{(j)}|\theta\right) = \prod_{j=1}^{n} \prod_{k=1}^{K} \prod_{i=1}^{N_k} \left(\theta_i^k\right)^{f_i^k(x^{(j)}, z^{(j)})}$$
$$= \prod_{k=1}^{K} \prod_{i=1}^{N_k} \left(\theta_i^k\right)^{\sum_{j=1}^{n} f_i^k(x^{(j)}, z^{(j)})}$$

$f_i^k(x, z)$는 다항 k가 짝 (x, z)에서 발생할 때 사건 i가 일어나는 회수를 나타낸다. 간단하게 표현하면 이는 다음과 같다.

$$f_{k,i} = \sum_{j=1}^{n} f_i^k\left(x^{(j)}, z^{(j)}\right)$$

먼저 q가 비모수적이며 $q(\theta)$와 $q(Z)$로 분해됐을 때 평균장 변분 추론에 대해 한번 살펴보자. 이는 근사적 사후분포모임의 모수 및 잠재 구조들에 대한 독립성을 가정하게 되며 q는 경계의 상하한이 가장 좁아지는 근사치를 나타낼 수 있다. 이러한 경우 (주변 로그우도에 대한 경계를 나타내는) 식 6.3에 의해 범함수 $\mathcal{F}(q, x^{(1)}, \ldots, x^{(n)}|\alpha)$는 다음과 같다.

$$\mathcal{F}\left(q, x^{(1)}, \ldots, x^{(n)}|\alpha\right)$$
$$= E_q\left[\log\left(p(\theta|\alpha) \times \prod_{k=1}^{K} \prod_{i=1}^{N_k} \left(\theta_i^k\right)^{f_{k,i}}\right)\right] - E_q[\log q(\theta)] - E_q[\log q(\boldsymbol{Z})]$$
$$= \sum_{k=1}^{K} \sum_{i=1}^{N_k} E_q\left[\left(f_{k,i} + \alpha_i^k - 1\right) \times \log\left(\theta_i^k\right)\right] + H(q(\theta)) + H(q(\boldsymbol{Z}))$$

단, $H(q(\theta))$는 $q(\theta)$에 대한 엔트로피entropy를 나타내며 $H(q(\theta))$는 $q(Z)$에 대한 엔트로피를 나타낸다(엔트로피에 대한 정의는 부록 A를 참조하라).

이러한 경우 만약 알고리즘 6.1을 고려한다면, 다음 두 단계를 반복한다. (a) $q(\theta)$를 고정시키고 앞의 식의 경계를 $q(Z)$에 대해 최적화한다. (b) $q(Z)$를 고정시키고 앞의 식의 경계를 $q(\theta)$에 대해 최적화한다.

먼저 $q(\theta)$가 고정인 경우를 가정해보자. 이때 $f_{k,i}$는 모수가 아닌 잠재 구조에 대한 지정값 $z^{(1)},\dots,z^{(n)}$에 대해서만 종속되며 다음을 만족한다.

$$
\begin{aligned}
\mathcal{F}\left(q, x^{(1)}, \dots, x^{(n)} | \alpha\right) &= \sum_{k=1}^{K} \sum_{i=1}^{N_k} E_q\left[\left(f_{k,i} + \alpha_i^k - 1\right) \times \psi_i^k\right] + H(q(\boldsymbol{Z})) + \mathrm{const} \\
&= \sum_{k=1}^{K} \sum_{i=1}^{N_k} E_q\left[\psi_i^k f_{k,i} - \log A(\psi)\right] + H(q(\boldsymbol{Z})) + \mathrm{const} \quad (6.9)
\end{aligned}
$$

여기서 ψ는 θ 및 α와 같은 구조를 지니며 다음과 같은 성질을 지닌다.

$$
\psi_i^k = E_{q(\theta)}\left[\log\left(\theta_i^k\right)\right]
$$

$$
\log A(\psi) = \sum_{z^{(1)}} \cdots \sum_{z^{(n)}} \exp\left(\sum_{k=1}^{K} \sum_{i=1}^{N_k} \psi_i^k f_{k,i}\right)
$$

참고로 식 6.9에서는 잠재 구조와 관련된 항을 더함으로 상수로 취하며 잠재 구조에 종속되지 않는 항 $\log A(\psi)$ 식 6.9에 포함될 수 있다. 하지만 이는 고정값을 가정하는 $q(\theta)$에 종속된다. 식 6.9를 조심스럽게 살펴보면 이는 $q(Z)$와 충분통계량 $f_{k,i}$ 및 모수 ψ_i^k를 갖는 Z에 대한 로그-선형 모델 사이의 KL-발산에 음수를 취한 식이다(부록 A 참조). 따라서 $q(\theta)$가 고정됐을 경우, 범함수 $\mathcal{F}$는 $q(Z)$를 충분통계량 $f_{k,i}$ 및 모수 $\psi_i^k = E_{q(\theta)}[\log(\theta_i^k)]$를 갖는 로그-선형 분포로 선택했을 때 최대화된다.

이는 사전에 $q(Z)$를 비모수적 분포모임을 가정하더라도 상하한의 차이가 가장 작은 해는 모수적 분포모임이며, 이러한 분포모임은 우도와 비슷한 형태를 지닌다는 점을 의미한다(사후분포모임과 우도의 차이는 ψ가 다항분포의 집합을 나타내지 않기 때문에 전자에서는 $\log Z(\psi)$를 통한 정규화가 필요하다는 점이다).

그렇다면 반대, 즉 $q(Z)$가 고정되고 $q(\theta)$에 대한 추론이 필요한 경우는 어떠한가? 이러한 경우 다음 식을 만족한다.

$$\mathcal{F}\left(q, x^{(1)}, \ldots, x^{(n)}|\alpha\right) \propto \sum_{k=1}^{K} \sum_{i=1}^{N_k} \left(E_q\left[f_{k,i}\right] + \alpha_i^k - 1\right) \times E_{q(\theta)}\left[\log \theta_i^k\right] - H(q(\theta))$$

$$(6.10)$$

유심히 살펴보면 위 식은 $q(\theta)$와 $\beta_i^k = E_q[f_{k,i}] + \alpha_i^k$를 만족하는 $\beta = (\beta^1, \ldots, \beta^K)$의 초 모수를 지닌 디리클레분포의 곱(이는 사전분포모임의 형태와 같다) 사이의 KL-발산에 비례 하는 것을 볼 수 있다. 이전 경우와 비슷하게 $q(\theta)$가 비모수적일 때 상하한이 가장 좁 아지는 해가 모수적인 형태를 갖는다. 더 나아가 이러한 해는 사전분포모임과 똑같은 형태를 갖는다.

최종적인 변분 추론 알고리즘은 다음과 같다.

- $\beta = (\beta^1, \ldots, \beta^K)$에 대한 초깃값을 설정한다.
- 다음 과정을 수렴할 때까지 반복한다.
  - 모수 $\psi_i^k = Eq_{(\theta)}[\log(\theta_i^k)|\beta]$을 갖는 로그-선형 모델로 $q(z^{(1)}, \ldots, z^{(n)})$를 계산 한다.
  - 초모수 $\beta_i^k = E_q[f_{k,i}|\psi] + \alpha_i^k$를 갖는 디리클레분포의 곱으로 $q(\theta)$를 계산 한다.

$Eq_{(\theta)}[\log(\theta_i^k)|\beta]$ 및 $E_q[f_{k,i}|\psi] + \alpha_i^k$의 계산 과정을 살펴보자. 디리클레분포가 주어졌 을 때 단일 모수에 대한 로그 기댓값은 다이감마^{Digamma} 함수로 표현되며 이는 다음을 의미한다.

$$E_{q(\theta)}\left[\log\left(\theta_i^k\right)|\beta\right] = \Psi\left(\beta_i^k\right) - \Psi\left(\sum_{i=1}^{N_k} \beta_i^k\right)$$

Ψ는 다이감마 함수를 나타낸다. 다이감마 함수는 수식으로 표현될 수 없지만 주어진 모수에 대해 함수 값을 구하는 방법은 여러 형태로 존재한다. 다이감마 함수와 디리클 레분포 사이의 관계에 대한 자세한 내용은 부록 B를 참조하라.

반면 $E_q[f_{k,i}|\psi]$에 대한 계산은 우도함수의 구조에 많이 의존되는 알고리즘을 통해 구할 수 있다. 예를 들어 PCFG의 경우 해당 기댓값은 인사이드-아웃사이드^{Inside}

-Outside 알고리즘을 통해 구할 수 있다. 또한 히든 마르코프 모델의 경우 전향-후행 forward-backward 알고리즘을 활용해 구할 수 있다. 자세한 내용은 8장을 참조하라. 참고로 해당 기댓값은 각 관측치별로 계산된다. 즉, $j \in \{1,...,n\}$에 대해 $E_q[f_i^k(x^{(j)}, z^{(j)})|\psi]$를 구하고 이를 합해 최종적으로 $E_q[f_{k,i}|\psi]$를 구한다.

$q(Z)$에 대한 사후분포에 관심이 있는 경우, 두 단계로 이뤄진 위의 업데이트 방식은 다음과 같은 $q(Z)$에 대한 변분모수 업데이트 방식으로 합쳐질 수 있다.

$$(\psi_i^k)^{\text{new}} \leftarrow \Psi\left(E_q\left[f_{k,i}|\psi^{\text{old}}\right] + \alpha_i^k\right) - \Psi\left(\sum_{i=1}^{N_k} E_q\left[f_{k,i}|\psi^{\text{old}}\right] + \alpha_i^k\right) \quad (6.11)$$

참고로 위의 업데이트 방식에서는 사전에 ψ_i^k에 대한 초기 설정이 이뤄져야 한다. 대부분의 베이지안 NLP와 관련된 문헌에서 변분 추론이 활용될 경우, 최종적인 업데이트 형태가 위에 기술된 방법과 비슷하다. ψ_i^k로 모수화 과정을 거친 로그-선형 모델은 모든 k와 i에 대한 새로운 모수 집합 $\mu_i^k = \exp(\psi_i^k)$를 사용해 재모수화가 가능하다. 이러한 경우의 업데이트는 다음과 같다.

$$\left(\mu_i^k\right)^{\text{new}} \leftarrow \frac{\exp\left(\Psi(E_q[f_{k,i}|\mu^{\text{old}}] + \alpha_i^k)\right)}{\exp\left(\Psi(\sum_{i=1}^{N_k} E_q[f_{k,i}|\mu^{\text{old}}] + \alpha_i^k)\right)} \quad (6.12)$$

참고로 이는 카운트에 대한 기댓값을 계산하고 M-단계에서 정규화 과정을 거치는 EM 알고리즘과 비슷한 업데이트 과정이다. 주요 차이점은 카운트들이 지수-다이감마 함수, $\exp(\Psi(x))$라는 필터를 거친다는 점이다. 그림 6.1은 지수-다이감마 함수를 나타내며 이를 함수 $x - 0.5$와 비교한다. 그림에서 볼 수 있듯이 x가 커질수록 두 함수가 서로 가까워진다. 두 함수에 대한 주요 차이점은 x가 0.5보다 작을 경우 지수-다이감마 함수는 0에 가까운 양수 값을 나타내지만 $x - 0.5$의 경우 음수 값을 나타낸다. 따라서 업데이트 식 6.12는 E-단계에서 낮은(0.5보다 작은) 기대 카운트를 절사하는 과정이라고 해석할 수 있다. 좀 더 높은 카운트 또한 0.5와 가까운 곳에서 감산됨을 볼 수 있으며, E-단계에서의 높은 카운트일수록 감산이 해당 모수 μ에 영향을 좀 더 적게 미친다.

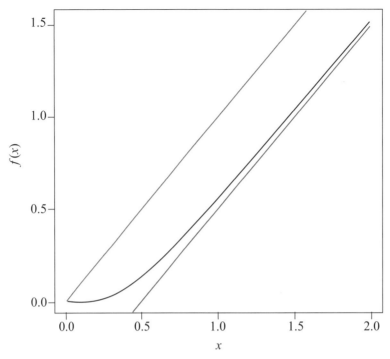

그림 6.1 함수 $f(x) = \exp(\Psi(x))$에 대한 그림. 지수-다이감마(exp-digamma) 함수가 (중간의 검은색 선) 함수 $f(x) = x$(맨 위의 파란색 선) 및 $f(x) = x - 0.5$(맨 밑의 빨간색 선)과 비교되고 있다. Johnson(2007b)에서 참조된 그림이다.

6.3.2 기댓값-최대화 알고리즘과의 관계

앞선 절에서 살펴본 변분 추론 알고리즘은 빈도론자[Frequentist]에 기반한 Dempster et al.(1977)의 기댓값-최대화[EM, Expectation-Maximization] 알고리즘과 유사한 점이 있다. EM 알고리즘의 목적은 불완비 데이터로부터 주어진 모델의 모수들을 추정하는 것이다.

EM 알고리즘은 두 가지 단계를 반복한다. E-단계에서는 잠재 구조에 대한 사후분포가 계산되며 M-단계에서는 주변 로그우도가 수렴할 때까지 새로운 모수들에 대해 계산한다. 최종적으로 EM 알고리즘은 주변 로그우도함수의 극대로 수렴한다. M-단계는 모델의 모든 변수에 대한 로그우도의 기댓값을 최대화하면서 수행된다. 여기서 기댓값은 분포곱에 취한다. 관측 데이터에 대한 경험적 분포와 E-단계로부터 구한 사후분포의 곱에 기댓값을 취한다. 기댓값-최대화 알고리즘의 자세한 내용은 부록 A를 참조하라.

알고리즘 6.1에서 보여주는 변분 추론 알고리즘과 EM 알고리즘 사이에는 좀 더 깊은 관계가 실제로 존재한다. 만약 변분 추론의 입력값 및 모델의 적절한 사전분포가 주어졌을 경우, 변분 추론 알고리즘과 EM 알고리즘은 같게 된다.

잠재변수들이 두 개의 확률변수로 분할된 경우를 한번 고려해보자. 알고리즘 6.1의 관점에서 보면 U_1은 모수들에 대한 확률변수를 나타내며, U_2는 모델의 모든 잠재 구조 집합에 대한 변수를 나타낸다(보통 $z^{(1)},\ldots,z^{(n)}$으로 표현된다). 따라서 사후분포는 $q(\theta, Z) = q(\theta)q(Z)$의 형태를 지닌다.

다음은 Q_1이 모수공간의 단일점에 모든 확률 질량을 집중하는 모든 분포집단을 나타낸 경우를 고려해보자. 이는 $q(\theta|\mu)$이 다음과 같이 정의되며 Q_1은 ($\mu \in \theta$로 모수화된) 모든 분포 $q(\theta|\mu)$의 집합을 나타낸다.

$$q(\theta|\mu) = \begin{cases} 1, & \text{if } \theta = \mu \\ 0 & \text{otherwise} \end{cases}$$

반면 Q_2는 비모수적으로 남으며, 이는 잠재 구조에 대한 모든 분포집단을 나타낸다. 마지막으로 모든 $\theta \in \Theta$에 대해 모델의 사전분포는 $p(\theta) = c$(단, c는 상수다)로 선택한다. 이는 균일한 무정보적 사전분포를 나타낸다(또한 부적절^{improper}일 수도 있다).

이제 범함수 $\mathcal{F}$는 본질적으로 지정하는 μ($q(\theta|\mu)$에 대한 선택)와 $q(Z)$에 종속된다. 해당 범함수는 다음과 같이 표현된다.

$$\mathcal{F}\left(q(\mathbf{Z}), \mu, x^{(1)}, \ldots, x^{(n)}\right) = E_{q(\mathbf{Z})}\left[\log\left(\frac{p(\mu|\alpha)\,p(\mathbf{Z}, X = (x^{(1)}, \ldots, x^{(n)})|\mu)}{q(\mathbf{Z})}\right)\right]$$

만약 무정보적 상수 사전분포를 가정한다면 $q(Z)$ 및 μ에 대해 경계를 최대화할 때는 사전분포를 고려하지 않아도 되며 범함수는 다음과 같이 표현될 수 있다.

$$\mathcal{F}\left(q(\mathbf{Z}), \mu, x^{(1)}, \ldots, x^{(n)}\right) \propto E_{q(\mathbf{Z})}\left[\log\left(\frac{p(\mathbf{Z}, X = (x^{(1)}, \ldots, x^{(n)})|\mu)}{q(\mathbf{Z})}\right)\right]$$

이러한 범함수는 기댓값-최대화 알고리즘이 최대화하고자 하는 경계와 똑같다. μ를 고정시키고 $q(Z)$에 대해 우변을 최대화하는 것은 $q(Z) = p(Z|X = (x^{(1)}, \ldots, x^{(n)}), \mu)$ 사후분포라는 결과를 남기면 이는 EM 알고리즘의 E-단계를 보여준다. 반면 μ에 대해 우변을 최대화하면 M-단계를 남겨준다. 자세히 말하자면 이는 $q(Z)$를 고정시키고 모수들에 대해 경계를 최대화하는 것과 같다. EM 알고리즘의 유도 과정은 부록 A를 참조하라.

6.4 변분 추론을 활용한 경험적 베이즈 방법

경험적 베이즈^{Empirical Bayes}에서 모수들은 각 관측치에서 추출됐다(4.3절). 그러한 경우 평균장 변분 추론의 가장 전형적인 방법은 모든 잠재 구조 및 모수의 집합들이 서로 독립인 근사적 사후분포모임을 활용하는 것이다(식 6.6 참조).

이러한 경우 변분 추론 알고리즘(알고리즘 6.1)은 각 인스턴스 i에 대해서 따로 문제를 풀어 가며 사후분포 $q(\theta^{(i)})$ 및 $q(Z^{(i)})$를 찾는다. 따라서 이러한 형식의 평균장 근사는 각 문제에 대해 따로 도출한 해를 통합해 사전분포를 재추정하는 추가적인 단계를 필요로 한다.

이는 변분 기댓값-최대화^{EM, Expectation-Maximization} 알고리즘의 주요 아이디어다. 변분 EM은 실제로 기댓값-최대화 알고리즘으로서 알고리즘 6.1에서 소개된 것과 같이 사전분포모임에 대한 초모수들이 데이터에 기반해 추정되며 E-단계에서는 근사적 E-단계로 변분 추론 알고리즘에 의해 사후분포를 찾는다. 근사적 사후분포는 Z와 θ에 대해 찾아가며, M-단계에서는 초모수들에 대한 주변 로그우도를 최대화한다.

E-단계에서 평균장 변분 추론을 적용하는 변분 EM 알고리즘은 알고리즘 6.2에서 보여준다.

알고리즘 6.2 평균장 변분 기댓값-최대화 알고리즘(경험적 베이즈)

6.5 토의

이번에는 6장에서 다룬 변분 추론 알고리즘에 관한 중요한 문제들에 대해 살펴본다. 다루는 문제들은 변분 추론 알고리즘에 결정적인 영향을 미치지만 이에 관한 이론이 잘 형성돼 있지 않다.

6.5.1 추론 알고리즘 초기 설정

변분 추론에서 활용되는 모수들에 대한 초기 설정은 추론 결과에 많은 영향을 끼칠 수 있지만, 이에 대해 확립된 이론이 없다는 점에서 적절한 초기 설정의 필요성은 큰 문제가 될 수 있다.

예를 들어 6.3.1절에서 제시된 디리클레-다항분포모임의 평균장 변분 추론 알고리즘의 경우 β에 대한 초기 설정을 정해야 한다(또는 알고리즘 루프의 첫 번째 단계가 아닌 두 번째 단계에서 시작했을 경우 특성들의 기댓값 $f_{k,i}$을 계산할 때 로그-선형모델의 모수들의 초기 설정을 해야 한다).

일반적인 모델에서 변분 경계 $\mathcal{F}$는 (근사적 사후분포 q에 대해) 볼록하지 않는 함수를 나타내며 알고리즘 6.1은 변분 경계의 전체 최댓값으로 수렴함을 보장할 수 없다. 이러한 문제를 해결하기 위한 방안으로써 임의적 재시작 형태의 EM 알고리즘과 비슷하게 접근할 수 있다. 여러 개의 다른 시작점을 바탕으로 변분 추론 알고리즘을 반복적으로 적용하며 가장 높은 변분 경계값을 나타내는 시작점을 선택한다.

이 방법은 평가 기준의 최적의 결과를 보장할 수 없다. 변분 경계를 최대화하는 목적은 관측된 데이터에 대해 좀 더 큰 로그우도를 얻기 위함이다. 여기서 로그우도는 파싱^{parsing} 평가 기준(Black et al., 1991) 또는 품사 정확도와 같은 평가 기준의 대리로 활용될 수 있다. 하지만 로그우도는 단지 평가 기준의 대리로서 기존의 평가 기준과 완벽한 상관성을 지닌다고 볼 수 없으며 만약 로그우도에 대한 전체 최댓값을 구해도 이러한 문제는 지속될 수밖에 없다.

이러한 이유 때문에 변분 경계를 최대화하는 임의적 재시각은 좀 더 구체적인 기법들로 대체되는 경우가 있다. 이는 사용자가 데이터와 모델과의 관계에 대한 직관이 있다는 전제하에 이뤄진다. 예를 들어 비지도 의존 구문 분석$^{Dependency\ Parsing}$에서 주로 활용되는 기법은 텍스트 안의 단어들 사이에 가깝게 위치함을 나타내는 모수들을 활용해 **EM**(Klein and Manning, 2004) 또는 변분 추론(Cohen et al., 2009)의 초깃값을 설정한다. 이는 일반적으로 비지도 의존 구문 분석에 있어 매우 유용한 편향이다(Eisner and Smith, 2005; Spitkovsky et al., 2010).

다른 초기 설정 기법들은 좀 더 간단한 모델에 기반한 기법으로, 때로는 오목한 로그우도함수를 다룬다(Gimpel and Smith, 2012). 다양한 모델의 **EM**에 대한 초기 설정의 여러 기법 또한 변분 추론에 효과적으로 활용될 수 있다.

6.5.2 수렴 진단

변분 추론 알고리즘(자세히 말하면 알고리즘 6.1 또는 알고리즘 6.2에 있는 $\mathcal{F}(q^*, x^{(1)},...,x^{(n)}|\alpha)$의 경계)에 대한 수렴을 확인하는 것은 경계 $\mathcal{F}$가 계산 가능함에 따라 비교적 쉽다. 하지만 중요하게 생각해야 할 점은 **EM**과 다르게 변분 추론은 각 반복에 대해 데이터의 로그

우도의 증가함을 보장하지 않는다는 점이다. EM 및 변분 추론 모두 좌표 오름 알고리즘을 활용하지만 EM은 로그우도 함수의 극대를 찾지만 변분 추론은 변분 경계에 대해서만 극대를 찾는다(두 알고리즘 모두 젠센의 부등식을 활용하는 비슷한 경계화 기법을 적용하지만 로그우도에 대한 EM의 경계는 근사적 사후분포모임에 대한 어떠한 가정도 하지 않기 때문에 상하한이 같다. 이는 EM에 경계가 로그우도의 최댓값과 같다는 점을 의미한다).

6.5.3 디코딩을 위한 변분 추론

예측 또는 모수들에 대한 추정을 위해 변분 추론 및 변분 EM의 결괏값을 활용하는 방안은 다양하다. 경험적 베이즈 변분 추론이 환경이 아닌 경우 $q(\theta)$가 추정된 후 해당 사후분포는 4장에서 배운 기법을 통해 점 추정으로 요약될 수 있다. 그다음 이 점 추정은 디코딩을 위해 활용될 수 있다. 추가적으로 최대사후확률^{Maximum a posteriori} 디코딩을 $q(\mathbf{Z})$에 바로 적용해 다음을 식별한다.

$$\left(z^{(1)}, \ldots, z^{(n)}\right) = \arg \max_{\left(z^{(1)}, \ldots, z^{(n)}\right)} q\left(\mathbf{Z} = \left(z^{(1)}, \ldots, z^{(n)}\right)\right)$$

경험적 베이지안 방법에서도 $\arg \max_z q(Z^{(i)} = z)$를 계산해 $z^{(i)}$를 디코딩하는 비슷한 과정을 따를 수 있다.

변분 EM에서 추정될 초모수 α는 모수에 대한 점 추정에 대한 요약으로 활용될 수 있다. 예를 들어 초모수 α가 주어졌을 때 모수들에 대한 사후분포의 평균을 점 추정 θ^*으로 활용할 수 있으며 다음과 같다.

$$\theta^* = E[\theta|\alpha] = \int_\theta \theta p(\theta|\alpha)d\theta.$$

또는 $\theta^* = \arg \max_\theta p(\theta|\alpha)$이다(이는 최대 사후확률에 해당한다). 자세한 내용은 4장을 참조하라. 만약 초모수 α가 모수들과 같은 구조를 가졌을 때(예를 들어 i번째 좌표의 각 초모수, α_i는 모수 θ_i로 매핑된다) 초모수 자체가 점 추정으로 사용될 수 있다. 초모수는 모수 공간에 준수하지 않을 수도 있지만(즉 $\alpha \notin \theta$인 경우일 수 있음), 가끔 가중치^{Weight}를 내주며 이는 드러나지 않은 모델에 대한 디코딩에 활용될 수 있다.

Cohen and Smith(2010b)는 이런 방법을 활용해 로지스틱정규분포 집합의 초모수를 추정했으며 이는 문법 귀납법에 활용됐다. 가우시안 평균은 결국 디코딩에 사용된 가중 문법의 모수로 활용됐다.

앞에 소개한 방법은 학습 및 테스트 데이터에 대한 명확한 구분이 돼 있을 때 매우 유용하다. 이는 기존의 모든 관측치에 대한 추론을 수행하는 것과 반대로 마지막 성능 평가는 테스트셋에 이뤄진다.

만약 훈련 및 테스트셋에 대한 구분이 있을 경우 변분 EM을 활용한 디코딩 문제와 관련해 다른 방식으로 접근할 수 있다. 이는 테스트 데이터로부터 추정된 초모수를 활용해 테스트셋에 대해 추가적인 변분 추론 단계를 거쳐 (평균장 변분 추론을 사용해) 각 훈련 관측치의 잠재 구조에 대한 사후분포를 식별할 수 있다. 이러한 결과를 바탕으로 이번 절 앞부분에서 언급된 방향을 따를 수 있다. 이는 각 사후분포를 바탕으로 점수가 가장 높은 구조를 찾고 이를 예측 구조로 사용한다.

6.5.4 KL 발산 최소화를 위한 변분 추론

다음과 같이 다시 쓰인 식 6.3을 한번 살펴보자.

$$\log p(\boldsymbol{X}|\alpha) =$$
$$= E_q\left[\log\left(\frac{p(\theta|\alpha)\left(\prod_{i=1}^{n} p(Z^{(i)}|\theta)\,p(x^{(i)}|Z^{(i)},\theta)\right)}{q(\theta,\boldsymbol{Z})}\right)\middle|\,\alpha\right]$$
$$= \mathcal{F}\left(q, x^{(1)}, \ldots, x^{(n)}|\alpha\right)$$

경계 $\mathcal{F}$는 q와 사후분포 사이의 쿨백-라이블러KL, Kullback-Leibler 발산을 나타낸다(부록 A 참조). 6장 앞부분에서 말했듯이 사후분포의 근사를 구하는 것은 $\mathcal{F}$를 최소화하는 것과 같다. 따라서 경계 $\mathcal{F}$의 최솟값을 찾는 것은 $KL(q, p)$를 최소화하는 사후분포모임 Q에서의 사후분포 q를 찾는 것과 같다.

KL 발산은 대칭함수가 아니며, 안타깝게도 여기서 KL 발산의 최소화는 바람직한 방면의 "반대 방향"으로 수행된다. 대부분의 "더 정확한" (최대 우도 추정과 같은) KL 발산 최소화 문제에서는 최적화 대상의 자유분포는 KL 발산의 두 번째 부분을 나타내며

"실제" 분포(변분 추론의 경우 실제 사후분포)는 첫 번째 부분을 나타낸다. 반대 방향 $\min_q$ KL(q, p)에서의 해는 반드시 의미 있지 않다. 그래도 이러한 접근 방식을 통해 $p = q$ 일 때 (실제론 0이며) KL 발산이 최솟값을 얻게 되며 이는 바람직한 성질이다.

그래프 모델에서 활용하는 변분 추론의 KL 발산 최소화 방향에 대한 자세한 내용은 Koller and Friedman(2009)을 참조하라.

6.5.5 온라인 변분 추론

표준 변분 추론 및 변분 EM 알고리즘 모두 배치^{Batch} 유형으로 사용된다. 이는 학습할 수 있는 데이터가 사전에 정해짐을 의미하며, 그다음 통계량이 모든 데이터포인트로부터 계산되며(E-단계) 마지막으로 모수들에 대한 업데이트가 이뤄진다(M-단계). 기댓값-최대화 또한 비슷한 형태를 지니고 있다.

이러한 배치 유형의 알고리즘의 대안으로는 온라인 알고리즘이 있다. 온라인 알고리즘에서는 한 데이터포인트가 먼저 처리되고 모수들에 대한 업데이트가 진행된다. 온라인 알고리즘이 이러한 형식을 따르는 이유는 "무한의" 데이터 스트림^{Stream}, 즉 무한한 데이터포인트가 계속 주어졌을 때 추론 알고리즘은 이를 즉각 받아서 알고리즘 내부 상태를 업데이트해야 하기 때문이다. 이러한 내부 상태는 무한한 스트림에서 데이터를 새로 받기 전까지 예측에 사용된다. 이러한 설정은 데이터가 계속 주어졌을 경우 통계적 모형이 지속적으로 업데이트하는 방식(예를 들어 웹과 같은)을 착안하는 대규모의 데이터 및 현실상의 실제 응용 문제에 적용하는 데 적합하다고 볼 수 있다.

변분 추론 및 변분 EM 또한 온라인 EM(Cappé and Moulines, 2009; Liang and Klein, 2009; Neal and Hinton, 1998; Sato and Ishii, 2000)과 관련된 아이디어를 바탕으로 온라인 알고리즘으로 변환할 수 있다. 이러한 변환의 기본적인 틀은 한 샘플에 대해 사후분포가 계산됐을 경우 모수들에 대해 업데이트를 하는 방식이다. 사후분포가 계산된 후 샘플의 통계량을 바탕으로 기존의 모수들은 업데이트에 (혼합계수 $\lambda \in [0,1]$와 함께) 추가된다.

위에서 기술된 배치 알고리즘 및 온라인 알고리즘 모두 다양한 접근 방식 중 양극에 있는 방법이다. 이 둘의 중간에 위치한 방법으로 "미니-배치$^{Mini-batch}$" 온라인 알고리즘을 활용할 수 있다. 이는 현재 사용되는 모수들의 집합으로 여러 개의 샘플을 한 번에 처리하고 업데이트를 진행하는 방법이다.

이러한 아이디어를 바탕으로 온라인 변분 추론의 예로는 잠재 디리클레 할당[LDA, Latent Dirichlet Allocation](Hoffman et al., 2010)과 비지도 구문 학습(Kwiatkowski et al., 2012a)이 있다. 또한 계층적 디리클레 프로세스(Wang et al., 2011)와 같은 비모수적 모델에도 사용된다. 이러한 모델은 7장에서 살펴보도록 한다.

6.6 요약

변분 추론은 베이지안 NLP 추론에 사용되는 주요 알고리즘 중 하나다. NLP에서 사용되는 가장 일반적인 변분 추론의 변형은 6장에서 주요하게 다룬 평균장 변분 추론이다.

변분 기댓값-최대화 알고리즘은 경험적 베이즈에 활용될 수 있다. E-단계에서는 대한 변분 추론 서브 루틴을 사용하며 M-단계에서는 하이퍼파라미터에 대한 변분 상하한을 최대화한다.

6.7 연습 문제

6.1 연습 문제 5.1의 모델을 고려해보자. $p(\theta|x^{(1)},...,x^{(n)})$를 구하기 위한 평균장 변분 추론 알고리즘을 작성하라.

6.2 연습 문제 5.1의 모델을 다시 고려해보자. 이번에는 각 샘플로부터 다수의 모수 $\theta^{(1)},...,\theta^{(n)}$를 추출한다고 가정한다. $p(\theta^{(1)},...,\theta^{(n)}|x^{(1)},...,x^{(n)})$를 구하기 위한 평균장 변분 추론 알고리즘을 작성하라.

6.3 식 6.8이 참인지 증명하라. 또한 식 6.10이 참인지 증명하라.

6.4 $\theta_1,...,\theta_K$는 고정된 K개의 모수들을 나타낸다. 추가적으로, $p(X|\theta_i)$는 $|\Omega| < \infty$인 표본 공간 Ω의 확률변수 X에 대한 고정된 분포를 나타낸다. $x \in \Omega$ 및 $i \neq j$에 대해 $p(x|\theta_i) \neq p(x|\theta_j)$를 정하며 μ를 통해 모수화돼 있는 다음 모델을 정의한다.

$$p(X|\mu,\theta_1,\ldots,\theta_K) = \sum_{k=1}^{K} \mu_k\, p(X|\theta_k)$$

이때, $\sum_{k=1}^{K} \mu_k = 1$이며 $\mu_k \geq 0$이다. 이 모델은 혼합 모델로서, 혼합 요소들은 고정돼 있다.

n개의 관측치 $x^{(1)},...,x^{(n)}$에 대한 모수 μ의 로그우도를 구하라. 만약 μ의 로그우도가 볼록^{Convex}할 수 있다면, 어떠한 조건에 성립하는가?

6.5 이번에는 μ에 대해 $\alpha > 0$으로 초모수화돼 있는 대칭의 디리클레^{Dirichlet} 사전분포를 가정한다. 적분을 통해 μ을 소거함으로써 n개의 관측치 $x^{(1)},...,x^{(n)}$에 대한 주변 로그우도를 계산하라. 이때 구한 함수는 α에 대해 볼록한 함수인가?

CHAPTER 7

비모수적 사전분포

고정된 단어의 집합에 대한 분포를 정의하는 단순 혼합 모형을 고려해보자. 이러한 혼합 모형에서의 추출은 (혼합 성분에 해당되는) 군집 인덱스에 대한 추출을 의미하며 단어에 대한 군집 특화된 분포로부터 추출이 뒤따른다. 주어진 군집과 관련된 각 분포는 단어집에 속한 단어에 대한 특정 분포 성질을 보여주거나 단어에 대한 특정 카테고리를 식별할 수 있도록 정의될 수 있다. 만약 카테고리가 사전에 정의되지 않았을 경우 모델 제작자는 혼합 모형에 군집 개수를 정해야 하는 문제를 직면한다. 만약 요소의 개수가 충분치 않을 경우 가능한 카테고리의 범위를 나타내기 어렵다. 이에 따라 원했던 카테고리를 구성해도 비슷하지 않은 단어들끼리 같은 군집에 속할 수 있다. 반면 너무 많은 요소의 개수가 모델에 존재할 경우 반대의 경우가 나타난다. 느슨한 군집의 대부분은 데이터의 노이즈를 나타낼 것이며 합쳐져야 할 군집들이 너무 많이 나눠질 것이다.

　이상적으로 단어집의 크기 및 관측된 텍스트가 커질수록 군집의 개수를 늘려야 한다. 이런 유연성은 비모수적 베이지안 모델링을 통해 얻을 수 있다. 비모수적 베이지안 모델의 크기는 데이터포인트의 개수 n에 대한 함수로서 매우 커질 수 있다(비모수적 베이지안 모델은 비유계에 속한다). 하지만 n개의 데이터포인트로 이뤄진 어떠한 집합에 대해서도 요소의 개수는 항상 유한할 것이다.

　더욱 일반적인 비모수적 베이지안 모델링은 주로 확률적 프로세스(정수와 같이 무한하며 선형으로 순서화된 집합으로 인덱싱한 확률변수들을 일컫는다)의 비모수 사전분포를 활용하며 이는 매개변수들의 집합에 대한 분포가 아닌 함수 또는 분포들의 집합에 대한 직접적인 분포를 제공한다. 베이지안 NLP에서 전형적인 예로는 디리클레 프로세스를 볼 수 있다. 디리클레 프로세스는 비모수적 사전분포를 사용해 분포에 대한 분포를 정의하는 확률 프로세스다. 디리클레 프로세스로부터 추출된 각 분포는 나중에 관측된 데이터를 추출하기 위해 활용될 수 있다. 비모수적 베이지안 모델링과 완전히 익숙하지 않은 독자들에게 이는 명료하게 보이지 않을 수 있겠지만 디리클레 프로세스에 대한 자세한 내용은 7장에서 다룬다.[1]

비모수적 사전분포는 주로 특정 모수족의 매개변수 개수를 무한으로 늘리는 모수적 사전분포의 일반화 형태를 지닌다. 예를 들어 Griffiths-Engen-McCloskey 분포는 무한한 요소가 있는 다항분포로 볼 수 있다. 디리클레 프로세스는 디리클레분포 계열에 대한 극한이다. 가우시안 프로세스는 다변량 가우시안분포의 일반화로서 유한한 좌표로부터 인덱싱된 벡터가 아닌 연속 값에 대해 인덱싱된 벡터로부터 추출된다(이는 시간 축으로 해석될 수 있다).

통계 및 머신러닝 문헌에서 베이지안 비모수 방법은 지속적으로 진화하고 있으며 연구가 활발히 진행되고 있는 영역이다. 이 영역에서의 새로운 모델, 추론 알고리즘 및 응용 분야는 활발히 발전되고 있다. 전통적인 모수적 모델링 기법들은 자연어 처리 분야에서 비모수적 베이지안 기법들에 비해 좀 더 안정적이다. 그러므로 이 주제에 관한 풍부하고 최신의 문헌을 종합적으로 검토하기는 어렵다. 대신 7장의 목표는 NLP에서의 비모수적 베이지안 기법들에 대한 핵심 기술 아이디어를 간단히 살펴보는 것이다.

디리클레 프로세스는 디리클레분포가 모수적 베이지안 NLP 모델링에서 담당하는 역할과 비슷하게 NLP를 위한 비모수적 베이지안에서 주요한 역할을 담당한다. 따라서 7장은 디리클레 프로세스에 중점을 두고 다음과 같이 구성됐다. 7.1절에서는 디리클레 프로세스 및 이에 대한 다양한 표현 방식에 대해 소개한다. 7.2절에서는 디리클레 프로세스가 비모수적 혼합 모델에 어떻게 사용되는지 살펴본다. 7.3절에서는 계층적 모델이 디리클레 모델과 어떻게 설계돼 잠재 디리클레 할당에서 주제의 개수를 정

---

1   k-평균 군집 알고리즘과 디리클레 프로세스 사이의 직접적인 관계에 관한 자세한 내용은 Kulis and Jordan(2011)을 참조하라.

하는 것과 같은 문제를 해결하는지 살펴본다. 마지막으로 디리클레 프로세스의 일반화인 피트만-요르^{Pitman-Yor} 프로세스를 알아본 후 비모수적 베이지안에서 사용되는 다른 확률 프로세스에 대해 간단하게 알아본다.

7.1 디리클레 프로세스: 3가지 관점

디리클레 프로세스(Ferguson, 1973)는 분포에 대한 분포를 정의한다. 디리클레 프로세스를 조절하는 매개변수들은 집중 매개변수(강도 매개변수로도 부름) s와 디리클레 프로세스의 "평균"으로 활용되는 기준분포 G_0가 있으며 G_0는 다음과 같이 기술된다. G_0의 지지^{support}는 Θ로 표기한다. Θ를 사용하는 이유는 G_0가 주로 $G_0 : \Theta \to [0,1]$ 인 함수로 Θ가 어떠한 모수적 모델의 매개변수 공간을 정의하기 때문이다. 예를 들어 디리클레 프로세스 혼합 모형이 이를 만족한다(7.2절 참조).

디리클레 프로세스로부터 추출된 각 $G \sim DP(G_0, s)$는 G_0의 지지의 이산 부분집합이 G에 대한 지지가 되는 분포를 나타낸다. 디리클레 프로세스로부터 추출된 각 G는 다음 조건을 만족한다. 각 A_i가 가측일 때 Θ에 대한 모든 유한한 분할 $A_1,...,A_r$에 대해 랜덤벡터 $G(A_1),...,G(A_r)$는 다음과 같은 분포를 따른다.

$$(G(A_1), \ldots, G(A_r)) \sim \text{Dirichlet}(sG_0(A_1), \ldots, sG_0(A_r))$$

이 성질은 필요충분조건이며 실제로 디리클레 프로세스에 대한 여러 동일한 정의 중 하나로 활용된다. 또한 위와 같은 정의는 디리클레 프로세스로부터의 추출 G가 실제로 이산분포라는 결과로부터 나온 것이기도 하다. 즉, Θ_0이 가산집합일 때 추출 G는 모든 $\theta \in \Theta \setminus \Theta_0$에 대해 $G(\theta) = 0$이다. 기준분포 G_0는 "평균"으로 활용되며 이때 모든 가측집합 A에 대해서 $E[G(A)]$는 (기댓값을 G에 대해 취했을 때) $G_0(A)$이다. 반면 집중 매개변수는 다음과 같이 디리클레 프로세스의 분산을 제어한다.

$$\text{Var}(G(A)) = \frac{G_0(A)(1 - G_0(A))}{s + 1}$$

s의 값이 크면 클수록 디리클레 프로세스에서 추출되는 G가 G_0에 가까워진다.

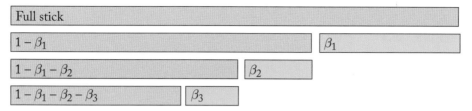

그림 7.1 막대 절단 프로세스 설명을 위한 그래프 표현이다. 오른쪽에 위치한 (파란색의) 직사각형들은 무한 다항분포의 각 요소와 관련 있는 확률이다. 막대가 절단되는 프로세스는 끝없이 반복되며 이는 β_i 변수들로 구성된 무한한 벡터를 생성한다. 각 단계에서는 남겨진 막대가 두 조각으로 절단된다.

　위와 같은 디리클레 프로세스의 수리적 정의는 근본적으로 보일 수 있겠지만 건설적이지 않다.[2] 다음 두 절에서는 디리클레 프로세스에 대해 좀 더 건설적인 두 가지 관점을 소개하며 이에 따라 근사적 추론 알고리즘을 통해 디리클레 프로세스가 좀 더 쉽게 베이지안 NLP에 적용될 수 있다.

7.1.1 막대 절단 프로세스

막대 절단 프로세스(그림 7.1)은 Sethuraman(1994)에 의해 만들어진 디리클레 프로세스의 설계적 표현이다. 막대 절단 프로세스를 정의하기 위해선 먼저 Griffiths-Engen-McCloskey^{GEM} 분포를 정의해야 한다. $k \in \{1,2,....\}$에 대해서 $\nu_k \sim \text{Beta}(1,\, s)$로 가정한다. 즉, $s > 0$일 때 초매개변수 $(1,\, s)$를 갖는 독립적이고 같은 분포를 갖는 베타분포에서 추출된 열이다(베타분포는 구간 $[0,1]$에 대한 확률분포를 정의한다). 또한 다음을 정의한다.

$$\beta_k = \nu_k \prod_{j=1}^{k-1}(1 - \nu_j) \tag{7.1}$$

　이러한 경우 무한한 벡터 $(\beta_1, \beta_2,....)$는 집중 매개변수 s를 갖는 GEM 분포로부터 추출됐다고 말한다.

2　이는 디리클레 프로세스에 대해 모델의 구체적인 사항 또는 추론을 설명하는 데 간편하게 기술하지 않는다는 점을 의미한다.

GEM 분포로부터의 추출은 "무한한 다항분포"에서의 추출이라고도 생각할 수 있다. 이는 GEM 분포로부터 추출된 모든 β가 다음을 만족시키기 때문이다.

$$\beta_k \geq 0 \ \forall k \in \{1, 2, \ldots\} \tag{7.2}$$

$$\sum_{k=1}^{\infty} \beta_k = 1 \tag{7.3}$$

Hyperparameters: G_0, s.
Variables: $\beta_i \geq 0$, θ_i for $i \in \{1, 2, \ldots\}$.
Output: Distribution G over a discrete subset of the sample space of G_0.

- -

- Draw $\sim$ GEM(s)
- Draw $\theta_1, \theta_2, \ldots \sim G_0$.
- The distribution G is defined as:

$$G(\theta) = \sum_{k=1}^{\infty} \beta_k I(\theta = \theta_k) \tag{7.4}$$

생성 이야기 7.1 디리클레 프로세스로부터 분포를 추출하는 생성 모델에 관한 설명

이러한 무한의 다항 요소들의 합은 일이 되며 m이 무한대로 갈 때 꼬리 $\sum_{i=m}^{\infty} \beta_i$가 0에 도달하도록 각 요소들은 빠르게 작아져야 한다. 이는 하나의 "막대"가 조각으로 절단되며 매번 남겨진 막대가 계속 절단되는 반복적인 프로세스를 통해 보장된다(식 7.1).

막대 절단 표현에 기반해 디리클레 프로세스로부터 분포 $G \sim DP(G_0, s)$를 추출하는 것은 생성 이야기 7.1로 표현될 수 있다. 먼저, GEM 분포로부터 합이 1이 되는 양의 무한 벡터를 추출한다(line 1). 이는 "원자들"에 대한 무한한 다항에 해당하며 원자들은 다음으로 기준분포로부터 추출된다(line 2). 각 원자는 무한 벡터의 인덱스와 관련이 있다(line 3). 이는 어떠한 원자 θ_k 및 계수 β에 대해 디리클레 프로세스로부터의 모든 추출이 식 7.4의 구조를 갖는다는 것을 의미한다.

막대 절단 프로세스는 또한 매개변수 s의 역할에 대해서도 보여준다. s가 클수록 막대의 부분이 (한 단위의 길이에 대한 길이가) 덜 빠르게 소멸된다. 이는 $\nu_k \sim$ Beta(1, s)를 고

려했을 때 식 7.1에서 찾을 수 있다. s가 클수록 $1 - \nu_k$에 비해 각 ν_k가 작으며 이에 따라 다른 막대 조각에 확률 질량이 보존된다.

또한 막대 절단 프로세스는 디리클레 프로세스로부터의 모든 추출이 이산 (또는 유한한) 지지에 정의돼 있는 분포라는 점을 보여준다. 식 7.4의 분포는 G_0의 표본 공간에 대한 이산 부분집합에 양의 가중치를 배정한다.

7.1.2 중국집 프로세스

7.1.1절에서 막대 절단 프로세스를 통해 암시한 바와 같이, 디리클레 프로세스를 표현할 수 있는 하나의 방법은 기준분포 G_0에서 추출된 원소들의 가산집합에 대해 무한 다항분포로 추출하는 방법이다. 중국집 프로세스^{CRP, Chinese Restaurant Process}를 통한 디리클레 프로세스의 표현 방식은 이러한 다항들에서 어떻게 표본을 추출하는지 기술하는 데 있다.

CRP 자체는 분할들에 대한 사전분포를 정의한다. 디리클레 프로세스와 비슷하게 CRP는 집중 초매개변수 s를 통해 제어된다. CRP에서 추출된 각 $y^{(i)}$는 (군집의 배정을 나타내는) 정수 인덱스와 관련 있다. 그 다음 CRP는 추출된 $y^{(1)}, \ldots, y^{(i-1)}$에 대한 조건이 있을 때 $y^{(i)}$를 추출하는 분포를 정의한다. 첫 번째 추출은 인덱스 1로 지정한다. $y^{(1)}, \ldots, y^{(i-1)}$가 CRP에서 추출됐다고 하고 $y_i^* = \max_{j \leq i-1} y^{(j)}$로 정의한다(즉, y_i^*는 CRP에서 추출된 표본의 첫 $i - 1$ 인스턴스에 지정된 가장 큰 인덱스를 갖는 군집이다). 그러면 $y^{(1)}, \ldots, y^{(i-1)}$에 대한 조건이 있을 때 $y^{(i)}$를 추출하기 위해선 다음 분포를 사용한다.

$$p\left(Y^{(i)} = r \mid y^{(1)}, \ldots, y^{(i-1)}, s\right) = \begin{cases} \dfrac{\sum_{j=1}^{i-1} I(y^{(j)} = r)}{i - 1 + s}, & \text{if } r \leq y_i^* \\[2mm] \dfrac{s}{i - 1 + s}, & \text{if } r = y_i^* + 1 \end{cases} \tag{7.5}$$

이러한 분포의 정의는 연쇄 법칙과 함께 각 $y^{(i)}$를 정수에 지정하는 분포로 다음과 같이 이어진다.

$$p\left(y^{(1)}, \ldots, y^{(n)}|s\right) = p\left(y^{(1)}|s\right) \prod_{i=2}^{n} \underbrace{p\left(y^{(i)}|y^{(1)}, \ldots, y^{(i-1)}, s\right)}_{Equation~7.5}$$

단, $y^{(1)} = 1$이 아닌 모든 값에서 $p(y^{(1)}|s) = 0$이다.

CRP를 은유적으로 살펴보면 i로 인덱스된 새로운 "고객"이 레스토랑에 들어왔을 때 다른 고객들이 앉아 있는 식탁에 고객들의 수에 비례한 확률로 앉거나 s에 비례하는 확률로 새로운 식탁에 앉는다. 여기서 s의 역할도 분명하다. s가 클수록 더 많은 "새로운 식탁"을 가용할 수 있다. CRP 은유에서 $y^{(i)}$는 i번째 고객의 식탁 지정을 나타내며 y_i^*는 i번째 고객이 앉기 전 "사용되고 있는 식탁"의 개수를 나타낸다. 그림 7.2는 이러한 사후분포에 대해 그래프적으로 표현한다.

한 가지 중요하게 참고할 사항은 중국집 프로세스에서 $i \in \{1, \ldots, n\}$에 대한 확률변수들의 집합 $y^{(i)}$는 교환 가능변수들의 집합이라는 점이다(1.3.3절 참조). 이는 $y^{(1)}, \ldots, y^{(n)}$에 대한 결합분포가 이런 확률변수들의 순열에 대한 분포와 같다는 것을 의미한다. CRP 은유에서 고객들이 들어오는 순서는 중요하지 않다.

디리클레 프로세스에 대한 이러한 관점은 가용할 수 있는 데이터가 커질수록 매개변수의 개수가 증가한다는 점을 보여준다(7장 앞부분 참조). 표본의 수가 클수록 더 많은 "식탁"을 가용할 수 있으며, 따라서 추론을 수행할 때 더 많은 매개변수가 활용된다.

Hyperparameters: G_0, s.
Variables: $Y^{(i)}$, ϕ_i for $i \in \{1, \ldots, n\}$.
Output: $\theta^{(i)}$, for $i \in \{1, \ldots, n\}$ drawn from $G \sim DP(G_0, s)$.

- Draw $y^{(1)}, \ldots, y^{(n)} \sim CRP(s)$
- Draw $\phi_1, \ldots, \phi_{y_n^*}, \ldots \sim G_0$.
- Set each $\theta^{(i)}$ to $\phi_{y^{(i)}}$ for $i \in \{1, \ldots, n\}$.

생성 이야기 7.2 중국집 프로세스를 통해 표현된 디리클레 프로세스

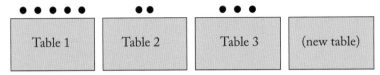

그림 7.2 중국집 프로세스의 사후분포에 관한 그래프 설명. 각 검은색 원은 특정 식탁 옆에 앉는 "고객"을 나타낸다. 그림에서 3개의 식탁은 10명의 고객이 있는 레스토랑에서 사용되고 있다. $\alpha = 1.5$에 대해 새로운 고객이 첫 번째 식탁에 갈 확률은 $\frac{5}{5+2+3+1.5} = \frac{5}{11.5}$이며 두 번째 식탁은 $\frac{2}{11.5}$, 세 번째 식탁은 $\frac{3}{11.5}$ 그리고 새로운 식탁은 $\frac{1.5}{11.5}$의 확률을 갖고 있다.

중국집 프로세스는 $Y^{(i)}$의 분할에 대한 분포를 유도하며 따라서 특정 식탁 옆에 앉아 있는 고객들의 수에 대한 함수일 뿐이다. 좀 더 형식적으로 CRP 분포는 $m = y_n^*$의 길이를 갖는 정수 셈 벡터 N 및 $N_k = \sum_{i=1}^{n} I(Y^{(i)} = k)$(각 식탁 $k \in \{1,...,m\}$의 고객 수)의 함수이며 다음과 같이 정의된다.

$$p(N|s) = \frac{s^m \left(\prod_{k=1}^{m}(N_k - 1)! \right)}{\prod_{i=0}^{n-1}(i + s)}$$

CRP에서 생성 이야기 7.2를 활용해 디리클레 프로세스를 표현하는 방식을 정의할 수 있다. $G \sim \mathrm{DP}(G_0, s)$로부터 $\theta^{(1)},...,\theta^{(n)}$를 생성하는 동일한 방식은 CRP에서 분할을 추출하는 것이다. 여기서 G_0로부터 추출된 분할에 각 "식탁"을 지정하고 $\theta^{(i)}$를 i번째 고객이 앉는 식탁에 의한 G_0에서의 추출로 설정한다.

CRP는 GEM 분포와 강한 연관관계를 갖고 있다. π를 집중 매개변수 s를 갖는 GEM 분포에서의 추출로, 또한 $U_1,...,U_n$은 $p(U_i = k) = \pi_k$인 정수 값을 갖는 확률변수들의 집합으로 정의해보자. 이러한 확률변수들은 $\{1,...,N\}$에 대한 분할을 이끌며 이때 분할의 각 집합은 같은 값을 갖는 모든 U_i로 구성된다. 이와 같이 N이 주어졌을 때 GEM 분포는 $\{1,...,N\}$에 대해 분할을 도출한다. 따라서 GEM 분포로부터 만들어진 분할에 대한 분포는 CRP가 (N명의 고객에 대해) 집중 매개변수 s를 가질 때 만들어내는 분할에 대한 분포와 동일하다.

7.2 디리클레 프로세스 혼합 모형

디리클레 프로세스 혼합 모형DPMMs, Dirichlet Process Mixture Models은 유한 혼합 모형을 일반화시킨 모형이다. 디리클레 프로세스 혼합은 유한 혼합 모형과 같이 각 관측치를 특정 군집과 연관시킨다. 군집의 개수는 기대한 바와 같이 잠재적으로 비유계이다. 이는 관측된 데이터가 더 많을 경우 좀 더 많은 군집이 생성된다는 걸 의미한다. 각 군집은 기준분포에서 추출된 매개변수와 관련돼 있으며 이때 기준분포는 공간 Θ에서 정의된다. 따라서 $\theta \in \Theta$일 때 확률분포 $p(X|\theta)$가 존재한다. 생성 이야기 7.3은 디리클레 프로세스 혼합 모형의 생성 프로세스를 정의한다.

참고 사항으로 일반적인 비베이지안 모수적 혼합 모형과 비교해보자. 만약 G가 (가산집합이 아닌) Θ에 속한 유한한 요소들(K)에 대해 고정된 분포라면 위의 생성 프로세스의 마지막 두 단계는 (비베이지안) 혼합 모형에 해당할 것이다. 이러한 경우 G에 대해 (모수적일 수도 있는) 사전분포를 활용하는 것은 해당 모델을 베이지안 유한 혼합 모형으로 변환하는 것에 해당된다.

Hyperparameters: G_0, s.
Latent variables: $\theta^{(i)}$, for $i \in \{1,\ldots,n\}$.
Observed variables: $X^{(i)}$ for $i \in \{1,\ldots,n\}$.
Output: $x^{(1)},\ldots,x^{(n)}$, for $i \in \{1,\ldots,n\}$ drawn from Dirichlet process mixture model.

- -

- Draw $G \sim \mathrm{DP}(G_0, s)$
- Draw $\theta_1,\ldots,\theta^{(n)} \sim G$.
- Draw $x^{(i)} \sim p(X^{(i)}|\theta^{(i)})$ for $i \in \{1,\ldots,n\}$.

생성 이야기 7.3 디리클레 프로세스 혼합 모형에 대한 생성 모델 설명. 분포 G_0은 기준분포로, 표본 공간이 각 혼합 요소들의 매개변수 집합으로 구성된다.

7.2.1 디리클레 프로세스 혼합 모형 기반 추론

이번 절에서는 DPMM 과 자주 활용되는 추론 방법, MCMC 및 변분 추론에 관해 살펴본다.

DPMM에 사용되는 MCMC 추론

DPM의 사후 추론을 정의하는 한 가지 방법은 사후분포 $p(\theta^{(1)},...,\theta^{(n)}|X, G_0, s)$를 찾는 것이다. 가장 복잡하지 않은 방법은 $i \in \{1,...,n\}$에 대해 조건부분포 $p(\theta^{(i)}|\theta^{(-i)}, \theta^{(n)}|X, G_0, s)$로부터 표본을 추출하는 깁스 샘플링을 활용한다(Neal, 2000).

먼저 살펴봐야 할 사항은 $\theta^{(i)}$가 $\theta^{(-i)}$의 조건부를 갖는 $X^{(-i)}$과 독립적이라는 점이다. 따라서 $p(\theta^{(i)}|\theta^{(-i)}, \theta^{(n)}|X, G_0, s)$의 형태를 갖는 조건부분포를 찾는 것을 목표로 한다. 이러한 조건부에서 다음이 성립한다.[3]

$$
\begin{aligned}
p&\left(\theta^{(i)}|\theta^{(-i)}, x^{(i)}, G_0, s\right)\\
&\propto p\left(\theta^{(i)}, x^{(i)}|\theta^{(-i)}, G_0, s\right)\\
&= \frac{1}{n-1+s}\sum_{j\neq i} I\left(\theta^{(j)}=\theta^{(i)}\right) p\left(x^{(i)}|\theta^{(j)}\right)\\
&\quad + \frac{s}{n-1+s} G_0\left(\theta^{(i)}\right) p\left(x^{(i)}|\theta^{(i)}\right)\\
&= \frac{1}{n-1+s}\sum_{j\neq i} I\left(\theta^{(j)}=\theta^{(i)}\right) p\left(x^{(i)}|\theta^{(j)}\right)\\
&\quad + \frac{s}{n-1+s}\left(\int_\theta G_0(\theta)p(x^{(i)}|\theta)d\theta\right) p\left(\theta^{(i)}|x^{(i)}\right) \qquad (7.6)
\end{aligned}
$$

여기서 $p(\theta|X)$는 분포 $p(\theta, X) = G_0(\theta)p(\theta|X)$의 매개변수 공간에 대한 사후분포, 즉 $p(\theta, X) \propto G_0(\theta)p(\theta|X)$이다. 식 7.6으로의 변환은 다음을 통해 정당화할 수 있다.

---

[3] 이는 i번째 표본이 마지막으로 추출된 표본이라는 가정하에 교환 가능성을 통해 증명할 수 있다.

$$G_0\left(\theta^{(i)}\right) p\left(x^{(i)}|\theta^{(i)}\right) = G_0\left(\theta^{(i)}\right) \frac{p\left(\theta^{(i)}|x^{(i)}\right) p\left(x^{(i)}\right)}{G_0\left(\theta^{(i)}\right)}$$

$$= p\left(\theta^{(i)}|x^{(i)}\right) p\left(x^{(i)}\right)$$

또한

$$p\left(x^{(i)}\right) = \int_\theta G_0(\theta) p\left(x^{(i)} \mid \theta\right) d\theta \qquad (7.7)$$

이 부분에서 우도에 대한 켤레분포를 G_0로 활용하는 점이 주요한 역할을 한다. 만약 이러한 켤레분포가 존재한다면 식 7.7의 상수는 쉽게 계산될 수 있으며 사후분포 또한 쉽게 계산될 수 있다(켤레분포 성질은 디리클레 프로세스 혼합 모형을 사용하는 데 필수적이지는 않지만, 계산을 좀 더 편하게 수행할 수 있다).

이러한 점들은 $\theta^{(1)},...,\theta^{(n)}$에 대한 간단한 사후 추론 메커니즘을 이끌어낸다. $\theta^{(-i)}$가 주어졌을 때 각 i에 대해 다음을 수행한다.

- $j \neq i$에 대해 확률이 $p(x^{(i)}|\theta^{(j)})$에 비례하며 $\theta^{(i)}$를 $\theta^{(j)}$로 설정한다.
- 확률이 $s(\int_\theta G_0^{(\theta)}|\theta)d\theta)$에 비례하며 $\theta^{(i)}$가 분포 $p(x^{(i)}|\theta)$의 추출로 설정한다.

이 샘플링은 식 7.6의 직접적인 결과이며 적절한 정보가 주어졌을 때 $\theta^{(i)}$의 확률은 두 유형의 사건의 합성으로 볼 수 있다. 즉, $j \neq i$일 때 기존의 $\theta^{(j)}$에 $\theta^{(i)}$를 지정하는 사건과 새로운 $\theta^{(i)}$를 추출하는 사건으로 구성된다.

위의 두 단계는 수렴할 때까지 반복한다. 위의 샘플링은 완벽한 깁스 샘플링이지만 (Escobar, 1994, Escobar and West, 1995) 각 $\theta^{(i)}$가 따로 샘플링되기 때문에 조금 느리게 섞이는 경향을 보인다. 이는 좌석 지정에 대한 국소에 변화를 주며 높은 확률을 갖는 최적의 전체 좌석 지정은 찾기 어렵게 된다. 이 문제를 해결하기 위해 Neal(2000)에서는 또 다른 깁스 알고리즘을 기술한다. 이 알고리즘은 식탁 지정에 샘플링하며 주어진 식탁에 앉는 모든 고객에 대한 원자들을 한 번에 바꾼다. 그는 켤레 DPM에 대해 특정한 사항을 추가한 알고리즘을 제안하며, 이때 G_0은 $x^{(i)}$를 샘플링하는 데 있어서 우도에 대한 켤레분포가 된다.

디리클레 프로세스 혼합 모형에 사용되는 깁스 샘플링의 다른 시나리오 또는 다른 MCMC 알고리즘에 대한 자세한 내용은 Neal(2000)을 참조하라.

DPMM에 사용되는 변분 추론

DPM은 막대 절단 프로세스로 표현될 수 있으며 이를 활용해 DPM에 대한 변분 추론 알고리즘을 발전시킬 수 있다(Blei and Jordan, 2004). DPM을 위한 막대 절단 프로세스는 생성 이야기 7.4에서 보여준다.

Blei and Jordan의 변분 추론 알고리즘은 유한한 변분분포를 사용하고 끝이 잘린 막대 절단 분포에 해당하는 무한 요소들로 이 모델을 다룬다.

DPMM의 변분분포는 잠재변수들 π(β로부터 도출됨), θ_i 그리고 $z^{(i)}$를 고려한다. Blei and Jordan의 변분 추론 알고리즘의 요점은 π분포에 대한 끝이 잘린 막대 절단 근사를 사용하는 점이다. π분포는 GEM 분포에서 나온 것이기 때문에 7.1.1절에 설명돼 있는 것처럼 이를 베타분포에서 추출된 $i \in \{1, 2, \dots\}$에 대한 ν_i로 설계한다. 따라서 π에 대한 변분분포를 정의하기 위해선 ν_1, ν_2,...에 대한 변분분포를 정의하는 것으로 충분하다.

Blei and Jordan은 ν_i에 대해 평균장 근사를 사용하는 것을 제안한다. 이때 $i \in \{1, \dots, K-1\}$에 대해 $q(\nu_i)$가 (ν_i에 대한 실제 분포와 같이) 베타분포를 따르며 다음과 같다.

$$q(\nu_K) = \begin{cases} 1 & \nu_K = 1 \\ 0 & \nu_K \neq 1 \end{cases}$$

$q(\nu_K)$는 ν_K가 1이라는데 모든 확률 질량을 집중하기 때문에 $i > K$일 때 ν_i에 대한 변분분포를 정의할 필요는 없다. ν_i에 대한 변분분포에 의해 이러한 $q(\nu_K)$는 모든 $i > K$에 대해 $\pi_i = 0$를 의미한다. 변분 막대는 점 K에서 끝이 잘린다.

Hyperparameters: G_0, s.

Latent variables: $\theta^{(i)}$, for $j \in \{1, \ldots\}$ $Z^{(i)}$ for $i \in \{1, \ldots, n\}$.

Observed variables: $X^{(i)}$ for $i \in \{1, \ldots, n\}$.

Output: $x^{(i)}, \ldots, x^{(n)}$ generated from the Dirichlet process mixture model.

- Draw $\pi \sim \mathrm{GEM}(s)$
- Draw $\theta_1, \theta_2, \ldots \sim G_0$.
- Draw $z^{(i)} \sim \pi$ for $i \in \{1, \ldots, n\}$ such that $z^{(i)}$ is an integer.
- Draw $x^{(i)} \sim p(x^{(i)} | \theta_{z^{(i)}})$ for $i \in \{1, \ldots, n\}$.

생성 이야기 7.4 막대 절단 프로세스를 사용한 DPMM의 생성 모델 설명. 분포 G_0는 표본 공간이 각 혼합 요소들에 대한 매개변수의 집합으로 구성된 기준분포다.

그 외 DPMM에 사용되는 알고리즘

다소 독특한 방법으로 DPMM을 통해 추론을 수행하는 방법은 Duame(2007)에 의해 발전했다. Duame는 모델에 의해 확률을 최대화하는 DPM에 대한 군집 할당, 즉 최대 사후확률MAP, Maximum a posteriori의 할당을 찾는 데 관심이 있었다. 그의 알고리즘은 탐색 알고리즘으로서 가능한 부분 군집 및 이에 붙어 있는 값(관련 있는 식탁, 그릇 그리고 고객)에 대한 대기 행렬을 유지한다. 만약 군집들에 붙어 있는 값들에 대한 함수(점수화 함수)가 특정 성질을 만족하며(즉, 이는 허용 가능함으로써 대기 행렬에 있는 부분 군집과 맞는 최적의 군집에 대한 확률을 항상 과추정한다) 탐색에 활용되는 기둥 크기가 ∞라면 탐색 알고리즘이 군집 할당의 MAP를 찾는 것이 보장된다. Duame는 또한 몇 가지의 허용 가능한 점수화 함수를 보여준다. 그는 이 알고리즘을 문자 인식 문제 및 NIPS 학회 문서들의 군집화에 실험했다.

> **Constants**: K and n.
>
> **Hyperparameters**: G_0 base measure defined over Θ, s, a model family $F(X|\theta)$ for $\theta \in \Theta$.
>
> **Latent variables**: $Z^{(1)},\ldots,Z^{(n)}$.
>
> **Observed variables**: $X^{(1)},\ldots,X^{(n)}$.
>
> **Output**: A set of n points drawn from a mixture model.
>
> ---
>
> - Draw $\theta_1,\ldots,\theta_K \sim G_0$.
> - Draw $\pi \sim \text{Dirichlet}(\alpha/K)$ (from a symmetric Dirichlet).
> - For $j \in \{1,\ldots,n\}$ ranging over examples:
>   - Draw $z^{(j)}$ from π for $j \in \{1,\ldots,n\}$.
>   - Draw $x^{(j)}$ from $F(X|\theta_{z_j})$ for $j \in \{1,\ldots,n\}$.

생성 이야기 7.5 유한한 혼합 모형을 활용한 디리클레 프로세스 혼합 모형에 대한 근사

7.2.2 혼합 모형들의 극한 디리클레 프로세스

DPM의 구조에 대한 직관을 알려주는 또 다른 DPM 설계 방법이 존재한다. 생성 이야기 7.5를 고려해보자. K가 충분히 커지면 이 모델이 디리클레 프로세스의 적합한 근사라고 증명할 수 있다. 또한 K가 충분히 커지면 고정된 데이터포인트의 수, n에 활용된 요소들의 개수가 K와 독립적이 된다는 것을 보일 수 있다(대략적으로 $O(\alpha \log n)$이다 – 연습 문제 참조).

7.3 계층적 디리클레 프로세스

7.1.1절에서 언급된 바와 같이 디리클레 프로세스에서 추출된 분포들은 가산의 (또는 유한한) 지지를 갖는다. 디리클레 프로세스는 기준분포에서 원자들에 대한 가산집합을 선택한 후 원자들에 대해 가중치를 부여한다.

가끔은 디리클레 프로세스에서 추출된 이러한 원자들의 집합에 대해 계층을 생성하는 것이 바람직하다. 예를 들어 잠재 디리클레 할당 모델에서 (단어들의 가방으로 모델된)

문서들의 말뭉치는 단어들의 다항에 해당하는 무한하고 가산의 토픽들로 표현될 수 있다(2.2절 참조). 이러한 각 토픽들에 대해 각 문서는 다른 확률을 지정할 수 있다.

이는 단어에 대한 다항분포에 해당하는 원자들의 집합이 모든 문서에 공통적으로 포함돼 있어야 한다는 것을 의미한다. 하지만 (LDA에서의 토픽분포에 해당하는) 각 다항을 선택하는 분포는 LDA 모델과 비슷하게 문서별로 다르게 돼 있어야 한다.

참고로 말뭉치들에 존재하는 토픽의 개수는 무한하다고 가정하지만 가산이다. 만약 각 토픽이 실제 세계에서의 개념이라고 생각한다면 이는 타당한 모델링 가정이다. 이러한 개념들의 수는 시간이 지나면서 증가하겠지만, 계속 가산으로 남아야 한다.

하지만 토픽, 즉 단어 다항에 관한 적합한 사전분포는 연속적인 분포다(예를 들어 디리클레분포를 고려해보자). 따라서 각 문서별 가능한 토픽에 대한 분포, $G^{(j)} \sim \mathrm{DP}(G_0, s)$, $j \in \{1,...,n\}$을 추출한다면 거의 확실하게 $G^{(i)}$와 $G^{(j)}$의 지지의 교차점에 원자들이 없을 것이다. 이러한 무한의 다항에 대한 각각의 지지는 가산이며 따라서 지지가 추출되는 연속적 공간의 크기에 비해 무시해도 될 정도의 집합 크기를 갖는다. 이는 앞서 언급된 가산-토픽-세계 가정을 위반해 문제를 야기할 수 있다. 이 문제에 대한 (더욱 일반적으로 보여주며 NLP 분야 외의 문제에도 기술하는) 해결책은 Teh et al.(2006)에서 제안한다.

저자들은 $G_0 \sim \mathrm{DP}(H, s)$라는 계층적 사전분포를 제안한다. 이는 디리클레 프로세스를 위한 기준분포 G_0 자체가 디리클레 프로세스에서 추출된 분포라는 것을 의미한다. 이제 G_0은 가산의 지지를 가지며 이에 따라 $G^{(j)}$ 분포들 사이에 원자 공유가 일어난다. 이 모델을 통해 G_0의 추출은 텍스트상 일어날 수 있는 가능한 모든 토픽의 집합에 대한 추출이며 각 문서의 $G^{(j)}$는 이러한 토픽들의 확률에 대해 가중치를 다시 부여한다.

단어 가방Bag-of-words LDA형 모델을 위한 완전한 계층적 디리클레 프로세스는 다음과 같다. H는 토픽에 대한 어떤 사전분포이며 이제 연속적일 수 있다. 예를 들어 H는 단어에 대한 차원의 크기를 갖는 확률 심플렉스에 대한 디리클레분포일 수 있다.

이러한 경우 길이 ℓ_j, $j \in \{1,...,n\}$를 갖는 n개의 문서를 생성하기 위해 생성 이야기 7.6을 따라간다. 관측된 확률변수들은 $X^{(j)}$이며 $X^{(j)}$는 ℓ_j의 길이를 갖는 벡터, $X_i^{(j)}$는 문서 j에서의 i번째 단어를 나타낸다.

> **Constants**: j for $j \in \{1,\dots,n\}$ a sequence of lengths for n documents.
> **Hyperparameters**: H, s, s^*
> **Latent variables**: G_0, $G^{(j)}$, $\theta^{(j)}$, G_0.
> **Observed variables**: $X^{(j)}$.
> **Output**: A set of n documents. The jth document has ℓ_j words, $x^{(j)},\dots,x^{(j)}_{\ell_j}$.
> -
> - Generate $G_0 \sim \text{DP}(H, s)$.
> - For $j \in \{1,\dots,n\}$ ranging over examples:
>   - Draw $G^{(j)} \sim \text{DP}(G_0, s^*)$ denoting the topic distribution for document j
>   - For $i \in \{1,\dots,\ell_j\}$ ranging over words in the document:
>   - Draw $\theta_i^{(j)} \sim G_j$, representing a topic.
>   - Draw $x_i^{(j)} \sim \text{Multinomial}(\theta_i^{(j)})$, a word in the document.

생성 이야기 7.6 디리클레 프로세스를 사용한 LDA형 모델에 대한 생성 모델 설명

HDP를 통한 추론 Teh et al.(2006)의 논문에서는 MCMC 샘플링(5장)을 활용한 HDP를 제안한다. 저자들은 계층적 디리클레 프로세스를 위한 다음 세 가지 샘플링 기법을 제안한다.

- **중국집 프렌차이즈 표현을 사용한 샘플링**: HDP는 중국집 프로세스와 비슷한 방식으로 기술될 수 있다. 기존의 단일 레스토랑이 아닌 여러 개의 레스토랑이 있으며 각 레스토랑은 기준분포에서 추출된 분포를 나타내며 이때 기준분포 또한 디리클레분포에서 추출된다. 이러한 샘플링 기법을 통해 상태 공간은 레스토랑 j에 있는 고객 i에게 지정된 식탁의 인덱스 및 레스토랑 j에 있는 식탁 t에 제공되는 요리의 인덱스로 구성돼 있다.

- 확대된 표현을 사용한 샘플링: 위에서 언급된 샘플링 기법에서 HDP 계층에서의 첫 번째 DP의 기준분포(G_0)는 소거되는 것으로 가정한다. 이는 HMM과 같이 디리클레 프로세스 간의 추가적인 종속성이 존재하는 모델에서 문제를 복잡하게 만들 수 있다. 따라서 Teh에서는 G_0가 소거되지 않는 MCMC 샘플링 기법을 기술한다. 이 샘플링은 앞선 기법과 비슷하지만 상태 공간에서 G_0에

대한 부기가 추가돼 있다.

- **직접적인 지정을 사용한 샘플링**: 앞선 두 개의 샘플링의 상태 공간에서는 식탁 요리 지정을 통해 고객들에게 제공되는 요리에 대한 간접적인 지정을 설정한다. 이는 부기를 기록하는 데 어려움이 따를 수 있다. Teh에서는 HDP의 첫 번째 추출, G_0으로부터 직접적으로 고객을 요리에 지정하는 또 다른 샘플링을 제안한다. 이는 이제 상태 공간이 (G_0의 추출을 통해) 레스토랑 j에서 고객 i를 위한 요리 지정 및 레스토랑 j에서 특정 요리 k를 먹는 고객의 수로 구성되는 것을 의미한다.

HDP를 위한 MCMC 샘플링의 대안들 또한 제안됐다. 예를 들어 Wang et al.(2011)은 HDP를 위한 온라인 변분 추론 알고리즘을 발전시켰다. Bryant and Sudderth(2012)에서는 분할-합병 기술에 기반해 HDP를 위한 또 다른 변분 추론 알고리즘을 발전시켰다. Teh et al.(2008)은 기존의 LDA 모델을 위한 붕괴 변분 추론 알고리즘을 HDP 모델로 확장했다.

7.4 피트만-요르 프로세스

피트만-요르 프로세스(Pitman and Yor, 1997), 이따금 "두 매개변수 포아송-디리클레 프로세스"라고 부르는 이 프로세스는 디리클레 프로세스와 밀접한 관계를 갖고 있으며, 분포에 대한 분포를 정의한다. 피트만-요르 프로세스는 실수 값을 갖는 두 개의 매개변수를 활용한다. 이는 CRP에서의 역할과 같은 강도 매개변수 s와 감소 매개변수 $d \in [0,1]$다. 추가적으로 이 프로세스 또한 기준분포 G_0를 사용한다.

피트만-요르 프로세스에서 임의분포를 생성하는 생성 프로세스는 7.1.2절에서 기술된 생성 프로세스와 동일하다. 이는 n개의 관측치에 대해 정수 1과 n 사이의 분할을 추출하며 분할에 속한 각 군집은 G_0에서의 원자에 지정한다.

디리클레 프로세스와 피트만-요르 프로세스의 차이는 후자에서는 중국집 프로세스의 일반화 형태를 활용하며 식 7.5를 다음과 같이 변환한다.

$$p\left(Y^{(i)} = r | y^{(1)}, \ldots, y^{(i-1)}, s, d\right) =$$

$$\begin{cases} \dfrac{\left(\sum_{j=1}^{i-1} I(y^{(j)} = r)\right) - d}{i - 1 + s}, & \text{if } r \leq y_i^* \\ \dfrac{s + y_i^* d}{i - 1 + s}, & \text{if } r = y_i^* + 1 \end{cases}$$

감소 매개변수 d는 n명의 "고객"을 위한 식탁 수의 기댓값을 제어하는 역할을 담당한다. $d = 0$인 경우 피트만-요르 프로세스는 디리클레 프로세스와 동일하다. d가 클수록 n명의 고객에 대해 좀 더 많은 식탁이 사용될 것으로 기대된다. 좀 더 자세한 내용은 7.4.2절을 참조하라.

변형된 중국집 프로세스는 또다시 길이 m을 갖는 정수 셈 벡터 N에 대한 함수인 분포를 이끌어내며 이때 $m = y_n^*$이고 $N_k = \sum_{i=1}^{n} I(Y^{(i)} = k)$이다. 이는 다음과 같이 정의한다.

$$p(N|s, d) = \frac{\prod_{k=1}^{m} \left((d(k-1) + s) \times \prod_{j=1}^{N_k-1}(j - d)\right)}{\prod_{i=0}^{n-1}(i + s)} \tag{7.8}$$

피트만-요르 프로세스는 또한 막대 절단 표현도 갖고 있으며 이는 디리클레 프로세스의 막대 절단 표현과 매우 유사하다. 자세히 말하면 기준분포 G_0, 강도 매개변수 s, 감소 매개변수 d를 갖는 PY는 7.1.1절에 소개된 디리클레 프로세스의 생성 과정과 동일하게 따라간다. 단, 이제 ν_k가 $\text{Beta}(1 - d, s + kd)$로부터 추출된다(Pitman and Yor, 1997). 이 또한 $d = 0$인 경우 피트만-요르 프로세스는 디리클레 프로세스와 동일하다.

HDP(7.3절)를 만들기 위해 디리클레 프로세스가 활용됐던 방식과 비슷하게 피트만-요르 프로세스는 계층적 피트만-요르 프로세스를 만드는 데 활용될 수 있다. 여기서 계층은 디리클레 프로세스가 아닌 피트만-요르 프로세스로 및 추가적인 감소 매개변수로부터 구축한다. 이러한 계층적 PY는 예를 들어 의존성 구문 분석에 사용됐다 (Wallach et al., 2008).

7.4.1 언어 모델링을 위한 피트만-요르 프로세스

언어 모델링은 자연어 처리에서 가장 기본적이고 가장 먼저 다뤘던 문제 중 하나다.

언어 모델의 목적은 발언, 문장 또는 일부 텍스트에 확률을 할당하는 것이다. 언어 모델은 예를 들어 기계 번역 시스템의 출력을 일관되게 하거나 발언의 타당성을 평가하기 위해 주어진 음성 신호로부터 디코딩하며 음성 인식을 하는 데 사용된다.

만약 $x_1 \ldots x_m$이 어떤 단어들에 대한 문장에 해당하는 문자열이라면 단어마다 점진적으로 단어를 생성하는 모델을 상상할 수 있으며 이때 매번 해당 지점까지 생성된 단어들에 대해 조건부를 갖는다. 조건부를 갖는 단어들은 새롭게 생성되는 단어들에 대한 "맥락"이다. 수리적으로 이는 연쇄 법칙의 간단한 활용으로써 $x_1 \ldots x_m$에 대한 확률을 다음과 같이 정의한다.

$$p(x_1 \cdots x_m) = p(x_1) \prod_{i=2}^{n} p(x_i | x_1 \cdots x_{i-1}) \tag{7.9}$$

가장 흔하고 성공적인 언어 모델은 n-그램 모델로서 x_i를 생성하기 위해 필요한 맥락은 x_i에 앞서 나온 $n-1$개의 단어들이라는 간단한 마르코프 가정을 만든다. 예를 들어 바이그램($n=2$)인 경우 식 7.9의 확률은 다음과 같이 표현된다.

$$p(x_1 \cdots x_m) = p(x_1) \prod_{i=2}^{n} p(x_i | x_{i-1})$$

베이지안 언어 모델은 주어진 맥락에서 새로운 단어를 생성하는 확률분포에 대해 사전분포를 놓는다. Teh(2006b)는 피트만-요르 프로세스를 해당 분포들의 사전분포로 활용한다. 해당 논문의 용어를 따르면 n-그램 분포 $p(w | w_1 \cdots w_{n-1})$은 $G_{w_1 \cdots w_{n-1}}(w)$이며 $\pi(w_1 \cdots w_r) = w_1 \cdots w_r$, 즉, π는 "최초"의 단어를 제거한 단어들의 시퀀스를 받는 함수라고 설정한다. 그 다음 Teh는 n-그램 분포 $G_{w_1 \cdots w_{n-1}}(w)(r \leq n-1)$에 대한 계층적 사전분포를 다음과 같이 정의한다.

$$G_\emptyset \sim \text{PY}(d_0, a_0, G_0) \qquad \qquad \textit{base case}$$
$$G_{w_1 \cdots w_r} \sim \text{PY}(d_r, a_r, G_{\pi(w_1 \cdots w_r)}) \qquad \textit{recursive case for } 1 \leq r \leq n-1$$

여기서 V가 단어들의 크기일 때 기준분포 G_0은 $G_0 = 1/V$를 만족한다(즉, 이는 단어들에 대한 균일분포를 나타낸다). 추가적으로 감소 매개변수에는 균일분포의 사전분포를, 모든 집중 매개변수에는 Gamma(1,1)의 사전분포를 놓는다.

이러한 사전분포의 계층적 구조 때문에 특정 맥락 $w_1 \cdots w_r$에서 추출된 단어는 $w_1 \cdots w_r$과 동일한 접미사를 갖는 모든 맥락에서도 추출될 수 있다.

사전분포에 대한 이러한 계층적 정의는 백오프 평활화 또는 저차 모델을 통한 보간법을 연상시키며 이 두 모델 모두 n-그램 모델 추정을 위한 흔히 사용되는 평활화 기법들이다(Rosenfield, 2000). 실제로 Teh(2006a)에서 제안하는 계층적 사전분포는 n-그램 언어 모델을 위한 Kneser-Ney 추정 보건법(Chen and Goodman, 1996, Kneser and Ney, 1995)의 일반화라는 점을 보였다.

Teh는 맥락(즉, 어떤 단어가 나오기 전의 단어들)이 주어졌을 때 새롭게 나타나는 단어에 대한 확률을 예측하는 추론 방법을 설계하며 그의 언어 모델에 기반해 텍스트의 복잡도를 계산한다. 추론 알고리즘은 깁스 샘플링으로 중국집 프로세스 표현 방식을 활용한다.

Teh에 의하면 깁스 방식을 적용한 피트만-요르 언어 모델^{PYLM}은 Kneser-Ney 보건법보다는 좋은 성능을 나타내지만 Chen and Goodman(1996)에 의해 Kneser-Ney를 향상시킨 "변형된 Kneser-Ney"^{MKN}에 비해선 낮은 성능을 나타낸다. PYLM이 MKN에 비해 낮은 성능을 나타내는 이유에 대해 초매개변수들에 대한 추론된 추정치들은 예측에 최적이 아니라고 Teh는 가설을 세웠다. 이러한 문제를 해결하기 위해 그는 PYLM의 초매개변수를 찾기 위한 교차 검증 방식을 설계했다(MKN의 매개변수들 또한 교차 검증을 통해 최적화한다). 교차 검증을 통한 PYLM의 복잡도 결과는 MKN에 비해 낮았으며 비교하는 (여러 n-그램 크기에 대해 Kneser-Ney 보건법 및 계층적 디리클레 모델과 같은) 다른 기법들에 비해 좋은 성능을 나타냈다.

Noji et al.(2013)은 n-그램 모델과 토픽 모델을 결합하기 위해 피트만-요르 프로세스를 활용했다. 그들은 Wallach(2006)의 모델을 설계 및 확장하며 n-그램 모델과 토픽 모델을 결합하는 과정에서 (디리클레 사전분포를 통한) 모수적 방법을 적용한다.

7.4.2 피트만-요르 프로세스의 멱법칙 성질

피트만-요르[PY] 프로세스는 $d = 0$인 경우 디리클레 프로세스와 동일하다. 이러한 경우 CRP 표현방식을 살펴보면 기대하는 식탁의 수가 대략적으로 $s \log n$이라는 것을 보일 수 있으며, 이때 n은 (주로 관측치의 수에 해당되는) 고객의 수, s는 디리클레 프로세스의 집중 매개변수이다.

$d > 0$인 경우 기대하는 식탁의 수는 실제로 치명적인 방식으로 변한다. 식탁의 수에 대한 로그 형태가 아니며 기대하는 식탁의 수는 sn^d로 변한다. 이는 식탁 수의 기댓값이 멱법칙[Power-Law]을 따른다는 것을 의미하며 n에 대한 함수인 식탁수의 기댓값이 n의 멱에 비례한다.

이러한 멱법칙 성질은 자연어 모델링에 매우 적합하다. 예를 들어 피트만-요르 단일 그램 언어 모델에서 각 식탁은 단어의 종류, n은 단어 토큰에 해당된다. 따라서 식탁 수의 기댓값은 n크기의 말뭉치에서 존재하는 단어 종류에 대한 기댓값을 나타낸다. Zipf(1932)가 주장한 것처럼 이는 멱법칙 성질을 잘 따른다고 볼 수 있다.

그림 7.3은 $d \neq 0$인 경우 디리클레 프로세스와 피트만-요르 프로세스의 성질을 비교한 결과를 보여준다. 먼저, (DP 및 PYP에 대한 막대 절단 프로세스 표현 방식에서) 막대의 i 부분의 길이인 π_i는 $d = 0$일 때 (즉, 디리클레 프로세스만 사용할 때) 지수적 감소를 보이는 반면, 피트만-요르 프로세스를 사용할 경우 무거운 꼬리 부분을 갖고 있다. $d \neq 0$인 경우 $\pi_i \propto (i)^{-\frac{1}{d}}$임을 보일 수 있다. 그림은 또한 DP 및 PYP에 대한 중국집 프로세스에서 샘플링했을 때 가용할 수 있는 식탁 수의 평균을 보여준다. $d = 0$인 경우 식탁의 수가 로그 형태를 따라 증가하는 반면 $d > 0$의 경우 증가 속도가 좀 더 빠르다는 점을 볼 수 있다.

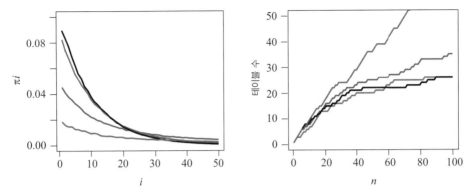

그림 7.3 왼쪽 도면: 피트만-요르 프로세스 사전분포에서 추출된 5,000개의 표본에 관한 i에 종속하는 함수 π_i의 평균. 집중 매개변수는 모든 경우에 대해 10이다. 감소 매개변수들의 값은 $d = 0$(검정, 디리클레 프로세스), $d = 0.1$(빨강), $d = 0.5$(파랑), $d = 0.8$(보라). 오른쪽 도면: 중국집 프로세스에서 추출된 5,000개의 표본에 대한 n명의 고객에 종속하는 함수 식탁의 평균 개수. 집중 및 감소 매개변수들은 왼쪽 도면의 경우와 동일하다.

7.5 토의

7장에서는 디리클레 프로세스 및 이에 파생과 다른 표현 방식에 대해 집중적으로 살펴봤다. 베이지안 비모수 NLP에서 디리클레 프로세스는 주요한 역할을 담당하지만 비모수적 베이지안 사전분포에 활용하는 다른 확률 프로세스도 존재한다.

머신러닝 문헌에서는 다양한 문제를 풀기 위한 여러 비모수적 베이지안 사전분포를 고안했다. 이번 절에서는 다른 비모수적 모델에 대한 개요를 살펴보고자 한다. 이번 절에서 다루는 사전분포를 통한 사후 추론 알고리즘에 대해선 모델에서 활용되는 자세한 사항들에 좌우되기 때문에 기술하지 않는다. 독자들은 해당 문헌을 통해 이러한 사전분포가 통계적 추론에 어떻게 쓰이는지 이해하는 것이 좋다. 이번 절의 목적은 독자들이 NLP에서 자주 활용되지 않는 기술된 사전분포들이 어떻게 자연어 처리 문제에 적용되는지 알아보는 데 있다.

7.5.1 가우시안 프로세스

가우시안 프로세스^{GP, Gaussian Process}는 관측된 시간과 공간 데이터를 모델링하는 데 자주 사용한다. 가우시안 프로세스는 확률변수들의 집합 $\{X_t | t \in T\}$로서 어떠한 집합 T에

인덱싱(예를 들어 T는 시간을 나타낸다)돼 있으며 이에 대한 유한한 부분집합은 확률변수들의 집합으로써 다변량 정규분포를 따른다.

따라서 가우시안 프로세스는 기댓값 함수 $\mu : T \to \mathbb{R}$ 및 X_t와 $X_{t'}$ 사이의 공분산을 나타내는 공분산 함수 $\text{Cov}(t, t')$를 통해 정의한다. 확률변수들에 대한 모든 부분 벡터, $X = (X_{t_1}, \ldots, X_{t_n})$는 정규분포를 따르며 $E[X] = (\mu(t_1), \ldots \mu(t_n))$이고 공분산 행렬 Σ은 $\Sigma_{i,j} = \text{Cov}(t_i, t_j)$이다.

X_t의 모든 값을 특정 값으로 설정하기 위해선 가우시안 프로세스를 함수로 생각할 수 있다. 각 $t \in T$에 대해 실수 값으로 매핑된다. 이러한 점이 바로 베이지안 세팅에서 가우시안 프로세스를 활용하는 주요한 이유다. 가우시안 프로세스는 실수 값을 갖는 함수에 대한 사전분포를 정의하는 데 활용된다. 가우시안 프로세스로부터의 각 추출은 T의 값들을 실수 값으로 매핑하는 함수를 이끌어낸다. 이러한 사전분포의 "평균함수"는 μ이다. 머신러닝에서의 가우시안 프로세스 활용 방안에 관한 자세한 내용은 Rasmussen and Williams(2006)를 참조하라.

가우시안 프로세스는 NLP에서 자주 활용되지는 않는다. 이러한 프로세스를 활용해 분류 및 시퀀스 라벨링에 활용하는 연구가 존재한다. 예를 들어 Altun et al.(2004)의 연구는 관측치와 특정 라벨을 맞추는 정도를 측정하는 호환성 함수에 가우시안 프로세스 사전분포를 활용한다. Altun et al은 모델을 지명된 개체 인식 문제에 실험하며 조건부 확률장에 비해 오차가 감소하는 것을 보여준다.

NLP에서 GP를 활용하는 최근 연구들은 회귀 문제에 집중돼 있다. 예를 들어 Preotiuc-Pietro and Cohn(2013)에서는 가우시안 프로세스를 활용해 Twitter 데이터의 시간적 변화를 모델링했다. 이 연구의 목적은 해시태그의 용량의 대체가 표시된 것과 같이 (Twitter상의) 시간의 트렌드를 예측하는 데 있다. 회귀함수 $f(t)$는 가우시안 프로세스 사전분포에서 추출된 것으로 가정하며 t는 시간을, $f(t)$는 용량을 나타낸다(즉, 프로세스의 각 X_t는 $f(t)$에 대한 무작위의 값을 나타낸다). 저자들은 예측된 값을 추가적인 분류 단계에 활용해 주어진 트윗의 해시태그를 예측한다.

7.5.2 인디언 뷔페 프로세스

인디언 뷔페 프로세스$^{IBP, \text{Indian Buffet Process}}$는 무한한 이항 행렬을 추출하기 위한 확률 프로세스에 대해 기술한다(Griffiths and Ghahramani, 2005). 이는 CRP와 비슷하게 레스토랑 은유를 활용하며 여기서 고객들은 다른 고객들의 요리에 대한 인기에 기반해 여러 요리를 접할 수 있다. IBP는 초매개변수 α에 의해 제어된다.

IBP에 대한 은유는 다음과 같다. 레스토랑에는 무한한 요리가 있으며 긴 뷔페 형식의 라인에 나열돼 있다. 첫 번째 고객이 들어왔을 때 첫 r_i 요리에서 음식을 받으며 r_i은 Poisson(α)에서 추출한다. i 번째 고객이 들어왔을 때 음식의 인기에 기반해 요리를 샘플링하며 확률 m_k/i로 요리 k를 먹는다. 이때 m_k는 요리 k를 선택한 고객 수를 나타낸다. 이전에 샘플링된 요리들의 끝에 도달했을 때 r_i의 새로운 요리를 선택하며 r_i는 Poisson(α/i)에 의해 추출된다.

위의 프로세스에 대한 설명을 살펴보면 IBP는 무한한 이항 행렬에 대한 분포를 정의한다는 것을 의미한다. (행과 열이 고객 인덱스에 해당하는 자연수와 인덱싱된) 이러한 이항 행렬의 각 추출 M은 만약 고객 i가 k번째 요리를 먹었다면 $M_{ik} = 1$이며 이외의 경우 0의 값을 갖는다.

7.5.3 내포 중국집 프로세스

내포 중국집 프로세스(Blei et al., 2010)는 무한의 깊이를 가지며 무한으로 뻗는 나무의 사전분포를 준다. 내포된 CRP는 무한의 중국집 개수의 존재를 가정하며 각 레스토랑마다 무한한 식탁 개수를 갖고 있다. 여기서는 "뿌리" 레스토랑이 있으며 각 식탁은 정확히 하나의 다른 레스토랑을 향한다. 또한 다른 레스토랑의 각 식탁은 다른 레스토랑을 향하고 있다. 각 레스토랑은 정확히 한 번 지정되며 이에 따라 레스토랑들은 나무 구조를 가진다. 여기서 노드들은 지정된 레스토랑을 (또는 식탁을) 나타내며 엣지는 한 레스토랑이 다른 곳을 지정하는 것을 나타낸다.

내포된 CRP는 무한한 나무에서의 통로에 대한 분포를 이끌어낸다. 내포된 CRP에서의 추출은 이러한 통로다. 위에서 기술된 중국집이 있는 도시에 M 여행객들이 온다고 가정하고 뿌리 레스토랑에서 시작해 식탁은 선택하고 해당 식탁에서 지정된 레스토랑으로 움직인다. 이러한 반복은 무한으로 수행된다. M 여행객들이 있을 때 나무에서 M개의 무한한 통로가 있으며 이는 최대 M개의 뻗는 가지를 갖는 무한한 나무의 부분 나무로 기술될 수 있다.

Blei et al.(2010)은 계층적 LDA 모델을 설명하기 위해 내포 CRP를 사용한다. 모든 식탁에 대한 무한한 나무는 계층적 토픽분포를 가정한다. 이는 나무에 있는 각 노드가 문서에 포함돼 있는 단어들의 모음에 대한 분포와 관련이 있다. 여기서 생성 모델의 설명은 흔한 토픽분포가 아닌 (무한한 통로의) 내포 CRP로부터의 추출을 활용한다. 그다음 문서의 단어를 추출하기 위해 먼저 내포 CRP로부터 통로를 추출하고 각 단어가 무한한 통로에 속해 있는 단계를 추출한다. 마지막으로 통로의 해당 단계에 있는 노드와 관련된 단어 모음 분포에서의 단어를 추출한다.

7.5.4 거리-종속 중국집 프로세스

7.1.2절에서 언급된 것과 같이 중국집 프로세스는 분할에 대한 확률분포를 정의한다. 이를 은유로 살펴보면 고객은 식탁 옆 좌석에 나열돼 있으며 i번째 고객이 앉기 전 미리 식탁 옆에 앉아 있는 고객 수에 비례하는 확률로서 식탁 옆에 앉는다. 비어 있는 새로운 식탁 옆에 앉을 고객에 대해선 어떠한 확률 질량이 할당된다.

Blei and Frazier(2011)에서 만든 주요한 관측된 점은 CRP가 식탁에 기반해 좌석 배열을 정의한다는 점이며 좀 더 자세히 말하면 식탁에 착석하는 사람의 수에 기반한다. 그들은 고객이 다른 고객과 같이 착석하는 또 다른 관점을 제안한다.

좀 더 형식적으로는 f가 증가하지 않는 양의 "감소함수"를 나타내며 $f(\infty) = 0$을 만족한다. 추가적으로 D는 D_{ij}가 고객 i와 고객 j 사이의 거리를 나타내는 $n \times n$ 행렬이며 $D_{ij} \geq 0$을 가정한다. 그러면 $i \in \{1,...,n\}$에 대해 $Y^{(i)}$가 고객 i와 같이 앉는 사람들을 나타내는 확률변수일 때 거리 기반 CRP는 다음을 가정한다.

$$p\left(Y^{(i)} = j \mid D, s\right) \propto \begin{cases} f\left(D_{ij}\right), & \text{if } i \neq j \\ s, & \text{if } i = j \end{cases}$$

여기서 s는 집중 매개변수와 비슷한 역할을 담당한다.

각 고객에 대해 다른 고객과 옆에 앉는 좌석 배열은 CRP와 비슷하게 어떠한 통로를 통해 연결돼 있는 모든 고객에게 식탁을 지정하며 식탁 옆의 좌석에 대한 배열을 만든다.

참고로 Blei and Frazier가 제안하는 프로세스는 순차적이지 않다. 이는 고객 1이 고객 2를 선택할 수 있고 고객 2가 고객 1을 선택할 수 있으며 좀 더 일반적으로 배열에 순환이 존재할 수 있다는 걸 의미한다. 거리 기반 CRP는 기존의 CRP와 비슷한 맥락에서 순차적이지 않다. 추가적으로 레스토랑에 들어오는 고객의 순서도 상관이 있으며 거리 기반 CRP에서는 교환 가능성 성질이 성립하지 않는다(7.1.2절 참조).

하지만 (집중 매개변수 s를 갖는) 기존의 순차적 CRP를 복구할 수 있다. 이를 위해선 $j > i$일 때 $D_{ij} = \infty$, $j < i$일 때 $D_{ij} = 1$, $f(\infty) = 0$을 만족하는 $F(D) = 1/d$라는 가정을 해야 한다.

이러한 경우 고객들은 낮은 인덱스를 갖는 고객과 합석한다. 특정 식탁에 합석하는 총 확률은 고객과 해당 식탁에 앉아 있는 모든 고객 간의 거리의 합에 비례하며 위의 설계법에서 보면 해당 식탁의 옆에 앉는 총 고객의 수다.

NLP에서는 거리-종속 CRP의 활용도가 비교적 적지만, 거리-종속 CRP를 활용하는 연습 문제로서는 품사 클래스를 유도하는 것이 있다(Sirts et al., 2014). Sirts et al은 단어를 레스토랑에 입장하는 고객들로 다루는 모델을 사용하며 각 지점에서 식탁에 앉는 단어들은 해당 식탁에 앉아 있는 다른 단어들과의 유사도에 종속하며 이 유사도는 분포적 또는 형태적 특성에 기반한다. 여기서 식탁들은 품사 클래스들을 나타낸다.

NLP에서 거리-종속 CRP를 활용하는 또 다른 연습 문제는 Titov and Klementiev (2012)에 의한 연구다. 이 연습 문제에서는 비지도 형식의 의미론적 역할을 이끌어내기 위해 거리-종속 CRP를 사용한다.

7.5.5 시퀀스 메모이저

시퀀스 메모이저Sequence Memoizers(Wood et al., 2009)는 비마르코프 시퀀스 모델을 정의하는 계층 비모수적 베이지안 모델이다. 그들의 아이디어는 7.4.1절에서 나오는 것과 비숫하다. 각 단계에서의 예측된 토큰에 대한 분포의 시퀀스는 피트만-요르 프로세스에서 추출된다. 맥락 $x_1 \cdots x_{k-1}$가 주어졌을 때 k번째 토큰을 예측하기 위해선 기준분포 $G_{x_2 \cdots x_{k-1}}$을 갖는 피트만-요르 프로세스에서 분포 $G_{x_2 \cdots x_{k-1}}$을 추출한다. 순서대로 분포 $G_{x_2 \cdots x_{k-1}}$는 기준분포 $G_{x_2 \cdots x_{k-1}}$을 갖는 피트만-요르 프로세스에서 추출되며 이를 반복한다.

Wood et al은 시퀀스 메모이저를 활용한 사후 추론을 효율적으로 수행하기 위한 기법에 대해 설명한다. 이를 위해 집중 매개변수가 0인 피트만-요르 프로세스의 특정 부분족을 활용한다. 이는 $i > 1$에 대해 $G_{x_i \cdots x_{k-1}}$ 분포를 소거할 수 있으며 마지막 예측분포 $G_{x_i \cdots x_{k-1}}$을 설계할 수 있다. 또한 이는 시퀀스 메모이저에 대한 효과적인 표현을 만들 수 있으며, 시퀀스 길이에 선형으로 증가한다.

시퀀스 메모이저는 흔한 n-그램 마르코프 모델을 대신해 언어 모델링에 주로 사용된다. 이는 Gasthaus and Teh(2010)에서 좀 더 풍부한 초매개변수 설정 및 메모리 효율적 표현을 소개하며 성능을 향상시켰다. 향상된 모델에 대한 추론 알고리즘 또한 Gasthaus and Teh(2010)에서 기술됐다. 풍부한 초매개변수 설정은 밑에 있는 피트만-요르 프로세스에서 영이 아닌 집중 값을 사용할 수 있도록 한다. 이는 또한 Shareghi et al.(2015)에 의해 구조적 예측에 적용됐다.

7.6 요약

NLP 문헌에서 활용되는 베이지안 비모수적 모델을 살펴봤으며 다룬 주요 개념은 다음과 같다.

- NLP를 위한 베이지안 비모수적 모델의 중요한 구성 요소인 디리클레 프로세스. 세 가지의 동등한 디리클레 프로세스 설계를 살펴봤다.
- 유한 혼합 모델의 일반화 형태인 디리클레 프로세스 혼합 모형
- 여러 디리클레 프로세스 모델 안에 내포돼 모델의 부분 간에 "원자 공유"가 가능한 계층적 디리클레 프로세스
- 디리클레 프로세스의 일반화 모형인 피트만-요르 프로세스

- 기타 베이지안 비모수적 모델 및 사전분포에 대한 내용

8장에서는 모델에 대한 다른 연습 문제 및 HDP 문맥 자유 문법과 어댑터 문법과 같은 베이지안 비모수적 모델의 활용 분야를 알아본다.

7.7 연습 문제

7.1 중식 레스토랑 프로세스가 교환 가능 확률변수 집합에 대한 결합분포를 나타냄을 보여라.

7.2 Z_n은 n고객 수가 앉은 후 사용되지 않는 식탁의 수를 나타내는 확률변수이며 이는 (집중파라미터 α인) 중식 레스토랑 프로세스 배열을 따른다. n이 큰 값을 가질 때 $E[Z_n] \approx \alpha \log n$이 성립함을 보여라.

7.3 식 7.2~7.3을 고려해보자. GEM 분포로부터 β를 뽑는 프로세스가 두 식을 만족하는지를 보여라. 이를 위해 식 7.1에 나타나 있는 β에 대한 정의를 활용하라.

7.4 7.2.1절에서는 디리클레 프로세스 혼합 모형에서 추출된 표본 $\theta^{(1)},...,\theta^{(n)}$에 깁스 샘플링을 적용했다. G_0가 $p-1$ 차원의 확률 심플렉스에 대한 디리클레분포를 따르며 $P(X|\theta)$는 p개의 요소에 대해 다항분포를 따를 때 이에 대한 샘플링을 작성하라.

7.5 엘리스는 앞선 문제에서 샘플링을 도출했지만 $\theta \sim G_0$의 모든 좌표가 ($p > 2$라는 가정하에) 1/2보다 작은 재정규화된 디리클레분포가 더 좋은 G_0라는 점을 나중에 발견했다. 기각 표본 추출(5.9절 참조)을 바탕으로 이러한 G_0에 대한 깁스 샘플링을 도출하라. 필요하다면 3.1.4절을 참조하라.

CHAPTER 8

베이지안 문법 모델

NLP에서 가장 성공적인 베이지안 기법 응용 중 하나는 문법 형식에서 파생된 확률적 모델이다. 이러한 확률론적 문법은 NLP 연구자들의 모델링 툴킷에서 중요한 역할을 맡으며 모든 영역, 특히 형태론적 수준에서 언어의 계산 분석에 많이 활용된다.

확률론적 문법에 베이지안 통계를 적용하기 위해선 문법의 매개변수에 대해 사전 분포를 설정해야 한다. 예를 들어 확률론적 문맥 자유 문법PCFG, Probabilistic Context-Free Grammars에서는 법칙의 다항 확률에 대해 디리클레 사전분포를 설정할 수 있다. 더 나아가 좀 더 복잡한 모델이 사용될 수 있다. 예를 들어 PCFG에 디리클레 프로세스와 같은 비모수적 사전분포를 활용해 PCFG에서 가정하는 독립성을 무시할 수 있다.

베이지안 환경에서의 확률론적 문법을 다루는 연구는 문자열만 학습자에게 제공되는 비지도적 환경에서 수행되며, 여기서 목표는 어원 나무에 대한 사전분포를 추론하거나 더 나아가 문법의 구조를 유도하는 데 있다. 그러나 지도학습 환경에서 문법과 함께 활용되는 베이지안 학습에는 몇 가지 예외 사항이 존재한다. 이러한 예외 중 일부를 살펴보고자 한다.

8장의 거의 대부분은 특정 문법 모델, 확률론적 문맥 자유 문법 그리고 모수적 및 비모수적 베이지안 환경에서 이들의 활용에 대해 다룬다. 이러한 주제를 다루는 이유는 다음과 같다.

- 확률론적 문맥 자유 문법은 문법 형식화 중 가장 간단한 형태로 재작성 법칙이 $\alpha \to \alpha$ 형태의 문맥 자유 형식을 갖는다. 여기서 α는 "비단말 형식"이며 α는 편도함수에서 α를 대체할 어떠한 객체이다. 이러한 법칙 구조는 "문맥 자유 백본[1]을 갖는 다른 다수의 형식화에서도 흔하게 볼 수 있다. 이에 대한 예로는 NLP에서 다시 등장하고 사용되는 다수의 문법 형식화의 일반화인 문맥 자유 재작성 시스템(Kallmeyer and Maier, 2010, Vijay-Shanker et al., 1987), 조합 범주형 문법(Steedman and Baldridge, 2011) 그리고 그래프 재작성 문법(Rozenberg and Ehrig, 1999)과 같이 언어가 문자열의 집합이 아닌 형식화 등이 존재한다. 이들은 또한 히든 마르코프 모델과 같은 시퀀스 모델을 일반화한다.

- 확률론적 문맥 자유 문법 및 이로부터 파생된 다양한 연구가 많이 존재한다. 이는 이러한 문법 형식화에 많이 익숙한 것이 모든 NLP 연구원에게 중요하다는 것을 의미한다.

- PCFG는 NLP의 통계적 모델을 도출하고 소통할 수 있는 일반적인 방법을 제공한다. PCFG는 계산 가능성과 표현성 사이의 접점으로 이에 대한 활용도는 단순 구문 파싱에서 끝나지 않는다. PCFG 측면을 통해 NLP의 많은 모델을 다룰 수 있다.

8.1절에서는 NLP 및 그 주변 분야에 활용되는 기초적 시퀀스 라벨링 모델인 히든 마르코프 모델의 활용도에 관해 살펴본다. 8.2절에서는 PCFG에 대한 대체적인 개요 및 8장에서 활용되는 셋업 표기를 알려준다. 8.3절에는 베이지안 접근 방면의 PCFG 의 적용에 대해 알아본다. 그다음 8.4절에서는 어댑터 문법 등 문법에 대한 비모수적 모델링으로 주제를 옮기며 8.5절에서는 계층적 디리클레 프로세스 PCFG를 살펴본다. 8.6절에서는 의존 문법, 8.7절에서는 동기 문법, 8.8절에서는 다중 언어 학습을 각각 살펴본다. 마지막으로 8.9절에서는 추가적인 독서 목록에 대해 제안하며 8장을 맺는다.

---

1 문법이 "문맥 자유 백본"을 갖는다는 것은 생성하는 언어가 반드시 문맥 자유라는 것을 의미하지 않는다. 이는 생성 법칙이 왼쪽에 문맥이 꼭 필요하지 않다는 것을 의미한다.

8.1 베이지안 히든 마르코프 모델

히든 마르코프 모델은 시퀀스 모델링을 위한 많은 NLP 응용에 활용되는 중요한 모델이다. HMM은 주로 "문법 모델"로서 떠올리지는 않지만 실제로 확률론적 문맥 자유 문법의 특수한 경우이다. 이는 8.2.3절에서 좀 더 명확하게 규명한다. 히든 마르코프 모델은 짝 $H = (T, N, \diamond, \theta)$로서 다음과 조건들을 만족한다.

- T는 출력 기호라고 부르는 기호들의 유한한 집합이다.
- N은 상태라고 부르며 $T \cap N = \emptyset$을 만족하는 기호들의 유한한 집합이다.
- 특수한 상태 기호 $\diamond \in T$는 "정지 상태" 또는 "싱크 상태"라고 부른다.
- θ는 매개변수들의 벡터로서 모든 $s, s' \in N$ 그리고 모든 $o \in T$에 대해 다음과 같은 비음의 매개변수들을 정의한다.
  - 초기 상태 확률: θ_s. $\sum_{s \in N} \theta_s = 1$을 만족한다.
  - 출력 확률: 모든 $s \in N \setminus \{\diamond\}$ 그리고 $o \in T$에 대해 $\theta_{o|s}$, $\sum_{o \in T} \theta_{o|s} = 1$을 만족한다.
  - 전이 확률: 모든 $s \in N \setminus \{\diamond\}$ 그리고 $s' \in N$에 대해 $\theta_{s'|s}$, $\sum_{s \in N} \theta_{s'|s} = 1$을 만족한다.

히든 마르코프 모델은 $x = x_1 \cdots x_m$이 T에서의 문자열 $z = z_1 \cdots z_m$이 $z_i \neq \diamond$를 만족하는 N에서의 상태 시퀀스인 짝 (x, z)에 대한 확률분포를 정의한다. 이러한 분포는 다음과 같이 정의한다.

$$p(x, z|\theta) = \theta_{z_1} \theta_{x_1|z_1} \left(\prod_{i=2}^{m} \theta_{z_i|z_{i-1}} \theta_{x_i|z_i} \right) \theta_{\diamond|z_m}$$

HMM은 전진 그리고 후진 알고리즘으로 부르는 기본적인 추론 알고리즘을 갖고 있다. 이들은 관측 시퀀스가 주어졌을 때 특성의 기댓값을 계산하는 데 활용될 수 있는 동적 계획법 알고리즘이다. 예를 들어 시퀀스에서 특정 출력 $o|s$가 발사하는 수에 대한 기댓값을 구하거나 또는 특정 전이 $s'|s$가 발사하는 수에 대한 기댓값을 구하는 데 사용할 수 있다. 이러한 알고리즘의 자세한 내용은 Rabiner(1989)를 참조하라. 이러한

알고리즘들은 PCFG를 위한 인사이드 및 아웃사이드 알고리즘과 유사하다(8.2.2절 참조).

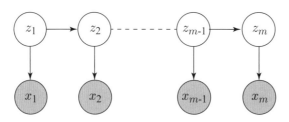

그림 8.1 체인 구조의 그래프로 묘사된 히든 마르코프 모델. 회색의 색을 갖는 노드들은 관측치에 해당되며 흰색 노드들은 잠재 상태에 해당된다. 시퀀스의 길이는 m이며 잠재 노드 및 관측치는 점선으로 표현됐고 3에서 $m - 2$까지 인덱싱됐다.

히든 마르코프 모델에 대한 그래프 묘사는 그림 8.1에 표현돼 있다. 그래프상의 체인 구조는 HMM의 독립성 가정을 나타낸다. HMM에 대한 고정된 매개변수 집합 및 상태 z_i가 주어졌을 때 관측치 x_i는 체인에서의 다른 모든 노드와 조건부 독립성을 갖는다. 추가적으로 HMM에 대한 고정된 매개변수 집합 및 상태 z_{i-1}이 주어졌을 때 상태 z_i는 이전의 모든 상태 z_j, $j < i - 1$와 조건부 독립성을 갖는다.

히든 마르코프 모델은 좀 더 높은 차수에 관해서도 정의할 수 있다. 이러한 경우 주어진 상태에 대한 확률분포가 바로 이전의 상태보다 더 이전의 상태에도 종속한다. 예를 들어 트라이그램(3-gram) HMM에서 주어진 상태의 확률은 두 단계 이전의 상태의 영향을 받는다. 트라이그램 HMM(또는 더욱 높은 차수의 HMM)을 통한 추론 알고리즘들은 평범한 바이그램 HMM에서 사용되는 추론 알고리즘과 비슷하다.

8.1.1 무한 상태 공간에서의 히든 마르코프 모델

HMM에서 (지도학습의 품사 태깅과 같이 상태가 알려진 집합에 해당되지 않을 때) 잠재 상태의 수를 정하는 문제는 흔히 모델 복잡도를 제어하는 도구들을 활용해 해결할 수 있다.

예를 들어 홀드아웃Hold-out 데이터 검증에서 지속적으로 상태를 추가할 수 있으며 그때마다 데이터에 추론을 수행 및 홀드아웃 데이터에 대한 로그우도함수의 경향을 확인할 수 있다.

HMM에서 사전에 잠재 상태의 수를 정하는 문제를 해결하기 위한 또 다른 방법은 비모수적 모델링, 좀 더 자세히 말하자면 계층적 디리클레 프로세스를 활용하는 것이다(7.3절). 이는 (셀 수 있는 수의 잠재 상태를 갖는) 무한한 상태 공간을 정의할 수 있도록 한다. 시퀀스 관측치에 대한 추론을 수행할 때 데이터를 설명하는 잠재적인 상태의 수는 활용 가능한 데이터의 크기와 비례해 증가한다.

계층 디리클레 프로세스 히든 마르코프 모델HDP-HMM, Hierarchical Dirichlet Process Hidden Markov Model은 HMM과 HDP를 결합하는 직관적인 확장이라고 할 수 있다. 여기서는 Teh(2006b)에서 다루는 HDP-HMM의 일반적인 형태의 특정 사항에 대해 알아보며 Beal et al.(2002)의 무한 HMM 모델에 관해 살펴본다. Teh에서 가정하는 첫 번째 모델 요소는 관측치를 생성하는 모수족 $F(\cdot|\theta)(\theta \in \Theta)$ 및 매개변수 공간에 대한 사전분포에 활용되는 기준분포 G_0이다. 예를 들어 θ는 관측 기호의 집합 T에 대한 다항분포가 될 수 있으며 G_0은 $(|T| - 1)$번째 확률 심플렉스에 대한 디리클레분포가 될 수 있다. 길이 ℓ을 갖는 관측치의 시퀀스를 생성하기 위해선 생성 이야기 8.1을 활용한다.

생성 프로세스는 이산형 상태 공간을 가정하며 먼저 상태 공간에 대한 무한 다항분포의 기준분포 β를 생성한다. 그 다음 각 상태에 대한 또 다른 무한 다항분포를 추출한다. 해당 무한 다항은 (무한 다항분포의 각 사건이 하나의 상태로 매핑되도록) 다른 상태에서 또는 다른 상태로 향하게 인덱싱된 전이 분포를 나타낸다. 그 다음 매개변수 공간 Θ에 대한 기준분포 G_0을 사용해 각 상태에 대한 출력 매개변수들을 추출한다. 실제 시퀀스를 생성하기 위해 생성 프로세스는 흔히 활용되는 마르코프 프로세스를 따르지만 전이 및 출력 분포를 함께 사용한다. 이러한 무한 HMM 모델을 통한 추론은 계층적 디리클레 프로세스(7.3절)를 통한 추론과 유사하다. 이에 대한 자세한 내용은 Teh(2006b) 및 Van Gael et al.(2008)을 참조하라.

Constants: ℓ, s_0, s_1

Latent variables: β, π_0, π_i, θ_i for $i \in \{1, ... \}$, Z_j for $j \in \{1, ..., \ell\}$

Observed variables: X_j, for $j \in \{1, ..., \ell\}$

- Generate a base infinite multinomial $\beta \sim \text{GEM}(s_0)$.
- Generate $\pi_i \sim \text{DP}(s_1, \beta)$ for $i \in \{1, ... \}$
- Generate $\theta_i \sim G_0$ for $i \in \{1, ... \}$
- Generate $z_1 \sim \pi_0$
- Generate $x_1 \sim F(\cdot | \theta_{z_1})$
- For $j \in \{2, ..., \ell\}$
  - Generate $z_j \sim \pi_{z_{j-1}}$
  - Generate $x_j \sim F(\cdot | \theta_{z_j})$

생성 이야기 8.1 무한한 히든 마르코프 모델에 대한 생성 모델 설명

8.2 확률적 문맥 자유 문법

NLP에서 사용할 수 있는 가장 기본적인 일반 모델군 중 하나는 확률적 문맥 자유 문법PCFG이다. 확률적 문맥 자유 문법은 문맥 자유 문법CFG에서 확률론적 해석을 통해 확장한다. CFG는 문맥 자유 언어를 정의하는 메커니즘을 제공하는 문법 형식이다(문법 언어는 문법으로 생성할 수 있는 문자열의 집합이다). 또한 그러한 언어로 된 각 문자열을 그림 8.2의 구절 구조 트리 형태의 하나 이상의 문법 도출과 연관시킨다. 이 구절 구조 트리는 레이블이 지정된 트리로서, 노드의 레이블은 생성하는 부분 문자열의 구문 카테고리를 나타낸다(명사구의 경우 NP, 동사구의 경우 VP 등). 또한 왼쪽에서 오른쪽으로 읽은 결과는 도출이 생성된 문장을 나타낸다. 특정 언어로 구성된 이러한 트리의 모음을 "트리 뱅크"라고 한다.

좀 더 형식적으로 문맥 자유 문법은 $G = (\mathcal{T}, \mathcal{N}, S, \mathcal{R})$로, 다음과 같이 정의된다.

- $\mathcal{T}$는 단말 기호라고 부르는 기호들의 유한집합이다. 이는 CFG에서 생성되는 구절 구조 트리의 결과에 나타나는 기호들을 포함한다.

- $\mathcal{N}$은 비단말 기호들의 유한집합으로 구절 구조 트리의 노드들에 대해 라벨링을 한다. 이는 $\mathcal{T} \cap \mathcal{N} = \emptyset$이 필요하다.

- $\mathcal{R}$은 생산 규칙의 유한집합이다. 각 요소 $r \in \mathcal{R}$은 $a \to \alpha$의 형태를 가지며 $a \in \mathcal{N}$ 및 $\alpha \in (\mathcal{T} \cup \mathcal{N})^*$이다. $\mathcal{R}_a$는 집합 $\{r \in \mathcal{R} | r = a \to \alpha\}$로 나타내며, 여기서 비단말 $a \in \mathcal{N}$와 관련된 규칙은 규칙의 왼쪽 항에 있다.

- S는 지정된 시작 기호로 항상 구절 구조 트리의 최상위에 위치한다.

가장 일반적인 형태에서 CFG는 또한 ε이 "빈 단어"를 나타낼 때 $a \to \varepsilon$의 형태를 갖는다. 자연어 처리에서 특별한 관심이 있는 분야는 Chomsky 정규 형태를 갖는 CFG이다. Chomsky 정규 형태 문법을 활용하면 ($a \in \mathcal{N}$ 및 $t \in \mathcal{T}$에 대해) $a \to t$ 또는 ($a, b, c \in \mathcal{N}$에 대해) $a \to bc$의 형태를 갖는 생산만이 문법에서 활용 가능하다. Chomsky 정규 형태의 본래의 정의는 또한 규칙 $S \to \varepsilon$을 허용하지만 베이지안 NLP에서 CFG의 활용 측면에서는 문법에 해당 규칙이 추가되지 않는다. 단순화를 위해 여기서는 ε 규칙은 다루지 않도록 한다(하지만 ε 규칙은 빈 카테고리 및 "공백"과 같은 언어학 이론의 특정 요소들을 모델링하는 데 유용하다).

NLP에서 Chomsky 정규 형태가 유용한 이유는 CKY 알고리즘(Cocke and Schwartz, 1970, Kasami, 1965, Younger, 1967)과 같이 기본적인 추론을 위한 간편한 알고리즘을 주로 갖기 때문이다. CNF의 간편성은 갖고 있는 표현성을 잃게 하지는 않는다. 또한 모든 문맥 자유 문법은 동일한 문법 도출 및 같은 문자열 언어를 생성하는 CNF 형태로 축소될 수 있다는 점을 증명할 수 있다. 따라서 중점적으로 살펴볼 내용은 CNF 형태의 CFG이다.[2]

2　참고로 도출에 대한 같은 분포 및 문자열에 대해 PCFG를 항상 CNF 형태의 PCFG로 변환할 수 있는 것은 아니며 근사적 방법이 필요하다. Abney et al.(1999)을 또한 참조하라.

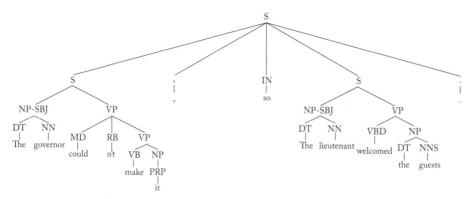

그림 8.2 Penn 트리 뱅크로부터 영감을 받은 영어로 구성된 구문 구조 나무 연습 문제(Marcus et al., 1993)

확률적 문맥 자유 문법은 모수집합 θ를 CFG G(이는 또한 규칙 확률로도 부른다)에 붙인다. 여기서 θ는 $|\mathcal{N}|$ 벡터들의 집합이다. $a \in \mathcal{N}$에 대해 각 θ_a는 확률 심플렉스에서 길이 $|\mathcal{R}_a|$를 갖는 벡터이다. θ_a에서의 각 좌표는 매개변수 $\theta_{a \rightarrow bc}$ 또는 $\theta_{a \rightarrow t}$에 해당한다. 확률적 문맥 자유 문법에서는 다음과 같은 조건들을 만족해야 한다.

$$\theta_{a \rightarrow bc} \geq 0 \qquad a \rightarrow bc \in \mathcal{R} \qquad (8.1)$$
$$\theta_{a \rightarrow t} \geq 0 \qquad a \rightarrow t \in \mathcal{R} \qquad (8.2)$$
$$\sum_{b,c:a \rightarrow bc \in \mathcal{R}} \theta_{a \rightarrow bc} + \sum_{t:a \rightarrow t \in \mathcal{R}} \theta_{a \rightarrow t} = 1 \qquad \forall a \in \mathcal{N} \qquad (8.3)$$

이는 각 비단말이 해당 비단말에 대한 가능한 규칙들의 다항분포와 관련 있다는 것을 의미한다. 매개변수 θ는 구절 구조 트리에 대한 확률분포 $p(Z|\theta)$를 정의한다. z가 $r_i = a_i \rightarrow b_i$ 또는 $r_i = a_i \rightarrow x_i$일 때 규칙의 시퀀스 $r_1, \ldots, r_m$으로 구성돼 있다고 가정해 보자. 그렇다면 $p(Z|\theta)$는 다음과 같이 정의한다.

$$p(Z = (r_1, \ldots, r_m)|\theta) = \left(\prod_{i=1}^{m} \theta_{r_i} \right) \qquad (8.4)$$

위의 제약 조건(식 8.1~8.3)을 만족시키는 규칙 확률에 대한 모든 지정이 트리의 공간에 대한 타당한 확률분포를 만드는 것은 아니다. 특정한 규칙 확률은 PCFG를 "비일치적"으로 이끌 수 있다. 이는 이러한 PCFG들이 무한한 길이를 갖는 트리에 값을 갖는 확률을 할당한다는 것을 의미한다. 예를 들어 (확률 0.7의) 규칙 $S \rightarrow S\ S$ 및 (확률 0.2의) $S \rightarrow$ buffalo를 갖는 문법에서 특정한 확률로 무한한 결과를 만들어내는 트리를 생성한다. 이 문제에 대한 좀 더 자세한 내용은 Chi(1999)를 참조하라.

베이지안 NLP 문헌의 거의 대부분의 경우 PCFG에서 바탕이 되는 기호적 문법은 알고 있다고 가정한다. 이는 특정 NLP 문제에 특화된 수제 문법이거나 트리뱅크 안의 파스 트리에 나타나는 규칙을 읽으면 학습된 문법일 수 있다.

PCFG에서 관측치는 주로 도출 z에 나타나는 문장의 결과다. 이는 PCFG가 T의 문자열 범위에 있는 추가적인 확률변수 X를 정의한다는 것을 의미한다. $X = \text{yield}(Z)$가 성립하며 여기서 $\text{yield}(Z)$는 결과 z의 문자열을 내어주는 결정적 함수다. 예를 들어 그림 8.2에서 도출이 z라고 할 때 $\text{yield}(Z)$는 문자열 "The governor couldn't make it, so the lieutenant welcomed the guests"이다.

분포 $p(Z|x, \theta)$는 결과 x를 갖는 모든 가능한 도출 트리에 대한 조건분 분포다. X는 Z에 대한 결정적 함수이기 때문에 식 8.4는 다음과 같이 분포 $p(X, Z|\theta)$를 정의한다.

$$p(x, z|\theta) = \begin{cases} p(z|\theta) & \text{yield}(z) = x \\ 0 & \text{yield}(z) \neq x \end{cases}$$

8장에서는 문자열 x에 있는 단어들이 $x_1 \cdots x_m$으로 표시되며 여기서 m은 x의 길이며 각 x_i는 단말 기호 T에서의 기호다.

PCFG와 관련된 또 다른 모델의 범주는 가중 문맥 자유 문법이다. 가중 CFG에서는 $\theta_{a \rightarrow bc}$ 및 $\theta_{a \rightarrow t}$는 1로 합이라는 제약 조건이 없다(식 8.2). 이는 양의 임의적 가중치가 될 수 있다. 따라서 가중 PCFG는 다음을 정의하며 분포 $p(Z|\theta)$를 이끌어낼 수 있다.

$$p(z|\theta) = \frac{\prod_{i=1}^{m} \theta_{r_i}}{A(\theta)} \tag{8.5}$$

여기서 $A(\theta)$는 다음과 같은 정규화 상수다.

$$A(\theta) = \sum_z \prod_{i=1}^{m} \theta_{r_i}$$

일치적 PCFG에서는 $A(\theta) = 1$이다. 어떠한 규칙 확률 지정에도 (즉, 식 8.1~8.2를 만족하는 가중치 지정) $A(\theta) \leq 1$가 성립한다. 가중 CFG에서는 $A(\theta)$가 유한한 상수가 아닌 경우가 존재한다. 함수 $A(\theta)$는 특정 가중치 설정에서 특정 문법에 대해 무한으로 발산할 수 있으며 이는 잠재적으로 무한한 도출의 수 및 다른 결과에 대한 합이기 때문이다.

8.2.1 다항의 모음으로 구성된 PCFG

NLP 생성 모델에서 매개변수 집합을 다항분포 집합으로 분해하는 것은 흔히 볼 수 있다. 일반적으로 θ는 K개의 부분 벡터를 갖는 벡터이며 각 부분벡터는 $k \in \{1,...,K\}$에 대해 길이 N_k를 갖는다. 이는 다음이 만족한다는 것을 의미한다.

$$\theta_{k,k'} \geq 0 \qquad \forall k \in \{1,\ldots,K\} \ and \ k' \in \{1,\ldots,N_k\}$$

$$\sum_{k'=1}^{N_k} \theta_{k,k'} = 1 \qquad \forall k \in \{1,\ldots,K\}$$

PCFG에서 K는 문법에서 비단말의 개수이며 N_k는 비단말 a가 인덱스 $k \in \{1,...,K\}$와 연관 있을 때 $\mathcal{R}_a$의 크기이다. k번째 비단말의 사건 k'는 $\theta_{k,k'}$으로 나타낸다.

이러한 관념적인 모델에서 각 다항 사건은 구조의 일부 조각에 해당된다. PCFG에서 이러한 구조의 조각들은 생산 규칙이다. $f_{k,k'}(x, z)$를 비단말 $k \in \{1,...,K\}$에 대해 생산 규칙 k'가 문자열 및 구절 구조 트리 (x, z)의 짝 활용되는 회수를 나타낸다고 하자. 이러한 경우 문자열 및 구절 구조 트리 짝에 대한 확률적 모델은 다음과 같다.

$$p(x, z|\theta) = \prod_{k=1}^{K} \prod_{k'=1}^{N_k} \theta_{k,k'}^{f_{k,k'}(x,z)}$$

만약 $x = (x^{(1)},...,x^{(n)})$ 및 $z = (z^{(1)},...,z^{(n)})$가 식 8.6에 있는 우도에서 생성된다고 고려한다면 이러한 데이터의 우도는 다음과 같다고 증명할 수 있다.

$$p(\boldsymbol{x}, \boldsymbol{z}|\theta) = \prod_{k=1}^{K} \prod_{k'=1}^{N_k} \theta_{k,k'}^{\sum_{i=1}^{n} f_{k,k'}(x^{(i)},z^{(i)})}$$

8.2.2 PCFG를 위한 기본적인 추론 알고리즘

PCFG에 대한 베이지안 추론은 주로 문장이 주어졌을 때 주변 수치들을 계산할 때 필요로 한다. 여기서 계산할 대상은 문장의 부분 문자열을 생성하는 특정 비단말의 확률("Inside 확률"이라고 부른다)이나 주어진 PCFG에 따라 문자열의 총 확률이다.

이러한 수치들을 식별하는 추론 알고리즘은 주로 동적 계획법에 기반한다. 대다수의 베이지안 설정에서는 이러한 동적 계획법 알고리즘이 앞서 말한 것과 같이 가중 문법을 활용한다. 즉, 문법에서 규칙에 지정된 매개변수들은 식 8.2를 만족시키지 못한다. 이러한 가중 문법은 예를 들어 식 6.11과 같은 변분 업데이트 규칙에 나타난다. 좀 더 자세한 토의 내용은 8.3.3절에서 다룬다.

이번 절에서 먼저 살펴볼 기본 추론 알고리즘은 Inside 알고리즘이다. Inside 알고리즘은 주어진 문장 $x_1 \cdots x_m$에 대해 총 확률(또는 가중치)을 (CNF 형태의) PCFG에 따라 계산된다. 즉, 이는 다음과 같다.

$$\mathrm{in}(S, 1, m) = \sum_{z:\mathrm{yield}(z)=x_1 \cdots x_m} p(z|\theta)$$

여기서 $p(Z|\theta)$는 시작 기호 S를 갖는 가중치 θ로 모수화된 PCFG 분포이며 변수 1 및 m을 갖는 표기 $\mathrm{in}(S, 1, m)$을 사용하는 것은 의도적이다. 이 수치는 다른 비단말 및 문장의 다른 생성을 위해 계산될 수 있다. 일반적으로는 다음이 성립한다.

$$\mathrm{in}(a, i, j) = \sum_{z \in A(a,i,j)} p(z|\theta)$$

단, $A(a, i, j) = \{z | \mathrm{yield}(z) = x_i \cdots x_j, h(z) = a\}$. 이는 생성 (i, j)에 대한 비단말 a의 Inside 확률이 비단말 a로 시작하는 문자열 $x_i \cdots x_j$를 생성하는 총 확률과 같다는 것을 의미한다.

함수 $h(z)$는 도출 z의 뿌리를 나타낸다. 참고로 이러한 공식화를 통해 S뿐만 아니라 임의의 비단말이 뿌리가 될 수 있다. 확률 $p(z|\theta)$는 주로 정의하는 방식과 같이 도출된 규칙들의 곱으로 정의한다.

내부의 수치들은 같은 형태의 수치들을 활용해 재귀적 과정을 통해 계산될 수 있다. 재귀적 과정에 대한 정의는 다음과 같다.

$$\text{in}(a, i, i) = \theta_{a \to x_i} \qquad\qquad a \in \mathcal{N}, a \to x_i \in \mathcal{R}, 1 \leq i \leq m$$

$$\text{in}(a, i, j) = \sum_{k=i}^{j} \sum_{a \to bc \in \mathcal{R}} \theta_{a \to bc} \times \text{in}(b, i, k) \times \text{in}(c, k+1, j) \qquad a \in \mathcal{N} a \, 1 \leq i < j \leq m$$

중간의 수치 $\text{in}(a, i, j)$는 비단말 a가 위치 i에서 j까지 단어 $x_i \cdots x_j$를 생성하는 모든 트리의 총 가중치로 해석할 수 있다. 위의 재귀적 식을 계산하기 위한 실행 모델이 다양하게 존재한다. 간편한 한 가지 방법은 아래에서 위로 향하는 동적 계획법을 사용하는 것이며 여기서 $j - i + 1$의 작은 폭을 갖는 곳에서 시작해 폭 n을 갖는 마지막 요소 $\text{in}(a, i, j)$에서 끝나는 방법으로 차트 요소 $\text{in}(S, 1, n)$를 계산한다. 또한 Eisner et al.(2005)에서 개발된 것과 같은 Agenda 알고리즘을 사용할 수 있다. Smith(2011)를 또한 참조하라.

중요하며 관심을 가져야 할 또 다른 수치는 Outside 확률로, Outside 알고리즘을 통해 계산된다. 이 Outside 수치는 도출의 "바깥" 부분을 생성하는 확률을 계산한다. 좀 더 형식적으로 주어진 문자열 및 비단말 a에서의 모든 인덱스 $i < j$에 대해 $\text{out}(a, i, j)$를 다음과 같이 정의한다.

$$\text{out}(a, i, j) = \sum_{z \in B(a, i, j)} p(z | \theta)$$

단, 이는 a가 비단말이며 문자열에 아직 완전하게 재작성되지 않았을 때 Outside 확률의 부분 도출 $x_1 \cdots x_{i-1} a x_{j+1} \cdots x_n$을 생성하는 총 확률이라는 점을 의미한다. Inside 확률과 비슷하게 Outside 확률 다음과 같이 재귀식으로 계산할 수 있다(이번에는 위에서 아래 방향이다).

$$\text{out}(S, 1, n) = 1$$
$$\text{out}(a, 1, n) = 0 \qquad\qquad\qquad a \in \mathcal{N}, a \neq S$$
$$\text{out}(a, i, j) = \sum_{k=1}^{j-1} \sum_{b \to c\, a \in \mathcal{R}} \theta_{b \to c\, a} \times \text{in}(c, k, i-1) \times \text{out}(b, k, j)$$
$$+ \sum_{k=j+1}^{n} \sum_{b \to a\, c \in \mathcal{R}} \theta_{b \to a\, c} \times \text{in}(c, j+1, k) \times \text{out}(b, i, k) \quad a \in \mathcal{N}, 1 \leq i < j \leq n$$

Inside 및 Outside 알고리즘의 중요한 활용 방안 중 하나는 주어진 문장에서 특정 위치를 생성하는 비단말의 특성 기댓값$^{\text{Feature Expectation}}$을 계산하는 것이다. 좀 더 형식적으로 다음과 같은 표시 값을 정의한다.

$$I(\langle a, i, j \rangle \in z) = \begin{cases} 1 & \textit{if a spans words } \text{i} \textit{ through } \text{j} \textit{ in z} \\ 0 & \textit{otherwise} \end{cases}$$

그다음 Inside 및 Outside 확률은 다음을 계산하는 데 도움이 된다.

$$E\left[I(\langle a, i, j \rangle \in Z) | x_1 \cdots x_m\right] = \frac{\sum_{z, \text{yield}(z) = x_1 \cdots x_m} p(z|\theta) I(\langle a, i, j \rangle \in z)}{p(x_1 \cdots x_m | \theta)}$$

도움이 되는 이유는 다음과 같다.

$$E\left[I(\langle a, i, j \rangle \in Z) | x_1 \cdots x_m\right] = \frac{\text{in}(a, i, j) \times \text{out}(a, i, j)}{\text{in}(S, 1, n)}$$

비슷하게 $E[I(\langle a \to bc, i, k, j \rangle \in Z) | x_1 \cdots x_m]$의 형태의 기댓값 또한 계산될 수 있다. 여기서 만약 a가 단어 i를 j에 생성하며, 밑에 b가 i를 k에 c가 $k+1$를 j에 생성하는 z에 규칙 $a \to bc$가 사용될 수 있으면 $I(\langle a \to bc, i, k, j \rangle \in z)$는 1의 값을 갖는다. 또한 다음이 성립함을 보일 수 있다.

$$E\left[I(\langle a \to b\, c, i, k, j \rangle \in Z) | x_1 \cdots x_m\right]$$
$$= \frac{\theta_{a \to b\, c} \times \text{in}(b, i, k) \times \text{in}(c, k+1, j) \times \text{out}(a, i, j)}{\text{in}(S, 1, n)} \tag{8.7}$$

마지막으로 $E[I(\langle a \to x_i, i \rangle \in Z) | x_1 \cdots x_m]$의 형태의 기댓값과 비슷하게 다음과 같이 정의될 수 있다.

$$E\left[I(\langle a \to x_i, i\rangle \in Z)|x_1 \cdots x_m\right] = \frac{\theta_{a \to x_i} \times \text{out}(a, i, i)}{\text{in}(S, 1, n)} \tag{8.8}$$

Inside 확률은 PCFG 샘플링 알고리즘에서도 중요한 역할을 맡고 있다. Inside 확률은 분포 $p(Z|x_1 \cdots x_m, \theta)$에서 단일 트리 z를 추출하는 샘플링 알고리즘에 사용된다. 샘플링 알고리즘은 알고리즘 8.1에 주어진다. 이 알고리즘은 (고정된 θ에 대해) 활용 가능한 문장과 관련이 있는 Inside 차트의 계산을 가정한다. 그 다음 Inside 차트에 기반해 주어진 노드에 대해 왼쪽 자식 노드 및 오른쪽 자식 노드를 재귀적으로 샘플링한다.

위의 Inside 및 Outside 알고리즘 짝은 Chomsky 정규 형태를 갖는 PCFG에 사용된다. 또한 (ε 규칙 없는) 임의적 문법에 실제로 적용할 수 있는 알고리즘의 일반화 형태가 존재한다. 예를 들어 Earley 알고리즘은 위의 형태를 갖는 특성 기댓값을 계산하는 데 활용될 수 있다(Earley, 1970).

PCFG를 활용한 기본 추론의 계산 복잡도

Chomsky 정규 형태 문법을 위한 Inside-Outside 알고리즘은 m이 문자열의 길이, G가 문법의 크기(모든 생산 규칙의 총 길이)를 나타낼 때 $O(Gm^3)$의 점근 복잡도를 갖고 있다. 이는 가장 좋지 않은 경우 점근 복잡도가 비단말의 수 N에 대해 삼차, $O(N^3m^3)$을 의미하며 이는 문법의 크기가 비단말의 수에 삼차일 수 있기 때문이다. 동적 계획법 알고리즘의 복잡도를 개선하는 최적화 기법 "folding trick"(Burstall and Darlington, 1977, Johnson, 2007a)을 활용하면 Inside-Outside 알고리즘의 복잡도가 $O(N^2m^3 + N^3m^2)$으로 줄일 수 있다.

한 가지 중요하게 참고할 점은 특정 매개변수 집합에 조건부가 있는 문자열에 대한 Inside-Outside 차트가 계산되면 해당 차트 및 알고리즘 8.1에 기반해 효율적으로 원하는 만큼의 트리를 추출할 수 있다. 그림에서 기술된 바와 같이 알고리즘 8.1의 최악의 점근 복잡도는 문법 크기에 선형이며 문자열의 길이에 이차다(참고로 실행 시간은 임의적이며 균등한 트리가 균등하지 않은 트리에 비해 좀 더 빠르게 샘플링될 것이다). 샘플링 알고리즘을 실행하기 전에 lines 6-8을 외부 루프에서 계산하면 알고리즘을 좀 더 빠르게 수행할 수 있다.

마지막으로 다항 샘플링을 위한 로그-시간 샘플링 알고리즘을 통해 좀 더 빠르게 알고리즘을 수행할 수 있다(더 자세한 내용은 5.9절 참조). 이러한 조정 사항들은 같은 Inside 차트를 사용하는 경우 다중 트리를 샘플링하는 데 중요하다.

Input: A probabilistic context-free grammar G with weights θ, a string $x = x_1 \cdots x_m$, a nonterminal $a \in \mathcal{N}$, a pair of endpoints (j, j'), inside probability chart "in."

output: A sampled tree, headed by nonterminal a spanning words x_j through $x_{j'}$, based on the inside-outside chart.

1: **if** $j = j'$ **then**
2:   $z \leftarrow$ a tree with a root a and the word x_j below a
3:   **return** z
4: **end if**
5: **for all** rules $a \to bc \in \mathcal{R}$ ranging over $b, c \in \mathcal{N}$ **do**
6:   **for** $q \leftarrow j$ to $j' - 1$ **do**
7:     Let sampleMult$(a \to bc, q)$ be $\theta_{a \to bc} \times \text{in}(b, j, q) \times \text{in}(c, q + 1, j')$
8:   **end for**
9: **end for**
10: Normalize s: Let sampleMult$(a \to bc, q)$

be $\dfrac{\text{sampleMult}(a \to b\,c, q)}{\sum_{a \to b\,c, q} \text{sampleMult}(a \to b\,c, q)}$

11: Sample from the multinomial sampleMult an event $(a \to bc, q)$.
12: $z_{\text{left}} \leftarrow$ SamplePCFG$(G, \theta, x, b, (j, q), \text{in})$
13: $z_{\text{right}} \leftarrow$ SamplePCFG$(G, \theta, x, c, (q + 1, j'), \text{in})$
14: $z \leftarrow$
$$a$$
$$z_{\text{left}} \qquad z_{\text{right}}$$
15: **return** z

알고리즘 8.1 고정된 문자열 및 고정된 매개변수에 대한 조건부를 갖는 (Chomsky 정규 형태의) 확률적 문맥 자유 문법을 위한 재귀적 알고리즘 SamplePCFG

8.2.3 PCFG 관점의 히든 마르코프 모델

HMM은 오른쪽 가지 형성 PCFG를 통해 이해할 수 있다. 좀 더 자세히 말하자면 8.1절의 표기를 따라 PCFG를 다음과 같이 정의한다.

- 비단말 기호들은 $((\mathcal{N} \setminus \diamond) \times \{0, 1\}) \cup \{S\}$이다.
- 단말 기호들은 $\mathcal{T}$이다.
- 각 상태 짝 $s, s' \in \mathcal{N} \setminus \{\diamond\}$에 대해 확률 $\theta_{s'|s}$를 갖는 규칙 $(s, 0) \rightarrow (s, 1)(s', 0)$이 존재한다.
- 각 상태 $s \in \mathcal{N} \setminus \{\diamond\}$에 대해 확률 $\theta_{\diamond|s}$를 갖는 규칙 $(s, 0) \rightarrow (s, 1)$이 존재한다.
- 각 상태 짝 및 관측 기호, $s \in \mathcal{N} \setminus \{\diamond\}$ 및 $o \in \mathcal{T}$에 대해 확률 $\theta_{o|s}$를 갖는 규칙 $(s, 1) \rightarrow o$이 존재한다.
- 각 상태 $s \in \mathcal{N} \setminus \{\diamond\}$에 대해 확률 θ_s를 갖는 규칙 $S \rightarrow (s, 0)$이 존재한다.

이러한 PCFG는 도출에 대한 분포를 만들며 이는 상태의 시퀀스와 동일하다. 주어진 도출에서 상태 시퀀스를 만들기 위해선 도출에서 최상단 기호 S로부터 횡단해야 하며 주어진 노드에서 알맞은 자식 노드를 선택해 트리의 비단말 노드를 방문해야 한다.

PCFG의 기본 추론은 또한 HMM을 위한 특성 기댓값을 계산하는 데 사용될 수 있다. 실제로 Inside-Outside 동적 계획법 알고리즘은 선행-후행^{Forward-Backword} 알고리즘의 일반화라고 볼 수 있다. 하지만 Inside-Outside 알고리즘을 시퀀스형 구조에 실행하는 것에 대한 계산 복잡도는 시퀀스의 길이에 삼차인 반면, 선행-후행 알고리즘은 시퀀스 길이의 일차다(또한 상태의 수의 이차다). 선행-후행 알고리즘이 이와 같은 이유는 시퀀스의 선형 구조를 반영하기 때문이다. 이는 문자열에 생성됨을 나타내는 두 개의 종점을 갖는 안쪽 차트를 계산하는 점을 필요로 하지 않고 단일 종점만 갖는 동적 계획법 차트를 유지할 수 있다(다른 종점은 마지막 또는 첫 단어로 가정한다).

8.3 베이지안 확률적 문맥 자유 문법

PCFG가 먼저 정의되면 다음의 자연스러운 단계는 베이지안 문맥에서 이를 소개하는 것이다. 이번 절에서는 이 점을 중점적으로 다룬다.

8.3.1 PCFG에 대한 사전분포

디리클레분포의 곱에 대한 켤레분포는 다항들의 모음으로 볼 수 있는 PCFG의 매개변수들에 대한 사전분포로 자연스러운 선택이라고 볼 수 있다. θ에 대한 사전분포는 다음과 같이 정의한다.

$$p(\theta|\alpha) \propto \prod_{a \in \mathcal{N}} \left(\prod_{a \to bc \in \mathcal{R}(a)} \theta_{a \to bc}^{(\alpha_{a \to bc}-1)} \right) \times \left(\prod_{a \to t \in \mathcal{R}(a)} \theta_{a \to t}^{(\alpha_{a \to t}-1)} \right) \quad (8.9)$$

여기서 α는 초매개변수들의 벡터로서 θ와 같은 방식으로 분해된다. 각 $\alpha_{a \to bc}$는 양의 값을 갖는다. 식 8.9에서 빠진 정규 상수에 대한 정의는 3장을 참조하라.

아직 다양한 종류의 초매개변수 α를 살펴볼 수 있는 가능성이 존재한다. 예를 들어 초매개변수를 문법의 규칙과 연관시키는 것이 아니라 각 비터미널 $\alpha \in \mathcal{N}$에 대해 각 $\alpha \in \mathcal{N}$에 대한 단일 초매개변수 α_a 또는 문법의 모든 규칙에 대한 단일 초매개변수 α를 통해 대칭적 디리클레분포를 정의할 수 있다.

식 8.9의 분포는 식 8.4의 PCFG로 정의된 분포의 켤레분포다. 문법에 대한 도출 $z^{(1)}, \ldots, z^{(n)}$이 관측돼 데이터가 완전한 시나리오를 가정해보자. 이러한 도출의 결과를 $x^{(1)}, \ldots, x^{(n)}$로 표현한다면 사후분포는 다음과 같이 표현한다.

$$p\left(\theta|\alpha, z^{(1)}, \ldots, z^{(n)}, x^{(1)}, \ldots, x^{(n)} \right)$$

이 사후분포는 초매개변수 $\alpha + \sum_{j=1}^{n} f(x^{(j)}, z^{(j)})$를 갖는 디리클레분포 곱이며 여기서 f는 문법 규칙에 인덱싱된 벡터를 출력하는 함수로서 $f_{a \to bc}(x, z)$가 규칙 $a \to bc$가 (x, z)에 나타나는 회수를 그리고 $f_{a \to t}(x, z)$가 규칙 $a \to t$가 (x, z)에 나타나는 회수를 카운트한다.

앞서 언급된 바와 같이 PCFG에 (또는 좀 더 일반적으로 다항 생성적 분포에) 모든 규칙 확률 지정함은 일치적 PCFG로 이끌지는 않는다. 이는 식 8.9의 디리클레 사전분포가 잠재적으로 비일치적 PCFG에 영이 아닌 확률 질량을 지정하는 것을 의미한다. 이 문제는 베이지안 NLP 문헌에서 그렇게 크게 다루지는 않는다. 아마도 실험적으로 작은 차이를 만들기 때문이다.

8.3.2 베이지안 PCFG를 활용한 몬테카를로 추론

8.2.2절에서는 PCFG의 매개변수 θ가 주어졌을 때 PCFG에서 샘플링하는 기본적인 알고리즘을 살펴봤다. Johnson et al.(2007a)에서 짚은 점을 보면 이 알고리즘은 디리클레 곱 사전분포를 통해 명백하게 문장이 봉쇄된 깁스 샘플링을 위해 좀 더 직접적인 방식으로 사용될 수 있다. Johnson et al은 이러한 모델에 대한 MCMC 추론 방법을 다루며 여기서 $x^{(1)},\ldots,x^{(n)}$은 관측된 문장들의 집합이며 목적 예측치는 도출 집합 $z^{(1)},\ldots,z^{(n)}$이다. 기호적 문법 자체는 알고 있다고 가정한다. Johnson et al에서는 CNF 문법을 위한 식 8.9에 명시된 것과 같이 PCFG 모델을 위해 최상위 레벨에서의 디리클레 곱 사전분포를 활용한다.

Johnson et al에서 설계한 깁스 샘플링은 $p(Z^{(i)}|x^{(i)}, \theta)$에서 도출 $z^{(i)}$를 샘플링과 $p(\theta|z^{(1)},\ldots,z^{(n)}, x^{(1)},\ldots,x^{(n)}, \alpha)$에서 θ를 샘플링을 번갈아 가며 수행한다. 후자의 분포 또한 PCFG 우도에 대한 디리클레 곱 분포의 켤레분포라는 점 때문에 디리클레분포를 따른다. 좀 더 자세한 내용은 8.3.1절 및 5장을 참조하라. $p(Z^{(i)}|x^{(i)}, \theta)$에서의 표본은 알고리즘 8.1을 통해 추출된다.

5장의 용어를 활용하면 이런 깁스 샘플링은 명백하게 문장이 봉쇄된 샘플링이다. 이에 따라 수렴의 속도가 느리며 θ의 업데이트 전에 입력 문자열의 모든 말뭉치를 다시 파싱을 해야 한다. Johnson et al은 이러한 두 문제를 해결하기 위해 Metropolis-Hastings 알고리즘(좀 더 자세하게는 Gibbs 안의 Metropolis)을 설계했다.

이 샘플링은 붕괴되며 θ를 소거하며 사전분포 $p(Z|X, \alpha)$에서 직접적으로 표본을 추출한다. 붕괴된 설정에서 문장이 봉쇄된 깁스 샘플링은 다음과 같은 조건부를 사용한다.

$$p\left(z^{(i)}|x^{(1)},\ldots,x^{(n)}, z^{(-i)}, \alpha\right) = \frac{p\left(x^{(i)}|z^{(i)}\right) p\left(z^{(i)}|z^{(-i)}, \alpha\right)}{p\left(x^{(i)}|z^{(-i)}, \alpha\right)} \quad (8.10)$$

분포 $p(X^{(i)}|Z^{(i)})$는 단순히 문자열 결과 ($Z^{(i)}$)에 모든 확률 질량을 놓는 결정적 분포다. 수치 $p(z^{(i)}|z^{(-i)}, \alpha)$는 PCFG의 우도에 대한 사전분포의 켤레분포를 활용해 계산할 수 있다(연습 문제 참조). 하지만 $p(x^{(i)}|z^{(-i)}, \alpha)$에 대해선 효율적으로 계산할 수 있는 알려진 방법이 없다. 이는 조건부 확률이 정규화 상수까지만 계산될 수 있음을 의미하며

MCMC 샘플링의 매우 적절한 후보로 볼 수 있다.

따라서 Johnson et al은 식 8.10에서의 조건부분포에서 샘플링하는 문제에 접근하는 방법은 제안 분포에서 샘플링을 수행하고 Metropolis Hastings 수정 단계를 진행한다. 이 알고리즘은 알고리즘 8.2에서 자세하게 보여준다.

트리에 대한 각 추출에서 $\theta'_{\alpha \rightarrow \beta}$를 처음부터 다시 계산할 필요는 없다. 전체적인 회수 및 샘플링의 (말뭉치에서 하나의 문장당 하나의 트리로 구성돼 있는) 현재 상태를 기록한 다음 현재 트리에서 빼고 새롭게 추출된 트리에서의 카운트를 추가한다.

희소 문법 추론　Johnson et al에서는 PCFG를 통한 베이지안 추론 및 디리클레 사전분포는 베이지안 추론이 없는 일반적인 EM 알고리즘과 크게 다른 결과를 나타내지는 않는다고 보고했다. 그들은 Bantu 언어 중 하나인 Sesotho의 형태를 분석하기 위한 간단한 문법에 개발한 베이지안 추론을 적용 및 테스트했다.

그들의 MCMC 추론은 디리클레분포의 초매개변수에 대해 (형태론적 세분화 및 정확한 세분화의 F_1-measure의 관점에서) 매우 민감하지 않았으며 $\alpha < 0.01$인 경우 민감했지만 성능이 낮았다. 반면 작은 α값을 활용해 희소한 θ를 추정할 수 있으며 실제로 활발한 소수의 문법 규칙을 갖는 해석 가능한 모델로 만들 수 있다. 해당 모델의 성능은 α가 0.01 근처의 값으로 낮아졌을 때 뚜렷하게 정점으로 올라가는 것을 볼 수 있었다. 이러한 정점 다음에는 α값이 추가적으로 낮춰졌을 때 서서히 성능이 저하되는 현상을 볼 수 있었다.

Input: A PCFG, a vector α ranging over rules in the PCFG, a set of strings from the language of the grammar $x^{(1)}, \ldots, x^{(n)}$.

output: $z = (z^{(1)}, \ldots, z^{(n)})$ trees from the posterior defined by the grammar with a Dirichlet prior with hyperparameters.

1: Initialize the trees $z^{(1)}, \ldots, z^{(n)}$ randomly

2: **repeat**

3:    **for** $i \rightarrow 1$ to n **do**

4:       Calculate for each rule $a \rightarrow \beta \in \mathcal{R}$

$$\theta'_{a \rightarrow \beta} = \frac{\sum_{j \neq i} f_{a \rightarrow \beta}(x^{(j)}, z^{(j)}) + \alpha_{a \rightarrow \beta}}{\sum_{\beta : a \rightarrow \beta \in \mathcal{R}} \sum_{j \neq i} f_{a \rightarrow \beta}(x^{(j)}, z^{(j)}) + \alpha_{a \rightarrow \beta}}$$

5:       Draw z from the PCFG distribution $p(Z|X = x^{(i)}, \theta')$.

6:       Set $z^{(i)}$ to be z with probability

$$\min \left\{ 1, \frac{p(Z^{(i)} = z|x^{(i)}, z^{(-i)}, \alpha) p(z^{(i)}|x^{(i)}, \theta')}{p(Z^{(i)} = z^{(i)}|x^{(i)}, z^{(-i)}, \alpha) p(Z^{(i)} = z|x^{(i)}, \theta')} \right\}$$

7:    **end for**

8: **until** reaching convergence

9: **return** $z^{(1)}, \ldots, z^{(n)}$

알고리즘 8.2 디리클레 사전분포를 통한 PCFG의 사후분포에서의 샘플링 알고리즘: $p(z|x, \alpha) = \int_\theta p(z, \theta|x, \alpha) d\theta$

8.3.3 베이지안 PCFG를 활용한 변분 추론

(디리클레 곱 사전분포의) PCFG를 위한 평균장 변분 알고리즘은 6.3.1절의 디리클레-다항분포족이 주어졌을 때 변분 추론 알고리즘의 특수한 경우로 볼 수 있다. PCFG를 위해 특수성을 가져야 할 부분은 식 6.11에서 특성 기댓값 $E_q[f_{k,i}|\psi^{\text{old}}]$를 계산하는 부분이다.

이러한 특성 기댓값은 식 8.7 및 식 8.8을 통해 계산할 수 있다. 좀 더 자세히 말하면, k가 비단말 a를 및 i가 규칙 $a \rightarrow bc$를 나타낼 때 특성 기댓값 $f_{k,i}$를 계산하기 위해선 모든 가능한 i, j, k에 대해서 $E[I(\langle a \rightarrow bc, i, k, j \rangle \in Z)|x_1 \cdots x_m]$ 의 형태를 갖는 기댓값의 합을 계산해야 한다. $a \rightarrow x_i$ 형태의 규칙에 대한 기댓값은 식 8.8을 직접적으로 적용해 계산할 수 있다.

PCFG 우도함수에 대한 디리클레 곱 분포의 켤레분포 성질은 평균장 변분 추론 알고리즘을 통한 도출을 좀 더 직관적으로 만들지만 디리클레 곱이 PCFG 변분 추론을 위한 유일한 사전분포는 아니다. 예를 들어 Cohen et al.(2009)에서는 PCFG 문법에 대해 로지스틱정규분포 곱을 사전분포로 활용한다. 추론을 위해선 로지스틱 정규 사전분포의 정규화 상수에 대해 일차 테일러 근사의를 적용한다. 변분 경계를 위한 기댓값을 계산하는 데 필요한 정규화 상수는 사소하지 않다.

8.4 어댑터 문법

확률적 문맥 자유 문법은 강한 독립성을 가정한다. 주어진 노드 아래의 부분 도출에 대한 확률은 비단말의 정체가 알려진 경우 해당 노드 위에 재작성된 모든 것과 조건부 독립적이다. 이러한 강한 독립성 가정은 8.2.2절에 기술한 것과 같은 특성 기댓값과 같이 도출을 위한 간편한 기본 추론 메커니즘을 가능하도록 한다.

그럼에도 이러한 독립성 가정은 언어 모델링에 너무 강할 수 있다. 이는 파싱 문헌, 특히 지도학습 환경에서 트리 뱅크 기반 파싱에 대해 언급됐다. 이 문제를 극복하기 위해 무수한 해결책이 제안됐으며 어댑터 문법도 이 문제를 다룬다.

어댑터 문법은 구문 모델의 한 유형으로, 문자열만 사용할 수 있는 학습 시나리오에 (구절 구조 트리의 연습 문제가 없는, 즉 비지도학습 환경에서) 적합하다. 어댑터 문법은 PCFG와 유사하게 구절 구조 트리에 대한 분포를 정의한다. 이들이 정의한 구절 구조 트리에 대한 분포는 PCFG를 기반으로 한다. 구절 구조 트리가 주어졌을 때 이를 Subtrees(z) n-짝 $(z_1', \ldots, z_m')$으로 나타내며 이때 z_i'은 z의 i번째 직속 자식 노드를 가리킨다. 추가적으로 구절 구조 트리 z가 주어졌을 때, $h(z) \in \mathcal{N}$을 해당 뿌리 비단말을 그리고 $r(z) \in \mathcal{R}$

을 트리 최상위에 나타나는 규칙으로 표기한다($r(z)$의 좌측식은 항상 $h(z)$다).

8.2절의 표기법으로 PCFG의 존재를 가정한다. 그렇다면 어댑터 문법은 $\alpha \in \mathcal{N}$에 대해 분포 H_a와 G_a 사이의 통계적 관계의 집합을 다음과 같이 정의하며 이때 H_a와 G_a 모두 뿌리 $\alpha \in \mathcal{N}$를 갖는 구절 구조 트리에 대한 분포를 나타낸다.

$$\forall a \in \mathcal{N} : G_a \ such\ that\ G_a(z) = \theta_{a \to \beta} \prod_{i=1}^{m} H_{h(z_i')}(z_i') \tag{8.11}$$

$$where\ h(z) = a\ and\ r(z) = a \to \beta\ and\ \mathrm{Subtrees}(z) = (z_1', \dots, z_m')$$

$$\forall a \in \mathcal{N} : H_a \ such\ that\ H_a \sim C_a(G_a) \tag{8.12}$$

여기서 C_a는 분포의 집합에 대한 분포를 정의하는 어댑터다. 이 집합에 속한 각 분포는 구절 구조 트리에 대해 정의된다. 분포 G_a는 어댑터를 위한 "기준분포"의 역할을 맡는다. 이에 따라 위에서 언급된 분포 집합의 각 분포는 평균적으로 G_a의 유사성을 어느 정도 갖고 있다. 가장 일반적인 형태의 어댑터 문법에서는 실제 어댑터가 명시되지 않는다. 이는 (G_a에 기반을 둔) 구절 구조 트리 분포에 대한 어떠한 분포도 활용할 수 있다는 점을 의미한다. 만약 C_a가 모든 확률 질량을 G_a에 둘 경우(이는 식 8.13에서 $H_a = G_a$로 대체됨을 의미한다) 위의 통계적 관계에서 남는 것은 일반적 PCFG의 정의이다.

완전한 트리를 추출할 구절 구조 트리에 대한 마지막 분포는 H_S다. 어댑터 문법의 주요 아이디어는 언어 모델링에 너무 강하며 PCFG가 갖고 있는 독립성 가정을 깨도록 C_a를 선택하는 것이다. 피트만-요르 프로세스를 활용하는 것은 어댑터 C_a가 이러한 독립성 가정을 깨는 하나의 연습 문제로 볼 수 있다. 8.4.1절에서는 피트만-요르 프로세스의 활용을 살펴본다.

어댑터 문법은 ($\mathcal{A}$로 표기된) "맞춰진 비단말" 집합 및 ($\mathcal{N} \setminus \mathcal{A}$로 표기된) 맞춰지지 않은 비단말 집합 사이의 차이점을 둔다. 후자의 경우 C_a는 확률 1로 G_a를 G_a에 속한 분포로 매핑하는 확률적 항등 매핑을 가리킨다.

8.4.1 피트만-요르 어댑터 문법

피트만-요르 어댑터 문법$^{\text{PYAG, Pitman-Yor Adaptor Grammar}}$은 통계적 모델로서 식 8.11~8.12

의 관계를 만족하는 구절 구조 트리에 대한 분포를 정의하며 $a \in \mathcal{N}$에 대해 강도 매개변수 s_a 및 감소 매개변수 d_a를 갖는 C_a를 위해 피트만-요르 프로세스를 활용한다. 맞춰진 비단말 집합 $\mathcal{A}$에 대해 비단발 $a \in \mathcal{A}$가 도출에서 한번 a로 미리 조상으로 나타났을 경우 다시는 나타나지 않는다는 점에서 "재귀적이지 않다"라고 가정한다. 만약 이러한 점을 피하지 못할 경우 PYAG가 잘못 정의될 수 있다(연습 문제 참조).

PYAG에서의 추출은 구절 구조 트리에 대한 분포 $H_S(Z)$를 정의한다. $H_S(Z)$의 지지대 (즉, 영이 아닌 확률을 갖는 구절 구조 트리)는 근본적인 문맥 자유 문법의 트리 언어에 포함한다. 구절 구조 트리의 집합 $z^{(1)}, \ldots, z^{(n)}$를 생성하기 위한 PYAG의 생성 모델은 생성 모델 설명 8.2에 기술돼 있다.

일반성을 잃지 않으며 실제로 모든 비단말이 맞춰졌다고 가정할 수 있다. 즉 감소 매개변수 $d_a = 1$을 갖는 피트만-요르 프로세스는 항등함수로 축소되기 때문에 $\mathcal{A} = \mathcal{N}$이다. 참고로 생성 이야기 8.2에 있는 디리클레분포로부터 PCFG 매개변수들을 생성하는 추가된 단계를 고려해보자. 이 추가적 단계는 Johnson et al.(2007b)에서 모델을 완전한 베이지안으로 만들기 위해 PYAG에 대한 원본의 공식화에 나타난다. 분포 H_S 자체는 확률변수이며 따라서 소거될 수 있다. 이러한 방향으로 PCFG에서 하는 방식과 유사하게 PYAG가 구절 구조 트리에 직접적으로 유도하는 분포를 드러내 보일 수 있다.

어댑터 문법이 $Z(n$ 구절 구조 트리 집합$)$에 정의되도록 하는 분포를 명시하는 해석 가능한 표현을 구성할 수 있다. 하지만 중국집 프로세스를 통해 어댑터 문법을 이해하는 것이 좀 더 직관적이며 쉽게 이해할 수 있다. 따라서 여기서는 먼저 이전의 트리 $z^{(1)}, \ldots, z^{(i-1)}$에 기반해 구절 구조 트리 $z^{(i)}$를 생성하는 생성 프로세스를 기술한다.

먼저 PCFG 의 매개변수 θ가 추출되면 구절 구조 트리는 다음으로부터 연속해 생성될 수 있다.

$$p\left(Z^{(i)}|z^{(1)}, \ldots, z^{(i-1)}, s, d, \theta\right) \tag{8.13}$$

식 8.13에서의 트리는 위에서 아래 방향으로 시작 기호 S에서 시작해 생성된다. 맞춰지지 않은 모든 비단말 $a \in \mathcal{N} \setminus \mathcal{A}$는 $\mathcal{R}_a$에서 규칙을 추출하며 확장된다. $a \in \mathcal{A}$를 확장하는 방법은 두 가지가 존재한다.

- 확률 $(n_z - d_a)/(n_a + s_a)$로서 a를 하위 트리 $z(\mathcal{T}^*$에 결과를 가지며 a에 뿌리를 갖는 트리)로 확장한다. 여기서 n_z는 트리 z가 $z^{(1)},...,z^{(i-1)}$에서 하위 트리로 이전에 생성된 회수를 나타내며, n_a는 뿌리 a를 갖는 이전에 생성된 하위 트리(토큰)의 수를 나타낸다.

- 확률 $(s_a + k_a d_a)/(n_a + s_a)$로서 $\mathcal{R}_a$에 대한 θ_a에서의 추출을 통해 a는 PCFG에서 확장된다. 여기서 k_a는 $z^{(1)},...,z^{(i-1)}$에서 뿌리 a를 갖는 이전에 생성된 하위 트리(종류)의 수를 나타낸다.

카운트 n_z, n_a 그리고 k_a 모두 이전에 생성된 구절 구조 트리 $z^{(1)},...,z^{(n)}$에 대한 함수다.

어댑터 문법의 상태, 즉 모든 잠재 구조에 대한 지정이 Analyses의 집합으로 기술될 수 있다. 먼저 어댑터 문법을 활용해 $x^{(1)},...,x^{(n)}$ 및 해당하는 구절 구조 트리 $z^{(1)},...,z^{(n)}$를 추출했다고 가정해보자. 추가적으로 $z(a)$는 어댑터 문법에 의해 생성되고 비단말 a를 뿌리로 갖는 하위 트리의 리스트를 표현한다. 이는 다음 식과 함께 $z(a) = ((z(a))^{(1)},...,((z(a))^{(k_a)})$를 의미한다.

$$\sum_{i=1}^{k_a} n_{z(a)^{(i)}} = n_a$$

어댑터 문법들은 Analyses의 집합에 대한 분포를 정의하는 것으로 볼 수 있다. Analyses u은 짝 (z, ℓ)로서 z는 구절 구조 트리이며 ℓ은 함수다. Nodes(z)가 구절 구조 z의 노드 집합을 나타낸다고 할 때 $\ell \in \text{Nodes}(z) \to \mathbb{N}$을 다음과 같이 정의한다. 모든 $q \in \text{Nodes}(z)$, $\ell(q)$에 대해 a는 노드 q에서의 비단말이라고 하자. 그러면 $\ell(q)$는 $z(a)$에서의 인덱스로서 대부분이 q가 되는 하위 트리의 인덱스가 된다. 만약 q가 하위 트리 z'에 대부분을 차지한다면 이는 $z' = z(a)^{(\ell(q))}$를 의미한다.

참고로 $a \in \mathcal{N}$에 대해 $z(a)$는 $u^{(1)},...,u^{(n)}$에 대한 결정적 함수다. 따라서 어댑터 문법이 Analyses에 정의되는 분포는 이제 $u^{(i)}$ 구절 구조가 트리 $z^{(n)}$에 해당될 때 $u = (u^{(1)},...,u^{(n)})$에 의해 정의될 수 있다. 더욱 자세히 말하자면 다음이 성립된다.

$$p(\boldsymbol{u}|s,d,\alpha) = \prod_{a \in \mathcal{N}} \left(\frac{B(\alpha_a + f(z(a)))}{B(\alpha_a)} \right) \times \mathrm{PY}\,(m(a)|s_a, d_a) \qquad (8.14)$$

$f(z(a))$는 왼쪽 항에 a를 갖는 문법에서의 규칙에 인덱싱된 벡터이며 $f_{a \rightarrow \beta}(z(a))$는 리스트 $z(a)$에서 모든 하위 트리에 존재하는 $a \rightarrow \beta$의 총 카운트이다. 추가적으로 $m(a)$는 $z(a)$와 같은 길이를 갖는 벡터로서 $m_i(a) = n_{z(a)^{(i)}}$이다. 따라서 $m(a)$는 정수의 벡터이며 항 $\mathrm{PY}(m(a)|s_a, d_a)$는 식 7.8에서 정의된 피트만-요르 프로세스 분포에 의해 계산되며 이는 다음과 같다.

$$\mathrm{PY}\,(m(a)|s_a, d_a) = \frac{\prod_{k=1}^{k_a} \left((d_a(k-1) + s_a) \times \prod_{j=1}^{m_k(a)-1} (j - d_a) \right)}{\prod_{i=0}^{n_a-1} (i + s_a)}$$

함수 $B(y)$는 정수 y의 벡터에 대해 정의되며 다음과 같다(식 2.3 또한 참조).

$$B(y) = \frac{\Gamma \left(\sum_{i=1}^{|y|} y_i \right)}{\prod_{i=1}^{|y|} \Gamma(y_i)}$$

Constants: Context-free grammar, adaptors C_a for $a \in \mathcal{N}$

Hyperparameters: $\alpha > 0$, $s_a > 0$ strength parameters and discount parameters d_a, $a \in \mathcal{A}$

Latent variables: θ_a for $a \in \mathcal{N}$, H_a for $a \in \mathcal{A}$, $Z^{(1)},...,Z^{(n)}$ grammar derivations

Observed variables: $X^{(1)},...,X^{(n)}$ strings

- -

- Generate PCFG parameters $\theta \sim \mathrm{Dirichlet}(\alpha)$ for the underlying CFG (see Equation 8.9).
- Generate H_S from the following PYAG Equations $8.11 - 8.12$ with Ca being a Pitman-Yor process with strength parameter s_a and discount parameter d_a for $a \in \mathcal{A}$(for $a \in \mathcal{N} \setminus \mathcal{A}$, C_a is the probabilistic identity mapping).
- For $i \in \{1,...,n\}$, generate $z^{(i)} \sim H_S$.
- For $i \in \{1,...,n\}$, set $x^{(i)} = \mathrm{yield}(z^{(i)})$.

생성 이야기 8.2 피트만-요르 어댑터 문법에 대한 생성 모델 설명

8.4.2 막대 절단 관점의 PYAG

피트만-요르 프로세스(또는 디리클레 프로세스)에 대한 막대 절단 프로세스 표현 방식과 비슷하게 어댑터 문법을 위한 막대 절단 표현도 존재한다(Cohen et al., 2010).

어댑터 문법을 기술하기 위한 막대 절단 프로세스는 변분 추론을 가능하게 만들기 위해 개발됐다. 이 변분 추론 알고리즘은 Blei and Jordan(2004)에서 개발된 디리클레 프로세스를 위한 끝이 잘린 막대 절단 변분 추론 알고리즘에 기반한다. 좀 더 자세한 내용은 다음 절을 참조하라.

어댑터 문법을 위한 막대 절단 프로세스의 생성 과정은 생성 이야기 8.3에 기술돼 있다.

Constants: Context-free grammar

Hyperparameters: $\alpha > 0, s_a > 0$ strength parameters and discount parameters $d_a, a \in \mathcal{A}$

Latent variables: π_a for $a \in \mathcal{A}$ infinite multinomials, θ_a for $a \in \mathcal{N}$, $Z^{(1)},...,Z^{(n)}$ grammar derivations, $Z_{a,i}$ for $a \in \mathcal{A}$ and $i \in \mathbb{N}$

Observed variables: $X^{(1)},...,X^{(n)}$ strings

- - - -

- For each $a \in \mathcal{A}$, draw $\theta_a \sim$ Dirichlet(α_a).
- For all $a \in \mathcal{A}$, define G_a as follows:
  - Draw $\pi_a | s_a, d_a \sim$ GEM(s_a, d_a).
  - For $i \in \{1,...\}$, grow a tree $z_{a,i}$ as follows:
    - Draw $a \rightarrow b_1...b_m$ from $\mathcal{R}_a$.
    - $z_{a,i} =$

$$a$$
$$\overset{\displaystyle\frown}{b_1 \quad \cdots \quad b_n}$$

    - While yield($z_{a,i}$) has nonterminals:
      - Choose an unexpanded nonterminal b from the yield of $z_{a,i}$.
      - If $b \in \mathcal{A}$, expand b according to G_b(defined on previous iterations of step 2).
      - If $b \in \mathcal{N} \setminus \mathcal{A}$, expand b with a rule from $\mathcal{R}_b$ according to Multinomial(θ_B).

생성 이야기 8.3 막대 절단 표현을 갖는 어댑터 문법에 대한 생성 모델 설명

8.4.3 PYAG를 활용한 추론

이번 절에서는 어댑터 문법의 추론을 위한 두 가지 주요 접근 방법에 대해 알아본다. 이 두 접근 방법은 샘플링 및 변분 추론이다.

MCMC 추론 식 8.14에서 정의된 것과 같이 Analyses에 대해 정의된 분포를 고려해보자. 어댑터 문법과 주로 함께 고려되는 추론은 문자열의 집합 $x = (x^{(1)},...,x^{(n)})$가 주어졌을 때 파스 트리(구절 구조 트리)를 추론하는 것이다.

구절 구조 트리에 대한 분포는 Analyses에 대한 분포에서 소거하는 방식으로 도출할 수 있다. 좀 더 자세히 말하자면 $p(Z|x, s, d, \alpha)$에 관심을 갖는 것이지만 이 사후분포를 계산하는 것은 불가능하다.

추론을 수행하기 위해 Johnson et al.(2007b)에서는 요소별 Metropolis-Hastings 알고리즘을 제안한다. 그들은 먼저 어댑터 문법의 특정 상태에 기반해 어댑터 문법의 스냅샷인 정적 PCFG를 만드는 방법을 명시했다. 이 스냅샷 문법은 문맥 자유 문법에 내포된 모든 규칙 및 $a \in \mathcal{N}$에 대해 도출 벡터 $z(a)$의 기록에 나타나는 하위 트리에 해당하는 문자열에 직접적으로 비단말을 재작성하는 규칙들을 포함한다. 이 모든 규칙은 다음 추정치에 의해 확률이 지정된다.

$$\theta'_{a \to \beta} = \left(\frac{k_a d_a + s_a}{n_a + d_a} \right) \left(\frac{f_{a \to \beta}(z(a)) + \alpha_{a \to \beta}}{k_a + \sum_{a \to \beta \in \mathcal{R}_a} \alpha_{a \to \beta}} \right) + \sum_{i:\text{yield}(z(a)^{(i)})=\beta} \frac{n_{z(a)^{(i)}} - s_a}{n_a + d_a}$$

$$(8.15)$$

첫 두 개의 곱해진 항들은 내포된 문맥 자유 문법에서 문법 규칙을 선택하는 역할을 담당한다. 오른쪽의 항은 스냅샷 문법에 추가된 규칙들에 대한 MAP 추정치들의 합으로 문자열에 비단말을 재작성하는 형태를 갖고 있다.

이 스냅샷 문법이 생성된 다음 Metropolis-Hastings 알고리즘과 함께 활용된다. 이 활용 방안에서 제안 분포는 식 8.15에서의 추정치 θ'을 갖는 스냅샷 문법에 기반한다 (즉, Analyses에 대한 분포를 정의하기 위해 스냅샷 문법을 활용하며 말뭉치의 문자열에 조건부를 갖는다). 목적 분포는 식 8.14에 명시돼 있는 것을 활용한다. 참고로 실제 목적 분포는 어댑터 문법에 따르는 문자열의 확률에 해당하는 정규화 상수가 필요하지만 업데이트에 대한 기각 또는 수락의 확률을 계산할 때 MH 알고리즘에서는 해당 상수가 소거된다.

그들의 MH 알고리즘을 활용한 샘플링은 요소별로 수행된다. 각 Analysis $u^{(i)}$가 스냅샷 문법에 기반해 추출된다. 이 시점에는 수락 비율이 계산되며 만약 MH 표집기가 샘플 $u^{(i)}$를 받아들인다고 결정하면 표집기의 상태가 업데이트되며 스냅샷 문법이 다시 계산된다.

변분 추론　　Cohen et al.(2010)은 8.4.2절에 기술된 어댑터 문법을 위한 막대 절단 프로세스에 기반한 변분 추론 알고리즘을 기술한다. 그들의 변분 추론 알고리즘의 주요 아이디어는 디리클레 프로세스 혼합(7.2절 참조)에서의 변분 추론 알고리즘의 아이디어와 비슷하다. 각 맞춰진 비단말(그리고 해당 강도 및 집중 매개변수)을 위한 각 비모수적 막대는 끝이 잘린 막대에 해당하는 변분분포와 관련돼 있다. 즉, 이는 유한 GEM 분포를 따른다(식 7.1 참조).

어댑터 문법을 위한 끝이 잘린 막대 절단 변분 추론 알고리즘이 MCMC 추론과 비교해 갖는 하나의 주요 장점은 E-단계와 병행화될 수 있다는 점이다. 반면 이의 단점은 변분분포가 영이 아닌 확률을 지정할 수 있는 각 맞춰진 비단말에 대해 고정된 문자열의 부분집합을 선택해야 한다는 점이다. 맞춰진 특정 비단말을 위해 문자열의 특정 부분집합이 해당 비단말이 가장 두드러지는 하위 트리의 결과를 나타내는 문자열의 집합에서 선택된다. Cohen et al에서는 휴리스틱 방법을 통해 각 맞춰진 비단말에 대해 이러한 부분집합을 선택한다.

온라인 및 하이브리드 방법 Zha i et al.(2014)은 어댑터 문법의 추론을 위해 MCMC 추론 및 변분 추론을 결합하는 알고리즘을 개발했다. 이 추론 알고리즘의 경우 온라인 알고리즘이다.

훈련 데이터는 미니 배치로 처리된다. 각 미니 배치 처리 단계에서 알고리즘은 새로운 데이터의 정보를 반영하도록 사후분포를 업데이트한다. 업데이트 중에는 현재 사후분포에서 업데이트에 필요한 충분 통계량을 추정하기 위해 MCMC 추론이 활용된다.

이러한 추론 알고리즘, 좀 더 일반적으로는 온라인 알고리즘의 주요한 동기는 반복적으로 데이터를 여러 번 훑거나 메모리에 저장할 필요 없이 새롭게 받는 데이터의 흐름을 처리할 수 있는 능력에서 비롯된다.

8.5 계층적 디리클레 프로세스 PCFGS

8.3.1절에서 설명된 것과 같은 PCFG에 대한 모수적 사전분포를 통해 기호 문법이 고정되고, 그 결과 문법에 속한 비단말의 개수 또한 고정된다. Liang et al.(2007)은 비모수적 베이지안 모델링을 사용해 이러한 한계점을 극복하는 PCFG 모델을 소개했다. 그들의 목표는 베이지안 비모수적 모델링을 통해 데이터를 정확하게 표현하는 데 필요한 비단말의 수를 자동을 결정하는 것이다.

계층적 디리클레 프로세스(7장 참조)를 기반으로 하는 이 모델은 더 많은 트리가 관찰될수록 구문 범주의 수가 늘어나도록 하며 문법에 대한 사전분포는 무한한 (가산의) 비단말 수를 포함한다. 모델의 매개변수, θ는 다음과 같은 부분벡터를 갖는 무한 벡터이다(다음에 나오는 k는 무한한 비단말 집합에 대해 변동한다).

- $k \in \{1,...\}$에 대해 θ_k^{type} — 각 k에 대해 고정된 길이의 다항으로서 비단말 k를 위한 문법에서 가용할 수 있는 "규칙의 종류"에 대한 분포를 나타낸다. Liang et al의 실험에서는 문법이 Chomsky 정규 형식을 따르기 때문에 가용할 수 있는 규칙 종류는 이전 단말 규칙과 이항 규칙을 위한 "출력emission" 및 "이항 binary"이다.

- $k \in \{1,\dots\}$에 대해 $\theta_k^{emission}$ — 각 k에 대해 문법에 있는 단말 기호에 대한 다항 분포를 나타낸다. 이는 단어에 대해 비단말 재작성에 대한 규칙 확률에 해당한다.

- $k \in \{1,\dots\}$에 대해 θ_k^{binary} — 비단말의 짝에 대한 무한 다항분포를 나타낸다. 따라서 이는 비단말 짝과 인덱싱된 이중 무한 행렬로 볼 수 있다. 각 $\theta_{k,k_1,k_2}^{binary}$는 비단말 k를 오른쪽 항의 비단말 k_1 및 k_2에 재작성하는 이항 규칙에 대한 확률을 제공한다.

해당 모델^{HDP-PCFG}에 대한 설명은 생성 이야기 8.4에 주어졌다. 이항 규칙 확률에 대한 사전분포 $DP(\alpha^{binary}, \beta\beta^T)$를 주목해보자. 벡터 β는 무한 벡터로서 모든 양의 요소들의 합은 일이다. 따라서 $\beta\beta^T$는 좌표 k, k'는 $\beta_k\beta_{k'}$이 되는 이중 무한 행렬이며 행렬의 모든 요소들의 합 또한 1이다. 이는 이항 규칙의 오른쪽 항에 대한 분포로 볼 수 있다. $\beta\beta^T$를 기준분포로 사용하는 DP 사전분포에서의 추출은 같은 형태의 이중 무한 행렬이며 (이 또한 모든 요소들의 합이 1이며) 이 행렬은 β에서 활용할 수 있는 가산의 비단말 집합에서의 비단말들의 짝을 확장하는 모든 가능한 이항 규칙에 해당된다.

위의 생성 프로세스는 실제로 최상위 뿌리 기호의 생성에 대한 필수적인 세부 사항이 누락됐다.

Liang et al은 이 모델에서 이 문제를 다루지 않았지만, 이는 $DP(\alpha^{root}, \beta)$에서 생성된 분포에서 트리의 뿌리 비단말을 추출하는 추가 초기 단계를 추가해 쉽게 해결할 수 있다.

HDP-PCFG 모델은 GEM 분포에서 β 추출의 상위에 이진 규칙을 추출하는 디리클레 프로세스의 존재로 계층적 디리클레 프로세스 모델이라고 할 수 있다. β의 추출은 비단말의 기본적인 집합을 제공하며 이는 이진 규칙에 대한 규칙 확률을 구성하는 기본 요소가 된다.

이 모델은 계층적 디리클레 프로세스에서의 "원자 공유"(7.3절 참조)에 대한 중요성을 다시 한 번 보여준다. 최상위의 가산의 원자 집합에 대한 GEM 분포에서의 추출은 이항 규칙에서 비단말들이 공유되는 확률을 0이 아니도록 보장해준다.

Liang et al은 디리클레 프로세스 혼합 모델과 함께 추론을 수행하는 목적으로 개발한 Blei and Jordan(2004)의 양 끝을 줄인 막대 절단 표현에 기반을 둔 HDP-PCFG 모델에 대한 추론 알고리즘을 개발했다. Liang et al의 알고리즘은 평균장 변분 추론에 기반해 이항 규칙 매개변수, 출력 매개변수, (끝이 잘리고 유한의 기호 $k \in \{1,...,K\}$의 부분집합을 위한) 규칙 종류 매개변수, $Z^{(i)}$에 대한 분포 그리고 β에 대한 분포가 분해되며 각 요소들을 각각의 변분분포를 갖는다.

Constants: n, number of samples
Hyperparameters: $\alpha \geq 0$, $\alpha^{\text{type}} \geq 0$, $\alpha^{\text{emission}} \geq 0$, $\alpha^{\text{binary}} \geq 0$ concentration parameters
Parameters: β, θ_k^{type}, $\theta_k^{\text{emission}}$, θ_k^{binary} — distributions over a discrete of finite set
Latent variables: $Z^{(1)},...,Z^{(n)}$
Observed variables: $X^{(1)},...,X^{(n)}$

- - - - - - - - -

- Draw β, an infinite column vector, from the GEM distribution with hyperparameter α. The infinite vector β indices correspond to nonterminal symbols in the grammar.
- For each grammar symbol $k \in \{1, 2,...\}$
  - Draw $\theta_k^{\text{type}} \sim \text{Dirichlet}(\alpha^{\text{type}})$.
  - Draw $\theta_k^{\text{emission}} \sim \text{Dirichlet}(\alpha^{\text{emission}})$.
  - Draw $\theta_k^{\text{binary}} \sim \text{DP}(\alpha^{\text{binary}})$.
- For $i \in \{1,...,n\}$ draw a tree $z^{(i)}$ (and a string $x^{(i)}$) as follows:
  - While the yield of $z^{(i)}$ is not all terminal symbols:
    - Pick an unexpanded node in $z^{(i)}$ Denote its nonterminal by k.
    - Draw a rule type from θ_k^{type}
    - If the rule type is "emission," expand this node by drawing a rule from $\theta_k^{\text{emission}}$.
    - If the rule type is "binary," expand this node by drawing a rule from θ_k^{binary}.
  - Set $x^{(i)}$ to be the yield of the fully expanded $z^{(i)}$.

생성 이야기 8.4 HDP-PCFG 모델의 생성 모델 설명

8.5.1 HDP-PCFG 모델로 확장

좀 더 정확하게 말하면 PCFG 자체는 언어 또는 구문을 모델링하기에는 약한 모델이라고 볼 수 있다. 트리 뱅크에서 PCFG 문법을 읽고 (베이지안 또는 빈도론자 범위의 알맞은 특정 추정 기술을) 그대로 사용하면 결과가 다소 좋지 않다.

실제로 문헌에서 PCFG 자체는 자연어의 구문을 모델링하기에는 다소 약할 수 있다는 점이 주목됐다. 가장 큰 문제는 다양한 트리뱅크에서 나타나는 구문의 범주 자체가 도출하는 단계에 대해 충분한 문맥적 정보를 제공하지 않는다는 점이다. 이는 노드와 직계 자식을 고려해 트리 뱅크에서 문법을 추출할 때마다 문제가 발생한다. 이를 해결하기 위해 추출된 문법 및 잠재 상태를 활용해 구문 범주를 세분화한다(Cohen, 2017, Matsuzaki et al., 2005, Prescher, 2005). 이는 문법의 각 비단말은 그 상태를 나타내는 정수와 인덱싱되며 이때 이 상태는 절대 관찰되지 않는다.

빈도론자 관점에서의 L-PCFG 활용에서 학습자의 목표는 잠재 상태를 전혀 관찰하지 않고 잠재변수 PCFG에 대한 매개변수를 추정하는 것이다. 통계적 파싱 모델 자체는 여전히 PCFG이지만 각 구문적 노드의 잠재 상태에 대한 추가 정보를 포함하지 않기 때문에 데이터가 불완전하다. 이렇게 되면 각 도출의 확률이 가능한 도출 곱의 합이므로 트리 뱅크로부터 추출된 가장 일반적인 PCFG 모델의 표현력을 변경한다. 도출은 이제 잠재 상태를 포함하고 해당 도출에 대한 잠재 상태의 모든 가능한 조합에 대해 합이 취해진다. 가장 일반적인 PCFG의 경우 도출에 대한 확률은 해당 도출에 나타나는 규칙들의 곱일 뿐이다.

그러나 각 비단말과 관련된 잠재 상태의 수를 선택하는 것은 사소한 문제가 아니다. 이전 연구에서는 고정된 상태의 수만을 사용하려고 했으며 잠재변수 PCFG에 대한 추후 추정 알고리즘은 coarse-to-fine EM(Petrov et al., 2006) 및 기타 자동 분할(Dreyer and Eisner, 2006)과 같은 기술을 활용했으며, 그래프 이론(Cohen and Collins, 2014, Cohen et al., 2013) 및 적률법에 기반한 다른 추정 알고리즘(Cohen et al., 2014)을 통해 특이값을 분계했다.

베이지안 문맥에서 Liang et al은 HDP-PCFG 모델을 문법 세분화 모델로 확장했으며 여기서 베이지안 비모수 방법은 PCFG의 비단말을 세분화하기 위해 잠재 상태의 수를 선택하는 데 도움을 줬다. 그들은 관찰되지 않은 무한한 비단말 집합을 갖는 대신, 알려진 비단말 및 이항 규칙의 고정된 잡합을 확장하는 HDP-PCFG와 같은 모델을 설계했다. 이로써 원자들의 무한 집합이 이러한 비단말 및 규칙을 개선했다.

$\mathcal{N}$이 고정된 비단말 집합이라고 하자. 그렇다면 HDP-PCFG의 세분화 확장은 다음 형태를 갖는 분포를 추출한다.

- 각 비단말 $a \in \mathcal{N}$에 대해 무한 다항 β_a가 GEM 분포에서 추출된다.
- 각 비단말 $a \in \mathcal{N}$ 및 $k \in \{1, 2, \ldots\}$에 대해 무한 다항 $\theta_{a,k}^{\text{emission}}$이 추출된다. 인덱스 k는 비단말 세분화의 범위를 갖는다.
- 각 규칙 $a \to bc$ 및 $k \in \{1, 2, \ldots\}$에 대해 이중 무한 행렬 $\theta_{a \to bc, k}^{\text{binary}}$가 $\beta_b \beta_c^T$를 기준 분포로 갖는 디리클레 프로세스에서 추출된다.

위의 매개변수는 일반적인 HDP-PCFG에서 추출된 매개변수와 매우 유사하며, 다른 점은 고정된 집합의 비단말 또는 고정된 규칙 집합에서의 집합과 인덱싱된다는 것이다. 추가적으로 저자들은 단항 연산 규칙을 위한 매개변수를 추가한다.

8.6 종속적 문법

종속적 문법(Tesnière, 1959, Tesnière et al., 2015)은 (그래프 이론적 관점의) 방향성 트리를 활용해 구문론을 설명하는 언어학 이론을 일컫는다. 이러한 트리에서 단어들은 노드에 해당되며 엣지는 단어 사이의 구문적 관계를 나타낸다. 자연어 처리에서의 종속적 문법 및 종속적 파싱의 활용에 대한 자세한 내용은 Kübler et al.(2009)을 참조하라.

8.6.1 상태 분할 비모수적 종속 모델

Finkel et al.(2007)에서는 종속적 트리를 위해 계층적 디리클레 프로세스에 기반해 여러 비모수적 베이지안 모델을 만들었다. 모델의 핵심은 디리클레 프로세스에서 원자들의 집합으로 시작되는 잠재 상태인 노드를 갖는 종속적 트리를 생성하는 데 있다. 이러한 각 원자는 단어 또는 관측치에 대한 분포다. 먼저 잠재 상태가 생성되면 관측치가 생성된다.

Z를 종속성 트리에 걸쳐 있는 확률변수로서 z_i가 트리에서 노트 i의 상태를 나타낸다고 하자. 이러한 상태는 어떤 이산 집합에서 가져온다. 추가적으로 X를 어떤 어휘에 포함되는 각 상태에서 생성된 관측치를 나타낸다고 하면 x_i는 상태 z_i에서 생성된 관측치가 된다. 노드 i에 대한 자식 노드 리스트는 $c(i)$로 나타내고 $Z_{c(i)}$는 노드 i의 자식 노드들에 대한 잠재 상태 벡터를 나타낸다. 종속성 트리에 대한 이런 공식화의 그래프적 연습 문제는 그림 8.3에서 보여준다. 그림에서 $Z_{c(3)} = (1, 2, 1)$이며 $c(2) = (1)$이다. 만약 i가 잎 노드라면 $c(i) = \emptyset$이며 따라서 $c(1) = c(4) = c(6) = \emptyset$이다(노드들은 문장의 순서에 따라 번호를 지정됐다. 즉, 노드 1은 "The", 노드 2는 "king", 노드 3은 "welcomed", 등등 이어진다).

Finkel et al은 모델 매개변수들이 주어졌을 때 $z^{(1)}, \ldots, z^{(n)}$과 해당 $x^{(1)}, \ldots, x^{(n)}$를 생성하는 꽤나 진보된 세 가지 모델을 제안한다. Finkel et al에서 제시하는 모델은 실제 나무 구조에 대한 지식을 갖는다고 가정한다. 모델의 목표는 트리 구조를 잠재 상태 및 관측치로 채우는 것이다. 이러한 모델들은 위에서부터 아래로 생성되는 잠재 상태에 대한 확률적 분해에 기반하며 부모 노드의 상태에 조건부가 걸려 있을 때 매번 자식 노드의 상태를 생성한다. 만약 노드 1이 Z의 뿌리 노드이며 종속성 트리가 m개의 노드를 갖고 있다면 다음이 만족한다.

$$p(z, x) = p(z_1) \times \left(\prod_{i: c(i) \neq \emptyset} p(z_{c(i)} | z_i) \right) \times \left(\prod_{i=1}^{m} p(x_i | z_i) \right) \tag{8.16}$$

첫 번째 모델, "독립적 자식"을 활용하면 다음이 성립된다.

$$p\left(z_{c(i)} | z_i\right) = \prod_{j \in c(i)} p\left(z_j | z_i\right) \tag{8.17}$$

독립적 자식 모델은 자연어를 모델링하는데 현실적이지는 않다. 이는 (모든 형제자매들이 부모가 주어졌을 때 조건부 독립성을 갖는다는) 독립성 가정을 너무 강하게 가져가기 때문이다. 이러한 이유 때문에 Finkel et al은 두 개의 추가적 모델을 제안한다. 그들의 두 번째 모델, "마르코프 자식"에서는 부모 및 형제자매들이 주어졌을 때 하나의 자식 노드가 다른 모든 자식과 조건부 독립적임을 가정한다. 자세히 말하면, 만약

$c(i) = (j_1, \ldots, j_r)$이라면 다음 식이 성립한다.

$$p\left(z_{c(i)}|z_i\right) = p\left(z_{j_1}|z_i\right) \times \left(\prod_{k=2}^{r} p\left(z_{j_k}|z_{j_{k-1}}, z_i\right)\right) \tag{8.18}$$

Finkel et al은 완전한 모델을 알기 위해 필요한 자식을 생성하는 순서에 대해선 명시하지 않는다. 그들의 마지막 모델, "동시적 자식"은 모든 자식이 노드의 하나의 뭉치로 생성됨을 가정한다. 이는 $p(Z_{c(i)}|Z_i)$는 분해가 안 된다는 것을 의미한다.

Finkel et al의 모델의 주요 아이디어는 Z_i에 대해 비모수적 분포를 사용하는 것이다. 잠재 상태들은 정수 값 $\{1, 2, \ldots\}$를 갖는다고 가정한다. 또한 잠재 상태 분포에 대한 사전분포는 계층적 디리클레 프로세스(7.3절 참조)를 활용해 구축한다.

독립적 자식 모델에 대한 생성적 프로세스는 다음과 같다. 먼저 정수에 대한 기본 분포는 GEM(s_0)에서 추출되며 s_0은 집중 매개변수이다. 그다음 각 $k \in \{1, 2, \ldots\}$에 대해 $\pi_k \sim \mathrm{DP}(\pi, s_1)$이 추출된다. ($k \geq 2$에 대한) 분포 π_k는 식 8.17의 조건부분포 $p(Z_j|Z_i)$에 활용된다. 즉, $p(Z_j|Z_i = k) = \pi_{k, z_j}$이다(참고로 식 8.16에 나타나는 분포 $p(Z_1)$에 π_1이 사용된다). 추가적으로 관측치 X를 생성하기 위해선 다항분포 ϕ_k가 디리클레분포로부터 생성된다. 그다음 식 8.16의 관측 분포가 $p(x_i|Z_i = k) = \phi_{k, z_j}$되도록 설정된다.

동시적 자식 모델에서 Finkel et al은 모든 자식들의 잠재 상태에 대한 분포를 DP(s_2, G_0)에서 추출하며 G_0은 위에서 기술된 사전분포에서 추출된 식 8.17의 독립적 자식분포로 정의된다. 이러한 추출은 종속적 트리에서 각 노드 i에 대해 $p(Z_{c(i)}|Z_i)$를 정의한다. Finkel et al에 의하면 동시적 자식분포에 독립적 자식분포를 기준분포로 활용하는 것은 일치성을 촉진시킨다. 만약 자식 상태의 시퀀스에 대해 높은 확률이 존재할 경우, 비슷한 잠재 상태에 대한 시퀀스(즉, 높은 확률의 시퀀스와 많이 겹치는 시퀀스) 또한 높은 확률을 가질 것이다.

마르코프 자식 모델을 위한 잠재 상태 분포의 사전분포(8.18)는 계층적 디리클레 프로세스를 비슷하게 활용한다. 이 모델에서는 부모 및 형제자매 짝에 대한 잠재 상태에 조건부를 갖는 잠재 상태에 대한 분포에 해당하는 잠재 상태의 짝, $\pi_{k\ell}$를 생성하며 부모의 잠재 상태는 k, 형제자매의 잠재 상태는 ℓ로 표현된다. 관측치들은 독립적 자식 모델과 동일하게 다뤄진다.

그림 8.3 잠재 상태를 갖는 종속적 트리. 첫 번째 선은 잠재 상태를 나타내며, 두 번째 선은 이러한 잠재 상태를 바탕으로 생성된 단어를 나타낸다.

8.7 동시발생적 문법

"동시발생적 문법"이란 단어는 여러 문자열 언어(문자열의 짝에 대한 집합으로 구성된 언어), 가장 흔히 두 언어를 정의하는 문법을 일컫는다. 주로 이러한 문법은 두 어휘에 대한 집합, T_1 및 T_2(각기 다른 언어, 예를 들어 불어와 영어)에 대해 정의되며 이들의 문법 규칙들은 동시발생적 도출을 생성한다. 이러한 도출은 각기 언어의 두 문자열에 대한 파스Parse 트리로 분해될 수 있다. 파스 트리들의 다른 부분들은 서로 정렬돼 있다. 자연스럽게 이들은 동시발생적 문법의 확률적 확장이다.

NLP에서 가장 흔한 확률적 동시발생적 문법은 동시발생적 PCFG이다. 이러한 문법의 규칙은 고정된 비단말 집합 $\mathcal{N}$ 및 $a \in (\mathcal{N} \cup T_1)^*$ 그리고 $\beta \in (\mathcal{N} \cup T_2)^*$에 대해 $a \to \langle \alpha, \beta \rangle$ 형태의 법칙을 갖는다. 오른쪽 항 α는 하나의 언어에 해당되며, β는 다른 언어에 해당된다. 추가적으로 α의 비단말과 β의 비단말을 매핑하는 각 법칙을 정렬하는 함수가 존재한다. α 및 β에 대한 다른 제한 그리고 정렬에 대한 제한은 여러 형태의 동시발생적 PCGF를 만들 수 있다. 예를 들어 Inversion-Transduction 문법(Wu, 1997)을 통해 $\alpha = \alpha_1 \cdots \alpha_m$은 비단말 및 어휘에 대한 문자열이며 β는 T_2의 요소로 대체된 α에 속한 T_1의 요소로 구성된 같은 문자열이거나 α가 뒤집혀 있으며 $(\alpha = \alpha_m \cdots \alpha_1)$ T_1 요소들이 T_2의 요소들로 대체됐다. α 및 β의 동일한 비단말들은 서로서로 정렬됐다.

동시발생적 문법의 자연스러운 응용 방법은 기계 번역이다. 동시발생적 문법은 일반적으로 구문 기반의 기계 번역에 사용되며, 이때 비단말은 (명사 구절 또는 동사 구절과 같은) 일부 구문적 해석을 지니며 또한 비단말이 구문적 해석을 갖지 않는 계층적 구절 기반의 번역에 사용된다. 동시발생적 문법 및 기계 번역과의 관계에 대한 자세한 정보는 Williams et al.(2016)을 참조하라. 베이지안 맥락에서 동시발생적 문법에 대한 많은 연구는 일반적으로 비모수적 베이지안 모델링을 통해 기계 번역을 위한 문법 규칙 자세(동시발생적 문법 유도)를 학습하기 위해 수행됐다. 이는 Blunsom et al.(2009b), Blunsom et al.(2009a), Neubig et al.(2011), Sankaran et al.(2011) 및 Levenberg et al.(2012)과 같은 연구가 해당된다. Yamangil and Shieber(2010)에서는 문장 압축 문제를 위해 동시발생적 문법 귀납 알고리즘을 활용했다. 비모수적 모델링을 사용하지 않고 동시발생적 문법(구절 기반 기계 번역의 경우)의 문법 규칙을 학습하는 좀 더 이전의 연구는 Zhang et al.(2008)이 포함된다.

다른 베이지안 문법이 동시발생적 설정으로 확장된 연구도 존재한다. 예를 들어, Huang et al.(2011)은 어댑터 문법(8.4절)을 동시발생적 어댑터 문법으로 확장했으며 음역과 관련된 문제를 해결하는 데 적용됐다. 그들이 사용한 문법은 한 언어의 음절을 다른 언어로 매핑하며, 특정 비단말은 대상 언어의 다른 음절 그룹으로 음역되는 음절 그룹에 대한 정보를 담도록 돼 있다.

8.8 다중 언어 학습

8장에서는 히든 마르코프 모델 또는 확률적 문맥 자유 문법과 같은 잘 알려진 형식 또는 문법이 백본 모델로 갖는 구조화된 모델들에 중점을 둔다. 그러나 수년에 걸쳐 많은 연구자들이 자연어 처리의 특정 문제를 해결하기 위해 창의적인 생성 모델을 개발했다. 이러한 모델의 기본 구성 요소는 다항분포(3장) 또는 디리클레분포와 같은 확률분포 집합이다. 이러한 요소들은 레고 조각처럼 하나의 모델로 함께 조립된다. 이번 절에서는 다중 언어 학습을 목적으로 하는 이러한 유형의 모델에 대한 연습 문제를 살펴본다.

다중 언어 학습은 구문 분석 또는 품사 태깅과 같이 NLP의 문제를 해결하는 데 사용할 수 있는 각 언어의 모델을 추정하기 위해 여러 언어로 언어 데이터를 사용하는 포괄적인 용어다. 다중 언어 학습은 일반적으로 여러 언어의 말뭉치들 사이의 약하거나 강한 정렬을 활용한다.

8.8.1 품사 태깅

다중 언어 학습의 맥락에서 베이지안 학습의 초기 활용 방안 중 하나는 Snyder et al.(2008)에 의해 소개됐다. Snyder et al이 소개한 모델은 비지도학습 방식으로 이중 언어 품사 태그 모델을 학습한다.

이중 언어 POS 태깅 모델에 대한 생성 모델 설명은 생성 이야기 8.5에 기술돼 있다. 베이지안 맥락에서 예상되는 바와 같이 생성 모델 설명은 사전분포에서 모델의 매개변수, 즉 출력 및 전이 매개변수를 추출하면서 시작한다. 출력 매개변수는 특정 POS를 태그를 조건부로 두는 각 언어의 단어 집합에 대한 다항분포다. 전이 매개변수는 이전 태그를 기반으로 새 태그를 생성한다. 태그 생성은 두 언어의 무장 사이의 정렬을 기반으로 한다.[3] Snyder et al의 모델에서 소개하는 새로운 아이디어는 두 개의 정렬된 단어의 POS 태그가 서로에 대한 정보를 제공한다는데 점에 기반한다. 두 단어가 두 문장으로 정렬될 때마다 POS 태그는 "커플링 분포", ω를 통해 결합된다.

원칙적으로 이 모델은 빈도론자 설정에서 또한 사용될 수 있으며 기댓값-최대화 알고리즘(부록 A)과 같은 알고리즘으로 추정할 수 있다. 그러나 이 설정에서 베이지안 모델을 사용하면 몇 가지 장점이 존재한다. 먼저 다른 언어에 대한 모든 매개변수들이 동일한 사전분포에서 추출된다. 이는 사전분포가 하나의 보편적인 분포를 통해 이러한 모든 언어를 하나로 묶는 것을 의미한다. 이 사전분포 자체는 모수화돼 있으며 초매개변수는 데이터에서 사용된 모든 언어의 특성(예를 들어 전이 및 출력 매개변수의 희소성 범위)을 설명하는 것으로 생각할 수 있다.

POS 태그를 기반으로 POS 태그 및 단어를 샘플링하기 위해 Snyder et al에서 활용된 추론 메커니즘은 히든 마르코프 모델HMM을 연상시킨다. Snyder et al의 모델은 태그 쌍을 생성하기 위해 정렬에 의존하지만, 이러한 태그가 조건부로 갖는 정보, 즉 시퀀스상에서 이전의 태그 정보를 활용한다는 점은 바이그램 HMM이 활용하는 것과 동일한 유형의 정보다.

---

3   정렬은 고정돼 있고 관찰됐던 것으로 가정한다. 정렬은 기계 번역 도구 GIZA++(Och and Ney, 2003)를 사용해 생성된다.

Hyperparameters: $\alpha_0, \alpha_1, \alpha'_0, \alpha'_1, \alpha_\omega > 0$

Constants: N and N_0, lengths of sentences

Parameters: $\phi_t \in \mathbb{R}^{|V|}$, $\theta_t \in \mathbb{R}^{|T|}$ for $t \in T$, $\phi'_t \in \mathbb{R}^{|V|}$, $\theta'_t \in \mathbb{R}^{|T|}$ for $t \in T'$, ω

Latent variables: $y_1, \ldots, y_N \in T$, $y'_1, \ldots, y'_{N'} \in T'$ POS tags for two languages

Observed variables: $x_1, \ldots, x_N \in V$, $x'_1, \ldots, x'_{N'} \in V'$, words for first and second language, a alignment between words

- -

- (First language) Draw transition multinomial distribution over tags ϕ_t for each $t \in T$ from a Dirichlet distribution with hyperparameter α_0.

- (First language) Draw emission multinomial distribution over vocabulary θ_t for each $t \in T$ from a Dirichlet distribution with hyperparameter α_1.

- (Second language) Draw transition multinomial distribution over tags ϕ'_t for each $t \in T'$ 0 from a Dirichlet distribution with hyperparameter α'_0.

- (Second language) Draw emission multinomial distribution over vocabulary θ'_t for each $t \in T'$ 0 from a Dirichlet distribution with hyperparameter α'_1.

- Draw a multinomial distribution ω over $T \times T'$ from a Dirichlet distribution

- Define the distribution for four tags $y, y_0 \in T$ and $y', y'_0 \in T'$

$$p(y, y' \mid y_0, y'_0) \propto \phi_{y_0, y} \phi'_{y'_0, y'} \omega_{y, y'}$$

- Let $a_0 = \{i \mid \neg\exists\, j(i, j) \in a\}$ be the unaligned indices in a for the first language

- Let $a'_0 = \{i \mid \neg\exists\, j(i, j) \in a\}$ be the unaligned indices in a for the second language

- Draw tags $y_1, \ldots, y_N$ and $y'_1, \ldots, y'_{N'}$ from the distribution

$$p(y_1, \ldots, y_N, y'_1, \ldots, y'_{N'}) = \prod_{i \in a_0} \phi_{y_{i-1}, y_i} \prod_{j \in a'_0} \phi_{y'_{j-1}, y'_j} \prod_{(i,j) \in a} p(y_i, y'_j \mid y_{i-1}, y'_{j-1})$$

- (First language) For each $i \in [N]$, emit a word x_i from the multinomial y_i.

- (Second language) For each $j \in [N']$, emit a word x'_j from the multinomial y'_j.

생성 이야기 8.5 Snyder et al의 이중 언어 품사 태깅 모델에 대한 생성 모델 설명. 정렬 a는 한 언어의 단어를 다른 언어의 단어와 정렬해주는 인덱스들의 짝에 대한 집합이다. 정렬은 완전히 명시되지 않아도 된다(즉, 두 언어의 단어들은 정렬이 안 돼도 괜찮다). 각 단어들은 최대 하나의 단어와 정렬된다. 각 언어의 단어의 집합 (어휘)는 각각 V 및 V'이다. 각 언어의 품사 태그 집합은 각각 T 및 T'이다. 생성 모델 설명은 문장의 한 쌍에 대한 추출을 설명한다. 매개변수들 ϕ_t, θ_t, θ'_t, 그리고 ϕ'_t는 잠재변수들로 추론 과정에서 소거된다.

Snyder et al.(2009b)은 완전한 다국어 모델, 즉 세 개 이상의 언어를 모델링하는 POS 태깅 모델로 확장했다. 이는 기존 모델에서 새로운 재료를 소개하며 확장한다. 이 재료는 모든 언어에 공통적으로 추정되지만 잠재적인 강한 태그를 도입한다. 이러한 태그는 비모수적 모델(7장)으로부터 생성된다.

8.8.2 문법 유도

NLP 문법 유도의 문제는 다양한 형태의 언어의 구문에 대한 비지도 학습을 나타내는 포괄적인 용어다. 이는 (문맥 자유 문법과 같이) 규칙을 사용해 실제 문법을 학습, 문자열만을 활용해 기존 문법(생산 확률)의 매개변수 추정, 또는 문법 형식화가 굳이 아니더라도 문자열 집합을 통해 파스 트리 유도를 일컫는다.

다중 언어 학습 맥락에서 Snyder et al.(2009a)은 다중 언어 문법 유도를 위한 베이지안 모델을 기술했다. 그들의 모델은 두 개의 언어로 된 두 문장(각각에 대한 번역)에 대해 (파스 트리에 해당하는) 한 쌍의 트리를 정렬하는 트리 편집 모델에 기반한다. 해당 트리 편집 모델(Jiang et al.(1995)의 순서 없는 트리 정렬이라고도 알려졌다)은 언어 간 구문 규칙을 포착하는 데 도움이 된다.

해당 모델에 대한 생성 모델 설명은 Klein and Manning(2004)의 Constituent-Context Model^{CCM}에 대한 일반화다. 주요한 새로운 점은 다중 언어(좀 더 정확히는 이중 언어) 설정이다. 이 모델은 해당 매개변수가 추출되면 균일분포에서 각 언어마다 하나씩 정렬된 파스 트리 쌍을 추출해 수행된다. 다음으로 constituents, distituents, constituent context, 및 distituents context가 추출되는 문장 쌍 생성 단계를 시작한다. 이 요소들은 다양한 형태의 데이터(문법 유도 프로세스의 기반이 되는)에서 관찰된 품사 태그 시퀀스의 하위 문자열이다. 예를 들어 Constituents는 파스 트리의 일부 노드가 지배하는 하위 문자열이며 이에 해당하지 않는 하위 문자열은 distituent이다.

Snyder et al에서 소개하는 모델은 베이지안 문맥에서 CCM 모델이 갖는 속성을 물려받는다. 이 모델 또한 관측된 데이터를 과도하게 생성한다. 이는 constituent, distituents 그리고 문맥 모두 겹치는 문자열로 구성돼 있으며 관찰된 데이터의 다른 부분이 여러 번 생성되기 때문에 발생한다.

Snyder et al의 모델은 CCM 모델과 비교할 때 또 다른 새로운 점을 소개한다. 처음에 생성된 파스 트리 쌍의 모든 정렬된 노드에 대해 GIZA 점수를 생성한다. 이는 GIZA++(Och and Ney, 2003)를 사용해 생성된 짝을 이루는 문장 사이의 단어 정렬을 기반으로 관찰된 데이터의 또 다른 부분(두 언어의 POS 태그 시퀀스와 제외)을 생성하는 점수다. a와 b가 생성된 두 파스 트리에서 정렬된 노드 쌍이라고 하자. 또한 m은 GIZA++ 정렬에 따라 정렬되고 각 트리의 노드 a와 b에 의해 지배되는 단어 쌍(각 언어 당 하나의 언어)의 수라고 하자. 추가적으로 n은 단어 중 하나가 a 또는 b에 의해 정렬되지만 다른 단어가 b 또는 a에 의해 지배되지 않는 문장에서 단어 쌍의 수라고 하자. 그러면 GIZA 점수는 $m - n$이다.

GIZA 점수는 GIZA++에 따라 한 쌍의 하위 문자열이 얼마나 잘 정렬돼 있는가를 일치시킨다. 주어진 노드 쌍의 점수가 높을수록 둘이 정렬될 가능성이 더 높다. 따라서 모델의 GIZA 점수 생성 요소는 사후 추론이 GIZA 점수와 일치하는 방식으로 정렬된 트리를 찾도록 하는 방법이다.

8.9 더 읽어보기

8장에서 소개된 주제들은 베이지안 프레임워크에서 문법 학습 및 추정을 위해 발전된 풍부한 문헌에 대한 세세한 표현은 아니다. 여기서는 추가적인 문헌에 대한 주요점을 알아본다.

문맥 자유 문법은 NLP 및 언어학과 언어 이론에서의 언어 구문 모델의 핵심이다. 이들의 표현력은 자연어의 구문을 표현하기에는 너무 제한적이라고 오랫동안 주장돼 왔다. 문법 형식화를 통한 언어 모델링의 목적은 가능한 자연어와 가깝게 언어를 생성하는 문법을 찾는 것이다. 이는 한편으로 언어로 가능한 어떠한 문장도 생성해야 함을 의미하지만 너무 과도하게 생성되지 않게 해야 한다. 그렇지 않으면 이는 자연어를 위한 좋은 모델이라고 볼 수 없다(영어 단어로 구성된 어휘 V에 대해 V^*를 생성하는 문법은 몇 가지의 법칙을 통해 설명하기 쉽지만 영어에 대한 모델로서는 반드시 과도하게 생성할 것이다).

많은 언어에 존재하지만 문맥 자유 문법으로 표현하기 어려운 가장 두드러진 속성은 종종 자유 단어 순서에서 발생하는 종속성을 교차하거나 삽입하는 것이다. 이 속성은 여러 방면으로 언어에 나타나며 이를 수용하기 위해 대체 문법 형식, 특히 "미약하게 맥락에 민감한"[MCS] 문법이라고 하는 형식들이 제안됐다.

이러한 형식들을 이렇게 부르는 이유는 만약 CFG와 같은 생산 규칙을 사용해 문법이 표현되는 경우 왼쪽 항에 맥락에 민감한 법칙들의 표현력을 활용하지 않고 (단일 비단말이 아닌) 몇 가지 추가적인 맥락이 포함돼야 하기 때문이다. 일반적으로 이러한 규칙은 무한한 비단말 기호에 대한 집합 또는 무한한 규칙 집합을 생성한다(따라서 생성된 언어는 더 이상 맥락 자유가 아니다).

베이지안 NLP에 적용된 "문맥 자유에 가까운" MCS 문법 형식화의 가장 흔한 두 가지 연습 문제들은 인접한 문법 트리(Joshi and Schabes, 1997, TAG) 및 조합적 범주형 문법(Steedman, 2000, CCG)이다. 이 두 형식화 방법은 약하게 동일하다(Weir, 1988). 이는 TAG를 통해 생성될 수 있는 모든 언어가 CCG를 활용해 표현될 수 있으며 역으로도 성립한다. 하지만 이들은 강한 수준의 생성 능력을 갖지는 않는다. 각 형식화는 다른 도출 집합을 나타내며 이 둘의 문법이 같은 언어를 생성하더라도 항상 한쪽의 도출이 다른 한쪽의 도출과 일대일 매핑될 수는 없다.

MCS 문법은 CKY 및 인사이드-아웃사이드 알고리즘과 비슷하지만 좀 더 높은 계산 복잡도를 갖고 있다. 문맥 자유에 가까운 TAG 및 CCG에 대한 파싱 알고리즘의 복잡도는 $O(n^6)$이며 n은 문장의 길이를 나타낸다.

기본적으로 이러한 문법에서 베이지안 통계 사용과 관련된 개념은 CFG에 대해 8장에서 이미 설명한 개념과 유사하다. 문법의 매개변수들은 다항의 집합으로 표현되며 그로부터 추론이 진행된다. 베이지안 문맥에서 이러한 문법을 사용한 기존 연구에는 베이지안 문법 귀납을 위한 CCG 활용(Bisk and Hockenmaier, 2013, Huang et al., 2012, Kwiatkowski et al., 2012b), 베이지안 비모수적 방법을 적용한 구문 분석을 위한 TAG 활용(Yamangil and Shieber, 2013) 등이 존재한다. 또한 오토마타 형태의 형식론은 구문 파싱과 같은 베이지안 NLP에 사용돼왔다(Jones et al., 2012).

추가적으로 Cohn et al.(2010)은 트리 대체 문법[TSG]을 학습하기 위해 베이지안 비모수적 모델을 활용해 깁스 샘플링 방법을 발전시켰다. 트리 대체 문법은 문맥 자유에 기반한 또 다른 형식화로 문맥 자유 규칙이 전체 부분 트리를 갖는 부분 도출에 속한 비단말을 대체할 수 있다. 이러한 부분 트리에서 나오는 구성은 비단말 또는 단말이다. Cohn et al의 비모수적 모델은 TSG에서 학습된 조각들의 크기를 제어한다. TSG의 표현력은 CFG보다 항상 크다고는 할 수 없지만 언어에 대해 좀 더 좋은 모델일 수 있다. 이는 TSG가 CFG에서와는 달리 직접적인 합성성이 없어도 하위 구조를 빈번하게 생성해 언어 데이터의 일반화를 향상시킬 수 있기 때문이다. TSG를 유도하기 위한 이와 비슷한 비모수적 모델은 Post and Gildea(2009)와 Post and Gildea(2013)에 의해 개발됐다.

또한 주요하게 참고할 점은 베이지안 통계와 함께 NLP에서 문법 모델을 사용하는 것은 비지도학습에만 국한되지 않는다. 예를 들어 Shindo et al.(2012)은 베이지안 구성 요소를 사용해 기호 세분화 트리 대체 모델을 개발하고 해당 모델에 대해 최상의 구문 분석 결과를 보고했다. 여기서 기호 세분화는 Matsuzaki et al.(2005), Prescher(2005) 및 Petrov et al.(2006) 스타일로 트리 뱅크에 나타나는 구문 범주를 세분화하는 잠재 상태를 나타낸다. 8.5.1절 또한 참조하라.

마지막으로 베이지안 통계 및 문법에 대해 좀 더 "전통적인" 활용 방안에서 벗어날 수 있다면 베이지안 접근을 활용해 문법의 근본적인 구조에 대한 추론을 수행하는 사례를 찾을 수 있다. 예를 들어 Stolcke and Omohundro(1994)는 "베이지안 모델 병합" 절차를 사용해 문법의 구조를 학습하는 방안을 제시한다. 그들의 아이디어는 모델 병합이라는 아이디어를 기반으로 한다(Omohundro, 1992). 모델 병합은 사용 가능한 각 데이터포인트에 대한 초기 모델을 구축한 다음 사용 가능한 현재 모델들의 하위 구조를 통합해 이러한 모델을 반복적으로 병합한다. "병합" 작업은 수행 후 새 모델의 적합성 점수에 따라 적용된다. Stolcke and Omohundro에서는 문법 학습을 위해 데이터가 주어졌을 때 베이지안 모델에 대한 사후분포를 활용했다. 이를 위해 매개변수에서 구조를 분해하는 사전분포를 사용했다. 구조의 확률은 지수화된 크기에 반비례하므로 더 간단한 모델일수록 더 높다.

8.10 요약

확률적 문법은 NLP에서 가장 흔히 활용되는 일반적 모델족이다. 이러한 가운데 대부분의 확률적 문법이 생성 모델이라는 점은 베이지안 NLP가 기존 베이지안 모델 및 이러한 문법의 추론 알고리즘의 발전된 형태라는 점에 초점을 둘 수 있다. 8장에서 중점적으로 다루는 내용은 확률적 문맥 자유 문법과 모수적 및 비모수적 베이지안 분석을 통한 이들의 활용도이다. 결과적으로, PCFG를 통한 기본적인 추론 및 디리클레 사전분포와 어댑터 문법, 계층적 디리클레 프로세스 PCFG 등의 비모수적 모델을 통한 PCFG의 활용 방안을 다뤘다.

8.11 연습 문제

8.1 3.4절에서 다뤘던 지수 모델족을 고려해보자. 식 8.5를 통해 정의된 모델이 지수 모델임을 증명하고 8.2절의 표기에 기반해 지수 모델의 다른 요소들을 정의하라.

8.2 S가 비단말 그리고 a, b, c가 단말 기호를 나타낼 때 $S \rightarrow Sa$, $S \rightarrow Sb$ 그리고 $S \rightarrow c$ 법칙을 갖는 문맥 자유 문법을 고려해보자. 이 법칙들에 대해 문법이 일치적 않도록 (또는 경계가 정해지지 않도록) 하는 확률 지정을 찾을 수 있는가? 만약에 찾을 수 없다면 해당 지정이 존재하지 않음을 증명하라(8.3.1절 참조).

8.3 식 8.7~8.8에서는 문자열의 특정 위치에서 생성되는 비단말 및 법칙에 대한 특성 기댓값을 계산하는 방법을 보여줬다. 이 둘은 순차적으로 "높이" 1 및 높이 2에 해당하는 특성으로 고려할 수 있다. 그러하다면 높이 3의 특성의 기댓값을 계산하는 식을 작성하라.

8.4 식 8.9의 사전분포가 식 8.5의 PCFG 분포에 대한 켤레분포임을 증명하라. 또한 안 보이는 사후분포의 정규화 상수를 구하라.

8.5 $S \rightarrow Sa$ 그리고 $S \rightarrow a$ 법칙을 갖는 문맥 자유 문법을 고려해보자. 8.4.1절에서는 이러한 CFG를 기준 문법일 경우 PYAG가 비단말 S에 맞춰줄 수 없다는 점에 대해 언급됐다. 만약 S에 맞출 수 있게끔 설정한다면 생성 이야기 8.2의 형태에서 PYAG가 불분명하게 정의되는지 설명할 수 있는가?

CHAPTER 9

특성 표현학습과 신경망

최근 특성 표현학습을 위한 새로운 기술이 **NLP** 문헌에서 중요하게 됐다. 이러한 표현
학습은 단어, 문장 및 단락이 밀도 높고 비교적 짧은 벡터로 표현되는 연속적인 공간
에서 발생한다. 표현학습은 또한 (선형 모델과 같은) 이전의 전통 통계적 방법을 활용하
는 특성 디자인에서 벗어나고자 한다. 데이터에 대한 연속적 표현은 (문장에서 동시 발생
단어를 나타내는 표시기 벡터와 같은) 단순하고 원시적인 데이터의 형식에서 직접 추출되
며, 데이터 표현은 선형 모델의 일부로 사용되는 특성 템플릿을 대체한다.

　표현학습 영역에서 가장 일반적으로 사용하는 도구는 신경망이다. 대략 말하자면
이러한 네트워크는 (시그모이드나 쌍곡 탄젠트 함수와 같은) 비선형 함수를 통해 (입력 값의 선
형 변환된) 값을 전파하며 이러한 값은 출력을 생성하고 동일한 방식으로 네트워크의 상
위층으로 전파한다. 이러한 전파는 선형 모델보다 더 표현력이 높은 모델을 생성할 수
있도록 한다. 위에서 언급했듯이 신경망의 주요 장점 중 하나는 네트워크의 하위층에
서 "특성 추출"을 수행해 데이터 자체에서 명시적 특성을 추출하는 것이 필요하지 않
다는 점이다. 추가적으로 분류를 위한 복잡하고 비선형의 결정 규칙을 설명할 수 있도
록 한다. 이러한 결정 규칙의 복잡도에 따라 모델이 많은 데이터를 필요로 한다. 자세
한 내용은 9.1절을 참조하라.

　NLP에서 "신경"이라는 용어는 비선형 함수와 함께 연속 공간에서 학습을 사용하는
(그리고 이러한 공간에서 기호 정보를 나타내는 것을 나타내는) 포괄적인 용어가 됐다. 이 용어
는 과거에 소개된 신경망의 제한된 사용을 반드시 의미하는 것이 아니라 계산 그래프

또는 시그모이드 함수와 같은 비선형 함수의 사용을 의미한다.

신경망 사용이 증가한 것은 부분적으로 NLP에서의 표현학습을 위한 새로운 기술의 중요성이 커졌기 때문이며 또한 NLP에서 복잡한 표현학습이 꼭 필요하지 않은 광범위한 문제에 대해 표준 도구가 됐기 때문이다. 예를 들어 신경망은 이제 고정 차원의 입력에 대한 분류 문제에 널리 사용된다(예를 들어 Feed-Forward 신경망을 사용해 Bag-of-Words 모델과 함께 문서 분류 문제에 활용될 수 있다).

베이지안 방법 및 신경망 활용 방안 사이에는 여러 가지 연결이 존재한다. 먼저 신경망의 가중치(또는 대안적으로 표현학습 모델의 파라미터)에 사전분포를 놓을 수 있다. 더 간접적으로 생성 모델링을 통해 데이터가 주어졌을 때 사후분포를 찾을 수 있는 연속적인 잠재변수를 도입할 수 있다.

9장은 NLP에서 일반적으로 사용되는 표현학습에서 현재 방법의 기본 앵커 역할을 하며 베이지안 맥락에서 이 영역에 대한 기본적인 소개를 제공하는 것이 목표다. 따라서 9장에서는 표현학습, 신경망 및 베이지안 접근 방식을 연결시킬 수 있도록 돕는다.

9.1 신경망 및 특성 표현학습: 왜 지금인가?

신경망의 세 번의 물결   현대 신경망의 기초 아이디어는 1940년대로 거슬러 올라간다.[1] McCulloch and Pitts(1943)는 분류 방법으로 임곗값을 가진 선형 모델을 제안했으며, Rosenblatt(1958)는 이러한 선형 모델의 가중치를 학습하는 퍼셉트론 알고리즘을 제안했다. 이러한 초기 아이디어는 나중에 연결 운동의 기초가 됐다. 또한 신경망에 대한 관심의 첫 번째 물결이 됐지만, 이는 퍼셉트론에 대한 비판과 XOR 함수와 같은 복잡한 함수를 배우는데 취약점을 보여 이러한 관심은 크게 줄었다. 이러한 비판은 Minsky and Papert(1969)가 출판한 『Perceptrons』라는 책에서 시작됐다.

신경망에 대한 두 번째 인기 물결은 1980년대에 인지과학^{Cognitive Science} 분야와 연결주의가 다시 시작되면서부터였다. 인지과학 분야의 이전 연구는 상징적 모델에 중점을 뒀지만, 연결주의는 더 좋은 인지에 대한 모델링이 인공 신경망과 결합돼 뇌가 신

---

1   여기서 기술된 세 번의 물결에 대한 역사적 관점은 Goodfellow et al.(2016)의 책에 있는 설명에 기반한다.

경 과학의 맥락에서 작동하는 방식과 더 밀접하게 관련돼야 한다고 제안했다. 연결주의의 인기가 높아지는 동안 역전파 알고리즘(LeCun et al., 1989; Rumelhart et al., 1988)의 성공적인 활용과 같은 신경망에 관한 중요한 성과를 달성했다. 이 물결은 언어 학습 영역에서 일부 연구가 소개됐다(Elman, 1991; Harris, 1992; Neco and Forcada, 1997).

1990년대 중반 머신러닝의 특정 문제를 해결하고 적절한 이론적 토대를 제공하기 위해 신경망에 대한 상호보완적 방법의 (커널 방법 및 그래프 기반 모델과 같은) 확률론적 모델링의 성공에 따라 학계에서 신경망의 사용이 감소했다(Goodfellow et al., 2016).

신경망 인기의 세 번째 물결은 2000년대 중반 시작됐다. 신경망 지지자들로 구성된 커뮤니티는 이러한 물결 이전에 신경망과 관련된 모델들을 계속 연구했다. 머신러닝 커뮤니티의 제한된 자금 및 지원에도, 그들은 이미지 분류 (및 컴퓨터 비전의 다른 문제), 음성인식 및 언어 모델링을 포함한 여러 문제에 대한 신경망의 성공적인 적용을 보여줬다. 이 세 번째 물결에서 신경망 모델링은 종종 '딥러닝deep learning'이라고 하며, 이는 여러 문제에 대해 최첨단 성능을 달성하기 위해 신경망의 입력 및 출력 계층 사이에 배치된 상당한 수의 은닉층을 훈련시킬 필요성을 의미한다.

머신러닝에서 신경망이 현재 형태로 재조명되는 이유 중 하나는 현재 수집되는 데이터의 규모와 (학계 및 산업에서 모두) 정확한 모델링을 위한 그 규모의 중요성을 발견한 것이다. 현재는 현저히 많은 양의 데이터가 수집되고 있다. 선형 모델은 이러한 큰 규모의 데이터에 대해 성능적으로 정체기를 유지했지만 (즉, 이러한 모델의 최고의 성능을 발휘하는 데 필요한 것보다 많은 데이터가 있었지만) 신경망은 이에 해당되지 않았다. 대신 신경망은 더 많은 데이터를 받으면서 모델링 성능을 지속적으로 개선했다. 이는 신경망, 특히 다수의 은닉층으로 구성된 심층 모델이 생성하는 의사 결정 표면 및 의사 결정 규칙은 복잡하고 이에 따라 데이터에 대한 좀 더 좋은 일반화를 보여줄 수 있기 때문에 놀라운 일이 아니다.[2] 위에서 언급했듯이 이러한 신경망의 품질은 컴퓨터 비전, 언어 모델링 및 기타 머신러닝 영역을 크게 개선했다.

---

2   신경망을 통한 결정 규칙의 복잡성을 논의하는 다양한 방법이 존재한다. 예를 들어 "비선형" 신경망이 2차원 공간에 대해 이진 분류를 수행하는 경우, 양과 음의 연습 문제를 분리하는 곡선은 복잡한 패턴을 가질 수 있다. 이는 평면에 두 유형의 연습 문제를 분리하는 일부는 "수동" 아키텍처 설계에 대한 이러한 필요성이 선형 모델에 필요한 수동적 특성 엔지니어링을 대체했다고 주장한다. 9.5.2절 또한 참조하라.

고성능 컴퓨팅의 발전 없이는 대규모 데이터를 사용할 수 없었으며, 이는 현재의 형태의 신경망에 대한 발전에 크게 기여했다. 신경망의 활용은 컴퓨터에서 발견되는 표준 중앙 처리 장치CPU와 달리 GPUGraphics Processing Units와 함께 사용하는 것이 좀 더 적합한 것으로 나타났다. GPU는 원래 그래픽을 좀 더 효율적으로 렌더링하기 위해 개발됐지만 점차 더 일반적인 형태로 행렬 및 벡터 연산을 좀 더 효율적이고 병렬 방식으로 수행하기 때문에 예전에 비해 느리게 발전하는 CPU 좀 더 딥러닝 계산 및 기타 과학 응용분야에 GPU를 활용하는 것이 특히 적합하다고 볼 수 있다.

NLP에서의 세 번째 물결　신경망 인기의 세 번째 물결은 NLP 커뮤니티를 간과하지 않았다. 또한 NLP 커뮤니티는 최근 다양한 NLP 문제에서 단어에 대한 표현학습의 유용성을 재발견했다(Turian et al., 2010). 이러한 분야의 연구에서 단어는 더 이상 기호 단위로 표시되지 않고 대신 다른 단어와의 동시 발생 통계를 기반으로 유클리드 공간에 사영된다. 이러한 사영은 종종 "단어 임베딩"이라고 부른다. 이 발견은 NLP 커뮤니티에서 상당한 변화를 가져왔으며, 가장 최근의 NLP 연구에서는 단어를 벡터로 표현한다 (9.2절 참조). 이러한 변화는 또한 신경망의 사용과 함께 나아가며 이는 (단어 임베딩과 같은) 연속적 표현 작업에 매우 적합하다. 단어 임베딩의 개념은 텍스트를 벡터 공간 모델에서 다루는 이전 연구(예를 들어 Hofmann 1999a, Mitchell and Lapata 2008, Turney and Pantel 2010)에 뿌리를 두고 있다.

　신경망을 활용한 NLP 연구는 이미 세 번째 물결의 초반 단계에서 많이 발전되고 있었다. 예를 들어 Bengio et al.(2003)은 신경 언어 모델을 만들었으며 Henderson and Lane(1998)은 구문 파싱을 위해 신경망을 사용하는 초기 작업을 완료했다(Henderson (2003) 및 Titov and Henderson(2010) 참조). Collobert et al.(2011)은 (품사 태깅, 청킹, 명명된 엔티티 인식 및 시맨틱 역할 레이블링을 포함한) 다양한 NLP 문제가 모두 신경망을 통해 분류 문제로 구성될 수 있음을 보여주면서 신경망에 대한 인식을 NLP 커뮤니티에 더욱 두드러지게 만들었다. 연구자들은 당시 사용 가능한 기술과 달리 그들의 프레임워크를 사용하는 데 많은 특성 엔지니어링이 필요하지 않다고 제안했다. 이는 실제로 신경망 및 표현학습 알고리즘의 큰 장점 중 하나다.

현대 NLP에서 신경망의 초기 연구에는 seq2seq(9.4.3절) 및 사전에 훈련된 단어 임베딩(9.2절)과 같은 상용 모델이 광범위하게 사용됐으며 중간 구조에 대한 활용도가 매우 적었다. 만약 예측이 특정 NLP 문제에 대한 복잡한 구조인 경우에도 seq2seq 모델은 단순히 "문자열화" 프로세스와 함께 사용됐다. 이 프로세스는 복잡한 구조를 문자열 구조로 축소해 상용 신경망 도구들을 통해 문자열 매핑을 학습하도록 한다. 그 이후로, 신경망 NLP 문헌에도 중간 구조가 더욱 중요해졌으며 seq2seq 모델은 트리 및 그래프를 처리할 수 있도록 더욱 확장됐다. 중간 구조의 사용과 문자열화 및 얕은 구조 활용 사이의 정확한 균형은 아직 풀어야 할 숙제로 남아 있다.

이 책에서 제시된 베이지안 접근법의 사용은 이산형 구조에 초점을 맞추고 있다. 이러한 접근 방식과 신경망은 어느 정도 불일치하다고 볼 수 있다. 2장에 언급된 것처럼 베이지안 접근 방식은 주로 생성적 모델의 맥락에서 사용되는 반면, 신경망 아키텍처는 주로 판별적 모델을 정의하는 데 사용된다(원칙적으로는 생성 모델을 설명하는 데 사용될 수 있다). 추가적으로, 신경망을 활용한 학습은 매우 복잡할 수 있으며 매개변수에 사전 분포를 부여하고 사후분포를 찾는 데 좀 더 복잡해질 수 있다. 그럼에도 9장에서 논의하는 것처럼 많은 연구자들은 베이지안 맥락에서 신경망을 탐색하고 해석하는 것을 지속적으로 연구하고 있다.

지난 수년 동안 사용이 확대된 이후, 신경망은 이전에 사용됐던 일반적인 일반 아키텍처(피드포워드 네트워크 및 Recurrent 신경망과 같은)와 벡터, 행렬 및 텐서를 값과 가중치로 전파하고 처리하는 복잡한 계산 그래프와 아주 밀접한 관계를 갖게 됐다. 어떤 의미에서는 NLP를 위한 신경망을 갖춘 좋은 모델의 엔지니어링은 계산 그래프의 형태로 가장 잘 작동하는 아키텍처의 설계 및 검색하는 것이 됐다.[3] 이러한 검색은 (문제에 대해 깊게 고민하고 여러 아키텍처에 대한 시행착오를 통해) 수동 혹은 (초매개변수를 조정하고, 또한 최근에는 자동적으로 아키텍처를 검색한다. 9.5절 참조) 자동으로 수행한다.

이러한 계산 그래프는 머신러닝의 표준(1.5.2절)과 같이 목적함수를 최적화하는 데 쉽게 사용할 수 있다. 사용되는 가장 일반적인 목적함수는 여전히 로그우도함수이며,

---

3 일부는 "수동" 아키텍처 설계에 대한 이러한 필요성이 선형 모델에 필요한 수동적 특성 엔지니어링을 대체했다고 주장한다. 9.5.2절 또한 참조하라.

종종 신경망 문헌에서 (동일한 형태로) "교차 엔트로피"라고 한다. 자동 미분과 같은 원리에 의존하면서 임의의 계산 그래프에 대해 이러한 목적함수를 최적화할 수 있는 역전파(9.3.1절 참조)와 같은 일반적인 알고리즘이 있다. 실제로 자동 미분의 출현으로 함수를 지정하고 미분 및 기울기를 자동으로 계산할 수 있게 됐다. 이에 따라 Torch(Collobert et al., 2002), TensorFlow(Abadi et al., 2016) DyNet(Neubig et al., 2017) 및 Theano(Al-Rfou et al., 2016)와 같이 사용자가 계산 그래프 및 데이터가 공급되는 방식을 정의할 수 있는 소프트웨어 패키지가 나온 것이 놀랍지 않은 일이다. 그 후 자동 미분과 역전파 알고리즘(9.3.1절)을 사용해 학습을 블랙박스로 수행한다.

9.2 단어 임베딩

최근 몇 년 동안 NLP에서 이뤄진 중요한 발전 중 하나는 단어의 기호적 표현을 대신해 단어 임베딩을 광범위하게 사용하는 것이다. 단어 임베딩은 단어를 벡터로 표현하는 것을 일컫는다. 어휘 V 및 정수 k에 대해 k차원의 단어 임베딩 함수는 V를 $\mathbb{R}^k$로 매핑하는 함수다.

단어 임베딩은 표현하는 단어가 유사하게 행동할 때 군집을 형성하는 경향이 있다. 이 경우 "행동"의 개념은 일반적으로 지정되지 않은 상태로 유지되지만 구문 분류(즉, 연설의 같은 부분에서 가장 관련돼 있는 단어가 군집을 형성) 또는 의미적 연관(의미적으로 연관돼 있는 단어들이 군집을 형성)을 일컫는다. 단어 임베딩 벡터 간 유사도는 종종 스칼라 곱이나 코사인 유사도와 같은 척도로 측정된다.[4]

단어 임베딩의 가장 두드러진 장점은 (파싱 또는 품사 태깅과 같은) 주어진 문제의 훈련 데이터에 나타나지 않는 단어를 처리하는 데 도움이 된다는 점이다. 단어 임베딩 함수는 (주석이 없는) 큰 말뭉치에서 동시 발생하는 데이터를 활용해 학습할 수 있으므로 단어 임베딩 함수가 구성되는 어휘가 학습 데이터로 구성하는 어휘보다 크다고 볼 수 있으며 "보이지 않는 단어"를 포함하는 테스트 데이터의 상당량을 다룰 수 있다. 동시 발

4　두 벡터 $u \in \mathbb{R}^d$와 $v \in \mathbb{R}^d$ 사이의 코사인 유사도는 $\dfrac{\sum_{i=1}^{d} u_i v_i}{\sqrt{\sum_{i=1}^{d} u_i^2} \cdot \sqrt{\sum_{i=1}^{d} v_i^2}}$으로 계산된다. 이 수치는 u와 v 사이의 각도의 코사인 값을 나타낸다.

생 통계에 대한 의존도는 유사한 맥락에서 단어가 동시 발생할 경우 해당 단어들이 비슷한 의미를 지닌다는 분포 가설(Harris, 1954)에 기반한다(즉, "단어를 보유한 회사를 알아야 단어에 대해 알 수 있다." Firth 1957[5]). "유사하게 행동하는" 단어들이 임베딩 공간에서 서로 가까이 있기 때문에 단어 임베딩은 훈련 데이터에 나타나는 정보를 활용해 보이지 않는 단어의 문제를 크게 완화할 수 있다. 단어의 기호를 모델의 특성으로 사용하는 대신 이러한 유사성을 활용하는 벡터를 사용할 수 있다.

이번 절에서는 다수의 모델에 기본적으로 활용되는 특정 유형의 단어 임베딩 모델, 스킵-그램^{Skip-Gram} 모델을 다룬다. 이 모델을 다루는 또 다른 이유는 해당 모델이 베이지안 버전을 갖고 있기 때문이다(9.2.2절).

9.2.1 단어 임베딩을 위한 스킵-그램 모델

스킵-그램 모델은 조건부 모델로서 중심 단어에 조건부를 갖고 중심 단어를 기준으로 해당 단어를 둘러싼 문맥을 생성한다(Mikolov et al., 2013a). 이러한 모델의 각 샘플은 중심 단어 및 이를 둘러싼 문맥이 포함돼 있다. 문맥 크기 $c \in \mathbb{N}$ 및 어휘 V에 대해 모델은 다음 형태를 갖는다.

$$\prod_{j=-c, j \neq 0}^{c} p(w_j \mid w_0) \tag{9.1}$$

여기서 $w_0 \in V$는 샘플에서 단어의 시퀀스가 $(w_{-c}, w_{-c+1}, ..., w_0, w_1, ..., w_c) \in V^{2c+1}$되도록 하는 중심 단어다. $w_1, ..., w_N$이 말뭉치에서 단어의 시퀀스라고 하자. 만약 스킵-그램 모델 추정에서 최대우도 추정을 통한 빈도론자 접근 방식을 택하면(1장 참조) 다음 목적함수를 최대화하도록 한다.[6]

---

5   이 인용문은 사전에서의 다른 단어들에 대한 단어 임베딩을 유도하기 위해 동시 발생 통계량을 사용하는 것을 정당화하는 맥락에서 NLP에서 널리 사용되지만, 이것이 Firth의 원래 의도인지에 대한 여부는 논쟁의 여지가 있다. 그는 "습관 배열"을 통해 다른 의미와 비교해 모호한 단어의 특정 의미를 식별하는 것을 언급했을 수도 있다.

6   식 9.2의 인덱스는 음수이거나 텍스트의 단어 수를 초과할 수 있다. 이를 수용하기 위해 텍스트가 시작과 끝에 c 기호로 채워져 있다고 가정한다.

$$\frac{1}{N} \sum_{i=1}^{N} \sum_{j=-c, j \neq 0}^{c} \log p\left(w_{i+j} \mid w_i\right) \qquad (9.2)$$

스킵-그램 모델은 텍스트에서 고정된 수의 이전 단어에 따라 조건부로 단어가 생성되는 n-그램 모델과 매우 유사하지만 기본 생성 과정에서 큰 차이가 존재한다. 주어진 말뭉치에서 스킵-그램 모델링을 사용하는 경우 단어가 다양한 중심 단어의 다수의 문맥에서 나타나는 것처럼 (중심 단어가 아닌) 문맥을 생성하기 때문에 각 단어를 여러 번 생성한다. 따라서 스킵-그램 모델은 말뭉치의 생성 모델이 아니라 단어가 여러 번 생성되는 모델이다.

일반적인 n-그램 모델과 스킵-그램 모델의 또 다른 점은 식 9.1에서 $p(w_j|w_0)$ 형식의 요인을 모델링하는 방법이다. 스킵-그램(Mikolov et al., 2013a)과 같은 표현학습 모델에서 이 확률은 다음과 같이 모델링된다.

$$p\left(w_j \mid w_0, u, v\right) = \frac{\exp\left(u(w_0)^{\top} v(w_j)\right)}{\displaystyle\sum_{w \in V} \exp\left(u(w_0)^{\top} v(w)\right)} \qquad (9.3)$$

단, $u: V \to \mathbb{R}^k$ 및 $v: V \to \mathbb{R}^k$는 단어를 단어 임베딩으로 매핑하는 함수이며 하나는 중심 단어를 다른 하나는 문맥을 매핑한다. 여기서 이러한 함수를 추정하며 이는 모델의 매개변수로 사용된다. 학습의 목적은 u와 v에 대해 식 9.2를 최대화하는 것이며 이에 따라 문맥(u) 및 중심 단어(v)로서 단어에 대한 임베딩을 찾는 것이다.

이 모델은 자주 동시 발생하는 중심 단어 및 문맥 단어에 대한 임베딩의 높은 스칼라 곱을 유도하는 매개변수를 학습한다(이러한 경우 확률이 최댓값을 갖도록 한다). 따라서 문맥을 통해 동시 발생 패턴에서 서로 유사한 단어는 유클리드 공간에서 서로 가까운 벡터에 매핑된다.

아쉽게도 식 9.3의 모델은 오른쪽 항의 계산이 (분모 내) 전체 어휘에 대한 합산을 필요로 하기 때문에 사용하기에 실용적이지 않다. 어휘의 크기는 수십만 단어 유형의 순서로 상당히 클 수 있으므로 이 분모를 계산하는 비용은 매우 크다고 볼 수 있다. 또한 문맥과 쌍을 이루는 단어 형태의 연습 문제들에 대한 로그우도 목적함수의 경사도 계산은 일반적인 형태에서 불가능하다.

Mikolov et al. (2013b)은 이 문제를 해결하기 위해 "네거티브 샘플링^{Negative Sampling}"으로 부르는 기법을 제안한다. 식 9.3을 대체하기 위해 네거티브 샘플링은 $p(w_j | w_0, u, v)$를 추정하기 위해 다음 모델을 활용한다.

$$p\left(w_j \mid w_0, u, v\right) = \sigma\left(u(w_0)^{\top} v(w_j)\right) \prod_{w \in neg(w_0)} \sigma\left(-u(w_0)^{\top} v(w)\right)$$

단, $\sigma(z) = \frac{1}{1 + e^{-z}}$(시그모이드 함수)이며 $neg(w_0)$는 "negative" 단어 샘플의 집합, 즉 단어들은 w_0의 문맥에 속하지 않을 가능성이 크다. 이러한 단어들은 (말뭉치에서 빈도수 카운트를 활용해 추정된) $\alpha = \frac{3}{4}$차수로 올려진 유니그램분포를 활용한다($\alpha < 1$은 방법의 초매개변수로서 유니그램분포를 기존의 형태에서 펼쳐지는 효과를 줄 수 있다). 네거티브 샘플링과 결합된 위의 형태의 스킵-그램 모델링은 종종 word2vec 모델 중 하나로 언급된다(Mikolov et al., 2013a,b). 제안된 word2vec의 두 번째 모델은 연속 bag-of-words 모델^{CBOW}로서 스킵-그램 모델과 반대로 문맥에서 단어를 예측한다. 해당 모델은 문맥에 나타나는 평균 단어 임베딩으로 문맥이 표현되는 방식에서 이름을 얻는다. 이러한 경우 잠재 디리클레 할당 모델(2.2절)의 bag-of-words 모델의 경우와 유사하게 텍스트의 단어 순서가 유실된다. 네거티브 샘플링과 함께 사용되는 CBOW 모델의 대안은 어휘에 대한 합을 어휘 크기에 대한 로그 값으로 활용하는 계층적 소프트 맥스 방법이다(Mikolov et al., 2013a). 계층적 소프트 맥스를 사용하면 단어의 확률이 이진 트리의 경로로 모델링되며 잎이 어휘의 단어가 된다.

9.2.2 베이지안 스킵-그램 단어 임베딩

9장의 시작 부분에서 언급했듯이 이산 객체를 연속 벡터로 나타내는 것은 표현학습 및 신경망의 현재 기술의 핵심이다. 따라서 이러한 기법을 베이지안 접근 방식과 결합할 때에는 가우시안분포를 사전분포 또는 잠재 상태를 표현하기 위해 종종 사용한다. 9.3.2절에서 설명된 바와 같이 가우시안분포(B.5절)는 신경망의 매개변수가 도출되는 분포를 모델링하는 데 사용될 수 있거나 잠재적 연속 변수를 모델링하는 데 사용될 수 있다(9.6.1절). 이는 베이지안 단어 임베딩의 경우에도 동일하다.

Barkan(2017)은 word2vec를 기반으로 간단한 베이지안 모델을 제안했다. 이 모델은 의 목적은 단어 임베딩에 대해 좀 더 로버스트한 추론 절차를 제공해 초매개변수 조정에 덜 민감하고 주어진 단어에 대한 단일 벡터가 아닌 벡터의 밀도를 제공하는 데 있다. 이 모델에는 임베딩 함수 u 및 v를 통해 정의된 각 벡터에 대한 가우시안 사전분포가 있으며, 이는 모델의 매개변수 역할을 담당한다. 이 모델은 토큰 및 문맥으로 구성된 단어 쌍이 말뭉치의 특정 위치에서 함께 발생하는지 여부를 알려주는 임베딩 벡터 및 이진 표시 변수에 대한 결합분포를 정의한다.

좀 더 자세히 말하자면, 이 베이지안 모델은 다음과 같은 방식으로 u와 v에 대한 사전분포를 설정한다.

$$p(u, v \mid \tau) = \left(\prod_{w \in V} p(u(w) \mid \tau) \right) \times \left(\prod_{w \in V} p(v(w) \mid \tau) \right) \qquad (9.4)$$

$p(u(w))$와 $p(v(w))$ 모두 평균 값 0과 I가 $k \times k$ 단위 행렬일 때 공분산행렬 $\tau^{-1}I$를 갖는 다변량 가우시안분포다.

$C(i)$를 말뭉치 $(w_1, \ldots w_N)$에 있는 w_i의 문맥에 나타나는 단어들의 다중 집합이라고 하자. $i \in [N](N = \{1, \ldots, N\})$ 및 $w \in V$일 때 확률변수 D_{iw}를 정의하며 이 변수는 만약 w가 $C(i)$에 $r \geq 1$번 나타날 겨우 r의 값을 갖으며 $w \notin C(i)$인 경우 -1의 값을 갖는다. 그 다음 모델의 우도를 다음과 같이 정의한다.

$$\prod_{i=1}^{N} \prod_{w \in V} p\left(D_{iw} \mid u, v \right) \qquad (9.5)$$

여기서는 $p(D_{iw} = d \mid u, v)$는 다음과 같다.

$$p\left(D_{iw} = d \mid u, v \right) = \sigma\left(du(w_i)^{\top} v(w) \right)$$

$\sigma(z) = \frac{1}{1 + e^{-z}}$ (시그모이드 함수)이다. 완전한 결합 모델은 식 9.4와 9.5의 곱으로 정의된다. 식 9.5의 곱은 $w \in C(i)$과 $w \notin C(i)$의 항으로 분할될 수 있다. 확실히 후자에 더 많은 용어가 존재해 해당 곱(또는 로그의 합)을 계산하는 것은 불가능하게 된다. Barkan

(2017)은 word2vec와 유사하게 해당 항들의 집합에 대해 네거티브 샘플링을 사용한다.

지금까지는 단어를 벡터(또는 잠재적으로 벡터에 대한 분포)에 매핑하는 단어 임베딩 함수를 정의하는 데 중점을 두었다. 그러나 단어는 단독으로 존재하지 않으며 구문적으로("I can can the can") 또는 의미적으로("the bank of the river is green and flowery" vs. "the bank increased its deposit fees"에서 단어 "bank"의 활용을 비교) 문맥에 따라 다르게 해석될 수 있다. 그다음으로 나오는 질문은 단어의 문맥을 변수로 하는 단어 임베딩 함수를 정의할 수 있는지에 대한 여부다. 최근 연구(Devlin et al., 2018; Peters et al., 2018)는 이것이 가능하며 다양한 NLP 문제에서 최상의 결과로 이어질 수 있다고 제안한다.

좀 더 이전에 문맥 임베딩과 베이지안 방식 사이의 연결성이 존재했다. Bražinskas et al.(2017)은 단어 임베딩이 분포로 표현되는 베이지안 스킵-그램 문맥화 모델을 제안한다. 이 모델에서, 단어 c의 문맥은 잠재변수 z(임베딩)를 사이에 두고 단어 자체 w에 조건부를 가지며 생성된다. 모델을 정의하는 분포는 다음과 같다.

$$p(c \mid w) = \int_z p(z \mid w) p(c \mid z) dz$$

$p(z|w)$는 가우시안분포를 통해 모델링되는 반면 $p(c|z)$는 신경망을 통해 모델링된다. 잠재변수 z는 예를 들어 문맥에서 단어가 속한 단어의 내포적 의미나 구문 카테고리를 나타낼 수 있다.

이 모델의 정확한 추론은 계산이 불가능하며, 저자들은 평균장 근사를 통한 변분 추론을 활용해 각 인자들이 데이터 안에 주어진 단어 및 문맥에 대한 분포 z를 나타내도록 한다. 6장 및 9.6.1절을 또한 참조하라. 이 연구는 Vilnis and McCallum(2015)의 가우시안 임베딩(가우시안분포를 활용해 단어 임베딩이 표현됨)에서 영감을 얻었으며 두 가지 주요 차이점이 존재한다. 먼저 Vilnis and McCallum(2015)은 문맥과 관련되는 임베딩을 만들지 않는다(즉, 결과적으로 문맥과 독립적으로 각 단어별 분포를 출력한다). 그리고 가우시안 임베딩에 대한 기존 연구는 베이지안 설정에서 사후 추론을 수행할 수 있는 생성 모델을 정의하지 않는다. 대신, KL-분산 항을 기반으로 하는 목적함수를 직접 최적화해 각 단어에 대한 분포를 찾는다.

9.2.3 토의

이전 절에서 논의한 내용은 사전 훈련되는 임베딩에 중점을 뒀지만 단어 임베딩은 사전에 훈련되거나 (일반적 대 특정 문제별로) 학습 중 훈련될 수 있다. 사전에 훈련된 임베딩에서는 큰 코퍼스를 사용해 word2vec 등의 기술로 단어 임베딩을 추정한다. 반면 학습 중 훈련된 임베딩은 기계 번역이나 요약과 같은 특정 NLP 문제를 해결하려는 과정에서 추정된다. 사전 훈련된 임베딩은 큰 말뭉치와 함께 사용할 수 있다는 장점이 있지만(일반적으로 많은 양의 레이블이 없는 텍스트 데이터를 쉽게 찾을 수 있다), 학습 중 훈련된 임베딩은 특정 문제에 대해 관련된 말뭉치가 작아 사용할 수 있는 데이터량이 작아도 학습된 벡터가 특정 문제에 적합하도록 조정될 수 있다는 장점이 존재한다. 학습 중 훈련된 임베딩은 신경망의 훈련 절차의 시작점에서 사전에 훈련된 것처럼 초기 설정될 수 있다(이는 종종 역전파 알고리즘을 사용한다. 9.3.1절 참조).

유클리드 공간에 단어를 포함시키는 아이디어는 더 일반화될 수 있으며 문장, 단락 및 전체 문서까지도 벡터로 표현될 수 있다. 실제로 이는 9.4.3절에서 논의되는 인코더-디코더 모델의 주요 아이디어 중 하나다. 또한 word2vec 모델과 같이 더 큰 텍스트 덩어리를 임베딩하기 위한 모델이 개발됐다(Le and Mikolov, 2014).

9.3 신경망

현대 시대에서 신경망은 복잡하고 겹겹이 중첩된 함수로서 분류 및 회귀를 위한 복잡한 결정 공간을 설명한다. 기본적으로 이러한 함수는 두 가지 요소로 구성된다.

- **선형함수**: 이러한 함수는 신경망이 수행되기 위한 기본적인 입력 값 또는 신경망에 의해 이미 계산된 값 중 하나를 사용한다.
- **비선형 활성화함수**: 선형함수가 신경망의 다음 레벨로 전달되는 함수다.

예를 들어 로지스틱 회귀(4.2.1절)는 신경망으로 재구성될 수 있다. 그림 9.1은 이러한 신경망을 그래프로 표현해 기술한다. 신경망의 입력 값은 고정된 차원 d에 대해 $x \in \mathbb{R}^d$이다. 각 벡터 좌표 x_i, $i \in [d]$에 대해 가중치 w_i를 곱하고 편향 항을 더한다. 이러한 선형 항은 로지스틱 (또는 시그모이드) 함수를 통해 신경망의 최종 출력 값을 계산한다.

신경망의 장점은 복잡한 결정 표면에 대한 표현력에서 비롯된다.[7] 로지스틱 회귀 연습 문제에서는 이전 층의 활성화 값을 입력으로 사용하고 선형 변환을 계산해 다음 층으로 전파하는 방식으로 함수에 대한 계층 구조를 계속 구축할 수 있다. 이 경우 위의 로지스틱 회귀 출력 모델은 다음 층의 입력 값으로 사용되는 다중 출력으로 대체된다. 이는 그림 9.2에 설명돼 있다.

좀 더 자세히 말하자면, 피드포워드$^{Feed-Forward}$ 신경망이고도 부르는 이러한 신경망은 L이 네트워크 층의 개수를 나타낼 때 $i \in \{1,...,L\}$에 대해 가중치 행렬의 집합 $W^{(i)}$ 및 편향벡터 집합 $b^{(i)}$를 갖는다. 각 행렬 $W^{(i)}$는 d_i가 i번째 층에서의 뉴런의 수를 나타낼 때 $\mathbb{R}^{d_i \times d_{i-1}}$에 속하며 벡터 $b^{(i)}$는 $\mathbb{R}^d$에 속한다. $i = 0$에 대해서는 뉴런의 수가 신경망의 입력 값 $x \in \mathbb{R}^d$의 차원에 해당된다(즉, $d_0 = d$). 마지막으로 $1 \leq i \leq L$에 대해 활성화 함수의 집합 $g^{(i)} : \mathbb{R}^{d_i} \to \mathbb{R}^{d_i}$가 있다. 이러한 함수는 주로 입력 값에 대해 좌표별로 수행된다(풀링 또는 정규화와 같이 좌표별로 수행하지 않는 것도 있다). 예를 들어 $g^{(i)}$는 각 좌표에 적용된 시그모이드 함수의 출력 값일 수 있다. 표 9.1은 신경망에서 활용되는 전형적인 활성화함수의 연습 문제를 보여준다.

이제 신경망의 출력 값을 재귀적으로 정의할 수 있다. $y^{(0)} = x$로 설정하고 $i \in \{1,...,L\}$에 대해 다음과 같이 정의할 수 있다.

$$y^{(i)} = g^{(i)} \left(W^{(i)} y^{(i-1)} + b^{(i)} \right) \tag{9.6}$$

신경망의 최종적 출력 값 $y^{(L)}$은 주로 스칼라 값을 가지며 분류 문제의 경우 출력의 이산 공간에 대한 확률을 나타내며 이는 $g^{(L)}$에 대한 로지스틱 함수로 계산된다. 예를 들어 이항 분류의 경우 신경망은 결과 $\{0, 1\}$에 대한 조건부 확률 $y^{(L)} = p(1|x, W^{(i)}, b^{(i)}, i \in [L])$를 정의한다. 여기서 $[L]$은 집합 $\{1,...,L\}$을 나타낸다. 이 모델의 매개변수들은 가중치 행렬 및 편향 벡터가 된다.

---

7 선형모델에 대한 복잡한 결정 표면은 커널화를 통해 얻을 수 있다. Murphy(2012)를 참조하라.

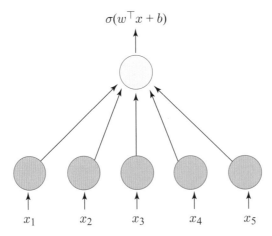

$$\sigma(w^\top x + b)$$

$x_1 \quad x_2 \quad x_3 \quad x_4 \quad x_5$

그림 9.1 로지스틱 회귀 모형을 나타내는 신경망의 연습 문제. 함수 σ는 시그모이드 함수를 나타낸다. 신경망의 가중치는 $w \in \mathbb{R}^5$이며 편향 항은 $b \in \mathbb{R}$이다.

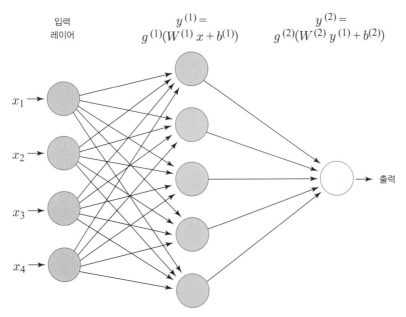

입력
레이어

$y^{(1)} = g^{(1)}(W^{(1)} x + b^{(1)})$

$y^{(2)} = g^{(2)}(W^{(2)} y^{(1)} + b^{(2)})$

x_1

x_2

x_3

x_4

출력

그림 9.2 단일 은닉층을 갖는 피드포워드 신경망의 연습 문제. 입력 값의 차원은 $d_0 = 4$이며 은닉층에 대해선 $L = 2$일 때 $d_1 = 5$ 및 $d_2 = 1$이다.

표 9.1 NLP에서 신경망을 적용할 때 자주 활용되는 활성화함수의 연습 문제. 함수 $I(\Gamma)$는 변수 Γ에 대한 표시함수다(Γ가 참일 경우 1 그 외 0). 함수 $g : \mathbb{R} \to \mathbb{R}$은 현재 층의 값($x$)들의 선형 결합된 값을 새로운 값으로 매핑한다.

Name	Value $g(x)$	Derivative
Identity	$g(x) = x$	$g'(x) = 1$
Step function	$g(x) = I(x \geq 0)$	$g'(x) = 0$ for $x \neq 0$(undefined) for $x = 0$
Logistic function(sigmoid)	$g(x) = \dfrac{1}{1 + e^{-x}}$	$g'(x) = g(x)(1 - g(x))$
Hyperbolic tangent(tanh)	$g(x) = \dfrac{e^x - e^{-x}}{e^x + e^{-x}}$	$g'(x) = 1 - g(x)^2$
Rectified linear unit(ReLU)[8]	$g(x) = xI(x \geq 0)$	$g'(x) = I(x \geq 0)$
Softplus	$g(x) = \log(1 + e^x)$	$g(x) = \dfrac{1}{1 + e^{-x}}$

9.3.1 빈도론자 추정 및 역전파 알고리즘

앞서 x에 대해 조건부를 갖는 y의 공간에 대한 조건부 확률 모델을 정의했으므로 이제 빈도론자 접근 방식을 통해 모델의 매개변수 및 데이터에 대한 목적함수를 최대화해 가중치 행렬 및 편향 벡터를 추정할 수 있다. 이는 예를 들어 데이터의 로그우도를 최대화해 수행할 수 있다(1.5.2절). 이러한 경우 $k \in \{1,\dots,L\}$에 대해 집합 $(x^{(k)}, z^{(k)})$를 추정 알고리즘의 입력 값으로 받는다고 가정하며 다음을 찾도록 목적을 설정한다(1.5.2절 참조).

$$\left(W^{(i)}, b^{(i)}\right)_{i=1}^{L} = \arg \max_{\left(W^{(i)}, b^{(i)}\right)_{i=1}^{L}} \underbrace{\sum_{k=1}^{N} \log p\left(z^{(k)} \mid x^{(k)}, W^{(i)}, b^{(i)}, i \in [L]\right)}_{\mathcal{L}\left((W^{(i)}, b^{(i)})_{i=1}^{L}\right)}$$

$$(9.7)$$

이 최대화 문제에는 일반적으로 훈련 데이터의 단순한 함수의 폐쇄형 해가 존재하지 않는다. 따라서 $\mathcal{L}\left((W^{(i)}, b^{(i)})_{i=1}^{L}\right)$의 경사도 계산이 필요한 최적화 기법을 사용해야 한다. 이 최적화 기법은 매개변수에 대한 함수의 경사도를 "따라가며" 함수가 증가하는 방향

---

8 "leaky ReLU"라고 부르는 ReLU의 변형은 기존 ReLU 대신에 가끔 활용된다(Maas et al., 2013). leaky ReLU에서는 (0 .001과 같은) 작은 α값에 대해 $g(x) = xI(x \geq 0) + axI(x < 0)$이다. 이는 항상 음의 사전 활성화 값을 가짐으로 업데이트를 수행하지 않는, 즉 경사도 업데이트가 항상 0 인 "죽은 뉴런"의 문제를 해결한다.

을 알려준다. 이런 방식을 통해 신경망의 매개변수에 대해 $\mathcal{L}\left((W^{(i)}, b^{(i)})_{i=1}^L\right)$의 극대를 찾을 수 있다(A.3절 참조). 경사도 계산은 극대에 수렴될 때까지 반복적으로 매개변수를 업데이트하는 "업데이트 규칙"으로 이어진다.[9]

경사도를 계산하기 위해 먼저 입력 값에 대해 $g^{(i)}$는 좌표별로 적용됨을 참고하며 $i \in \{1,...,L\}$에 대해 출력의 j번째 좌표 $y_i^{(i)}$는 다음 형태를 갖는다.

$$y_j^{(i)} = g_j^{(i)}\left(a_j^{(i)}\right) \qquad \textit{activation values} \qquad (9.8)$$

$$a_j^{(i)} = \sum_{\ell=1}^{d_i} W_{j\ell}^{(i)} y_\ell^{(i-1)} + b_j^{(i)} \qquad \textit{pre-activation values} \qquad (9.9)$$

$a^{(i)}$에 대한 정의는 $a^{(i)} \in \mathbb{R}^{d_i}$를 만족한다. 이러한 벡터는 또한 "사전 활성화" 값으로 부른다. 그다음, $r \in [L]$, $s \in [d_r]$ 그리고 $t \in [d_{r-1}]$일 때 $W_{st}^{(r)}$ 및 $b_s^{(r)}$에 대해 $y^{(L)}$의 경사도를 계산하고자 한다. 간편성을 위해 $d_L = 1$(즉, 신경망이 단일 출력을 갖는다)를 가정한다.

이러한 미분을 계산하기 위해 연쇄 법칙을 여러 번 적용한다. 먼저 $r \in [L]$ 및 $s \in [d_r]$에 대해 $\delta_s^{(r)}$을 다음과 같이 정의한다.

$$\delta_s^{(r)} = \frac{\partial y_1^{(L)}}{\partial a_s^{(r)}} \qquad (9.10)$$

(식 9.11에 있는) 연쇄 법칙을 사용해 $\delta_s^{(r)}$을 계산하기 위한 다음 재귀적 공식을 얻을 수 있다.

$$\delta_1^{(L)} = \left(g_1^{(L)}\right)'\left(a_1^{(L)}\right) \qquad \textit{base case}$$

$$\delta_s^{(r)} = \sum_{\ell=1}^{d_{r+1}} \frac{\partial y_1^{(L)}}{\partial a_\ell^{(r+1)}} \frac{\partial a_\ell^{(r+1)}}{\partial a_s^{(r)}} \qquad (9.11)$$

$$= \sum_{\ell=1}^{d_{r+1}} \delta_\ell^{(r+1)} \frac{\partial a_\ell^{(r+1)}}{\partial a_s^{(r)}} \qquad r \in \{L-1, \ldots, 1\}, s \in [d_L] \qquad (9.12)$$

---

9 대부분의 신경망 패키지는 이제 자동으로 목적함수를 최적화하고 이에 대한 경사도를 계산하는 방법을 제공하지만 이번 절에서는 완전성을 위해 경사도를 계산하는 방법을 도출한다.

$\left(g_j^{(i)}\right)'(z)$는 $z \in \mathbb{R}$에 대해 $\left(g_j^{(i)}\right)(z)$의 미분 값을 나타낸다.

$\delta_s^{(r)}$를 완전히 계산하기 위해선 $\dfrac{\partial a_\ell^{(r+1)}}{\partial a_s^{(r)}}$을 계산할 수 있어야 한다. 식 9.8–9.9에 기반해 다음 관계가 성립된다.

$$a_\ell^{(r+1)} = \sum_{k=1}^{d_r} W_{\ell k}^{(r+1)} g_k^{(r)}\left(a_k^{(r)}\right) + b_\ell^{(r+1)}$$

따라서 다음과 같이 계산된다.

$$\frac{\partial a_\ell^{(r+1)}}{\partial a_s^{(r)}} = W_{\ell s}^{(r+1)}\left(g_s^{(r)}\right)'\left(a_s^{(r)}\right)$$

이 식을 식 9.12에 대입하면 다음을 구할 수 있다.

$$\delta_s^{(r)} = \sum_{\ell=1}^{d_{r+1}} \delta_\ell^{(r+1)}\left(g_s^{(r)}\right)'\left(a_s^{(r)}\right) W_{\ell s}^{(r+1)} \qquad r \in \{L-1, \ldots, 1\}, s \in [d_L] \quad (9.13)$$

이제 식 9.10을 통해 가중치 및 편향에 대해 $y_1^{(L)}$의 미분 값을 다음과 같이 계산할 수 있다.

$$\frac{\partial y_1^{(L)}}{\partial W_{st}^{(r)}} = \frac{\partial y_1^{(L)}}{\partial a_s^{(r)}}\frac{\partial a_s^{(r)}}{\partial W_{st}^{(r)}} = \delta_s^{(r)} y_t^{(r-1)} \tag{9.14}$$

$$\frac{\partial y_1^{(L)}}{\partial b_s^{(r)}} = \frac{\partial y_1^{(L)}}{\partial a_s^{(r)}}\frac{\partial a_s^{(r)}}{\partial b_s^{(r)}} = \delta_s^{(r)} \tag{9.15}$$

$\delta_s^{(r)}$는 먼저 모든 입력 값을 신경망으로 전파해 y 및 a들을 계산할 수 있다. 이는 "포워드Forward" 단계라고 한다. 그런 다음 최상위 계층에서 거꾸로 돌아오는 "백워드Backward" 단계에서 y 및 a를 기반으로 $\delta_s^{(r)}$를 계산할 수 있다. 역전파 알고리즘은 식 9.13에서 그 이름을 얻는다. 이는 $\delta_s^{(r)}$ 항들을 최상위 층에서 첫 번째 층으로 역전파함을 일컫는다.

목적함수 계산 예를 들어 식 9.7에서 볼 수 잇는 로그우도 목적함수의 경우 $z^{(k)} \in \{0, 1\}$을 가정한다면 조건부 확률은 다음과 같이 모델링된다.

$$y_1^{(L)} = p\left(z^{(k)} = 1 \mid x^{(k)}, W^{(i)}, b^{(i)}, i \in [L]\right)$$

그러면 로그우도 목적함수의 피가수는 다음 함수의 출력 값으로 표현될 수 있다.

$$
\begin{aligned}
\log p\left(z^{(k)} \mid x^{(k)}, W^{(i)}, b^{(i)}, i \in [L]\right) &= \log\left((y_1^{(L)})^{z^{(k)}}(1 - y_1^{(L)})^{1-z^{(k)}}\right) \\
&= \underbrace{z^{(k)} \log y_1^{(L)} + \left(1 - z^{(k)}\right)\log\left(1 - y_1^{(L)}\right)}_{\mathcal{L}\left(k, (W^{(i)}, b^{(i)})_{i=1}^{L}\right)}
\end{aligned}
$$
(9.16)

연쇄 법칙에 의해 식 9.16의 각 항에서 $W_{st}^{(r)}$에 대한 미분은 다음과 같다.

$$
\frac{\partial \mathcal{L}\left(k, (W^{(i)}, b^{(i)})_{i=1}^{L}\right)}{\partial W_{st}^{(r)}} =
\begin{cases}
\dfrac{1}{y_1^{(L)}} \dfrac{\partial y_1^{(L)}}{\partial W_{st}^{(r)}} & \text{if } z^{(k)} = 1 \\[4mm]
-\dfrac{1}{y_1^{(L)}} \dfrac{\partial y_1^{(L)}}{\partial W_{st}^{(r)}} & \text{if } z^{(k)} = 0
\end{cases}
$$

$\dfrac{\partial y_1^{(L)}}{\partial W_{st}^{(r)}}$는 식 9.14에서 가져왔다. 이와 유사하게 식 9.15을 사용해 편향에 대해 목적함수의 경사도를 계산할 수 있다.

역전파 알고리즘에 대한 고찰 이번 절의 시작 부분에서 언급한 바와 같이, 역전파 알고리즘의 목적은 신경망의 (매개변수) 가중치 및 편향에 대한 함수, 좀 더 정확히는 출력의 함수로 목적함수의 기울기로 신경망 출력의 경사도를 계산하는 것이다. 식 9.10은 $\delta_s^{(r)}$의 항을 정의하며 해당 항은 신경망 출력에서 "변화량"을 r층의 사전 활성화에서 해당 층의 뉴런 s로 변경하는 함수로 제공한다($a_s^{(i)}$). 연쇄 법칙에 근거한 식 9.10의 도출은 이 변화량을 층 $r+1$에서 각 사전 활성화 ℓ과 $a_s^{(i)}$에 대한 뉴런 ℓ의 사전 활성화에 대한 변화량의 함수의 곱에 대한 활성화 변화량의 가중 평균으로 표현될 수 있음을 보여준다. 따라서 층 $r+1$의 사전 활성화는 중간변수로 사용된다. 여기서는 하위 층에서의 사전 활성화 변화에 대한 네트워크의 상위 층의 변화에 대한 함수는 이러한 중간 사전 활성화를 통해 표현될 수 있다. 연쇄 법칙에 대한 자세한 내용은 부록 A.2.2를 참조하라. 참고로 이번 절에서는 연쇄 법칙이 역전파 알고리즘을 도출하는 주요 도구였던 반면 복잡한 함수를 위한 자동 미분에는 단순한 연쇄 법칙 적용 이상의 것이 필요하다.

이에 대한 구현 세부 사항은 (PyTorch 및 Tensorflow와 같은) 신경망 모델링을 위한 사용 패키지를 사용할 때 곳곳에 숨겨져 있다. 또한 역전파 알고리즘은 8장에 설명된 Inside -Outside 알고리즘과 깊은 연결성을 갖고 있다. 이에 관한 자세한 내용은 Eisner(2016) 를 참조하라.

역전파 알고리즘을 통한 초기화　신경망과 함께 사용되는 대부분의 목적함수는 볼록하지 않으며 다수의 극점을 갖고 있다. 이러한 비볼록성은 비지도 학습에서 자주 발생하는 것처럼 신경망에 은닉층이 존재할 때 발생한다(이는 은닉층이 신경망의 여러 매개변수 사이의 고차수의 곱셈 상호작용을 도입하기 때문에 발생한다). 따라서 기본적으로 경사하강 스타일에서 목적함수를 최적화하는 역전파 알고리즘을 사용해 신경망의 가중치를 초기화하는 것은 매우 중요하다. 또한 알고리즘을 시작할 때 가중치를 적절한 방법으로 선택하지 않으면 경사도가 폭발적으로 증가하거나 사라질 수 있다(9.4.2절).

초기화 기술에는 다양한 연습 문제들이 존재한다. 예를 들어 평균 0과 신경망 연결 수의 제곱근에 반비례하는 분산을 갖는 가우스분포에서 샘플링해 신경망의 가중치를 초기화 할 수 있다(Glorot and Bengio, 2010). 이에 대안으로, 샘플링을 통해 각각의 가중치를 개별적으로 초기화하는 대신에, Saxe et al.(2014)은 경사도 폭발 또는 소멸을 막기 위해 층에 입력되는 벡터의 크기를 유지하는 직교정규 행렬을 사용해 주어진 층의 모든 가중치를 공동으로 초기화하는 방법을 제안했다. 자세한 내용은 Eisenstein (2019)을 참조하라.

9.3.2 신경망 가중치에 대한 사전분포

베이지안 환경에서 신경망을 다루는 가장 자연스러운 방법은 고정된 아키텍처에서 신경망의 가중치에 사전분포를 부여한 것이다. 이는 베이지안 맥락에서 신경망 학습을 구성하는 주된 역할이었다. 실제로 MacKay(1992)는 단층 신경망의 가중치에 가우시안 사전분포를 적용했다. 이 사전분포는 평균 0 과 분산을 제어하는 초매개변수 α를 사용한다. 반대로 이 초매개변수도 사전분포를 갖고 있으며 가우시안 사전분포를 활용하면 계층적 모델로 이어진다(3.5절).

그런 다음 MacKay는 α를 포함해 사후 함수의 근사적 최댓값을 찾아 신경망의 가중치를 최적화한다. 그는 신경망의 모든 가중치에 단일 초매개변수 α를 사용하면 신경망에서 각 뉴런의 역할이 다르기 때문에 상대적으로 일반화가 어렵다는 점을 발견했다. 이를 해결하기 위해 각 가중치의 유형(입력, 은닉층 및 출력 가중치)에 따라 분산에 대한 각각 다른 초매개변수를 설정했다. MacKay 사례에서 베이지안 프레임워크의 사용은 주로 신경망의 가중치에 대해 정칙화하기 위함이다. MacKay의 연구 이후 가우시안분포는 베이지안 맥락에서 신경망의 가중치에 대한 사전분포로 자주 사용됐다(Neal, 2012).

실제로 가우시안분포 형태로 가중치에 사전분포를 부여하는 아이디어는 Graves(2011)에 의해 더욱 더 발전됐다. 저자는 가우시안 및 라플라스 분포를 사전분포로 활용하고 변분 추론을 통해 가중치에 대한 사후분포를 도출하는 연구를 진행했다. 여기서 근사적 사후분포는 가우시안 또는 (모든 질량을 단일 지점에 놓는) 델파분포로 가정된다. 그는 6장에서 다뤘던 좌표 오름을 사용해 변분 경계를 최적화하지 않고 근사적 사후분포에서 가중치를 확률적으로 추출해 수리적 적분을 통해 변분 경계에 의해 정의된 기댓값을 계산했다.

Graves가 지적한 것처럼 처음에는 신경망의 복잡한 통합 및 계산이 불가능한 근사적 사후 기댓값을 활용한 변분 추론을 통해 기존의 사후 추론을 대체하는 것이 터무니없는 것처럼 보일 수 있다. 하지만 근사적 사후 추론은 수리적 적분에 좀 더 적합하며 더 쉽게 다룰 수 있다는 장점이 있다.

신경망의 매개변수에 대한 사후분포를 식별하는 또 다른 방법은 확률적 경사도 랑주뱅 역학SGLD, Stochastic Gradient Langevin Dynamics(Welling and The 2011)을 사용하는 것이다. 이 경우 신경망의 매개변수에 대한 확률적 경사도 단계를 수행하며 여기서 계산된 경사도는 다음과 같이 사전분포의 로그 확률에 대한 경사도 및 매개변수에 대한 로그우도 함수의 경사도로 구성된다.[10]

$$F(\theta) = \frac{1}{n}\nabla_\theta \log p(\theta) + \sum_{i=1}^{n} \nabla_\theta \log p\left(x^{(i)} \mid \theta\right)$$

---

10 이러한 경사도를 "배치" 형태로 계산하는 방법도 가능하다. 좀 더 자세한 내용은 A.3.1절을 참조한다.

$x^{(1)},...,x^{(n)}$은 관측된 데이터포인트로 구성되며 θ는 모델의 매개변수를 나타낸다.

로그우도함수의 경사도는 신경망에 의해 실제로 모델링되는 경우 역전파 알고리즘을 사용해 계산될 수 있다. 매개변수에 대한 업데이트는 다음과 같이 다차원 가우스분포에서 추출된 추가 노이즈와 함께 계산된 경사도의 방향으로 진행된다.

$$\theta_{t+1} \leftarrow \theta_t - \mu_t F(\theta_t) + \xi_t$$

ξ_t는 평균 제로를 갖는 다변량 가우시안분포에서 추출된 샘플, θ_t는 t 시점에서 업데이트 대상의 매개변수 집합 그리고 μ_t는 학습률을 나타낸다.

이러한 경사도 업데이트를 수행할 때 t가 증가함에 따라 매개변수에 대한 분포(가우시안 노이즈가 주어지면 확률변수로 취급될 수 있도록 θ_t에 대한 분포가 있다)가 결국에는 실제 매개변수에 대한 사후분포로 수렴됨을 보일 수 있다(Teh et al., 2016). 이 수렴을 위해서는 t가 증가함에 따라 학습률이 0에 가까워져야 한다(4.4절 참조). NLP에서 예를 들어 Shareghi et al.(2019)은 종속성 파싱 문제에 SGLD를 사용했다. 확률적 경사도 하강 방법에 관한 자세한 내용은 A.3.1절을 참조하라.

9.4 현대 NLP에서의 신경망 활용도

NLP의 현재 형태에서 신경망은 복잡해졌으며, 특히 CNN^{Convolutional Neural Network} 및 RNN^{Recurrent Neural Network}과 같은 좀 더 진보한 아키텍처를 활용한다.

9.4.1 Recurrent and Recursive 신경망

RNN(Elman, 1990)은 원래 타임스텝이 이산형인 시계열을 위한 모델로 개발됐다. 따라서 시간 차원이 예를 들어 주어진 문장의 위치(또는 문서의 문장 인덱스)와 교환되는 선형 형태로 자연어를 모델링하는 데 적합하다. 가장 일반적인 형태에서 Recurrent 신경망은 상태 및 새로운 입력 값(예를 들어 문장의 다음 단어)을 비선형 함수에 적용함으로써 각 단계에서 업데이트되는 상태를 유지하면서 작동한다.

좀 더 형식적으로, Recurrent 신경망은 각 타임스텝 $t \geq 0$에 대해 상태 $h^{(t)} \in \mathbb{R}^d$를 유지하며 타임스텝 t에서 입력 $x^{(t)} \in \mathbb{R}^k$를 받는다. 일반적인 형태의 연습 문제에서

Recurrent 신경망은 다음과 같이 $h^{(t)}(t \geq 1)$을 업데이트한다(Pascanu et al., 2013).

$$h^{(t)} = W_{\text{rec}}g\left(h^{(t-1)}\right) + W_{\text{in}}x^{(t)} + b \qquad (9.17)$$

$W_{\text{rec}} \in \mathbb{R}^{d \times d}$, $W_{\text{in}} \in \mathbb{R}^{d \times k}$, $b \in \mathbb{R}^d$ 그리고 $g : \mathbb{R}^d \rightarrow \mathbb{R}^d$는 좌표별 활성화함수다.[11] 상태 $h^{(0)}$은 임의적으로 선택될 수 있으며 이에 따라 정의 자체가 완전히 명시되지 않는다. 그림 9.3a 식 9.17로 설명되는 Recurrent 신경망에 대한 도식적 표현을 보여준다.

Recurrent 신경망의 계산은 "펼쳐서"(그림 9.3b) 수행될 수 있으며 피드포워드 계산의 집합으로 표현될 수 있다. 각 단계마다 $h^{(t)}$를 계산하기 위한 잠재층이 존재한다. 식 9.6에 제시된 펼쳐진 RNN과 피드포워드 네트워크의 주요 차이점은 RNN의 경우 네트워크 매개변수가 모두 관련돼 있다는 점이다. 따라서 모든 층에 대해 단일 가중치 및 편향 항으로 구성된 단일 집합을 사용한다. 추가적으로 일반적인 피드포워드 네트워크를 사용하면 각 잠재층에 대해 새로운 입력 값이 없다. 대신 입력 값은 첫 번째 층에 주어진다. 즉, (실제로 수행되는) 피드포워드 신경망에서 특정 매개변수를 묶거나 네트워크의 특정 잠재층에 새로운 입력을 공급하지 못하게 하는 원칙은 존재하지 않는다.

RNN에 대한 펼쳐진 표현이 주어졌다면 역전파를 활용해 매개변수에 대한 모든 출력 값의 경사도를 계산할 수 있다. $W_{\text{rec}}^{(t)}$, $W_{\text{in}}^{(t)}$ 그리고 $b^{(t)}$는 펼쳐진 네트워크의 가중치라고 하자. 매개변수 W_{rec}, W_{in} 그리고 b에 대한 경사도는 단순히 각 층에 대해 해당 매개변수 경사도의 합이다. 이는 연쇄 법칙에 의해 성립되며 RNN에서의 연쇄 법칙은 목적함수 $\mathcal{L}$ 및 매개변수 θ에 대해 다음이 성립됨을 주장한다.

$$\frac{\partial \mathcal{L}}{\partial \theta} = \sum_{t=1}^{T} \frac{\partial \mathcal{L}}{\partial \theta^{(t)}} \cdot \frac{\partial \theta^{(t)}}{\partial \theta}$$

T는 펼쳐진 타임스텝 수이며 $\theta^{(t)}$는 타임스텝 t에서의 펼쳐진 해당 매개변수 $\theta^{(t)}$이다. $(\theta^{(t)} = \theta$이므로$)$ $\frac{\partial \theta^{(t)}}{\partial \theta} = 1$이며 θ에 대한 $\mathcal{L}$의 미분 값은 $\theta^{(t)}$에 대한 펼쳐진 네트워크의 모든 미분 값의 합이다. 역전파에 기반을 둔 이러한 변형된 경사도 계산은 "시간을 통한 역전파"라고 부르기도 한다(Werbos, 1990).

11　표기 rec는 "Recurrent"를, in은 "Input"을 나타낸다.

RNN은 네트워크가 시퀀스를 나타내는 경우에 중점을 두지만(Recurrent 단위에 대한 입력은 이전 단계의 Recurrent 단위의 출력이다) 이 아이디어를 더 확장할 수 있으며 여러 "역사" 벡터를 상위 레벨의 유닛에 공급할 수 있다. 예를 들어 이는 트리 구조를 사용해 수행할 수 있다. RNN에 대한 이러한 형태의 일반화를 갖는 네트워크를 재귀적^{Recursive} 신경망(Pollack, 1990)이라고 한다.

네트워크의 다른 노드에서 매개변수를 공유하는 재귀적 신경망의 계산은 전체 계산을 나타내는 방향성 비순환 그래프를 사용해 RNN에서 수행되는 방식과 유사하게 펼칠 수 있다. 이 펼쳐진 형태를 사용해 훈련 목적을 최적화하기 위한 경사도를 계산할 수 있다. 이러한 역전파 계산 기법을 "구조를 통한 역전파(Goller and Kuchler, 1996)"라고 하며 시간을 통한 역전파의 일반화다.

RNN을 사용하면 자연어 입력 문제를 해결할 수 있다. 일반적으로 길이가 다양하지만 많은 응용 분야(예를 들어 분류 문제)에서 최종 분류 단계를 적용하려면 고정 크기의 벡터가 필요하다. RNN은 토큰별로 입력을 "읽기" 위해 사용될 수 있으며, 유지되는 내부 상태는 마지막 입력 단계에서 전체 입력에 대한 표현으로 사용될 수 있으며, 예를 들어 분류기에 공급된다. CNN(9.4.4절) 또한 자연어 입력을 위한 고정 크기 벡터 문제를 해결하고자 한다.

베이지안 설정에 RNN 훈련을 적용할 수 있다. 예를 들어 Fortunato et al.(2017)은 9.3.2절에서 언급한 Graves(2011)의 방법과 유사한 방식으로 "베이즈를 통한 역전파"를 사용했다. 그들은 RNN의 가중치에 사전분포를 설정한 다음 변분 베이즈를 통해 가중치에 대한 사후분포를 추론한다. 역전파 알고리즘은 변분 추론 절차에서 서브 루틴으로 사용된다. 또한 각 최적화 단계에서의 근사적 사후분포가 해당 단계에서 사용되는 데이터포인트의 미니배치에 조건부를 갖는 "사후분포 조각화" 아이디어를 소개한다. 이는 학습 과정의 분산을 줄인다. Gal and Ghahramani(2016c)는 신경망을 위한 정칙화 기법으로 베이지안 방식의 Drop-out을 구성했다. 자세한 내용은 9.5.1절을 참조하라.

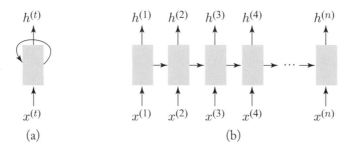

그림 9.3 (a) Recurrent 신경망에 대한 묘사 (b) 네트워크에 대한 펼쳐진 표현

9.4.2 경사도 소멸 및 폭발 문제

시그모이드 및 tanh와 같은 활성화함수는 넓은 범위의 값을 더 작은 범위로 좁히는 경향이 있다. 실제로 시그모이드는 $\mathbb{R}$을 구간 $[0,1]$로 매핑한다. 이에 따라 깊은 신경망에 역전파 알고리즘을 적용할 때(또는 대안으로 긴 시퀀스 또는 큰 그래프에 대해 시간 또는 구조를 통해 역전파를 적용할 때), 특정 매개변수에 대해 작은 경사도 값을 얻을 수 있다. 이로 인해 경사도가 언더플로 되거나 최적화 알고리즘의 수렴이 매우 느려질 수 있다(Pascanu et al., 2013).

식 9.17에 설명된 것과 같은 RNN의 경우를 다시 고려해보자. $\mathcal{L} = \sum_{t=1}^{T} \mathcal{L}_t$과 같이 서로 다른 타임스텝에 대해 분해되는 목적함수 $\mathcal{L}$이 있다고 가정한다.

이러한 경우 모든 θ에 대한 $\mathcal{L}_t$의 미분은 다음과 같다.

$$\frac{\partial \mathcal{L}_t}{\partial \theta} = \sum_{k=1}^{t} \left(\frac{\partial \mathcal{L}_t}{\partial h^{(t)}} \frac{\partial h^{(t)}}{\partial h^{(k)}} \frac{\partial^+ h^{(k)}}{\partial \theta} \right)$$

$\dfrac{\partial^+ h^{(k)}}{\partial \theta}$는 θ에 대한 $h^{(k)}$의 "중간 미분 값"(Pascanu et al., 2013)을 말하며 여기서 $h^{(k-1)}$은 θ에 대해 상수 값을 갖는다(따라서 θ에 대한 $h^{(k-1)}$의 미분을 위한 연쇄 법칙을 적용하지 않는다). $\dfrac{\partial h^{(t)}}{\partial h^{(k)}}$는 다음과 같음을 보일 수 있다.

$$\frac{\partial h^{(t)}}{\partial h^{(k)}} = \prod_{i=t}^{k-1} \frac{\partial h^{(i)}}{\partial h^{(i-1)}} = \prod_{t=i}^{k-1} W_{\text{rec}}^{\top} \text{diag}\left(g'(h^{(i-1)}) \right) \tag{9.18}$$

diag는 입력벡터(이 경우에는 활성화함수의 좌표별 미분 값)를 받아 벡터의 값들의 대각에 위치해 대각 행렬을 만드는 함수다. 참고로 $\frac{\partial h^{(t)}}{\partial h^{(k)}}$는 $h^{(k)}$의 특정 좌표에 대한 $h^{(t)}$의 특정 좌표를 미분해 구성된 행렬이다. 이러한 경사도를 구성하는 것은 역전파 식을 완전하게 파헤칠 수 있도록 한다.

예를 들어 경사도 소멸 문제는 W_{rec}의 최대 특이값이 작으며 식 9.18의 우측항의 노름이 0에 빠르게 도달하기 때문에 일어난다. 이는 만약 γ가 $\|\text{diag}(g(h^{(i-1)}))\|$의 상한일 때 특이값 λ가 $\frac{1}{\gamma}$보다 작으면 일어난다. 이러한 경우 식 9.18을 따르면 다음이 성립된다.[12]

$$\left\| \frac{\partial h^{(t)}}{\partial h^{(k)}} \right\| \leq \left\| W_{rec}^{\top} \right\| \cdot \left\| \text{diag}\left(g'(h^{(i-1)}) \right) \right\| < \frac{1}{\gamma}\gamma < 1 \tag{9.19}$$

식 9.19는 모든 타임스텝 k에 대해 조건 $\|\frac{\partial h^{(t)}}{\partial h^{(k)}}\| < \mu$를 만족하는 $\mu < 1$이 존재할 수 있음을 나타낸다. 이러한 경우 다음이 성립된다.

$$\left\| \frac{\partial \mathcal{L}_t}{\partial h^{(t)}} \cdot \frac{\partial h^{(t)}}{\partial h^{(k)}} \right\| = \left\| \frac{\partial \mathcal{L}_t}{\partial h^{(t)}} \cdot \prod_{i=t}^{k-1} \frac{\partial h^{(i)}}{\partial h^{(i-1)}} \right\| \leq \mu^{t-k} \left\| \frac{\partial \mathcal{L}_t}{\partial h^{(t)}} \right\|$$

위의 식은 추가적인 타임스텝에 대한 경사도의 기여도가 타임스텝이 증가할수록 0에 지수적으로 도달함을 보여준다. 경사도 소멸은 $\mu < 1$인 경우에 일어나는 반면, 만약 W_{rec}의 최대 특이값이 너무 큰 경우 이와 반대의 현상이 일어날 수 있다. 이러한 경우 경사도가 계속 커지며 "폭발"해 수렴이 너무 불규칙하거나 오버플로우 현상이 일어난다. 이 문제를 해결하기 위해 주로 "경사도 깎기Gradient Clipping(만약 경사도가 특정 분계점 좀 더 클 경우 깎는 기법)"가 활용된다. 경사도 소멸 및 폭발 문제의 이유에 대한 직관은 경사도가 곱의 형태로 역전파되기 때문이다. 이러한 항들의 너무 많은 곱은 이러한 문제를 일으킬 수 있다.

Long Short-Term Memory Units 및 Gated Recurrent Units Recurrent 및 딥 네트워크에서 경사도 소멸 문제를 해결하기 위한 한 가지 방법은 Hochreiter and Schmidhuber

---

12 행렬 노름은 스펙트럼 노름과 관련돼 취해지며, 이는 행렬의 가장 큰 특이값에 해당한다.

(1997)에 의해 개발된 Long Short Term Memory^{LSTM} 셀이라는 뉴런의 추상적 표현을 사용하는 것이다. 이는 그림 9.4에 설명돼 있다. 하나의 LSTM 셀은 타임스텝 $c^{(t)}$ 및 출력 상태 $\alpha^{(t)}$에서의 내부 셀 상태를 유지한다. 이 두 상태는 다음 두 식에 의해 정의된 벡터다.

$$c^{(t)} = f^{(t)} \odot c^{(t-1)} + i^{(t)} \odot z^{(t)} \qquad\qquad \textit{cell memory} \qquad (9.20)$$

$$\alpha^{(t)} = o^{(t)} \odot \tanh\left(c^{(t)}\right) \qquad\qquad \textit{hidden state output} \qquad (9.21)$$

$\odot$는 벡터 좌표별 곱(Hadamard 곱)을 나타내며 $f^{(t)}$, $i^{(t)}$, $z^{(t)}$, $o^{(t)}$의 값들은 다음 추가적인 식에 의해 정해진다.

$$i^{(t)} = \sigma\left(W^i x^{(t)} + U^i \alpha^{(t-1)} + b^i\right) \qquad\qquad \textit{input gate}$$

$$f^{(t)} = \sigma\left(W^f x^{(t)} + U^f \alpha^{(t-1)} + b^f\right) \qquad\qquad \textit{forget gate}$$

$$z^{(t)} = \tanh\left(W^z x^{(t)} + U^z \alpha^{(t-1)} + b^z\right)$$

$$o^{(t)} = \sigma\left(W^o x^{(t)} + U^o \alpha^{(t-1)} + b^o\right) \qquad\qquad \textit{output gate}$$

$c^{(t)}$, $\alpha^{(t)}$, $i^{(t)}$, $f^{(t)}$, $z^{(t)}$, $o^{(t)} \in \mathbb{R}^d$는 LSTM에서 유지되는 벡터이며(이에 따라 위의 σ는 표 9.1에서 기술된 시그모이드 함수이며 이를 좌표별로 적용됨), W^i, W^f, W^z, $W^o \in \mathbb{R}^{d \times k}$는 LSTM의 가중치 행렬이고 b^i, b^f, b^z, b^o는 편향 매개변수다. LSTM을 고려할 때에는 다음 구조를 볼 수 있다. LSTM 셀의 상태를 나타내는 벡터 $c^{(t)}$는 이전 상태와 $z^{(t)}$ 사이의 보간으로서 입력에 직접적으로 종속된다. 이는 내부 상태 $c^{(t)}$가 (이전 상태가 forget gate $f^{(t)}$와 곱의 형태를 갖기 때문에) 상태의 이전 정보를 "잊어버려도" 업데이트가 가능하며 ($z^{(t)}$가 "input gate" $i^{(t)}$와 곱의 형태를 갖기 때문에) 입력의 어느 정도 정보를 포함한다. 마지막으로 $\alpha^{(t)}$는 LSTM 셀의 출력으로 내부 상태의 변환을 "output gate" $o^{(t)}$와 곱한 값이다.

LSTM이 경사도 소멸 문제에 덜 취약한 이유는 식 9.20의 내부 상태 $c^{(t)}$가 상태 자체에 적용된 구간을 축소하는 비선형 함수를 포함하지 않아 결합을 "squashing" 하지 않기 때문이다. 정보는 이전 타임스텝에서 새로운 셀 상태에 가법적으로 결합된다. 일부 정보는 ($c^{(t-1)}$와 곱한 forget gate를 통해) 잊혀질 수 있으며 일부 정보는 $z^{(t)}$를 통해 추가

될 수 있다. LSTM은 장거리 종속성이 셀 상태의 업데이트를 통해 전파될 수 있도록 설계된다.

LSTM은 게이트를 사용하는 신경망의 유닛의 일부로 볼 수 있다. 이러한 유닛의 또 다른 예는 기계 번역을 위해 개발된 Gated Recurrent Unit[GRU]이다(Cho et al., 2014). GRU는 다음 식을 통해 정의된 게이트 및 상태를 유지한다.

$$
\begin{aligned}
r^{(t)} &= \sigma(W^r x^{(t)} + U^r \alpha^{(t-1)}) & \textit{reset gate} \\
z^{(t)} &= \sigma(W^z x^{(t)} + U^z \alpha^{(t-1)}) & \textit{update gate} \\
\alpha^{(t)} &= z^{(t)} \odot \alpha^{(t-1)} + (1 - z^{(t)}) \odot \beta^{(t-1)} & \textit{output} \\
\beta^{(t)} &= \tanh\left(W^\beta x^{(t)} + U^\beta(r^{(t)} \odot \alpha^{(t-1)})\right)
\end{aligned}
\tag{9.22}
$$

Reset 및 update gates, $r^{(t)}$ 및 $z^{(t)}$는 이전 은닉 상태에서 다음 상태 $\alpha^{(t)}$에 얼만큼의 정보가 유지되는지 제어하는 변수다. 원칙적으로 GRU에서 사용하는 매개변수 수는 LSTM에서 사용하는 매개변수 수보다 적다.

LSTM과 GRU는 RNN에 참여할 수 있는 추상적 형태의 셀이며, (하나의 LSTM 셀 출력이 다른 셀에 입력으로 공급되는 방식으로) 이들을 쌓아 올리거나 다른 방식으로 결합할 수 있다.

실제로 (다음 절의) 신경망 기반 인코더-디코더는 이 아이디어를 기반으로 한다. 시퀀스 모델링을 위한 Recurrent 신경망 모델을 사용하는 초기 연구와 관련해서는 Graves(2012)를 참조하라.

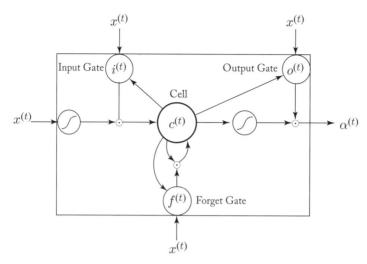

그림 9.4 타임스텝 t에서의 입력 $x(t)$를 갖는 LSTM 셀을 나타내는 다이어그램(다이어그램 안의 모든 $x(t)$는 같은 벡터를 가리킨다). 여기서는 세 개의 게이트를 갖는다. output gate, input gate, 그리고 forget gate에 해당된다. 셀은 또한 내부 상태 ($c^{(t)}$)를 유지하며 상태 $a^{(t)}$를 출력한다. (커브 연산자로 표현된) 시그모이드 그리고 ($\odot$로 표현된) 아다마르 곱과 같은 여러 연산자가 활용된다.[13]

9.4.3 신경망 기반 인코더-디코더 모델

신경망 기반 인코더-디코더 모델은 Recurrent 신경망 모델로서 (주로 벡터로 표현되는) 기호들의 시퀀스를 받아 기호들의 시퀀스를 출력한다. 이 모델은 NLP 커뮤니티에서 광범위하게 활용되는 일반적 신경망 아키텍처 중 하나다. 이 신경망 아키텍처는 가끔 "sequence-to-sequence models" 혹은 짧게 seq2seq이라고 부른다.

이러한 모델은 두 가지 주요 요소를 가지며 이는 인코더 및 디코더로서 LSTM[14] 셀들이 "꿰매어" 있으며 하나의 출력이 다른 하나의 입력으로 공급되도록 한다. 좀 더 자세히 인코더 부분은 시퀀스 형식의 입력을 받아 내부 상태를 유지하는 LSTM 셀이며 디코더 부분 또한 셀로 구성돼 있으며 셀은 (a) 시퀀스를 읽은 후 인코더의 마지막 상

---

13 그림은 https://tex.stackexchange.com/questions/332747/how-to-draw-a-diagram-of-longshort-term-memory를 참조했다.

14 일반적으로 인코더-디코더 모델을 구성하는 LSTM 셀을 참조하지만 자연스러운 변형은 GRU 셀을 사용하는 변형이다. 이러한 변형은 NLP에서 흔히 볼 수 있다.

태를 입력으로 받고 (b) 기호를 출력하며 (c) 시퀀스에서 이전 위치의 출력을 입력으로 받고 프로세스를 진행한다. 그림 9.5는 인코더-디코더 모델의 다이어그램을 보여준다.

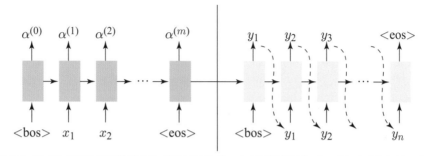

그림 9.5 인코더-디코더 모델의 전개도. 왼쪽 부분은 인코더, 오른쪽 부분은 디코더를 나타낸다. 인코더는 또한 각 위치 *t*에서 출력 상태 *α*(*t*)를 반환한다. 반면 디코더는 문장 끝 기호에 도달할 때까지 각 단계에서 기호를 출력한다. 이전 단계의 출력은 다음 단계의 입력으로 사용되며 출력 기호는 각 위치의 출력 상태에 따라 결정된다. 블록 자체들은 "셀 메모리"를 갖고 있다(LSTM에서 이는 *c*(*t*)이다. 식 9.20 참조). 〈bos〉 및 〈eos〉 마커들은 각각 시퀀스 시작(beginning-of sequence) 및 시퀀스 끝(end-of sequence) 마커를 나타낸다.

현대 버전에서 신경망 기반 인코더-디코더 모델은 기계 번역을 위해 처음 도입됐으며(Cho et al., 2014, Sutskever et al., 2014), 연결주의 프레임워크에서 기계 번역을 처리하기 위한 20년된 연구에 뿌리를 두고 있다(Castano and Casacuberta, 1997; Neco and Forcada, 1997; Kalchbrenner and Blunsom, 2013 또한 참조). 그 이후로 이 모델들은 요약(또는 좀 더 일반적으로 생성), 질의 응답 그리고 구문 및 의미론 파싱과 같은 기호 시퀀스를 다른 시퀀스로 변환해야 하는 다양한 유형의 문제에 널리 활용됐다.

여러 변형의 기반이 되는 Cho et al.(2014)의 신경망 기반 인코더-디코더 모델은 입력 기호 시퀀스 $x_1 \cdots x_m$을 출력 시퀀스 $y_1 \cdots y_n$으로 매핑하며 $p(y_1, \ldots, y_m | x_1, \ldots, x_m)$ 형태의 분포를 모델링한다. 이 모델은 먼저 입력 시퀀스를 Recurrent 유닛(예를 들어 GRU 또는 LSTM)에 입력해 시퀀스의 (전체) 벡터 c를 계산한다. 해당 벡터 c는 입력 스캔에서 마지막 단계의 셀 메모리에 해당된다(LSTM에 대해선 식 9.20 참조). 이에 따라 디코더 또한 (예를 들어 LSTM과 같은) Recurrent 유닛을 활용해 출력 기호를 생성하는 확률을 다음과 같이 정의한다.

$$p(y_t \mid y_1, \ldots, y_{t-1}, x_1, \ldots, x_m) = g\left(\overline{\alpha}^{(t)}, y_{t-1}, c\right) \qquad (9.23)$$

g는 (예를 들어 변수를 통합해 확률로 변환하는 소프트맥스 함수를 활용해 어떤 가중치들에 대해 모수화된) 확률적 함수, $\bar{\alpha}^{(t)}$(식 9.21)은 위치 t에서의 디코더 Recurrent 유닛의 출력 상태, y_{t-1}은 이전 디코더 상태의 출력 기호 그리고 c는 위에서 정의된 컨텍스트 벡터이다. $y_1 \cdots y_n$의 총 확률은 자연스럽게 식 9.23의 인자들의 곱으로 정의된다.[15]

인코더-디코더 모델에 대한 많은 변형이 제안됐으며, 가장 주목할 만한 것은 "Attention 메커니즘"(Bahdanau et al., 2015)을 포함하는 모델이다. Attention 메커니즘은 출력 시퀀스를 예측할 때 지역성의 문제를 해결하는 것을 목표로 한다. 출력의 각 위치에는 일반적으로 관련된 출력 기호를 예측하는 데 가장 적합한 입력의 특정 부분이 존재한다.

Attention 메커니즘은 입력 시퀀스의 모든 LSTM 은닉 상태 출력을 출력 셀의 입력으로 사용해 작동한다. 이는 인코드의 마지막 상태만 디코더에 대한 입력으로 사용하는 것과 대조적이다. 그림 9.6은 이러한 메커니즘을 보여준다. "Attention 가중치"를 통해 이 메커니즘은 입력 시퀀스 요소와 출력 시퀀스 요소 사이의 Soft-Alignment를 생성한다. 이는 예를 들어 구절 기반 모델과 같은 전통적인 기계 번역 모델에서 단어 정렬 모델링의 중요성에 따라 신경망 기반 기계 번역에 매우 유용한 것으로 밝혀졌다.

좀 더 형식적으로, t를 인코더 시퀀스의 인덱스 그리고 s를 디코더 시퀀스의 인덱스라고 하자. 추가적으로 $\alpha^{(s)}$(길이 n을 갖는 시퀀스에 대한) 인코더를 위한 식 9.21처럼 정의하며 $\bar{\alpha}^{(t-1)}$은 디코더를 위한 인덱스 $t-1$에서의 해당 상태를 나타낸다. 또한 인코더와 디코더 상태 사이에 모수화된 유사도 함수 $\mathrm{sim}(\alpha, \bar{\alpha})$가 존재한다고 가정한다. 이와 관련된 계수는 다음과 같이 계산한다.

$$\beta_t(s) = \frac{\exp(\mathrm{sim}(\bar{\alpha}^{(t-1)}, \alpha^{(s)}))}{\sum_{s'=1}^{n} \exp(\mathrm{sim}(\bar{\alpha}^{(t-1)}, \alpha^{(s')}))}$$

이제 다음과 같이 정의된 가중치 문맥 벡터를 계산한다.

---

15 Sutskever et al.(2014)의 인코더-디코더 모델은 예를 들어 c가 모든 디코딩 단계의 입력이 아니라 첫 번째 디코더 단계의 입력으로 사용된다는 점에서 약간의 차이가 있다.

$$d^{(t)} = \sum_{s=1}^{n} \beta_t(s)\alpha^{(s)}$$

그리고 인덱스 t에서의 입력인 인덱스 $t-1$의 디코더의 출력과 더불어 위의 문맥 벡터를 인덱스 t에서 디코더 셀의 입력으로 활용한다. 문맥 벡터 $d^{(t)}$는 출력을 예측할 때 디코더가 인코더 상태의 특정 인덱스에 집중할 수 있도록 한다. $\beta_t(s)$는 잠재적으로 모수화됐기 때문에 신경망은 관련된 인코더 상태의 일부분에 이러한 계수들이 집중할 수 있도록 설정하는 방법을 학습할 수 있다.

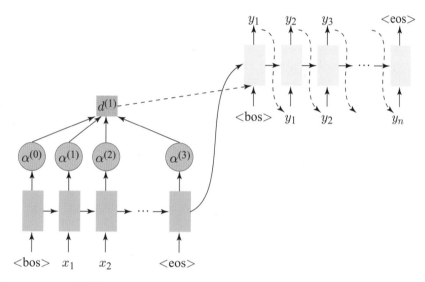

그림 9.6 Attention 메커니즘이 있는 인코더-디코더 신경망의 전개도. 각 단계에서 맥락 벡터 $d(t)$는 인코더 상태들의 가중 평균으로 생성되고 각 위치에서의 디코더에 입력된다. 인코더의 각 요소와 디코더의 각 요소 사이에는 $d(t)$를 통한 연결이 존재한다.

α와 $\bar{\alpha}$ 사이의 내적 또는 W가 신경망의 추가적 매개변수일 때 $\alpha^{\top}W\bar{\alpha}$ 형태의 모수화된 내적과 같이 다양한 유사도 스코어가 활용될 수 있다. 또한 예를 들어 $v^{\top}$ $\tanh(W[\alpha; \bar{\alpha})$($v$ 및 W 모두 신경망의 매개변수)와 같이 두 개의 입력 벡터를 하나로 합쳐서 유사도 함수에 활용할 수 있다. Attention 기반 모델에 대한 스코어링 함수에 대한 자세한 내용은 Luong et al.(2015)을 참조하라.

인코더-디코더 모델의 인코더 구성 요소는 일반적으로 토큰별로 입력 시퀀스 토큰을 스캔한다. 문장의 시작 부분을 좀 더 두드러지게 인코딩하도록 인코더를 편향시키기 위해 입력을 역방향으로 스캔하는 것이 좋은 경우도 있다. 장거리 의존성의 문제를 극복하기 위해 BiLSTM 인코더(Huang et al., 2015)를 사용할 수도 있는데, 여기서 입력 시퀀스는 왼쪽에서 오른쪽으로, 오른쪽에서 왼쪽으로 모두 스캔된다. BiLSTM 인코더에 대한 다이어그램은 그림 9.7에서 보여준다.

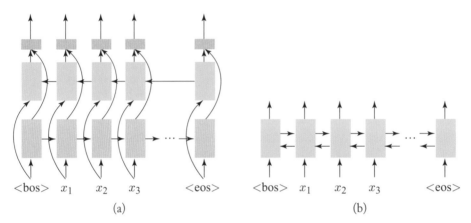

그림 9.7 양방향 인코더에 대한 다이어그램. (a) 양방향 인코더에는 입력을 왼쪽에서 오른쪽으로 그리고 오른쪽에서 왼쪽으로 읽는 두 개의 LSTM 인코더가 있다. 따라서 각 위치의 최종 표현은 관련된 위치에서 양방향으로 판독해 출력된 두 인코더 상태의 조합이다. (b) (a)를 설명하는 데 사용되는 일반적인 개략도.

또한 모델이 입력 시퀀스에서 출력 시퀀스로 단어를 복사하는 것이 바람직한 경우도 존재할 수 있다. 이는 한 언어에서 지명을 나타내는 엔티티가 다른 언어에서 보이지 않지만 비슷한 방식으로 작성될 수 있는 기계 번역의 맥락에서 특히 그렇다고 볼 수 있다. 이를 위해 Gu et al.(2016)은 Attention 벡터를 기반으로 입력 시퀀스에서 단어를 복사하는 "복사 메커니즘" 개념을 도입했다. 특정 단어를 출력할 수 있는 총 확률은 출력 어휘에 대한 소프트맥스에 따른 확률과 (Attention 가중치에 기반한) 입력된 단어에 대한 소프트맥스 사이의 혼합이 된다.

기술적인 관점에서, 신경망 기반 인코더-디코더 모델은 현재 계산 그래프 소프트웨어 패키지를 사용해 비교적 쉽게 구현할 수 있어 모델링 옵션으로 더욱 매력적이다.

OpenNMT(Klein et al., 2017) 및 Nematus(Sennrich et al., 2017)와 같이 널리 사용되는 seq2seq 모델을 위한 기존의 상용 패키지도 상당히 많이 존재한다.

9.4.4 Convolutional Neural Networks(CNN)

CNN은 시각 처리 시스템에서 생물학적으로 영감을 받은 신경망 아키텍처 유형이다. 이 아키텍처는 컴퓨터 비전 및 이미지 처리 문제에서 큰 성공을 거뒀다. 이미지 처리의 연습 문제를 통해 CNN에 대해 살펴본다.

이미지를 두 개의 클래스로 분류하는 분류기를 작성하는 데 관심이 있는 경우를 고려해보자. 이항 레이블은 이미지에 의자가 나타나는지에 대한 여부를 표기한다. 만약 이미지가 고정된 크기인 경우 이미지의 입력 픽셀당 뉴런을 통해 입력에서 출력으로의 매핑과 관련된 가중치를 활용해 피드포워드 네트워크를 구축한다. 그러나 이미지의 각 픽셀에 대해 가중치 집합을 갖는 신경망에 필요한 매개변수의 수는 엄청나다. 또한 "아직 미확인의 의자"에 대한 일반화에는 많은 양의 데이터가 필요하다. 이상적으로는 네트워크가 추상적인 방식으로 의자의 특정 특성을 학습하고 그림에서 의자의 위치에 변하지 않는 방식으로 이미지에서 이를 식별하도록 하고 싶다. 더 일반적으로는 분류에 추가로 사용할 수 있는 이미지에서 서로 다른 추상 특징을 식별하고자 한다.

CNN은 이미지의 각 작은 영역이 고정된 매개변수 집합을 사용하도록 네트워크가 학습해야 하는 매개변수의 수를 줄여서 이러한 문제를 해결하고자 한다. 예를 들어 4×4차원의 슬라이딩 윈도우로 126×126 크기의 이미지를 스캔할 수 있다. 이러한 윈도우는 이미지를 픽셀 단위로 스캔하거나 ("보폭 크기"라는 매개변수를 통해 제어되는) 더 큰 단위로 스캔할 수 있다. 윈도우를 통한 각 스캔 지점에서 가중치 집합의 벡터와 윈도우의 픽셀 값 사이의 내적인 단일 숫자를 산출한다. 이 수는 잠재적으로 비선형 활성화 유닛을 통해 추가적으로 실행될 수 있다.

이 과정의 결과는 원본 이미지에서 슬라이딩 윈도우 위치당 새로운 "메타 픽셀Meta-Pixel"이다. 여러 유형의 슬라이딩 윈도우가 있을 수 있으며 메타 픽셀이 있는 새로운 행렬이 여러 개 생길 수 있다. (해당 필터와 연관된 다른 가중치 집합을 갖는) 특정 슬라이딩 윈도우 필터에 대응하는 각각의 이러한 행렬은 이미지의 특정한 특성을 검출할 수 있다.

이와 같이 CNN의 첫 번째 층은 필터 집합을 포함할 수 있으며, 각각의 필터는 원래 이미지보다 작은 차원의 새로운 행렬로 이어진다. 이러한 필터 출력 각각은 지속적으로 새로운 슬라이딩 윈도우에 적용돼 메타 픽셀의 수를 좁힐 수 있으며 적은 수에 도달할 경우 최종 뉴런에서 분류에 활용될 수 있다.

CNN은 종종 Max-Pooling과 같은 Pooling 층과 엮여 Convolution 후 고정 크기의 벡터를 얻는 데 가장 많이 사용된다. 이는 특정 필터의 결과인 각 행렬이 최대 또는 평균과 같은 변환을 통해 단일 값으로 이어짐을 의미한다. 예를 들어 Max-Pooling은 특정 필터 결과인 행렬에서 가장 큰 값을 선택한다. 이 Pooling의 결과는 슬라이딩 윈도우로 다시 Convolution을 적용할 수 있다. 자연어의 경우 Convolution이 적용되는 행렬의 크기는 학습 연습 문제마다 다를 수 있다. 이러한 변동은 예를 들어 문장의 길이가 예재마다 다를 수 있기 때문에 발생한다. 이러한 경우 Pooling은 변수 크기 행렬을 고정된 차원의 행렬로 줄이는 데 도움이 된다. 이에 관한 자세한 내용은 이번 절의 뒷부분에서 설명한다.

CNN은 이미지 이해 및 분류를 포함한 비전 문제에 큰 성공을 거뒀지만(Krizhevsky et al., 2012) 신경망 NLP 툴킷의 표준 도구가 되기까지는 다소 시간이 걸렸다. 원래 CNN은 이미지를 나타내는 행렬에 대해 n-그램 모델링을 연상시키는 슬라이딩 윈도우를 통한 Convolution을 수행했다. 문장을 비슷한 방식으로 처리하는 자연스러운 방법은 각 행이 (단어 임베딩 형태로 있는) 문장의 단어에 해당하며 각 열은 단어가 문장에 있는 위치를 인덱싱하는 행렬을 만드는 것이다. 이에 따라 단일 차원의 Convolution을 적용한다.

이는 Kalchbrenner et al.(2014)에서 접근한 방식으로 문장에 CNN을 사용하는 방법을 보여줬다. 문장은 $K \times N$ 행렬로 표현되며, 여기서 N은 문장의 길이이고 K는 사용되는 단어 임베딩의 크기이다. 이어서 크기 $K \times M$의 슬라이딩 윈도우가 적용되며, 여기서 M은 각 Convolution 단계에서 함께 취해지는 단어의 수이다. 참고로 단어 임베딩의 여러 좌표들에 대한 locality가 존재하지 않기 때문에 윈도우 크기의 높이는 K이다(임베딩의 좌표 1과 2는 좌표 1과 3보다 더 연관성이 많거나 적지 않다는 것을 의미한다). 이와 같이 슬라이딩 윈도우를 적용할 때 전체 단어 임베딩이 한꺼번에 취해진다.

이러한 Convolution을 적용한 결과는 보폭에 따라 $\alpha M (\alpha \leq 1)$차원의 벡터다. 문장마다 여러 개의 각각 다른 슬라이딩 윈도우를 갖는 필터가 적용되는 경우가 종종 있는데, 필터가 적용된 후 Max-Pooling 또는 다른 유형의 Pooling을 적용해 고정된 벡터크기를 얻는다. RNN을 사용한 인코딩과 유사하게 이는 변수길이 문장을 표현할 수 있는 고정된 차원의 벡터로 변수길이 문장을 줄이는 데 사용할 수 있는 방법이다. 이러한 고정된 차원의 벡터는 분류 단계에 쉽게 활용할 수 있다.

예를 들어 그림 9.8을 고려해보자. 여기서는 두 가지 유형의 Convolution이 기술됐다. 맨 위는 윈도우 크기가 네 단어이며 맨 아래는 윈도우 크기가 두 단어다. 각 단어는 4차원으로 임베딩된 단어로 표현된다. 윈도우는 "The king welcomed the guests yesterday evening" 문장을 훑으며 크기 4의 윈도우에 대해 4번의 윈도우 적용 크기 2의 윈도우에 대해 6번의 윈도우 적용을 수행한다. 참고로 시작과 끝 마커로 문장을 채워 두 창 모두에 대해 7번의 윈도우 적용을 진행할 수도 있다(이 방법으로 패딩하는 경우 가끔 "좁은" Convolution 대신 "넓은" Convolution이라고 한다). 각 Convolution에 사용된 필터의수는 3이며 이에 따라 상위 Convolution에 대해선 4×3 그리고 하위 Convolution에 대해선 6×3 차원의 행렬을 얻는다. 마지막으로 Max-Pooling이 적용돼 각 행렬의각 행에서 최대 값을 취해 전체 문장을 나타내는 6차원의 벡터로 이어진다. 참고로 이벡터의 차원은 문장의 길이가 아니라 필터 수에 대한 함수다. 따라서 다양한 길이의문장에 대한 고정된 차원 특성을 얻는다.

좀 더 최근에는 CNN이 기계 번역과 같은 시퀀스-시퀀스 모델링에 사용됐다(Gehring et al., 2017). 이러한 모델들은 convseq2seq2의 아이디어에서 착안됐으며 seq2seq2 모델과 같이 Recurrent 신경망(9.4.3절)에 기반한다. 또한 이들은 인코더 및 디코더로 구성돼 있으며 둘 다 Convolution을 활용한다.

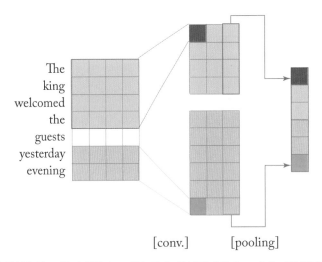

The
king
welcomed
the
guests
yesterday
evening

[conv.]　　　[pooling]

그림 9.8 문장 특성을 인코딩하기 위한 CNN 연습 문제. 첫 번째 층은 Convolution층이며 두 번째 층은 Max-Pooling층이다. 여기서는 두 가지 Convolution을 갖는다. 하나는 크기 4이고 하나는 크기 2이다. 본문에서 자세한 설명을 참조하라. 그림은 Narayan et al.(2018b)에서 받아왔다.

9.5 신경망 조정

역전파 알고리즘(9.3.1절)은 신경망을 훈련하고 가중치를 결정하는 주된 역할을 했지만 신경망의 크기(은닉층의 수 및 층별 뉴런의 수), 활성화함수 유형 및 기타 초매개변수를 선택하는 것과 같은 문제를 직접적으로 다루지는 않는다. 또한 역전파 단독으로 사용하는 경우 과적합 문제로 이어질 수 있다. 이번 절에서는 신경망을 정칙화하고 초매개변수를 미세 조정하는 방법을 설명하며 관련성이 있는 경우 베이지안 접근 방식과의 연결성을 설명한다.

9.5.1 정칙화

정칙화는 모형을 추정할 때 과적합을 방지하는 방법으로 사용된다. 과적합은 학습 알고리즘이 훈련 데이터에 나타나는 특징을 과도하게 학습해 가중치를 설정해 일반적인 규칙을 나타내지 못하는 경우를 일컫는다. 이는 남은 테스트 데이터에 비해 훈련 데이터에서 매우 높은 성능을 나타낸다. 과적합은 추정된 모델족이 매우 복잡해 앞서 언급한 특유성을 유지할 수 있는 능력이 있을 때 발생한다.

모델 추정에 대한 과적합을 피하기 위해 정칙화가 종종 사용된다. 정칙화에서는 훈련 중에 최적화하는 (로그우도와 같은) 목적함수에 항을 추가하며 이 항은 너무 복잡하다고 간주되는 모델에 대한 페널티 항으로 사용된다. 신경망 훈련에 사용되는 가장 일반적인 정칙화 항은 L_2 squared-norm 또는 이에 대안으로 (활용하는 가중치의 희소성을 초래하는, 즉 훈련 중 다수의 가중치가 0으로 설정되는) L_1-norm을 사용한다. 이 두 가지 정칙화 항 모두 4.2.1절에 기술된 바와 같이 베이지안 해석을 갖고 있다.

정칙화를 수행하는 또 다른 흔한 방법은 Dropout(Srivastava et al., 2014)이며, 이는 훈련 중 특정 뉴런들이 "Dropped", 즉 훈련에서 빠지는 방법이다. 이는 활성화 및 기울기 계산에 대한 기여가 0이라는 것을 의미하며, 이는 네트워크에 대한 연결을 끊음으로써 수행한다. 은닉층 또는 입력층에 있는 각 뉴런들은 훈련(예를 들어 배치 경사 최적화)의 각 단계에서 학습에서 제외될 특정 확률을 갖는다. 이는 소수의 입력(또는 은닉 뉴런)에 대한 네트워크의 의존성을 방지하거나 뉴런이 서로 의존하며 출력을 예측하기 위한 신호를 주는 것을 방지한다(Eisenstein, 2019).

Dropout은 Gal and Ghahramani(2016b)에 의해 베이지안 방식으로 해석됐다. 그들의 모델에는 신경망의 가중치에 가우시안 사전분포를 부여한다. 더욱이 추론 자체는 계산이 불가능해 저자들은 변분 추론(6장)을 사용해 사후분포를 찾는다. 그들이 소개하는 핵심 아이디어는 변분분포의 형태로서 특정 확률로 제로화되는 가중치 집합을 갖는 신경망이다. 이는 9.4.4절에 언급된 Dropout 접근 방법과 유사하다. Gal and Ghahramani의 Dropout 공식화는 신경망을 Deep Gaussian 프로세스에 대한 근사와 동일하게 만든다. 이는 계층적 모델로서 Gaussian 프로세스(7.5.1절 참조)가 서로에 적용된다(Damianou and Lawrence, 2013; Gal and Ghahramani, 2016a). Gal and Ghahramani (2016a)는 더 나아가 CNN(9.4.4절)의 활용으로 문제를 확장했다. 저자들의 목적은 CNN에 베이지안 접근 방식을 사용해 과적합 없이도 소량의 데이터로 처리하는 것이다. Gal and Ghahramani(2016a)는 이러한 베이지안 신경망을 숫자 인식 데이터 세트에서 테스트했다.

NLP 커뮤니티에서 Chirkova et al.(2018)의 최근 연구에서는 RNN의 가중치에 대해 사전분포를 설정한다. 이 사전분포는 가중치의 절댓값에 반비례한다. 그다음 추론은 변분방식으로 수행되며 근사적 사후분포를 찾는다. 이 사전분포는 RNN에 대한 희소 매개변수 집합을 찾는 데 사용된다.

9.5.2 초매개변수 조정

신경 모델을 구축할 때 내려야 할 주요 결정 사항 중 하나는 아키텍처(즉, 네트워크 구조)이다. 아키텍처 유형을 결정하더라도 (Feed-Forward 네트워크의 경우) 층당 뉴런 수, 사용될 층 수 및 활성화함수 유형 (또는 LSTM과 GRU와 같은 신경 단위) 등 결정해야 할 사항이 여전히 많다. 너무 큰 네트워크는 과적합할 수 있지만 너무 작은 네트워크는 데이터에 대해 일반화를 할 수 없다.

성능이 우수한 신경망 아키텍처를 자동 학습하거나 검색하는 것이 가능하다는 최근 연구 결과(Liu et al., 2018; Real et al., 2018; Zoph and Le, 2017)가 있지만 대부분의 결정 사항들은 "시험 및 오류"로 이뤄진다. 이는 다양한 값을 시도한 다음 타당성 세트에서 가장 좋은 성능을 내는 초매개변수가 최종적으로 선택된다.[16] 초매개변수를 최적화하는 이 과정은 대부분의 경우 최적으로 작동하는 신경망을 얻는 데 중요하다.

경사하강과 같은 표준 방법을 사용해 초매개변수를 최적화하는 방식에는 문재가 존재한다. 첫째, 성능 또는 로그우도와 같은 프록시 목적함수는 종종 초매개변수에 대해 미분 가능하지 않다. 좀 더 안 좋게는 초매개변수의 함수로서 최대화하고 싶은 성능에 대해 명시적인 함수 또는 분석 가능한 수식이 없을 수 있다. 이는 성능함수를 블랙박스로 다뤄야 한다는 점, 즉 특정 초매개변수 집합이 주어졌을 때 학습된 모델의 성능을 찾아야 한다는 것을 의미한다. 예를 들어 시스템의 출력과 올바른 목적 참조 사시의 n-그램 겹침 정도를 측정하는 기계 번역의 BLEU 거리를 고려해볼 수 있다.

최근 몇 년 동안 경사 계산이나 최적화된 목적함수에 대한 명시적 형식이 필요 없는 "블랙박스 초매개변수 최적화 방법"을 개발하기 위한 몇 가지 제안 방법이 있었다. 미

---

16 이는 여러 실험을 반복해 매번 훈련 데이터의 일부분을 테스트셋으로 활용하는 교차검증에 비해 덜 집약적이다.

분 없는 최적화(Rios and Sahinidis, 2013)가 한 예이며 1950년대에 거슬러 올라가서도 관련된 아이디어가 존재한다(Chernoff, 1959). 블랙박스 최적화 알고리즘은 주로 초매개변수 집합 및 모델 성능을 입력 값으로 받아 다음으로 활용한 초매개변수 또는 최종적 초매개변수를 출력 값으로 한다.

최근 머신러닝 커뮤니티에서 재발견된 베이지안 최적화(Močkus, 1975, 2012) 개념을 통해 초매개변수 조정에 베이지안 연결이 존재한다(Snoek et al., 2012). 최대화하려는 성능함수가 $f(\alpha)$라고 가정하면 α는 신경망 크기와 같은 초매개변수의 집합이다. 베이지안 최적화는 함수 f에 대해 사전분포를 정의하며 수행된다(주로 사전분포는 Gaussian 프로세스다. Gaussian 프로세스에 관한 자세한 내용은 7.5.1절을 참조하라). 그다음 이미 평가된 이전 포인트가 주어지면 f를 사용해 평가할 포인트를 선택하는 f에 대한 손쉬운 최적화 프록시인 Acquisition함수 g를 정의한다. 베이지안 최적화는 Acquisition함수의 최적화를 반복하고, Acquisition함수가 선택한 지점에서 f를 평가한 다음 알고리즘이 받은 새로운 결과로 f에 대한 사후분포를 업데이트한다.

Acquisition함수는 다음에 평가할 지점을 선택하기 위해 f에 대한 현재의 상태에 대한 확신을 고려해야 한다. 실제로 f에 대한 현재 분포에 대한 개선의 기댓값을 최대화하기 위해 지점을 선택하는 것과 같은 다양한 Acquisition함수의 유형이 존재한다. 이러한 경우 다음 식을 가질 수 있다.

$$g(\alpha' \mid \mathcal{D}) = E_{p(f'|\mathcal{D})}[\max\{0, f'(\alpha') - f(\alpha_{\max})\}]$$

단, $\alpha_{\max}$는 평가된 f가 가장 큰 지점을 가리킨다. 개선 기댓값을 극대화함의 대안은 다음과 같이 Acquisition함수를 통해 개선 확률을 최대화하는 것이다.

$$g(\alpha' \mid \mathcal{D}) = E_{p(f'|\mathcal{D})}[I(f'(\alpha') \geq f(\alpha_{\max}))]$$

이 Acquisition함수는 개선의 크기를 무시하고 모든 개선 방향에 대해 개선 확률만을 최대화하는 데 중점을 두기 때문에 종종 개선의 기댓값을 활용하는 것보다 바람직하지 않을 수 있다.

핵심 아이디어는 Acquisition함수가 활용(f의 높은 값을 가질 가능성이 높은 지점 및 f에 대해 현재 유지된 분포에 따라 낮은 분산을 탐색)과 탐색(높은 분산을 가질 수 있는 지점 탐색) 사이의 균형을 유지하는 것이다. 베이지안 최적화 알고리즘에 대한 요약은 알고리즘 9.1에서 보여준다. 이 알고리즘은 f에 대한 사전분포 및 평가를 입력 값으로 받은 다음 최적화 함수에 대해 사후분포를 찾는다. 그런 다음 4~5라인에서 f에 대한 다음 평가 지점을 선택한다.

Input: A function $f(\alpha)$ evaluated as a blackbox, a prior $p(f')$ over functions of the type of f, an acquistion function g.

Output: α^*, a proposed maximizer for f.

1: Set $n = 0$, $\mathcal{D} = \emptyset$
2: Set current posterior over f, $p(f'|\mathcal{D}) = p(f')$
3: **repeat**
4:     Set $\alpha_{n+1} = \arg\max_{\alpha'} g(\alpha'|\mathcal{D})$
5:     Let $y_{n+1} = f(\alpha_{n+1})$ (evaluate f)
6:     $\mathcal{D} \leftarrow \mathcal{D} \cup \{(\alpha_{n+1}, y_{n+1})\}$
7:     Update posterior $p(f'|\mathcal{D})$ based on new $\mathcal{D}$
8:     $n \leftarrow n + 1$
9: **until** stopping criterion met (such as $n > T$ for a fixed T)
10: **return** $\alpha^* = \alpha_n$

알고리즘 9.1 베이지안 최적화 알고리즘

9.6 신경망을 통한 생성 모델링

딥 생성 모델은 신경망을 사용해 해당 공간의 요소를 반드시 분류하지 않거나 최소한 모델 훈련 중에 이러한 분류 레이블을 포함시키지 않고 샘플 공간에 대한 확률분포를 학습한다. 일반적인 신경망 모델은 Z가 출력 확률변수이고 X가 입력 확률변수인 $p(Z|X)$ 형태의 조건부분포를 학습한다. 반면 딥 생성 모델은 샘플 X에 노출된 후 $p(X)$ 형태의 분포를 학습한다. 이는 특히 훈련 데이터와 유사한 형태의 분포를 따르는 샘플 을 생성하는 데 관심이 있을 경우 유용하다.

단어의 전통적인 의미에서 (신경망의 매개변수에 대한 사전분포 또는 직접적 사후 추론의 위치가 없기 때문에) 베이지안은 아니지만 딥 생성적 모델링은 베이지안 학습과 눈에 띄는 유사성을 공유한다. 이는 입력을 생성하는 데 도움이 되는 잠재변수에 대한 "사후"분포를 찾는다는 점이다.

현재까지 딥 생성 모델을 통해 분포를 모델링하는 가장 보편적인 두 가지 접근 방식은 변분 오토인코더[VAE, Variational Autoencoders](Kingma and Welling, 2014) 및 생성적 적대 신경망[GAN, Generative Adversarial Networks](Goodfellow et al., 2014)이다. 이들 모델에서 용어 "생성적"은 주로 연속 벡터이며 모델의 출력을 생성하는 데 사용되는 잠재변수를 일컫는다. 생성적 모델링에 대한 이 두 가지 접근 방식은 독립적으로 개발됐지만 최근 이들 간의 관련성에 대한 탐색이 많이 수행됐다(Hu et al., 2018).

9.6.1 변분 오토인코더

이번 절에서는 VAE에 대한 직관점을 먼저 살펴보고 VAE에 대한 변분 근사로의 도출을 살펴본다.

오토인코더의 VAE

일반적으로 오토인코더는 입력 분포를 모델링하고 주요 특징을 특성으로 추출하는 방법을 제공한다. 이러한 인코더는 확률변수 Y를 "압축"층을 통과시켜 각 y에 대한 은닉 특성 z를 얻는다. 은닉 특성은 다른 단계에서 y를 복구하는 데 사용된다. 첫 번째 단계는 "인코딩", 두 번째 단계는 "디코딩"이다. 참고로 확률변수 Y의 샘플은 관찰되지만 Z는 관찰되지 않는다고 가정한다.

변분 오토인코더는 확률적 인코더를 유지함으로써 오토인코더의 기본 접근 방식을 사용한다. 즉, 모든 y를 z로 확률적으로 인코딩하는 분포 $q(Z|y)$가 존재한다. VAE를 최적화할 때 이 인코더는 Z에 대한 사전분포(예를 들어 평균 0을 갖는 가우시안)에 가깝게 유지시키도록 한다. 그다음 디코더는 인코딩된 z를 입력으로 받고 y를 복구하려고 하는 분포를 포함한다. VAE의 핵심 아이디어는 인코더 및 디코더가 모두 신경망을 사용해 표현된다는 점이다. 좀 더 정확하게는 인코더 Q는 종종 예를 들어 NLP 모델에서

(문장 y를 인코딩하는) RNN에 의해 모수화된 가우시안분포다. 차례로 디코더는 z의 함수로서 모수화된 신경망이다(이 또한 예를 들어 RNN이 될 수 있다).

VAE에서는 다음 목적함수를 최소화하고자 한다.

$$\mathrm{KL}(q(Z \mid y)\|p(Z)) - E_{q(Z\mid y)}[\log p(y \mid Z)]$$

이 목적함수는 위에서 언급한 직관을 보여준다. 첫 번째 항은 q를 사전분포 $p(Z)$에 더 가깝게 유지하는 KL-발산항이다(A.1.2절 참조). 두 번째 항은 인코더에서 얻을 수 있는 잠재적 특성의 분포에서 y를 잘 복구할 수 있도록 한다.

실제로 VAE는 인코더 및 디코더 네트워크를 명시해 구현된다. 사전분포 $p(Z)$에서 추출된 샘플과 함께 y를 입력으로 사용하는 인코더 네트워크는 인코더 $q(Z|y)$의 샘플을 제공한다. 그 다음 디코더 네트워크는 해당 샘플을 입력으로 받아 기존의 입력 y를 복구하도록 한다.

VAE는 또한 "조건부" 환경으로 설정될 수 있으며, 여기에서는 사전분포 $p(Z|X)$ 및 인코더 $q(Z|y, X)$의 조건부를 갖는 확률변수 X가 추가적으로 존재한다. 신경망 아키텍처의 관점에서 이는 훈련 데이터셋 및 디코딩 과정에서 활용되는 X의 인스턴스가 인코더 및 디코더 네트워크의 추가적 입력으로 활용됨을 의미한다. 아래 언급된 바와 같이 해당 형식의 VAE는 기계 번역에 사용될 수 있다. 이때 입력 X는 문장이고 Y는 목표 언어의 문장이다.

Bowman et al.(2016)은 문장에 대한 VAE 모델을 구성했으며, 여기서 잠재 특성은 문장의 의미를 연속적인 방식으로 모델링하는 것을 목표로 한다. 재귀적 언어 모델(Mikolov et al., 2011)과 다르게, Bowman et al의 모델은 잠재 상태 Z를 통해 문장의 전체적인 특성을 만드는 것을 목표로 한다. 인코더 및 디코더 모델은 모두 (LSTM 셀의 단층을 갖는) RNN이다. Bowman et al 언어 모델링 문제로 모델을 사용해 실험한 결과 RNN보다 모델에 비해 성능이 약간 떨어짐을 보였다. 또한 누락된 단어에 대한 대치 문제에 모델을 테스트했으며, 이 문제에서는 RNN 언어 모델 기준선을 훨씬 능가한다.

전체적 의미 공간을 사용한다는 아이디어는 추후 기계 번역에 사용됐다. Zhang et al.(2016)은 잠재 확률변수 Z가 전체적 의미 공간을 나타내는 데 사용되는 조건부 VAE

모델을 소개했다(다음 절 참조). 변분 방식으로 근사된 사후분포는 소스 및 타깃 문장에 조건부를 갖는 의미 공간 변수에 사용된다. 그러나 디코딩하는 동안 대상 언어의 문자에 대한 액세스가 제거되고 대신 대상 문장을 생성하는 모델이 사용된다. 모델은 이전에 생성된 단어, z 및 x 그리고 소스 문장에 조건부를 갖는 타깃 문장의 (j번째 단어) 단어 y_j를 생성한다. 저자들은 목적함수를 평가하기 위해 몬테카를로 근사를 활용한다.

다음 절에서는 6장의 내용을 착안해 VAE의 완전한 수리적 도출에 대해 기술한다. 해당 도출은 Doersch(2016)에 기반한다.

변분 근사를 통한 VAE

6장에서는 베이지안 NLP의 변분 추론에 대해 자세히 살펴봤다. 사후분포에 대해 변분 경계를 최대화하는 원리는 또한 신경망을 이용하는 생성 모델을 학습시키는 데 사용될 수 있다. 학습된 모델은 모델 매개변수에 사전분포를 부여해 반드시 베이지안이라는 느낌은 아니지만 학습 목적함수는 변분 추론과 밀접한 관계가 있으며 베이지안 모델과 같이 잠재변수를 자주 활용한다는 점을 공유한다.

변분 오토인코더의 목표는 관측된 확률변수 Y의 분포를 학습하는 것이다. Y에 대한 분포는 관측되지 않은 잠재변수에 의해 제어되며, 이에 따라 신경망 문헌에서 VAE는 비지도 방식의 학습으로 지칭된다. VAE를 활용해 학습한 분포 $p(Y)$는 훈련 데이터를 모방하고 일반화하는 샘플을 생성하도록 활용될 수 있다.

이를 위해 익숙한 잠재변수 모델링의 간단한 설정을 고려해보자. 모델은 $p(Y, Z|\theta)$이며 이때 Z는 잠재변수 Y는 관측된 변수다. 원래의 변분 오토인코더는 Z 및 Y 모두 벡터 샘플 공간에 속하는 경우를 다뤘다. 이는 $p(Y, Z|\theta)$ 표본 공간이 정수 d와 k에 대해 $\mathbb{R}^d \times \mathbb{R}^k$의 부분집합임을 의미한다. 분포 $p(Y, Z|\theta)$에 대한 분해는 주로 볼 수 있는 $p(Y|\theta, Z)$, $p(Z|\theta)$이다.

변분 오토인코더에서 종종 사용되며 VAE가 처음으로 소개됐을 때 주로 컴퓨터 비전 응용 분야에서 확률분포 $p(Y|Z = z, \theta)$는 가우시안이었다. 그러나 현재는 이러한 가우시안 "디코더" 분포에 국한되지 않았으며 이번 절의 앞부분에서 언급된 바와 같이 NLP에서는 이 디코더 분포가 주로 LSTM RNN 또는 범주형 분포와 같이 이산형 공

간에서의 또 다른 분포가 될 수 있다. Y가 가우시안인 경우 $Y \sim \text{Gaussian}(f(z, \theta),$ $\sigma^2 I_{d \times d})$이며 $I_{d \times d}$는 d차원의 항등행렬이고 f는 가우시안분포의 평균 벡터를 정의하는 결정적 함수다. 잠재변수 Z는 Y를 생성하기 전에 f에 가려지기 때문에 복잡한 분포로 선택될 수 없다. 따라서 주로 $Z \sim \text{Gaussian}(0, \sigma^2 I_{k \times k})$가 선택된다.

신경망 모델링과의 관계 $f(z, \theta)$를 신경망을 통해 정의하면서 시작된다. 확률변수 Y는 신경망을 활용해 만들어진 매개변수 집합을 통해 모수화된 분포에서 생성된다.

신경망 함수 f 및 매개변수 θ의 학습은 데이터의 로그우도를 최대화하며 얻을 수 있다. 자세히 말하자면, i.i.d 훈련 인스턴스 집합 $y^{(1)}, \ldots, y^{(n)}$가 주어졌으며 목표는 다음 목적함수를 θ 및 f에 대해 최대화하는 데 있다(여기서 f 자체는 신경망의 매개변수 집합에 제어된다).

$$\log p\left(y^{(1)}, \ldots, y^{(n)} \mid \theta, f\right) = \sum_{i=1}^{n} \log p\left(y^{(i)} \mid \theta, f\right)$$
$$= \sum_{i=1}^{n} \int_z p\left(y^{(i)} \mid z, \theta, f\right) p(z \mid \theta) dz$$

특정 i에 대해 $y = y^{(i)}$라고 하자. 위의 식을 최대화하기 위해선 변분 추론을 활용한다(자세한 내용은 6.1절을 참조하라). 변분분포는 $q(z|y)$로 정의한다(각 훈련 인스턴스에 대해 변분분포가 존재한다). 그다음 $q(z|y)$와 $p(z|y, \theta, f)$ 사이의 KL-발산을 최소화하도록 한다. KL-발산의 정의 및 베이즈 정리를 사용하면 다음을 구할 수 있다.

$$\text{KL}(q(Z \mid y), p(Z \mid y, \theta, f)) = E_{q(Z|y)}\left[\log q(z \mid y) - \log p(z \mid y, \theta, f)\right]$$
$$= E_{q(Z|y)}\left[\log q(z \mid y) - \log p(y \mid z, \theta, f) - \log p(z)\right]$$
$$+ \log p(y \mid \theta, f)$$

몇 가지 항들을 정리하고 KL-발산의 정의를 다시 한 번 사용하면 다음 식이 성립된다.

$$\log p(y \mid \theta, f) - \text{KL}(q(Z \mid y), p(Z \mid y, \theta, f))$$
$$= E_{q(Z|y)}\left[\log p(y \mid z, \theta, f)\right] - \text{KL}(q(Z \mid y), p(Z \mid \theta)) \tag{9.24}$$

위의 식의 왼쪽 항은 만약 $q(Z|y) = p(Z|y, \theta, f)$이면 ($q$에 대해) 최대화된다. 이러한 경우 q는 특정 연습 문제가 주어졌을 때 잠재변수에 대한 실제 사후분포를 나타낸다.

주어진 가우시안 모델에선 $q(Z|y)$를 평균 값 $\mu(y, v)$ 및 대각 공분산 행렬 $\Sigma(y, v)$를 갖는 가우시안분포로 주로 선택한다. 평균 값 및 공분산 행렬은 y 및 특정 매개변수 v에 대한 결정적 함수다. 이 함수 또한 신경망을 통해 적용된다(예를 들어 v는 이러한 네트워크의 매개변수로 활용될 수 있다). 이러한 경우 식 9.24의 두 번째 항 $KL\big(q(Z|y), p(Z|\theta)\big)$은 ($\mu(y, v)$, $\Sigma(y, v)$의 함수로서) 폐쇄형 해를 갖는다. 이는 두 다변량 가우시안분포에 대한 KL-발산이기 때문이다. Doersch(2016)을 참조하라.

식 9.24의 경계를 최대화하기 위해 확률적 경사하강법을 활용할 수 있다(부록 A.3.1 참조). $y = y^{(i)}$가 주어졌을 때 현재 $q(Z|y, \mu(y, v), \Sigma(y, v))$에서 z를 추출할 수 있으며 (식 9.24의 첫 번째 항을 통해) θ, f를 업데이트 할 수 있고 (두 번째 항을 통해) θ 및 v를 업데이트할 수 있다. 이는 첫 번째 항에 대해선 신경망에 대한 목적함수의 경사도를 취해야 하며 이는 역전파를 통해 얻을 수 있다.

하지만 이러한 확률적 업데이트에는 한 가지 문제가 존재한다. 원리대로라면 식 9.24의 첫 번째 항 $E_{q(Z|y)}[\log p(y|z, \theta, f)]$는 $\mu(y, v)$와 $\Sigma(y, v)$에 종속되며, 이에 따라 v에 종속된다. 이러한 종속성은 $q(Z|y)$가 z에 모수화됐기 때문에 존재한다. 만약 현재 q에서 단일 z를 샘플링하고 평균 값에 있는 항에 대한 확률적 경사도 업데이트를 수행한다면 이러한 종속성을 무시하며 첫 번째 항에 기반한 $\mu(y, v)$와 $\Sigma(y, v)$ 대한 업데이트를 수행하지 않는다.

이 문제를 해결하기 위해 $q(Z|y)$에서 z를 샘플링하는 대신 평균 0과 항등 공분산 행렬(여기서 ε는 z와 동일한 차원을 갖는다)을 갖는 가우시안에서 샘플링한 다음 식 9.24에서 z를 $\mu(y, v) + \Sigma^{1/2}(y, v) \cdot \varepsilon$으로 치환한다. 실제로 z에 대한 이러한 공식화는 $q(Z|y, \mu(y, v), \Sigma(y, v))$에서 의도한 분포와 같다. 이러한 "재모수화" 기법(아래 참조)은 경사도 근사에 사용된 확률적 샘플과 경사도를 취하는 매개변수를 분리한다. 또한 이산변수(잠재변수)를 가우시안처럼 쉽게 재모수화할 수 없기 때문에 VAE가 NLP에 덜 매력적이다(아래 참조).

변분 오토인코더라는 용어는 최적화 프로세스 및 오토인코더, 즉 입력 값을 복구할 필요가 있는 잠재 특성 (Z)를 통해 입력 (Y)를 인코딩하는 메커니즘의 기능을 하는 변분 경계에서 영감을 받았다(9.6.1절 참조). 먼저 Y를 v 매개변수를 활용해 변분분포를 통

해 인코딩하며 이는 변분분포 $q(Z|Y)$를 생성한다. 그 다음 z를 추출하고 θ 매개변수 및 신경망 f를 통해 Y를 디코딩한다(신경망 출력 값 $f(z, \theta)$는 디코딩된 Y에 대한 분포의 평균 값을 준다).

변분 오토인코더에 대한 학습은 인코더-디코더 신경망에서 확률적 경사하강법을 실행하는 것으로 볼 수 있다. 여기에서는 각 단계에서 $i \in [N]$을 선택해 학습 인스턴스를 샘플링한 다음 평균 0과 항등 공분산 행렬을 갖는 가우시안에서 독립적으로 ε을 추출한다.

(ε 및 n 훈련 연습 문제에 대해) 확률적 경사하강법을 사용해 최적화하고자 하는 최종 경계는 식 9.24에 기반해 다음과 같다.

$$
\begin{aligned}
\mathcal{L} &\left(y^{(1)}, \ldots, y^{(n)} \mid \theta, f, \nu, \mu, \Sigma \right) \\
&= \frac{1}{n} \sum_{i=1}^{n} \Big(E_\varepsilon \left[\log p \left(y^{(i)} \mid Z = \mu(y^{(i)}, \nu) + \Sigma^{1/2}(y^{(i)}, \nu) \cdot \varepsilon, \theta, f \right) \right] \\
&\quad - \mathrm{KL}(q(Z \mid y^{(i)}), p(Z \mid \theta)) \Big)
\end{aligned}
$$

VAE는 추정된 신경망으로부터 Y에 대한 샘플을 추출하는 수단을 제공한다. 이는 먼저 Gaussian(0, $I_{k \times k}$)에서 z를 샘플링하고 Gaussian($f(z, \theta)$, $\sigma^2 I_{d \times d}$)로부터 y를 샘플링해 디코딩을 통해 진행된다.[17] 이는 앞에서 설명한 생성 과정을 따른다. 이를 통해 VAE를 활용해 샘플 공간에 대한 생성 분포를 학습한다. 하지만 예측을 위한 VAE 모델 또한 구성할 수 있다. 이러한 VAE를 조건부 VAE라고 하며, 다른 관측된 확률변수 X가 있다고 가정한다. 이러한 경우 목표는 잠재변수를 활용해 조건부 모델 $p(Y|X)$를 학습하는 것이다($p(Y|Z) = \int_z p(Y|X, z)p(z|X)dz$). 이 모델과 X를 포함하지 않는 모델의 주요 차이점은 포함되는 경우 신경망 f가 z, θ, 그리고 x에 대한 함수라는 점이다. 가장 흔하게 Y는 평균 $f(z, x, \theta)$ 및 대각에 σ^2이 있는 대각 공분산 행렬을 갖는 가우시안분포다.

---

17 대안으로, 잠재변수 Z를 완전히 통합해 Y에 대한 모델을 갖기를 원할 수 있지만 $p(Z)$ 및 $p(Y|Z)$ 사이의 컬레 관계가 없다면 이는 항상 가능한 것은 아니다.

재모수화 기법

이번 절에서는 앞에서 언급한 "재모수화 기법Reparameterization Trick"에 대한 자세한 내용을 살펴본다. 이 기법은 VAE에서 많이 사용되거나 역전파 알고리즘을 활용해 신경망에서 "확률적 노드"를 통해 목적함수를 미분해야 할 때 사용된다(확률적 노드는 VAE의 잠재변수 Z와 같이 확률변수로 이뤄진 신경망의 노드를 말한다).[18]

VAE를 통한 변분 경계를 최대화하려면 $E_{q(z|\theta)}[f(z)]$ 형태의 기댓값을 계산할 수 있어야 하며, 여기서 $q(z|\theta)$는 학습된 매개변수 θ(평균 및 분산)이고 f는 z에 대한 함수다. 이를 위해 표준 가우시안(평균 0 및 표준편차 1)에 대한 기댓값을 계산한 다음 학습된 분산에 곱하고 z에 해당하는 확률변수를 얻기 위한 평균을 추가하는 방법으로 선형변환을 수행한다(여기서 가우시안 확률변수의 선형 변환은 가우시안 확률변수로 유지된다). 좀 더 일반적으로 $q(z|\theta)$는 $f(z)$의 기댓값과 경사도를 계산해야 하는 임의의 모수화된 분포일 수 있다.

재모수화 기법은 일반적으로 (함수 g에 대해) $z = g(\varepsilon, \theta)$이며 ε이 θ와 독립적이도록 확률변수 ε에 대한 분포 $q(\varepsilon)$을 찾는 것을 수반한다(가우시안의 경우 g는 θ에 수반되는 분산 및 평균 값을 활용한 선형 변환이다). 이러한 $q(\varepsilon)$을 찾으면, 기댓값 $E_{q(z|\theta)}[f(z)]$ 및 (θ에 대한) 기댓값의 경사도는 다음과 같이 재모수화될 수 있다.

$$E_{q(z|\theta)}[f(z)] = E_{q(\varepsilon)}[f(g(\varepsilon, \theta))] \tag{9.25}$$

$$\nabla_\theta E_{q(z|\theta)}[f(z)] = E_{q(\varepsilon)}[\nabla_\theta f(g(\varepsilon, \theta))] \tag{9.26}$$

이러한 모수화의 중요한 결과는 이제 분포 $q(z|\theta)$와 독립적으로 샘플을 사용해 기댓값 및 경사도를 계산할 수 있다는 점이다. 즉, 이 분포를 추론해 해당 수치를 계산할 필요가 없다. 예를 들어 독립적 샘플 집합 $\varepsilon_1,..., \varepsilon_n$은 다음과 같이 식 9.25를 근사할 수 있다.

$$E_{q(z|\theta)}[f(z)] \approx \frac{1}{n} \sum_{i=1}^{n} f(g(\varepsilon_i, \theta)) \tag{9.27}$$

---

18 확률적 노드를 은닉 변수(예를 들어 작은 공간에 대한 다항분포인 경우)로 통합하는 것이 때때로 가능하며, 이 경우 재모수화 기법이 필요하지 않다.

z가 이산형 확률변수인 경우 식 9.26에 필요한 K 사건에 대한 $\theta = (\theta_1,...,\theta_K)$에 대해 미분을 할 수 있는 g가 없기 때문에 이러한 재모수화는 문제가 될 수 있다. 이러한 경우 굼벨 소프트맥스 기법을 활용할 수 있다. $U_1,...,U_K$가 구간 $[0,1]$에 대한 균일분포에서 추출된 확률변수의 시퀀스라고 가정한다. 만약 $G_K = -\log(-\log U_K)$이며 확률변수 X를 다음과 같이 정의하면 X는 매개변수 $(\theta_1,...,\theta_K)$를 갖는 범주형 분포를 따른다(부록 B.1).

$$X = \arg\max_k \log\theta_k + G_k \qquad (9.28)$$

확률변수 G_K는 굼벨분포를 따른다고 한다. 참고로 이러한 방식을 통해 범주형 분포를 θ에 대해 재모수화했다고 볼 수 있다. 좀 더 자세히 말하자면, 만약 $q(\cdot|\theta)$가 다항분포를 따르도록 하고 싶다면 $\varepsilon = (G_1,...,G_K)$로 정의할 수 있다. 이에 따라 함수$g(\varepsilon, \theta)$의 출력은 길이 K의 One-hot 벡터(즉, 일의 값을 갖는 좌표를 빼고는 모두 제로 값을 갖는)이며 식 9.28에 명시돼 있는 좌표만 1의 값을 갖는다. 이러면 재모수화를 얻을 수 있으며 여기서는 (식 9.27에 기술돼 있는 것처럼) q에 대한 기댓값을 ε에서의 샘플을 활용해 계산할 수 있다.

하지만 아직 해결해야 할 문제가 남아 있다. 위에서 명시된 함수 g는 미분 불가능이다. 따라서 해당 One-hot 벡터를 $K-1$차원의 확률 심플렉스라고 가정해 조건을 완화한다(확률 심플렉스에 대한 내용은 2장을 참조하라). $g : \mathbb{R}^K \to \mathbb{R}^K$는 다음과 같이 정의된다.

$$[g(\varepsilon, \theta)]_k = \frac{\exp\left((\log\theta_k + \varepsilon_k)/\tau\right)}{\sum_{j=1}^{K}\exp\left((\log\theta_j + \varepsilon_j)/\tau\right)}$$

여기서 τ는 초매개변수다(더 큰 값을 가질수록 g가 좀 더 뾰족하다). 이러한 재모수화 기법과 소프트맥스분포의 적용을 순차적으로 활용하면 확률 심플렉스에 대한 잠재변수 z를 사용할 수 있으며 이는 이산형 데이터에 좀 더 적합하다. Maddison et al.(2017) 및 B.9절 또한 참조하라.

9.6.2 생성 적대 신경망

생성 적대 신경망^{GAN, Generative Adversarial Networks}(Goodfellow et al., 2014)은 판별적 모델링을
사용해 샘플 공간에서 생성 모델을 생성하도록 설계된 신경망 아키텍처 유형이다.
GAN은 "생성기"와 "판별기"로 정의된다. 생성기는 판별기에 활용할 입력을 생성하
고, 이 입력은 훈련 데이터와 연습 문제를 구별한다. 목적함수는 생성기가 판별기의
오차를 최대화하도록 시도하는 방식으로 구축되며, 따라서 샘플 입력과 가장 유사한
입력을 만들도록 해 분포를 일반화한다.

좀 더 구체적으로 말하자면, GAN은 내부 구조가 불확실하게 명시되도록 남겨지는
G(생성기)와 D(판별기)의 두 개의 신경망에 모델을 구축한다. 그러나 D는 Y, $\mathbb{R}^d$의 공간
에서 (확률을 출력하는) $[0,1]$로 매핑하는 함수여야 하며 G는 $\mathbb{R}^k$에서 $\mathbb{R}^d$로 가는 함수로
서 "노이즈분포" $p(Z)$에서 출력한 벡터 z를 Y의 공간으로 매핑해야 한다. 참고로 $p(Z)$
는 고정돼 있다. 이 분포는 종종 예를 들어 항등 공분산과 제로 평균을 갖는 다변량 가
우시안분포로 가정한다. 만약 모수화돼 있다면 9.6.1절에서 언급한 것처럼 재모수화
기법을 사용해야 한다.

GAN의 핵심 아이디어는 D가 바탕이 되는 분포 $p(Y)$에서 y가 추출됐는지에 대한 여
부를 식별하는 것이다. 한편 생성기, G는 D가 실제 분포와 구별하기 어려운 연습 문제
를 생성함으로써 D를 속이고자 시도한다. 이 아이디어는 D와 G를 훈련시키는데 사용
되는 다음 최소최대 목적함수를 통해 구현된다.

$$\min_G \max_D \frac{1}{n} \sum_{i=1}^{n} \log D\left(y^{(i)}\right) + E_{p(Z)}\left[\log(1 - D(G(z)))\right]$$

첫 번째 항은 단지 데이터에 대한 참조일 뿐이며 D가 실제 데이터에 대한 분포와 일
치하도록 조정하기 위해 있다. 두 번째 항은 최소최대 목적함수의 주요 아이디어를 나
타낸다. 한편으로 이 용어는 G에 의해 생성된 요소에 낮은 확률을 지정하기 위해 D에
대해 최대화를 수행한다. 다른 한편으로 이 항을 최소화해 G에서 생성된 연습 문제들
을 $p(Y)$에 의해 높은 확률을 갖는다고 식별하기 위해 D를 속인다.

이제 (학습된) G를 활용해 생성된 데이터를 통해 학습된 Y에 대한 생성 모델에 대해 자세히 알아본다. Y에 대한 모델은 y를 추출하기 위한 다음 생성 모델을 활용해 명시한다.

$$z \sim p(Z),$$
$$y = G(z)$$

실사용에서는 D와 G는 매개변수 θ_D 및 θ_G를 통해 모수화하며 이와 비슷한 방식으로 최소최대 목적함수는 이 매개변수들에 대해 최적화된다. 신경망 훈련과 같은 선상에서 이 목적함수는 확률적 경사하강법과 유사한 최적화 알고리즘을 통해 최적화할 수 있다.

일반적 형태의 GAN은 (이미지 및 오디오와 같은) 연속적 도메인에 대해 분포를 학습하는 데 성공적으로 적용됐지만 이 형태에서의 활용은 NLP 분야에선 더 제한적이다. GAN은 관측된 데이터에 연속적일 때 좋게 활용되지만 NLP에서 흔히 발생하는 이산형 (관측) 데이터에 대해선 그만큼 좋은 활용성을 얻지 못한다. 이는 노이즈분포를 기반으로 (매개변수에 대한 경사도를 계산할 수 있도록 하는) 생성기를 구축하는 것이 쉽지 않은 작업이기 때문이다.

예를 들어 이미지 사이의 연속적 거리 측정에 따라 스펙트럼이 있는 이미지와 달리 텍스트에 대해 이러한 스펙트럼을 생성하고 문장 쌍과 같은 이들 사이의 거리를 측정하는 방법은 덜 명확하다. 그럼에도 GAN을 활용하는 NLP에 대한 최근 연구가 일부 존재한다(예를 들어 Caccia et al.(2018) 및 Tevet et al.(2018)).

GAN은 주어진 데이터포인트로 표현된 샘플 공간에 대한 분포를 학습하기 위한 모델이지만, 종종 훈련에 활용된 훈련 연습 문제만을 단순히 암기하려는 경향이 있다(이를 "모드 붕괴"라고 한다). 또한 GAN에 대한 점 추정 값을 찾고 전체에 대한 사후 추론을 수행하지 않기 때문에 매개변수 설정에 대한 복합성을 나타낼 수 없다. 이러한 문제를 완화하기 위해 Saatci and Wilson(2017)은 베이지안 GAN이라는 아이디어를 소개한다. 이들의 형식화에서 생성기 및 판별기의 매개변수들에 대한 사전분포 ($p(\theta_G|\alpha_G)$ 및 $p(\theta_D|\alpha_D)$)가 주어진다. 추론은 다음 사후분포에서 반복적으로 샘플링을 통해 수행한다.

$$p(\theta_G \mid z, \theta_D) \propto \left(\prod_{j=1}^{R} D\left(G(z^{(a_j)}) \right) \right) p(\theta_G \mid \alpha_G)$$

$$p\left(\theta_D \mid z, y^{(1)}, \ldots, y^{(n)}, \theta_G \right) \propto \prod_{i=1}^{N} D\left(y^{(b_i)} \right) \times \prod_{j=1}^{R} \left(1 - D\left(G\left(z^{(a_j)} \right) \right) \right) \times p(\theta_D \mid \alpha_D)$$

$z^{(1)}, \ldots, z^{(r)}$은 각 샘플링 단계에서 $p(Z)$로부터 추출된 표본이다. 추가적으로 $\{a_j\}_{j=1}^{N}$는 (미니배치에 활용되는) $p(Z)$로부터 추출된 표본의 부분집합을 나타내며 $\{b_i\}_{i=1}^{R}$는 (미니배치에 또한 활용되는) 관측된 데이터 $x^{(i)}$, $i \in [n]$의 부분집합을 나타낸다. Saatci and Wilson은 이러한 사후분포에서 추출하기 위해 확률적 경사 Hamiltonian 몬테 카를로^{SGHMC,} <small>Stocha stic Gradient Hamiltonian Monte Carlo</small>(Chen et al. 2014)를 제안한다.

Goodfellow et al.(2014)의 GAN은 베이지안 GAN의 특정 사례로 판별기 및 생성기에 대한 균일 사전분포를 사용한다. 추가적으로 Goodfellow et al의 본래 공식화를 사용하면 생성기 및 판별기에 대한 사후분포 사이를 반복하는 것이 아니라 MAP 추정(4.2.1절 참조)을 따라간다.

9.7 결론

표현학습 및 신경망은 NLP 툴킷에 매우 중요한 도구로 자리 잡았다. 이들은 선형모델에서 수작업을 통한 "특성" 구축을 자동화 특성 및 표현 구축을 통해 대체했다. 이는 신경망에 대한 건축 공학이 요구된다. 이는 NLP에서의 변화를 알리며 단어, 문장, 문단, 문서까지 조밀한 연속적인 벡터로 표현하는 것이 시작이었다. NLP에서 가장 많이 쓰이는 두 가지 신경망 구조는 Recurrent 및 Convolutional 구조다.

9장에서는 NLP에서 흔히 활용되는 주요 신경망 모델링 테크닉에 대한 개요를 제공하지만 이는 빙산의 일각일 뿐이다. NLP에서 신경망의 활용은 움직이는 표적이며 매우 빠르게 발전하고 있다. 예를 들어 "Transformer" 모델(Vaswani et al., 2017) 또는 Convolutional seq2seq 모델(Gehring et al., 2017)과 같은 모델이 특정 NLP 문제에서 Recurrent seq2seq 모델보다 높은 성능을 나타낸다는 증거가 있다. 이 모델들의 장점은 계산적인 측면이며 이는 활용하는 함수가 Recurrent 신경망 함수에 비해 GPU에서 더 쉽게 병렬화할 수 있기 때문이다. 해당 모델 및 다른 모델 아키텍처의 세부 사항은 9장에서 다루지는 않는다.

신경망은 NLP의 많은 부분을 변화시켰으며 NLP에서 활용되는 대부분의 모델링에 접목됐다(9장에서는 이와 관련해 작은 부분을 다루고 있다). 하지만 이와 관련된 연구가 NLP에 여전히 존재하는 "장벽"을 깨뜨릴 수 있을지에 관한 궁금증은 여전히 남아 있다. 이는 자연어에 대한 의사 소통 및 추론이 단순 기초 단계를 넘어서 인간 수준의 의사 소통에 더 가깝게 다가갈 수 있을지에 관한 궁금증이다.

이러한 수준의 추론은 신경망 모델을 훈련시키는 데 사용되는 주어진 문제의 특정 입출력 쌍을 살펴보며 순전히 인코딩하기 어려운 세계에 대한 상당한 이해가 필요하다. 게다가 신경망은 적은 양의 데이터로부터 학습하지 못하는 문제를 아직 극복하지 못했다. 예를 들어 기계 번역에서 소량의 병렬 데이터(낮은 리소스 설정)를 가진 언어 쌍의 경우 오래된 통계 기반 기계 번역 기술이 신경망 기반 기계 번역보다 성능이 우수하다고 주장한다(Koehn and Knowles, 2017; Artetxe et al., 2018; Sennrich et al., 2016). 복잡한 질문 응답, 요약 및 대화(예를 들어 "챗봇")와 같은 다른 중요한 응용 분야에서도 해결되지 않았다. 많은 상용 대화 시스템은 여전히 수동으로 만들어진 규칙과 스크립트가 존재하는 시스템에 의존한다.

베이지안 학습은 이러한 점에서 작지만 상당한 기여를 할 수 있다. (변분 추론과 같은) 베이지안 설정에서 잠재변수 추론에서의 얻을 수 있는 이해는 신경망에 대한 추정 및 학습 알고리즘을 개발하는 데 사용될 수 있으며 더욱 더 발전될 수 있다. 추가적으로 전통적인 베이지안 모델링에는 (예를 들어 그래픽 모델 형태와 같은) 생성 모델의 설계가 필요하므로 더 해석 가능한 모델로 이어진다. 반면에 신경망은 종종 "블랙박스"를 만들어 특정 신경망이 작업을 수행하는 방법을 이해하기 어렵게 만든다. 이는 또다시 해석 가능한 잠재 구조의 생성과 같은 베이지안 학습의 개념이 신경 모델을 통한 의사 결정에 대한 이해를 통해 NLP의 신경망 영역에 발전하는 데 도움이 될 수 있는 점을 내포하고 있다. 신경망을 해석할 수 있는 모델로 이해하는 데 있어서 이러한 방향은 반드시 베이지안 맥락에서는 아니지만 이와 관련된 일련의 워크샵을 포함하는 NLP 커뮤니티에 최근 많은 관심을 불러일으켰다(Lei et al., 2016; Li et al., 2015; Linzen, 2018).[19]

베이지안 맥락에서 신경망을 해석하는 것에 대한 다른 면도 존재한다. 이는 베이지안 모델링에서 시작된 표현이 신경망이 얻는 표현을 확대시키기 위해 사용된다. 예를 들어 Mikolov and Zweig(2012), Ghosh et al.(2016) 및 Narayan et al.(2018a)은 신경 네트워크와 함께 잠재 디리클레 할당 모델(LDA; 2장)을 사용해 네트워크에 추가적인 상황별 주제 정보를 제공했다.

NLP에서 신경망 활용에 대한 좀 더 자세한 내용은 Goldberg(2017) 및 Eisenstein (2019)을 참조하라.

9.8 연습 문제

9.1 토의하시오: 단어 임베딩의 원하는 속성 및 임베딩 공간에서 서로의 관계는 무엇인가? 이는 당면한 문제에 종속돼 있는가? 만약 그렇다면 어떻게 종속됐는가?

9.2 XOR 문제는 선형 분류기로 풀 수 없음을 보여라. 좀 더 자세히, 다음과 같이 연습 문제 (x_1, x_2) 및 라벨 (y_1, y_2)의 데이터셋이 만약 주어졌다고 하자.

(x_1, x_2)	y
$(0, 0)$	0
$(0, 1)$	1
$(1, 0)$	1
$(1, 1)$	0

그러면 $y(x_1, x_2) = 1$과 다음을 만족하는 가중치 w_1, w_2 및 편향 b가 존재하지 않음이 등가적임을 증명하라.

$$w_1 x_1 + w_2 x_2 + b \geq 0$$

또한 신경망이 위의 XOR 데이터에서 완벽하게 분류하도록 똑같은 입력값 및 계단 활성화함수를 갖는 이층 신경망을 도출하라(중간층 노드의 계수는 자유롭게 선택할 수 있다).

---

19 See https://blackboxnlp.github.io/.

9.3 앞서 소개한 신경망에서 활성화함수를 시그모이드 함수로 바꾸고 데이터의 로그우도함수를 목적함수로 사용할 때 이에 해당하는 역전파 업데이트 규칙을 도출하라. 업데이트 규칙을 위해 생성해야 하는 최적화 방법은 경사하강법이다 (A.3절 참조).

9.4 앞서 소개한 신경망에 대한 로그우도 목적함수에 다수의 최댓값이 존재함을 보여라.

9.5 (로그우도 목적함수에 대해) 그림 9.1에 있는 신경망에 대해 역전파 도출 방법을 따라가면 어떠한 업데이트 규칙이 만들어지는가? 만들어진 업데이트 규칙을 활용하면 해당 로그우도함수에 대한 전체 최댓값으로 수렴하는가?

9.6 표 9.1의 각 활성화함수의 미분 값을 계산하고 σ가 시그모이드 함수일 때 $\tanh(x) = 2\sigma(x) - 1$임을 보여라.

맺음말

베이지안 NLP는 2000년대 초반에 등장한 NLP의 비교적 새로운 분야로 최근에 들어서야 현재의 수준으로 발전했다. 하지만 아직 베이지안 NLP에 대해 새롭게 찾아야 할 부분이 많이 존재한다. 노벨상을 수상한 물리학자 Dennis Gabor는 (좀 더 쉽게 이해를 돕기 위해 다른 말로 바꾸어 표현하며) "미를 예측할 수는 없지만 발명할 수는 있다"고 말했다. 이는 베이지안 NLP에도 적용된다고 생각된다. 베이지안 NLP가 더욱 발전될 수 있는 몇 가지 주요 영역은 다음과 같다.

- **비모수적 모델 응용**: 머신러닝 관점의 베이지안 분석에 대한 최근 발전을 감안할 때 비모수적 모델링은 베이지안 통계의 기본 구성 요소 중 하나다. 다양한 비모수적 모델이 제안됐으며, 그 가운데 일부는 일반적인 형태로, 일부는 특정 문제에 집중된 형태로 제안됐다. 하지만 베이지안 NLP에서는 몇 가지 예외를 제외하고 주로 디리클레 프로세스 및 그로부터 파생된 방법에 초점이 집중돼 있다. 비모수적 모델을 최대한 활용할 수 있는 방법을 찾는다면 NLP 문헌을 훨씬 더 풍부하게 만들 수 있을 것이다.

- **더욱 다양한 사전분포 설계**: 사전분포를 활용하는 능력은 베이지안 모델링의 핵심이다. 사전분포는 풀어야 할 문제에 대한 지식과 전문가 의견을 요약해줄 수 있다. 이는 사전 언어 지식을 인코딩할 수 있는 잠재력이 매우 큰 언어의 경우 특히 그렇다. 하지만 지금까지 NLP에서 활용된 사전분포는 다소 제한적이다(주로 디리클레분포에 중점을 둔다). 예를 들어 언어적 지식을 사전에 추출해 새로운 사전분포를 구성 및 사용하는 것은 큰 잠재력을 갖는다.

이는 Raiffa and Schlaifer(1961)에 의해 정의된 켤레분포, 즉 특정 사전분포 및 우도를 활용해 사후분포를 편리하게 찾는 전통적 정의에서 벗어나야 한다는 것을 의미한다. 켤레분포를 사용한다는 점은 (원래의 정의는 아니지만) "사후분포를 찾는 폐쇄형 해가 존재한다"라는 상호교환적 의미로 받아들여졌으며 아마도 계산적 공액의 관점으로 생각해야 한다. 즉, 사전분포와 우도 사이의 계산이 가능한 공액 관계지만 사후분포에 대한 간단한 수리적 공식으로 이어지지는 않는다. 계산적 공액이란 사후분포가 블랙박스와 같이 여러 문제에 (효율이 계산 복잡도로 측정될 경우) 효율적으로 활용될 수 있으며 새로운 데이터로 블랙박스를 반복적으로 업데이트할 수 있음을 의미한다.

- **다른 머신러닝 기법과의 융합**: 최근 몇 년 동안 신경망은 NLP 머신러닝 툴킷에서 중요한 도구가 됐다. 그러나 NLP에서 베이지안 학습과 신경망을 연결하는 연구는 거의 없었지만, 두 가지를 연결하는 머신러닝의 기존 연구는 존재한다. 베이지안 학습은 신경망 구조의 복잡성을 제어하는 데 사용될 수 있으며, 매개변수 가중치에 사전분포를 지정하는 데 활용할 수 있다.

- **베이지안 추론 모델의 적용 범위 확대**: 지난 NLP 학자들이 작업한 텍스트 데이터의 규모는 엄청 많이 커졌다. 하지만 머신러닝 및 NLP에서의 베이지안 분석에 대한 비판 중 하나는 베이지안 추론이 "빅데이터" 시대의 대규모 데이터셋에 (계산적으로) 확장되지 않는다는 점이다. MCMC 추론과 같은 방법은 수렴이 느리고 현재 사용되는 데이터의 사이즈에 비해 훨씬 작은 규모에 적용된다. 그러나 최근 몇 년 사이에 통계 및 머신러닝 커뮤니티에 속해 있는 학자들은 확률적 MCMC 및 변분 추론 방법과 같이 대규모 데이터셋에 적용될 수 있는 베이지안 추론 알고리즘을 발전시켰다. 이러한 지식들은 아직 완전한 형태로 NLP 커뮤니티에 이전되지 않았으며 NLP의 베이지안 문맥에서 큰 데이터셋에 대한 추론을 수행하려면 이러한 방법이 필요할 수도 있다. 빅데이터 시대의 베이지안 추론에 관한 자세한 내용은 Jordan(2011)과 Welling et al.(2014)을 참조하라.

부록 A

기본 개념

A.1 정보 이론에서의 기본 개념

이번 절에서는 엔트로피, 교차 엔트로피 및 KL-발산과 같은 정보 이론의 몇 가지 기본 개념을 정의한다. 정보 이론에 관한 자세한 소개는 Cover and Thomas(2012)를 참조하라.

A.1.1 엔트로피 및 교차 엔트로피

분포 X와 표본 공간 Ω를 지닌 이산확률변수 p에 대한 엔트로피는 다음과 같이 정의된다.

$$H(p) = -\sum_{x \in \Omega} p(X = x) \log p(X = x)$$

엔트로피는 항상 비음의 값을 갖는다. 만약 엔트로피가 0일 경우 확률변수는 확률 1로 특정 상수의 값을 지닌다. 엔트로피가 클수록 확률변수의 불확실성이 가까워지거나 어떤 의미에서는 확률변수 분포가 균일분포에 더 가깝다고 볼 수 있다(다르게 정의되지 않을 경우 일반적인 관례는 0 log 0항에 대해 0을 사용한다. $p \to 0$일 경우 $p \log p$의 극한 값은 0이다).

만약 log 대신 $\log_2$가 사용됐을 경우 엔트로피는 다음과 같이 확률변수에 대한 인코딩을 위한 비트 수의 기댓값을 나타낸다. 각 x는 $\log_2 p(X = x)$ 비트를 갖는 코드로 지정된다. 이러한 방법의 동기는 교차 엔트로피의 개념을 통해 보여줄 수 있다. 주어진 확률변수의 두 분포 사이의 교차 엔트로피 $H(p, q)$는 다음과 같이 정의된다.

$$H(p,q) = -\sum_x p(X = x) \log q(X = x)$$

만약 $\log_2$가 대신 사용됐을 때 교차 엔트로피는 각 $x \in \Omega$에 대해 길이 $\log_2 p(X = x)$의 코드를 사용했을 경우를 고려한다. 이는 p로부터 추출된 확률표본을 인코딩했을 때 필요한 비트 수의 기댓값을 나타낸다. 교차 엔트로피의 최솟값 $\min_q H(p, q)$는 $p = q$일 때 최소화되며 $H(p, q) = H(p)$다. 따라서 각 $x \in \Omega$에 대해 길이 $\log_2 p(X = x)$의 코드를 사용했을 때 p로부터 추출된 확률표본을 인코딩하는 것은 최적의 방법이다.

엔트로피를 계산할 때 자연로그를 사용했을 경우 엔트로피는 "자연 비트"를 나타낸다. 다른 베이스를 활용한 로그의 엔트로피는 모든 $a, b, c > 0$에 대해 승법인자 $\log_a b = \frac{\log_c a}{\log_c b}$로 바뀐다. 엔트로피(또한 교차 엔트로피)의 개념은 자연스럽게 연속확률변수에도 확장될 수 있다. 만약 θ가 $\mathbb{R}$에서 밀도 $p(\theta)$를 갖는 확률변수라고 했을 때 엔트로피 $H(\theta)$는 다음과 같이 정의된다.

$$H(\theta) = \int_{-\infty}^{\infty} p(\theta) \log p(\theta) d\theta$$

연속확률변수에 대한 엔트로피는 다르게는 "미분 엔트로피"라고 부른다. 이산과 연속확률변수의 엔트로피 사이에는 몇 가지 차이점이 존재한다. 이산확률변수의 엔트로피와 다르게 연속확률변수에 대한 엔트로피는 음의 값을 갖거나 무한대로 발산할 수 있으며, 변수의 변환에 대해 불변하지 않는다.

A.1.2 쿨백-라이블러 발산

두 이산분포 p와 q 사이의 쿨백-라이블러(KL, Kullback-Leibler) 발산은 다음과 같이 정의된다.

$$\begin{aligned}
\mathrm{KL}(p,q) &= \sum_x p(X = x) \log\left(\frac{p(X = x)}{q(X = x)}\right) \\
&= \sum_x p(X = x) \log p(X = x) - \sum_x p(X = x) \log q(X = x) \\
&= H(p,q) - H(p)
\end{aligned}$$

KL 발산은 두 분포 간의 비유사성 척도를 나타낸다. KL 발산 값이 클수록 p와 q 간의 비유사성이 크다. KL 발산은 비음의 값을 지니며 $p = q$일 때 0이다. 일반적으로 KL 발산은 비대칭, 즉 $KL(p, q) \neq KL(q, p)$이다.

엔트로피의 경우와 비슷하게 KL 발산은 연속분포에 일반화가 가능하다.

A.2 기타 기본 개념

이 책에서 언급된 세 개의 개념은 젠센의 부등식, 연속확률변수의 변환, 최댓값-최대화 알고리즘이다. 여기서 살펴보도록 한다.

A.2.1 젠센의 부등식

확률이론의 맥락에서 젠센의 부등식은 f가 실수의 확률변수 X에 대한 볼록함수이면 다음이 성립함을 말한다.

$$f(E[X]) \leq E[f(X)]$$

이와 같이 오목함수 g에 대해서도 바로 성립하며 $g(E[X]) \geq E[g(X)]$이다(즉, 볼록함수의 부호를 바꾸면 오목함수가 된다). 젠센의 부등식은 'evidence' 하한을 도출하는 데 활용된다(6장). 활용된 함수 g는 $g(x) = \log x$이며 주변 로그우도함수에 젠센의 부등식이 적용된다. 자세한 내용은 6.1절을 참조하라.

A.2.2 미분을 위한 연쇄 법칙

연쇄 법칙은 머신러닝 및 NLP에서 변분 추론이나 역전파 알고리즘과 같이 목적함수를 미분하는 데 사용되는 중요한 원칙 중 하나다.

$f : \mathbb{R}^d \to \mathbb{R}$는 미분 가능한 함수로 $g : \mathbb{R}^k \to \mathbb{R}^d$를 또 다른 미분 가능한 함수로 가정해 보자. 함수 f는 $x \in \mathbb{R}^d$를 $\mathbb{R}$로 매핑하며 이와 같이 $y \in \mathbb{R}^k$일 때 함수의 합성 $f(g(y))$를 만들 수 있다. 합성된 함수는 h, 즉, $h : \mathbb{R}^k \to \mathbb{R}$이며 $h(y) = f(g(y))$로 표현한다. 변수변환을 통해 $u \in \mathbb{R}^d$이고 $j = \{1, ..., d\}$일 때 $u_j = [g(y)]_j$이며 함수 $h(u) = f(u)$로 정의한다.

연쇄 법칙은 h를 y_i에 대해 미분했을 때 다음이 성립함을 말한다.

$$\frac{\partial h}{\partial y_i} = \sum_{j=1}^{d} \frac{\partial h}{\partial u_j} \cdot \frac{\partial u_j}{\partial y_i}$$

h를 y_i에 대한 미분을 y_i가 미세하게 변동됐을 때 h의 "변화량"을 나타낸다면 이는 각 u_j에 대한 h의 변화량이 (벡터 u를 통해) y_i에 대한 g의 변화량으로 곱한 값의 합으로 계산한다.

A.2.3 연속확률변수의 변환

분포에 대한 모수화는 적용 분야에 따라 가끔씩 부적절하다. 4.2.2절에서 살펴본 다항분포의 사후분포에 대한 라플라스 근사법을 예로 들 수 있다. 사후분포는 확률 심플렉스에 정의돼 있지만 라플라스 근사법은 어떠한 d에 대해 $\mathbb{R}^d$에 정의돼 있기 때문에 변환된 다변량 확률변수의 좌표가 $[-\infty, \infty]$를 생성하도록 확률 심플렉스 변수들이 비유계가 되도록 먼저 변환하는 게 좋을 수 있다. 이는 로짓Logit함수를 통해 수행할 수 있다.

이 시점에서 필요한 질문은 새로 변환된 확률변수의 확률분포를 계산하는 방법이다. 이는 라플라스 근사법을 추적하고 일반적으로 새 공간에서 확률변수를 다루는 데 필요하기 때문이다. 이 과정은 야코비Jacobian 변환을 통해 수행할 수 있다.

야코비 변환은 다음과 같이 진행된다. $\mathbb{R}^d$에서 다변량 확률변수의 PDF가 주어졌다고 가정해보자. 해당 PDF는 $\theta \in \Omega \subseteq \mathbb{R}^d$에 대해 $f(\theta)$이다. 추가적으로 함수 $r : \Omega \to \mathbb{R}^d$은 미분 가능하며 전단사bijective의 함수다. s는 r의 역함수, 즉 $s(\mu) = r^{-1}(\mu)$이다. $\mu = r(\theta)$는 새로운 다변량 변수를 정의한다. 이러한 경우 밀도는 $g(\mu) = f(s(\mu)$ $|\det(J(\mu))|$이며 $J : f(\Omega) \to \mathbb{R}^d \times \mathbb{R}^d$는 다음과 같이 정의된다.

$$[J(\mu)]_{ij} = \frac{\partial s_i}{\partial \mu_j}(\mu)$$

여기서 $s_i : \Omega \to \mathbb{R}$은 $s_i(\mu) = [s(\mu)]_i$(s의 i번째 좌표)이다. (s의 경우) J는 "야코비Jacobian"라고 부른다.

이 변환 기법은 (확률 이론 또는 다른 분야에서) 적분안의 변수 변환을 거친 후 적분을 계산할 때 자주 사용된다. 이러한 과정을 통해 적분이 좀 더 쉽게 계산될 수 있거나 계산 가능한 해가 존재하는 잘 알려진 적분으로 축소될 수 있다.

A.2.4 기댓값-최대화 알고리즘

6장에서는 변분 추론 및 변분 EM 알고리즘에 대해 자세하게 알아봤다. 본 절에서는 미완성의 데이터가 주어졌을 때 전형적인 빈도론자의 환경에서 모수들에 대한 추정을 하는 기댓값-최대화 알고리즘에 대한 정보를 살펴보고자 한다.

일반적인 시나리오는 다음과 같다. X가 관측된 확률변수, Z가 잠재 확률변수인 모델 $p(X, Z|\theta)$가 주어진 경우를 고려해보자. $p(X|\theta^*) = \Sigma_z \, p(X, z|\theta^*)$에서 추출된 n개의 관측치 $x^{(1)},...,x^{(n)}$이 주어졌으며 참모수 θ^*를 찾는 게 목적이다. 이를 위한 한 가지 방법은 다음과 같이 주변 로그우도 $L(\theta)$를 θ에 대해 최대화하는 것이다.

$$L(\theta) = \sum_{i=1}^{n} \log p\left(x^{(i)}|\theta\right) = \sum_{i=1}^{n} \log \left(\sum_z p\left(x^{(i)}, z|\theta\right)\right)$$

일반적으로 이 함수는 볼록하지 않으며 다수의 최댓값이 존재한다. 또한 이러한 최댓값을 구하는 것은 계산적으로 어렵다. EM 알고리즘은 좌표 상승 알고리즘으로서 $L(\theta_i) \geq L(\theta_{i-1})$이 성립되도록 모수의 열 $\theta_1, \theta_2,...$을 반복적으로 생성하며 결국 $L(\theta)$의 극대로 수렴한다.

먼저, $L(\theta)$는 다음과 같이 표현될 수 있다.

$$L(\theta) = \sum_{i=1}^{n} \log \left(E_{q_i(Z)} \left[\frac{p\left(x^{(i)}, z|\theta\right)}{q_i(z)} \right] \right)$$

이는 Z에 대한 지지대 p를 포함하는 지지대로 구성된 잠재변수들에 대한 모든 고정된 분포 $q_1(Z),...,q_n(Z)$에 대해 표현된다(이를 확인하기 위해서 $q_i(Z)$에 대한 기댓값을 풀어내고 분자 및 분포에 있는 항 $q_i(z)$는 소거된다). 또한 젠센의 부등식을 통해 모든 θ와 q_i에 대한 경계 $B(\theta|q_1,...,q_n) \leq L(\theta)$를 다음과 같이 정의할 수 있다.

$$B\left(\theta \mid q_1, \ldots, q_n\right) = \sum_{i=1}^{n} E_{q_i(Z)} \left[\log \left(\frac{p\left(x^{(i)}, z \mid \theta\right)}{q_i(z)} \right) \right]$$

모든 θ에 대해서 $q_i(Z) = p(Z \mid x^{(i)}, \theta)$일 경우 $B(\theta \mid q_1, \ldots, q_n) \leq L(\theta)$가 성립함을 증명할 수 있다. EM 알고리즘은 이 사실을 포착해 반복적으로 θ에 대해 B를 최대화하거나 q_i에 대해 경계를 최대화해 하한 B를 최대화한다. 따라서 EM 알고리즘의 과정은 다음과 같다.

- θ_1의 초깃값을 설정한다.
- $B(\theta \mid q_1, \ldots, q_n)$이 수렴할 때까지 (또는 고정된 반복 횟수에 대해) 다음을 반복한다.
  - (E-단계) $i = \{1, \ldots, n\}$에 대해 $q_i(Z \mid x^{(i)}, \theta_1)$을 계산하며 경계 $B(\theta \mid q_1, \ldots, q_n)$를 구한다.
  - (M-단계) $\theta_{i+1} \leftarrow \arg \max_\theta B(\theta \mid q_1, \ldots, q_n)$

참고로 EM 알고리즘은 하한 $B(\theta \mid q_1, \ldots, q_n)$를 최대화하기 위한 유일한 방법은 아니다. 다른 최적화 방법이 사용될 수 있으며 대부분 극대에 도달한다.

A.3 최적화 분야에서의 기본 개념

NLP 혹은 좀 더 일반적으로 머신러닝에서 최솟값 또는 최댓값을 찾든 목적함수를 최적화해야 하는 경우가 종종 존재한다. 예를 들어 최대우도를 추정하거나 신경망을 훈련하는 데 최적화가 필요하다. 다항식 사건의 로그우도 최적화와 같은 일부 기본적인 경우 폐쇄형 해가 존재하지만 대부분의 경우 최적화 문제에 대해선 폐쇄형 해가 없는 경우 많다. 이러한 경우 목적함수 및 이에 대한 경사도를 평가하는 알고리즘이나 절차가 필요하다.

$D = \{x^{(1)}, \ldots, x^{(n)}\}$ 및 모수들 $\theta \in \mathbb{R}^d$를 입력으로 받고 모수들을 실수로 매핑하는 실수함수가 다음과 같은 구조를 갖는다고 가정해보자.[1]

---

1 최적화 문헌에 일반적으로 기술된 바와 같이 θ에 대해 일반적인 미분 가능한 함수 $f(\theta)$의 최적화에 대해 논의를 집중하는 것이 쉽다.

$$f(\theta \mid D) = \frac{1}{n} \sum_{i=1}^{n} \ell \left(\theta \mid x^{(i)} \right) \tag{A.1}$$

예를 들어 D는 훈련에 필요한 샘플이 될 수 있으며 ℓ은 모델 $p(\cdot \mid \theta)$의 $x^{(i)}$에 대한 로그-확률을 나타낸다고 하자. 추가적으로 ℓ은 θ에 대해 미분 가능하다고 가정한다. 이러한 경우 다음을 구한다.

$$\theta^* = \arg\max_{\theta} f(\theta \mid D)$$

가장 기본적인 방법은 "경사도 오름" 방법이며 이는 θ에 대해 ℓ의 경사도를 계산하며 다음과 같은 업데이트 법칙을 사용한다.

$$\theta_{t+1} \leftarrow \theta_t + \mu \sum_{i=1}^{n} \nabla_\theta \ell \left(\theta_t \mid x^{(i)} \right) \tag{A.2}$$

이 법칙은 사전에 초기 설정한 $\theta_0 \in \mathbb{R}^d$로 시작하며 $\theta_0, \theta_1, \ldots, \theta_t, \ldots$의 업데이트된 모수들의 열을 생성한다. 이러한 업데이트 법칙에 대한 주요 아이디어는 현재 θ_t에 대해 경사도의 방향으로 "한 발짝 다가선다"라는 점이다. 이러한 이유는 경사도가 함수가 증가하는 방향을 알려주기 때문이다. 만약 목적이 함수의 최소화라면 업데이트 법칙은 다음과 같이 변환한다.

$$\theta_{t+1} \leftarrow \theta_t - \mu \sum_{i=1}^{n} \nabla_\theta \ell \left(\theta_t \mid x^{(i)} \right)$$

이는 경사도와 반대방향으로 한 발짝 나아간다는 다른 점이 있다. μ는 "0" 또는 "학습률"이라고 부르는 실수 값이며 이는 경사도의 방향으로 얼마나 나아갈 것인지에 대한 정도를 조절한다. 작은 값은 θ^*에 느리게 수렴할 수 있는 반면, 큰 값은 θ^*에 근접한 점을 번갈아 도달하지만 유의미한 거리로 θ^*를 지나칠 수 있다.

더욱 빠른 수렴을 위해서 최적화 함수의 헤시안Hessian을 활용하는 이차 최적화 방법이 존재한다(점 θ에서의 실수함수 $f : \mathbb{R}^d \rightarrow \mathbb{R}$의 헤시안은 $H_{ij} = \frac{\partial^2 f}{\partial \theta_i \partial \theta_j}(\theta)$로 정의되는 행렬 $H \in \mathbb{R}^{d \times d}$이다). 이차 뉴튼 방법은 다음과 같은 업데이트 법칙을 사용한다.

$$\theta_{t+1} \leftarrow \theta_t + \mu H(\theta_t)^{-1} \nabla_\theta f(\theta_t)$$

이 업데이트는 θ_t 근처에서의 f에 대한 이차 테일러 전개$^{\text{Taylor Expansion}}$에 기반을 둔다. 헤시안의 역행렬을 구하기 위해선 많은 계산량이 필요하며(헤시안을 구하는 것 자체도 d에 대한 이차식으로 계산량이 많이 요구된다) 주로 헤시안의 근사를 활용하는 방법들이 사용된다. 이러한 방법들은 준-뉴튼$^{\text{Quasi-Newton}}$ 방법으로 부른다.

A.3.1 확률적 경사하강법

식 A.2에서 보이는 것과 같이 경사도 오름의 업데이트 법칙은 모든 $x^{(i)}$에 대한 ℓ의 경사도를 계산해야 하며, 이렇게 구한 경사도들을 더해야 한다. 만약 n이 매우 클 경우 계산량이 매우 높아지며 이러한 문제를 해결하기 위해 확률적 경사오름 (또는 하강) 방법을 통해 f를 최적화할 수 있다.

확률적 경사하강법^{SGD}은 식 A.1의 목적함수를 다음 기댓값으로 변환할 수 있다는 점에 중점을 둔다.

$$f(\theta \mid D) = E_{q(X)}[\ell(\theta \mid X)] \tag{A.3}$$

여기서 $q(X)$는 요소들 D에 대한 균일분포를 나타낸다. 이에 따라 $\{1,...,n\}$에서 임의적(균일적)으로 추출된 i에 대한 단일 샘플을 $\ell(\theta|x^{(i)})$에 사용해 f의 경사도를 (총합적으로) 근사할 수 있다. 확률적 경사하강법은 균일하게 $x^{(i)}$를 D로부터 추출한 후 다음 업데이트 적용하는 방법을 반복적으로 하면서 수행된다.

$$\theta_{t+1} \leftarrow \theta_t + \mu \nabla_\theta \ell \left(\theta_t \mid x^{(i)} \right)$$

SGD는 벳치로 구성된 데이터에 대해서도 적용이 가능하다. 이러한 경우 D의 부분집합이 추출되고 경사도가 해당 표본에 있는 $x^{(i)}$에 대해 계산된다. 그다음, 식 A.3의 기댓값은 추출된 부분집합에서 계산된 경사도들의 평균으로 근사한다. 이는 최적화 과정에서 "미니-배치"를 사용한다고 주로 언급된다. 이렇게 접근하는 방법은 실제로 SGD를 적용할 때 자주 활용된다.

SGD에 사용하는 경사도는 근삿값이기 때문에 사용하는 학습률은 매우 중요하다. 최근에는 확률적 최적화 알고리즘에서 학습률을 때로는 적응적으로 결정하도록 하는 연구가 많이 진행되고 있다. 이는 θ의 각 좌표가 반복마다 변경되는 다른 학습률을 사용할 수 있음을 의미한다. 이러한 알고리즘의 두 가지 예로는 신경망 목적함수(9장)의 최적화에 자주 활용되는 AdaGrad(Duchi et al., 2011)와 Adam(Kingma and Ba, 2014)이 있다. 또한 SGD가 사후 추론을 수행하는 것과 동등함을 보이는 점 및 SGD와 사후 추론 사이의 관계에 관한 자세한 내용은 Mandt et al.(2016)을 참조하라.

A.3.2 유제약 조건의 최적화

지금까지 기술된 바와 같이 $\mathbb{R}^d$ 뿐만 아니라 특정 도메인에서 목적함수에 대한 최대(또는 최소)를 찾는 데 관심이 있는 경우가 있다. 이러한 경우 도메인 Θ 및 함수 $f : \Theta \to \mathbb{R}^d$ 가 주어졌을 때 다음을 구하고자 한다.

$$\theta^* = \arg\max_{\theta \in \Theta} f(\theta)$$

예를 들어 θ가 PCFG와 같은 다항분포의 모임을 나타낼 때 목적함수에 대한 최적화를 하는 경우가 있으며 이때 Θ는 확률 심플렉스들에 대한 데카르트 곱에 해당된다. 반면 다른 경우에 Θ는 θ에 대해 가능성이 있는 해에 대한 선형 제약을 나타내며 도메인 Θ는 실현 가능해의 집합을 알려준다.

이런 제약조건이 있을 때 함수 f를 최적화하는 방법은 다양하게 있다. f가 선형함수이며 Θ가 선형 제약조건의 집합으로 표현될 때 이는 선형 계획법의 영역이라고 볼 수 있다(Boyd and Vandenberghe, 2004). 만약 θ가 추가적으로 값이 (NLP에서의 몇 가지 추론문제에 해당하는 것처럼) 정수 또는 0/1 제약된다면 최적화 문제는 정수 선형계획법ILP, Integer Linear Programming 카테고리에 속한다. 초기 NLP에서의 ILP 활용 방안에 대한 내용은 Roth and Yih(2005)와 같은 문헌을 참조하라.

최적해를 구하기 위해 주로 경사하강법과 같은 알고리즘이 사용되지만 만약 경사도의 방향으로 나아갔을 때 현재 해가 Θ의 밖에 위치한다면 이를 도메인 Θ에 속하도록 사영해야 한다. 예를 들어 현재 실현 불가능한 해와 v에 속한 한 점과의 L_2 노름norm을 최소화하는 좀 더 쉬운 최적화 문제를 푸는 방법이 있다.

마지막으로 새로운 도메인 $g(\theta)$에 제약 조건이 없는 문제로 남겨지도록 Θ에 대해 가역변환 g를 적용하는 것 또한 하나의 방안이다. 이러한 변환을 적용하면 지금까지 기술된 일반적인 최적화 알고리즘을 적용할 수 있다. 제약 조건이 있는 최적화는 이 책의 범위를 벗어나며 이에 관한 자세한 내용은 Boyd and Vandenberghe(2004)를 참조하라.

부록 B

분포 카탈로그

본 부록에서는 이 책에서 다루는 다양한 분포에 대한 기본 정보를 제공한다.

B.1 다항분포

매개변수	정수 $n, k \geq 1$일 때 $\sum_{i=1}^{k} \theta_i = 1$를 만족하는 $\theta_1, ..., \theta_k$
표본 공간 Ω	$\sum_{i=1}^{k} x_i = n$을 만족하는 정수 벡터 $x = (x_1, ..., x_k)$
확률질량함수(PMF)	$f(x) = \dfrac{n!}{\prod_{i=1}^{k} x_i!} \displaystyle\prod_{i=1}^{k} \theta_i^{x_i}$
평균 $E[X_i]$	$n\theta_i$
분산 $Var(\theta_i)$	$n\theta_i(1 - \theta_i)$
공분산 $Cov(X_i, X_j)$	$i \neq j$일 때 $-n\theta_i\theta_j$

참고사항

- 디리클레분포는 다항분포의 켤레분포다.
- $n = 1$인 경우 합이 1인 이항벡터에 대한 "범주형 분포Categorical Distribution"가 된다. 범주형 분포의 관점으로 봤을 때 Ω는 k개의 객체에 대한 집합이다. 가끔은 범주형 분포가 "다항분포"로 언급되는데 이는 범주형 분포가 위에서 말했듯이 Ω가 이항벡터로 이뤄진 다항분포의 특수한 경우를 나타내기 때문이다.
- 각 a_i당 확률 θ_i로 이뤄진 유한집합 $A = \{a_1, ..., a_d\}$에 대한 분포는 간혹 다항분포라고 부른다.

B.2 디리클레분포

매개변수	정수 $d \geq 2$일 때 양의 값 $\alpha_1, ..., \alpha_d$
표본 공간 Ω	$\theta_i \geq 0$ 및 $\sum_{i=1}^{d} \theta_i = 1$를 만족시키는 $\theta \in \Omega \subset \mathbb{R}^d$
확률밀도함수(PDF)	$f(\theta) = \dfrac{1}{B(\alpha)} \times \left(\prod_{i=1}^{d} \theta_i^{\alpha_i - 1} \right)$ 단, $B(\alpha)$는 베타함수
최빈값	$\alpha_i > 1$인 경우 $\mu_i = \dfrac{\alpha_i - 1}{\sum_{i=1}^{d} \alpha_i - d}$를 만족하는 $(\mu_1, ..., \mu_d)$
평균 $E[\theta_i]$	$\dfrac{\alpha_i}{\sum_{i=1}^{d} \alpha_i}$
평균 $E[\log \theta_i]$	$\psi(\alpha_i) - \psi(\sum_{i=1}^{d} \alpha_i)$ 단, ψ는 다이감마 함수
분산 $\mathrm{Var}(\theta_i)$	$\dfrac{\alpha_i(\alpha_* - \alpha_i)}{\alpha_*^2(\alpha_* + 1)}$ 단, $\alpha_* = \sum_i \alpha_i$

참고사항

- $B(\alpha)$는 다음과 같이 정의된 베타함수다.

$$B(\alpha) = \frac{\prod_{i=1}^{d} \Gamma(\alpha_i)}{\Gamma\left(\sum_{i=1}^{d} \alpha_i\right)}$$

  단, $\Gamma(x)$는 감마 함수다(Weisstein, 2014).

- $\psi(x)$는 다이감마 함수로 로그-감마 함수의 1차 미분한 형태이다.

$$\psi(x) = \frac{d}{dx} \log \Gamma(x)$$

  이는 분석 가능한 형태가 아니며 수치 계산 또는 급수 전개 방법을 통해 근사한다[1](3장).

- $d = 2$인 경우 디리클레분포는 $(\theta_2 = 1 - \theta_1$이기 때문에) $[0, 1]$에 대한 분포를 정의한다고 볼 수 있다. 이러한 경우 베타분포라고 부른다(2.2.1절 참조).

- 대칭적 디리클레분포는 모든 초모수 α_i가 같은 디리클레분포를 말한다.

- 모든 $i \in \{1, ..., d\}$에 대해 $\alpha_i = 1$이라면 디리클레분포는 확률 심플렉스에 대한 균일분포를 나타낸다(이는 밀도가 일정하다는 점을 나타낸다).

---

1   http://web.science.mq.edu.au/~mjohnson/code/digamma.c

B.3 포아송분포

매개변수	$\lambda > 0$("률(rate)"이라고 부른다)
표본 공간 Ω	0 을 포함한 자연수: $\{0, 1, 2,...\}$
확률질량함수(PMF)	$f(n) = \dfrac{\lambda^n}{n!} \exp(-\lambda)$
최빈값	$\lceil \lambda \rceil - 1$
평균	λ
분산	λ

참고사항

- λ에 대한 켤레사전분포는 감마분포다.

- 만약 $X_1,...,X_n$이 율 $\lambda_1,...,\lambda_n$을 갖는 독립적인 포아송 확률변수들이라면 $p(X_1,...,X_n|\sum_{i=1}^{n} X_i = K)$는 매개변수 K와 $\theta_i = \dfrac{\lambda_i}{\sum_{i=1}^{n} \lambda_i}$를 갖는 다항분포다(B.1 절 참조).

B.4 감마분포

매개변수	$\alpha > 0$인 모양, $\theta > 0$인 크기
표본 공간 Ω	$\Omega = \mathbb{R}^+$
확률밀도함수(PDF)	$f(x) = \dfrac{1}{\Gamma(\alpha)\theta^\alpha} x^{\alpha-1} \exp(-x/\theta)$
평균 $E[X]$	$\alpha\theta$
최빈값	$\alpha > 1$에 대해 $(\alpha - 1)\theta$
분산 $Var(X)$	$\alpha\theta^2$
엔트로피	$\alpha + \log \theta + \log(\Gamma(\alpha)) + (1 - \alpha)\,\psi(\alpha)$

참고사항

- 계층적 베이지안 모델에서 초모수들에 대해 모호 사전분포로 주로 사용된다.

- 흔히 사용되는 감마분포에 대한 또 다른 모수화는 두 개의 매개변수 모양 α 및 $\beta = \dfrac{1}{\theta}$인 "률" β이다.

- 만약 $\alpha_1,\ldots,\alpha_K$에 대해 $X_i \sim \text{Gamma}(\alpha_i,\ 1)$들이 독립적인 분포를 따른다면, $\left(\frac{X_1}{\sum_{i=1}^{K} X_i},\ldots,\frac{X_K}{\sum_{i=1}^{K} X_i}\right)$는 매개변수 $(\alpha_1,\ldots,\alpha_K)$를 갖는 디리클레분포를 따른다. 3.2.1절을 참조하라.

B.5 다변량 정규분포

매개변수	정수 $d \geq 1$, $\mu \in \mathbb{R}^d$, 양의 준정부호인 $\Sigma \in \mathbb{R}^{d \times d}$
표본 공간 Ω	$\Omega = \mathbb{R}^+$
확률밀도함수(PDF)	$f(\theta) = \dfrac{1}{(2\pi)^{d/2}\sqrt{\det(\Sigma)}}\ \exp\left(-\dfrac{1}{2}(\theta - \mu)^\top \Sigma^{-1}(\theta - \mu)\right)$
최빈값	μ
평균	μ
분산 및 공분산	$\text{Cov}\,(\theta_i,\,\theta_j) = \Sigma_{ij}$
엔트로피	$\dfrac{d}{2}(1 + \log(2\pi)) + \dfrac{1}{2}\log(\det(\Sigma))$

참고사항

- PDF는 평균을 기준으로 대칭이다.
- 폐쇄형 누적분포함수가 없다.
- 평균을 매개변수로 고려했을 경우 다변량 정규분포 자체가 켤레분포가 된다.
- Carl Friedrich Gauss(1777~1855)의 이름을 따서 다변량 가우시안^{Gaussian}분포, 또는 가우시안분포로 부른다.

B.6 라플라스분포

매개변수	$\mu \in \mathbb{R}$, $\lambda > 0$
표본 공간 Ω	$\Omega = \mathbb{R}$
확률밀도함수(PDF)	$f(\theta) = \dfrac{1}{2\lambda}\ \exp\left(-\dfrac{|\theta - \mu|}{\lambda}\right)$
최빈값	μ
평균	μ
분산 및 공분산	$2\lambda^2$
엔트로피	$1 + \log(2\lambda)$

- L_1 규칙화Regularization에 대한 베이지안 해석으로 활용될 수 있다.

B.7 로지스틱정규분포

매개변수	정수 $d \geq 2$, $\eta \in \mathbb{R}^{d-1}$, 양의 준정부호인 $\Sigma \in \mathbb{R}^{(d-1) \times (d-1)}$
표본 공간 Ω	$\theta_i \geq 0$ 및 $\sum_{i=1}^{d}$ 를 만족시키는 $\theta \in \Omega \subset \mathbb{R}^d$
확률밀도함수(PDF)	아래를 참조
최빈값(좌표 i)	$\dfrac{\exp(\eta_i')}{1 + \sum_{i=1}^{d-1} \exp(\eta_i')}$ 단, $i \leq d-1$에 대해 $\eta_i' = \eta_i$ 이며 $\eta_d' = 1$
평균	분석적 해가 없음
분산	분석적 해가 없음

참고사항

- PDF는 다음과 같이 정의된다.

$$f(\theta) = \frac{1}{\sqrt{(2\pi)^d \det(\Sigma)}} \times \left(\prod_{i=1}^{d} \theta_i \right)^{-1} \exp\left(-\frac{1}{2} (\log(\theta_{-d}/\theta_d) - \eta)^\top \Sigma^{-1} \log(\theta_{-d}/\theta_d) - \eta) \right)$$

항 $\log(\theta_{-d}/\theta_d) \in \mathbb{R}^{d-1}$은 다음과 같이 정의된다.

$$[\log(\theta_{-d}/\theta_d)]_i = \log(\theta_i/\theta_d) \ \ \forall i \in \{1, \ldots, d-1\}$$

- 로지스틱정규분포에서 추출하는 것은 매개변수 (η, Σ)를 갖는 다변량 정규분포(아래 참조)에서 실수 값의 벡터 $\mu \in \mathbb{R}^{d-1}$을 추출한 후 다음과 같이 설정하는 것과 같다.

$$\theta_i = \frac{\exp(\mu_i)}{1 + \sum_{j=1}^{d-1} \exp(\mu_j)} \ \ \forall i \in \{1, \ldots, d-1\},$$

$$\theta_d = \frac{1}{1 + \sum_{j=1}^{d-1} \exp(\mu_j)}$$

B.8 역위샤트분포

매개변수	$m, p \in \mathbb{N}$, $m > p - 1$, 양의 정부호인 $\Psi \in \mathbb{R}^{p \times p}$
표본 공간 Ω	$T \in \Omega$, T는 양의 정부호인 가역행렬
확률밀도함수(PDF)	$f(T) = \dfrac{\det(\Psi)^{m/2}}{\det(T)^{\frac{m+p+1}{2}} 2^{\frac{m+p}{2}} \Gamma_p(m/2)} \exp\left(-\dfrac{1}{2} \mathrm{tr}(T^{-1})\right)$
평균 $E[T]$	$\dfrac{\Psi}{m - p - 1}$
최빈값	$\dfrac{\Psi}{m - p - 1}$
분산 $\mathrm{Var}(T_{ij})$	$\dfrac{(m - p + 1)(\Psi_{ij})^2 + (m-p-1)\Psi_{ii}\Psi_{jj}}{(m - p)(m - p - 1)^2(m - p - 3)}$

참고사항

- 행렬 $A \in \mathbb{R}^{p \times p}$에 대한 함수 $\mathrm{tr}(A)$는 대각합으로 정의된다. A의 대각원소들의 합, $\sum_{i=1}^{p} A_{ii}$.

- A가 위샤트분포에서 추출됐다면 A^{-1}는 역위샤트분포에서 추출했다고 볼 수 있다.

- 역위샤트분포는 다변량 정규분포의 매개변수 공분산의 켤레사전분포다.

B.9 굼벨분포

매개변수	$\mu = \mathbb{R}$, $\beta > 0$
표본 공간 Ω	$\Omega = \mathbb{R}^+$
확률밀도함수(PDF)	$f(x) = \dfrac{1}{\beta} \exp\left(-\dfrac{x - \mu}{\beta} - \exp\left(\dfrac{x - \mu}{\beta}\right)\right)$
최빈값	μ
평균	$\mu + \beta\gamma$, 단 $\gamma \approx 0.5772156649$ (Euler-Mascheroni 상수)
분산	$\dfrac{\pi^2}{6} \beta^2$
엔트로피	$\log\beta + \gamma + 1$

참고사항

- 만약 U가 $[0,1]$에 대한 균일 확률변수라면 $G = \mu - \beta \log(-\log U)$는 위와 같이 굼벨분포를 따른다.

- $\mu = 0$와 $\beta = 0$, 그리고 (범주형 분포를 나타내는) $(\theta_1, \ldots, \theta_k)$를 갖는 K개의 독립적 굼벨 확률변수 $G_1, \ldots, G_K$로 이뤄진 시퀀스에 대해 콘크리트^{concrete} 분포 (Maddison et al., 2017)를 정의할 수 있으며, 이는 다음과 같이 정의된 확률변수 $X = (X_1, \ldots, X_k)$를 갖는 자유도 $K - 1$의 확률 심플렉스에 대한 분포다.

$$X_k = \frac{\exp\left((\log \theta_k + G_k)/\tau\right)}{\sum_{j=1}^{K} \exp\left((\log \theta_j + G_j)/\tau\right)}$$

여기서 τ는 분포의 매개변수다.

- 이와 같은 설정에서 다음 분포는 사건 k에 대한 확률이 θ일 때 $\{1, \ldots, K\}$에 대해 다항분포를 따른다.

$$Y = \arg\max_k \log \theta_k + G_k$$

Abadi, M., Barham, P., Chen, J., Chen, Z., Davis, A., Dean, J., Devin, M., Ghemawat, S., Irving, G., Isard, M., et al. (2016). TensorFlow: A system for large-scale machine learning. In *Proc. of the 12th USENIX Conference on Operating Systems Design and Implementation (OSDI)*, vol. 16, pages 265–283. 217

Abney, S., McAllester, D., and Pereira, F. (1999). Relating probabilistic grammars and automata. In *Proc. of the 37th Annual Meeting of the Association for Computational Linguistics*, pages 542–549, College Park, MD.DOI: 10.3115/ 1034678.1034759. 182

Ahmed, A. and Xing, E. P. (2007). On tight approximate inference of the logistic normal topic admixture model. In *Proc. of the 11th International Conference on Artifical Intelligence and Statistics*. Omnipress. 88

Aitchison, J. (1986). *The Statistical Analysis of Compositional Data*. Chapman and Hall, London. DOI: 10.1007/978-94-009-4109-0. 59, 61, 63, 64, 65

Al-Rfou, R., Alain, G., Almahairi, A., Angermueller, C., Bahdanau, D., Ballas, N., Bastien, F., Bayer, J., Belikov, A., Belopolsky, A., et al. (2016). Theano: A python framework for fast computation of mathematical expressions. *ArXiv Preprint ArXiv:1605.02688*, 472:473. 217

Altun, Y., Hofmann, T., and Smola, A. J. (2004). Gaussian process classification for segmenting and annotating sequences. In *Proc. of the 21st International Conference on Machine Learning (ICML 2004)*, pages 25–32, New York, Max-Planck-Gesellschaft, ACM Press. DOI: 10.1145/1015330.1015433. 172

Andrieu, C., De Freitas, N., Doucet, A., and Jordan, M. I. (2003). An introduction to MCMC for machine learning. *Machine Learning*, 50(1-2), pages 5–43. 125

Artetxe, M., Labaka, G., Agirre, E., and Cho, K. (2018). Unsupervised neural machine translation. 254

Ash, R. B. and Doléans-Dade, C. A. (2000). *Probability and measure theory*. Access online via Elsevier. 2, 10

Bahdanau, D., Cho, K., and Bengio, Y. (2015). Neural machine translation by jointly learning to align and translate. In *Proc. of the 3rd International Conference on*

Learning Representations (ICLR). 237

Barkan, O. (2017). Bayesian neural word embedding. In *Proc. of the 31st Conference on Artificial Intelligence (AAAI)*, pages 3135–3143. 220, 221

Barnett, V. (1999). *Comparative Statistical Inference*. Wiley. DOI: 10.1002/978047 0316955. xxvi

Beal, M. J., Ghahramani, Z., and Rasmussen, C. E. (2002). The infinite hidden Markov model. In *Machine Learning*, pages 29–245. MIT Press. 180

Bejan, C., Titsworth, M., Hickl, A., and Harabagiu, S. (2009). Nonparametric Bayesian models for unsupervised event coreference resolution. In Bengio, Y., Schuurmans, D., Lafferty, J., Williams, C., and Culotta, A., Eds., *Advances in Neural Information Processing Systems 22*, pages 73–81. Curran Associates, Inc. 27

Bengio, Y., Ducharme, R., Vincent, P., and Jauvin, C. (2003). A neural probabilistic language model. *Journal of Machine Learning Research*, 3(Feb):1137–1155. DOI: 10.1007/3-540-33486-6_6 216

Berger, J. O. (1985). *Statistical Decision Theory and Bayesian Analysis*. Springer. DOI: 10.1007/978-1-4757-4286-2. 41, 72, 89

Berger, A. L., Pietra, V. J. D., and Pietra, S. A. D. (1996). A maximum entropy approach to natural language processing. *Computational Linguistics*, 22(1), pages 39–71. 27

Bertsekas, D. P. and Tsitsiklis, J. N. (2002). *Introduction to Probability*, vol. 1. Athena Scientific Belmont, MA. 1

Bishop, C. M. (2006). *Pattern Recognition and Machine Learning*. Springer. 86, 141

Bisk, Y. and Hockenmaier, J. (2013). An HDP model for inducing combinatory categorial grammars. *Transactions of the Association for Computational Linguistics*, 1, pages 75–88. 210

Black, E., Abney, S., Flickenger, D., Gdaniec, C., Grishman, R., Harrison, P., Hindle, D., Ingria, R., Jelinek, F., Klavans, J., Liberman, M., Marcus, M., Roukos, S., Santorini, B., and Strzalkowski, T. (1991). A procedure for quantitatively comparing the syntactic coverage of English grammars. In *Proc. of DARPA Workshop on Speech and Natural Language*. DOI: 10.3115/112405.112467. 149

Blei, D. M., Ng, A. Y., and Jordan, M. I. (2003). Latent Dirichlet allocation. *Journal of Machine Learning Research*, 3, pages 993–1022. 27, 30, 31

Blei, D. M., Griffiths, T. L., and Jordan, M. I. (2010). The nested chinese restaurant process and Bayesian nonparametric inference of topic hierarchies. *Journal of the*

ACM (JACM), 57(2), page 7. DOI: 10.1145/1667053.1667056. 173

Blei, D. M. and Frazier, P. I. (2011). Distance dependent chinese restaurant processes. *Journal of Machine Learning Research*, 12, pages 2461–2488. 174

Blei, D. M. and Jordan, M. I. (2004). Variational methods for the Dirichlet process. In *Proc. of the 21st International Conference on Machine Learning*. DOI: 10.1145/1015330.1015439. 163, 196, 201

Blei, D. M. and Lafferty, J. D. (2006). Correlated topic models. In Weiss, Y., Schölkopf, B., and Platt, J., Eds., *Advances in Neural Information Processing Systems 18*, pages 147–154. MIT Press. 61, 62

Blunsom, P. and Cohn, T. (2010a). Inducing synchronous grammars with slice sampling. In *Human Language Technologies: The 2010 Annual Conference of the North American Chapter of the Association for Computational Linguistics*, pages 238–241, Los Angeles, CA. 27, 117, 118

Blunsom, P. and Cohn, T. (2010b). Unsupervised induction of tree substitution grammars for dependency parsing. In *Proc. of the 2010 Conference on Empirical Methods in Natural Language Processing*, pages 1204–1213, Cambridge, MA. Association for Computational Linguistics. 27

Blunsom, P., Cohn, T., Dyer, C., and Osborne, M. (2009a). A Gibbs sampler for phrasal synchronous grammar induction. In *Proc. of the Joint Conference of the 47th Annual Meeting of the ACL and the 4th International Joint Conference on Natural Language Processing of the AFNLP*, pages 782–790, Suntec, Singapore. Association for Computational Linguistics. DOI: 10.3115/1690219.1690256. 118, 205

Blunsom, P., Cohn, T., and Osborne, M. (2009b). Bayesian synchronous grammar induction. In Koller, D., Schuurmans, D., Bengio, Y., and Bottou, L., Eds., *Advances in Neural Information Processing Systems 21*, pages 161–168. Curran Associates, Inc. 205

Börschinger, B. and Johnson, M. (2014). Exploring the role of stress in Bayesian word segmentation using adaptor grammars. *Transactions of the Association for Computational Linguistics*, 2(1), pages 93–104. 29

Bouchard-côté, A., Petrov, S., and Klein, D. (2009). Randomized pruning: Efficiently calculating expectations in large dynamic programs. In Bengio, Y., Schuurmans, D., Lafferty, J., Williams, C., and Culotta, A., Eds., *Advances in Neural Information Processing Systems 22,* pages 144–152. Curran Associates, Inc. 118

Bowman, S. R., Vilnis, L., Vinyals, O., Dai, A. M., Jozefowicz, R., and Bengio, S. (2016).

Generating sentences from a continuous space. *Proc. of the 20th SIGNLL Conference on Computational Natural Language Learning (CoNLL).* DOI: 10.18653/v1/k16-1002 247

Boyd, S. and Vandenberghe, L. (2004). *Convex optimization.* Cambridge University Press. DOI: 10.1017/cbo9780511804441 265

Bražinskas, A., Havrylov, S., and Titov, I. (2017). Embedding words as distributions with a Bayesian skip-gram model. *ArXiv Preprint ArXiv:1711.11027.* 221

Bryant, M. and Sudderth, E. B. (2012). Truly nonparametric online variational inference for hierarchical Dirichlet processes. In Pereira, F., Burges, C., Bottou, L., and Weinberger, K., Eds., *Advances in Neural Information Processing Systems 25*, pages 2699–2707. Curran Associates, Inc. 167

Burstall, R. M. and Darlington, J. (1977). A transformation system for developing recursive programs. *Journal of the ACM*, 24(1), pages 44–67. DOI: 10.1145/321992. 321996. 188

Caccia, M., Caccia, L., Fedus, W., Larochelle, H., Pineau, J., and Charlin, L. (2018). Language GANs falling short. *ArXiv Preprint ArXiv:1811.02549.* 253

Cappé, O. and Moulines, E. (2009). On-line expectation–maximization algorithm for latent data models. Journal of the Royal Statistical Society: Series B (Statistical Methodology), 71(3), pages 593–613. DOI: 10.1111/j.1467-9868.2009.00698.x. 152

Carlin, B. P. and Louis, T. A. (2000). *Bayes and Empirical Bayes Methods for Data Analysis.* CRC Press. DOI: 10.1201/9781420057669. 52

Carpenter, B., Gelman, A., Hoffman, M., Lee, D., Goodrich, B., Betancourt, M., Brubaker, M. A., Guo, J., Li, P., and Riddell, A. (2015). Stan: a probabilistic programming language. *Journal of Statistical Software.* 141

Carter, S., Dymetman, M., and Bouchard, G. (2012). Exact sampling and decoding in highorder hidden Markov models. In *Proc. of the 2012 Joint Conference on Empirical Methods in Natural Language Processing and Computational Natural Language Learning*, pages 1125–1134, Jeju Island, Korea. Association for Computational Linguistics. 123

Casella, G. and Berger, R. L. (2002). *Statistical Inference.* Duxbury Pacific Grove, CA. DOI: 10.2307/2532634. 13

Casella, G. and George, E. I. (1992). Explaining the Gibbs sampler. *The American Statistician*, 46(3), pages 167–174. DOI: 10.2307/2685208. 132

Castano, A. and Casacuberta, F. (1997). A connectionist approach to machine translation. In *Proc. of the 5th European Conference on Speech Communication and Technology*. 236

Chang, J., Gerrish, S., Wang, C., Boyd-Graber, J. L., and Blei, D. M. (2009). Reading tea leaves: How humans interpret topic models. In Bengio, Y., Schuurmans, D., Lafferty, J., Williams, C., and Culotta, A., Eds., *Advances in Neural Information Processing Systems 22*, pages 288–296. Curran Associates, Inc. 36

Chen, H., Branavan, S., Barzilay, R., Karger, D. R., et al. (2009). Content modeling using latent permutations. *Journal of Artificial Intelligence Research*, 36(1), pages 129–163. 27

Chen, T., Fox, E., and Guestrin, C. (2014). Stochastic gradient Hamiltonian Monte Carlo. In *Proc. of the 31st International Conference on Machine Learning (ICML)*, pages 1683–1691. DOI: 10.24963/ijcai.2018/419 253

Chen, S. F. and Goodman, J. (1996). An empirical study of smoothing techniques for language modeling. In *Proc. of the 34th Annual Meeting of the Association of Computational Linguistics*, pages 310–318, Stroudsburg, PA. DOI: 10.3115/981863.981904. 82, 170

Chernoff, H. (1959). Sequential design of experiments. *The Annals of Mathematical Statistics*, 30(3):755–770. DOI: 10.1214/aoms/1177706205 244

Chi, Z. (1999). Statistical properties of probabilistic context-free grammars. *Computational Linguistics*, 25(1), pages 131–160. 183

Chinchor, N. (2001). Message understanding conference (MUC) 7, LDC2001T02, Linguistic Data Consortium. 92

Chinchor, N. and Sundheim, B. (2003). Message understanding conference (MUC) 6, LDC2003T13, Linguistic Data Consortium. 92

Chirkova, N., Lobacheva, E., and Vetrov, D. (2018). Bayesian compression for natural language processing. In *Proc. of the Conference on Empirical Methods in Natural Language Processing (EMNLP)*. DOI: 10.1162/coli_r_00310 243

Cho, K., Van Merriënboer, B., Gulcehre, C., Bahdanau, D., Bougares, F., Schwenk, H., and Bengio, Y. (2014). Learning phrase representations using RNN encoder-decoder for statistical machine translation. *Proc. of the Conference on Empirical Methods in Natural Language Processing (EMNLP)*. DOI: 10.3115/v1/d14-1179 235, 236

Cocke, J. and Schwartz, J. T. (1970). Programming languages and their compilers: Preliminary notes. Technical report, Courant Institute of Mathematical Sciences, New

York University. 182

Cohen, S. B. (2017). Latent-variable PCFGs: Background and applications. In *Proc. of the 15th Meeting on the Mathematics of Language (MOL)*. DOI: 10.18653/v1/w17-3405 201

Cohen, S. B. and Collins, M. (2014). A provably correct learning algorithm for latent-variable PCFGs. In *Proc. of the 52nd Annual Meeting of the Association for Computational Linguistics (Volume 1: Long Papers)*, pages 1052–1061, Baltimore, MD. DOI: 10.3115/v1/p14-1099. 202

Cohen, S. B., Gimpel, K., and Smith, N. A. (2009). Logistic normal priors for unsupervised probabilistic grammar induction. In Koller, D., Schuurmans, D., Bengio, Y., and Bottou, L., Eds., *Advances in Neural Information Processing Systems 21*, pages 321–328. Curran Associates, Inc. 62, 149, 193

Cohen, S. B., Blei, D. M., and Smith, N. A. (2010). Variational inference for adaptor grammars. In *Human Language Technologies: The 2010 Annual Conference of the North American Chapter of the Association for Computational Linguistics*, pages 564–572, Los Angeles, CA. 196, 198

Cohen, S. B., Stratos, K., Collins, M., Foster, D. P., and Ungar, L. (2013). Experiments with spectral learning of latent-variable PCFGs. In *Proc. of the 2013 Conference of the North American Chapter of the Association for Computational Linguistics: Human Language Technologies*, pages 148–157, Atlanta, GA. 202

Cohen, S. B., Stratos, K., Collins, M., Foster, D. P., and Ungar, L. (2014). Spectral learning of latent-variable PCFGs: Algorithms and sample complexity. *Journal of Machine Learning Research*, 15, pages 2399–2449. 202

Cohen, S. B. and Johnson, M. (2013). The effect of non-tightness on Bayesian estimation of PCFGs. In *Proc. of the 51st Annual Meeting of the Association for Computational Linguistics(Volume 1: Long Papers)*, pages 1033–1041, Sofia, Bulgaria. 52, 124

Cohen, S. and Smith, N. A. (2009). Shared logistic normal distributions for soft parameter tying in unsupervised grammar induction. In *Proc. of Human Language Technologies: The 2009 Annual Conference of the North American Chapter of the Association for Computational Linguistics*, pages 74–82, Boulder, CO. DOI: 10.3115/1620754.1620766. 63

Cohen, S. and Smith, N. A. (2010a). Viterbi training for PCFGs: Hardness results and competitiveness of uniform initialization. In *Proc. of the 48th Annual Meeting of the Association for Computational Linguistics*, pages 1502–1511, Uppsala, Sweden. 139

Cohen, S. B. and Smith, N. A. (2010b). Covariance in unsupervised learning of probabilistic grammars. *Journal of Machine Learning Research*, 11, pages 3017–3051. 62, 64, 150

Cohn, T., Blunsom, P., and Goldwater, S. (2010). Inducing tree-substitution grammars. *The Journal of Machine Learning Research*, 11, pages 3053–3096. 210

Collobert, R., Bengio, S., and Mariéthoz, J. (2002). Torch: A modular machine learning software library. *Technical Report*, Idiap. 217

Collobert, R., Weston, J., Bottou, L., Karlen, M., Kavukcuoglu, K., and Kuksa, P. (2011). Natural language processing (almost) from scratch. *Journal of Machine Learning Research*, 12(Aug):2493–2537. 216

Cover, T. M. and Thomas, J. A. (2012). *Elements of Information Theory*. John Wiley & Sons. 259

Cox, R. T. (1946). Probability, frequency and reasonable expectation. *American Journal of Physics,* 14(1), pages 1–13. DOI: 10.1119/1.1990764. 66

Cybenko, G. (1989). Approximation by superpositions of a sigmoidal function. *Mathematics of Control, Signals and Systems*, 2(4):303–314. DOI: 10.1007/bf02551274 215

Damianou, A. and Lawrence, N. (2013). Deep Gaussian processes. In *Proc. of the 16th International Conference on Artificial Intelligence and Statistics (AISTATS)*, pages 207–215. 243

Daume, H. (2007). Fast search for Dirichlet process mixture models. In Meila, M. and Shen, X., Eds., *Proc. of the 11th International Conference on Artificial Intelligence and Statistics (AISTATS-07), vol. 2, pages 83–90. Journal of Machine Learning Research—Proceedings Track.* 164

Daume III, H. (2007). Frustratingly easy domain adaptation. In *Proc. of the 45th Annual Meeting of the Association of Computational Linguistics*, pages 256–263, Prague, Czech Republic. 93

Daume III, H. (2009). Non-parametric Bayesian areal linguistics. In *Proc. of Human Language Technologies: The 2009 Annual Conference of the North American Chapter of the Association for Computational Linguistics*, pages 593–601, Boulder, CO. DOI: 10.3115/1620754.1620841. 27

Daume III, H. and Campbell, L. (2007). A Bayesian model for discovering typological implications. In *Proc. of the 45th Annual Meeting of the Association of Computational Linguistics*, pages 65–72, Prague, Czech Republic. 27

Dempster, A. P., Laird, N. M., and Rubin, D. B. (1977). Maximum likelihood from incomplete data via the EM algorithm. *Journal of the Royal Statistical Society, Series B*, 39(1), pages 1–38. 145

DeNero, J., Bouchard-Côté, A., and Klein, D. (2008). Sampling alignment structure under a Bayesian translation model. In *Proc. of the 2008 Conference on Empirical Methods in Natural Language Processing*, pages 314–323, Honolulu, HI. Association for Computational Linguistics. DOI: 10.3115/1613715.1613758. 111

Devlin, J., Chang, M.-W., Lee, K., and Toutanova, K. (2018). BERT: Pre-training of deep bidirectional transformers for language understanding. *ArXiv Preprint ArXiv:1810.04805.* 221

Doersch, C. (2016). Tutorial on variational autoencoders. *ArXiv Preprint ArXiv:1606.05908.* 247, 249

Doyle, G. and Levy, R. (2013). Combining multiple information types in Bayesian word segmentation. In *Proc. of the 2013 Conference of the North American Chapter of the Association for Computational Linguistics: Human Language Technologies*, pages 117–126, Atlanta, GA. 29

Dreyer, M. and Eisner, J. (2006). Better informed training of latent syntactic features. In *Proc. of the 2006 Conference on Empirical Methods in Natural Language Processing*, pages 317–326, Sydney, Australia. Association for Computational Linguistics. DOI: 10.3115/1610075.1610120. 202

Dreyer, M. and Eisner, J. (2011). Discovering morphological paradigms from plain text using a Dirichlet process mixture model. In *Proc. of the Conference on Empirical Methods in Natural Language Processing (EMNLP)*, pages 616–627, Edinburgh. Supplementary material (9 pages) also available. 27

Duchi, J., Hazan, E., and Singer, Y. (2011). Adaptive subgradient methods for online learning and stochastic optimization. *Journal of Machine Learning Research*, 12(Jul):2121–2159. 265

Dymetman, M., Bouchard, G., and Carter, S. (2012). Optimization and sampling for nlp from a unified viewpoint. In *Proc. of the 1st International Workshop on Optimization Techniques for Human Language Technology,* pages 79–94, Mumbai, India. The COLING 2012 Organizing Committee. 123

Earley, J. (1970). An efficient context-free parsing algorithm. *Communications of the ACM*, 13(2), pages 94–102. DOI: 10.1145/357980.358005. 188

Eisenstein, J. (2019). *Natural Language Processing*. MIT Press. 228, 242, 255

Eisenstein, J. and Barzilay, R. (2008). Bayesian unsupervised topic segmentation. In *Proc. of the 2008 Conference on Empirical Methods in Natural Language Processing*, pages 334–343, Honolulu, HI. Association for Computational Linguistics. DOI: 10.3115/1613715.1613760. 27

Eisenstein, J., Ahmed, A., and Xing, E. (2011). Sparse additive generative models of text. In Getoor, L., and Scheffer, T., Eds., *Proc. of the 28th International Conference on Machine Learning (ICML-11)*, pages 1041–1048, New York, NY, ACM. 68

Eisner, J. (2002). Transformational priors over grammars. In *Proc. of the ACL-02 Conference on Empirical Methods in Natural Language Processing*, vol. 10, pages 63–70. Association for Computational Linguistics. DOI: 10.3115/1118693.1118702. 73

Eisner, J., Goldlust, E., and Smith, N. A. (2005). Compiling comp ling: Weighted dynamic programming and the dyna language. In *Proc. of Human Language Technology Conference and Conference on Empirical Methods in Natural Language Processing*, pages 281–290, Vancouver, British Columbia, Canada. Association for Computational Linguistics. DOI: 10.3115/1220575.1220611. 186

Eisner, J. and Smith, N. A. (2005). Parsing with soft and hard constraints on dependency length. In *Proc. of the 9th International Workshop on Parsing Technology,* pages 30–41, Vancouver, British Columbia. Association for Computational Linguistics. DOI: 10.3115/1654494.1654498. 149

Eisner, J. (2016). Inside-outside and forward-backward algorithms are just backdrop (tutorial paper), In *Proc. of the Workshop on Structured Prediction for NLP*, pages 1–17. 228

Elman, J. L. (1990). Finding structure in time. *Cognitive Science*, 14(2):179–211. DOI: 10.1207/s15516709cog1402_1 230

Elman, J. L. (1991). Distributed representations, simple recurrent networks, and grammatical structure. *Machine Learning*, 7(2–3):195–225. DOI: 10.1007/bf0011 4844 214

Elsner, M., Goldwater, S., Feldman, N., and Wood, F. (2013). A joint learning model of word segmentation, lexical acquisition, and phonetic variability. In *Proc. of the 2013 Conference on Empirical Methods in Natural Language Processing*, pages 42–54, Seattle, WA. Association for Computational Linguistics. 29

Escobar, M. D. (1994). Estimating normal means with a Dirichlet process prior. *Journal of the American Statistical Association*, 89(425), pages 268–277. DOI: 10.2307/2291223. 163

Escobar, M. D. and West, M. (1995). Bayesian density estimation and inference using mixtures. *Journal of the American Statistical Association*, 90(430), pages 577–588. DOI: 10.1080/01621459.1995.10476550. 163

Feinberg, S. E. (2011). Bayesian models and methods in public policy and government settings. *Statistical Science*, 26(2), pages 212–226. DOI: 10.1214/10-sts331. 43

Ferguson, T. S. (1973). A Bayesian analysis of some nonparametric problems. *The Annals of Statistics*, 1(2), pages 209–230. DOI: 10.1214/aos/1176342360. 156

Finetti, B. d. (1980). Foresight; its logical laws, its subjective sources. In Kyberg, H.E. and Smokler, H.E., Eds., *Studies in Subjective Probability*, pages 99–158. 8

Finkel, J. R., Grenager, T., and Manning, C. D. (2007). The infinite tree. In *Proc. of the 45th Annual Meeting of the Association of Computational Linguistics*, pages 272–279, Prague, Czech Republic. 203

Finkel, J. R. and Manning, C. D. (2009). Hierarchical Bayesian domain adaptation. In *Proc. of Human Language Technologies: The 2009 Annual Conference of the North American Chapter of the Association for Computational Linguistics*, pages 602–610, Boulder, CO. DOI: 10.3115/1620754.1620842. 92

Firth, J. R. (1957). A synopsis of linguistic theory, 1930–1955. *Studies in Linguistic Analysis*. 218

Fortunato, M., Blundell, C., and Vinyals, O. (2017). Bayesian recurrent neural networks. *ArXiv Preprint ArXiv:1704.02798*. 232

Frank, S., Keller, F., and Goldwater, S. (2013). Exploring the utility of joint morphological and syntactic learning from child-directed speech. In *Proc. of the 2013 Conference on Empirical Methods in Natural Language Processing*, pages 30–41, Seattle, WA. Association for Computational Linguistics. 29

Frank, S., Feldman, N. H., and Goldwater, S. (2014). Weak semantic context helps phonetic learning in a model of infant language acquisition. In *Proc. of the 52nd Annual Meeting of the Association for Computational Linguistics (Volume 1: Long Papers)*, pages 1073–1083, Baltimore, MD. DOI: 10.3115/v1/p14-1101. 29

Fullwood, M. and O'Donnell, T. (2013). Learning non-concatenative morphology. In *Proc. of the 4th Annual Workshop on Cognitive Modeling and Computational Linguistics (CMCL)*, pages 21–27, Sofia, Bulgaria. Association for Computational Linguistics. 29

Funahashi, K.-I. (1989). On the approximate realization of continuous mappings by neural networks. *Neural Networks*, 2(3):183–192. DOI: 10.1016/0893-6080(89)

90003-8 215

Gal, Y. and Ghahramani, Z. (2016a). Bayesian convolutional neural networks with Bernoulli approximate variational inference. In *Proc. of the 4th International Conference on Learning Representations (ICLR) Workshop Track*. 243

Gal, Y. and Ghahramani, Z. (2016b). Dropout as a Bayesian approximation: Representing model uncertainty in deep learning. In *Proc. of the 33rd International Conference on Machine Learning (ICML)*, pages 1050–1059. 243

Gal, Y. and Ghahramani, Z. (2016c). A theoretically grounded application of dropout in recurrent neural networks. In Lee, D. D., Sugiyama, M., Luxburg, U. V., Guyon, I., and Garnett, R., Eds., *Advances in Neural Information Processing Systems 29*, pages 1019–1027, Curran Associates, Inc. 232

Gao, J. and Johnson, M. (2008). A comparison of Bayesian estimators for unsupervised Hidden Markov Model POS taggers. In *Proc. of the 2008 Conference on Empirical Methods in Natural Language Processing*, pages 344–352, Honolulu, HI. Association for Computational Linguistics. DOI: 10.3115/1613715.1613761. 101, 128

Gasthaus, J. and Teh, Y. W. (2010). Improvements to the sequence memoizer. In Lafferty, J., Williams, C., Shawe-Taylor, J., Zemel, R., and Culotta, A., Eds., *Advances in Neural Information Processing Systems 23*, pages 685–693. Curran Associates, Inc. 175

Gehring, J., Auli, M., Grangier, D., Yarats, and Dauphin, Y. N. (2017). Convolutional sequence to sequence learning. In *Proc. of the 34th International Conference on Machine Learning (ICML)*, vol. 70, pages 1243–1252, Sydney, Australia. 242, 254

Gelman, A., Carlin, J. B., Stern, H. B., and Rubin, D. B. (2003). *Bayesian Data Analysis*, 2nd ed., Chapman and Hall/CRC Texts in Statistical Science. 88, 93

Gelman, A. and Shalizi, C. R. (2013). Philosophy and the practice of Bayesian statistics. *British Journal of Mathematical and Statistical Psychology*, 66(1), pages 8–38. DOI: 10.1111/j.2044-8317.2011.02037.x. 22

Geman, S. and Geman, D. (1984). Stochastic relaxation, Gibbs distributions, and the Bayesian restoration of images. *IEEE Transactions on Pattern Analysis and Machine Intelligence*, 6(6), pages 721–741. DOI: 10.1109/tpami.1984.4767596. 101, 111

Geweke, J. (1992). Evaluating the accuracy of sampling-based approaches to the calculation of posterior moments. Bayesian Statistics, 4, pages 169–193. 120

Ghosh, S., Vinyals, O., Strope, B., Roy, S., Dean, T., and Heck, L. (2016). Contextual LSTM(CLSTM) models for large scale NLP tasks. *ArXiv Preprint ArXiv:1602.06291*. 255

Gimpel, K. and Smith, N. A. (2012). Concavity and initialization for unsupervised dependency parsing. In *Proc. of the 2012 Conference of the North American Chapter of the Association for Computational Linguistics: Human Language Technologies*, pages 577–581, Montréal, Canada. 149

Glorot, X. and Bengio, Y. (2010). Understanding the difficulty of training deep feedforward neural networks. In *Proc. of the 30th International Conference on Artificial Intelligence and Statistics(AISTATS)*, pages 249–256. 228

Goldberg, Y. (2017). *Neural Network Methods for Natural Language Processing*. Morgan & Claypool Publishers. DOI: 10.2200/s00762ed1v01y201703hlt037 255

Goldwater, S., Griffiths, T. L., and Johnson, M. (2006). Contextual dependencies in unsupervised word segmentation. In *Proc. of the 21st International Conference on Computational Linguistics and 44th Annual Meeting of the Association for Computational Linguistics*, pages 673–680, Sydney, Australia. DOI: 10.3115/1220175.1220260. 29

Goldwater, S., Griffiths, T., and Johnson, M. (2009). A Bayesian framework for word segmentation: Exploring the effects of context. *Cognition*, 112(1), pages 21–54. DOI: 10.1016/j.cognition.2009.03.008. 29

Goldwater, S. and Griffiths, T. (2007). A fully Bayesian approach to unsupervised part-ofspeech tagging. In *Proc. of the 45th Annual Meeting of the Association of Computational Linguistics*, pages 744–751, Prague, Czech Republic. 26, 56, 66

Goller, C. and Kuchler, A. (1996). Learning task-dependent distributed representations by backpropagation through structure. In *Proc. of IEEE International Conference on Neural Networks*, vol. 1, pages 347–352. DOI: 10.1109/icnn.1996.548916 231

Goodfellow, I., Pouget-Abadie, J., Mirza, M., Xu, B., Warde-Farley, D., Ozair, S., Courville, A., and Bengio, Y. (2014). Generative adversarial nets. In *Advances in Neural Information Processing Systems 27*, pages 2672–2680. 245, 252, 253

Goodfellow, I., Bengio, Y., Courville, A., and Bengio, Y. (2016). *Deep Learning*. MIT Press, Cambridge. DOI: 10.1038/nature14539 214

Goodman, J. (1996). Parsing algorithms and metrics. In *Proc. of the 34th Annual Meeting of the Association for Computational Linguistics*, pages 177–183, Santa Cruz, CA. DOI: 10.3115/981863.981887. 90

Graves, A. (2011). Practical variational inference for neural networks. In Shawe-Taylor, J., Zemel, R. S., Bartlett, P. L., Pereira, F., and Weinberger, K. Q., Eds., *Advances in Neural Information Processing Systems 24*, pages 2348–2356, Curran Associates, Inc. 229, 232

Graves, A. (2012). Supervised sequence labelling. In *Supervised Sequence Labelling with Recurrent Neural Networks*, pages 5–13, Springer. DOI: 10.1007/978-3-642-24797-2_2 235

Griffiths, T. (2002). Gibbs sampling in the generative model of Latent Dirichlet Allocation. Technical report, Stanford University. 107

Griffiths, T. L., Kemp, C., and Tenenbaum, J. B. (2008). Bayesian models of cognition. In Sun, R., Ed., *Cambridge Handbook of Computational Cognitive Modeling*, pages 59–100. Cambridge University Press, Cambridge. 29

Griffiths, T. L., Chater, N., Kemp, C., Perfors, A., and Tenenbaum, J. B. (2010). Probabilistic models of cognition: exploring representations and inductive biases. *Trends in Cognitive Sciences*, 14(8), pages 357–364. DOI: 10.1016/j.tics.2010.05.004. 29

Griffiths, T. and Ghahramani, Z. (2005). Infinite latent feature models and the Indian buffet process. *Gatsby Computational Neuroscience Unit, Technical Report*, 1. 172

Gu, J., Lu, Z., Li, H., and Li, V. O. (2016). Incorporating copying mechanism in sequence-tosequence learning. pages 1631–1640. DOI: 10.18653/v1/p16-1154 238

Haghighi, A. and Klein, D. (2007). Unsupervised coreference resolution in a nonparametric Bayesian model. In *Proc. 45th Annual Meeting of the ACL*, pages 848–855, Prague, Czech Republic. Association for Computational Linguistics. 27

Harris, Z. S. (1954). Distributional structure. *Word*, 10(2–3):146–162. DOI: 10.1080/00437956.1954.11659520 217

Harris, C. L. (1992). Connectionism and cognitive linguistics. In *Connectionist Natural Language Processing*, pages 1–27, Springer. DOI: 10.1007/978-94-011-2624-3_1 214

Hastings, W. K. (1970). Monte Carlo sampling methods using Markov chains and their applications. *Biometrika*, 57(1), pages 97–109. DOI: 10.2307/2334940. 114

Henderson, J. (2003). Inducing history representations for broad coverage statistical parsing. In *Human Language Technologies: The 2003 Annual Conference of the North American Chapter of the Association for Computational Linguistics*. DOI: 10.3115/1073445.1073459 216

Henderson, J. and Lane, P. (1998). A connectionist architecture for learning to parse. In *Proc. of the 17th International Conference on Computational Linguistics (Volume 1: Long Papers)*, pages 531–537, Association for Computational Linguistics. DOI: 10.3115/980451.980934 216

Hochreiter, S. and Schmidhuber, J. (1997). Long short-term memory. *Neural Computation*, 9(8):1735–1780. DOI: 10.1162/neco.1997.9.8.1735 233

Hoffman, M., Bach, F. R., and Blei, D. M. (2010). Online learning for latent Dirichlet allocation. In Lafferty, J., Williams, C., Shawe-Taylor, J., Zemel, R., and Culotta, A., Eds., *Advances in Neural Information Processing Systems 23*, pages 856–864. Curran Associates, Inc. 152

Hofmann, T. (1999a). Probabilistic latent semantic analysis. In *Proc. of Uncertainty in Artificial Intelligence,* pages 289–296. 57, 216

Hofmann, T. (1999b). Probabilistic latent semantic indexing. In *Proc. of the 22nd Annual International ACM SIGIR Conference on Research and Development in Information Retrieval, SIGIR'99*, pages 50–57, New York. DOI: 10.1145/312624.312649. 31

Hornik, K., Stinchcombe, M., and White, H. (1989). Multilayer feedforward networks are universal approximators. *Neural Networks*, 2(5):359–366. DOI: 10.1016/0893-6080(89)90020-8 215

Hovy, E., Marcus, M., Palmer, M., Ramshaw, L., and Weischedel, R. (2006). Ontonotes: The 90% solution. In *Proc. of the Human Language Technology Conference of the NAACL, Companion Volume: Short Papers*, pages 57–60, New York. Association for Computational Linguistics. 92

Hu, Z., Yang, Z., Salakhutdinov, R., and Xing, E. P. (2018). On unifying deep generative models. 246

Huang, Y., Zhang, M., and Tan, C. L. (2011). Nonparametric Bayesian machine transliteration with synchronous adaptor grammars. In *Proc. of the 49th Annual Meeting of the Association for Computational Linguistics: Human Language Technologies,* pages 534–539, Portland, OR. 205

Huang, Y., Zhang, M., and Tan, C.-L. (2012). Improved combinatory categorial grammar induction with boundary words and Bayesian inference. In *Proc. of COLING 2012*, pages 1257–1274, Mumbai, India. The COLING 2012 Organizing Committee. 210

Huang, Z., Xu, W., and Yu, K. (2015). Bidirectional LSTM-CRF models for sequence tagging. *ArXiv Preprint ArXiv:1508.01991.* 238

Jaynes, E. T. (2003). *Probability Theory: The Logic of Science*. Cambridge University Press. DOI: 10.1017/cbo9780511790423. xxvi, 22, 66

Jeffreys, H. (1961). *Theory of Probability*. Oxford University. DOI: 10.1063/1.3050814. 68, 82

Jelinek, F. and Mercer, R. L. (1980). Interpolated estimation of Markov source parameters from sparse data. In *Proc. of Workshop on Pattern Recognition in Practice*, Amsterdam, The Netherlands. 82

Jiang, T., Wang, L., and Zhang, K. (1995). Alignment of trees—an alternative to tree edit. *Theoretical Computer Science*, 143(1), pages 137–148. DOI: 10.1016/0304-3975(95) 80029-9. 208

Johnson, M. (2007a). Transforming projective bilexical dependency grammars into efficientlyparsable CFGs with unfold-fold. In *Proc. of the 45th Annual Meeting of the Association of Computational Linguistics,* pages 168–175, Prague, Czech Republic. 188

Johnson, M. (2007b). Why doesn't EM find good HMM POS-taggers? In *Proc. of the 2007 Joint Conference on Empirical Methods in Natural Language Processing and Computational Natural Language Learning (EMNLP-CoNLL)*, pages 296–305, Prague, Czech Republic. Association for Computational Linguistics. 146

Johnson, M. (2008). Using adaptor grammars to identify synergies in the unsupervised acquisition of linguistic structure. In *Proc. of ACL-08: HLT*, pages 398–406, Columbus, OH. Association for Computational Linguistics. 29

Johnson, M., Griffiths, T., and Goldwater, S. (2007a). Bayesian inference for PCFGs via Markov chain Monte Carlo. In *Human Language Technologies 2007: The Conference of the North American Chapter of the Association for Computational Linguistics; Proceedings of the Main Conference*, pages 139–146, Rochester, NY. 26, 190

Johnson, M., Griffiths, T. L., and Goldwater, S. (2007b). Adaptor grammars: A framework for specifying compositional nonparametric Bayesian models. In Schölkopf, B., Platt, J., and Hoffman, T., Eds., *Advances in Neural Information Processing Systems 19*, pages 641–648. MIT Press. 27, 128, 194, 198

Johnson, M., Demuth, K., Jones, B., and Black, M. J. (2010). Synergies in learning words and their referents. In Lafferty, J., Williams, C., Shawe-Taylor, J., Zemel, R., and Culotta, A., Eds., *Advances in Neural Information Processing Systems 23*, pages 1018–1026. Curran Associates, Inc. 29

Johnson, M., Christophe, A., Dupoux, E., and Demuth, K. (2014). Modelling function words improves unsupervised word segmentation. In *Proc. of the 52nd Annual Meeting of the Association for Computational Linguistics (Volume 1: Long Papers),* pages 282–292, Baltimore, MD. DOI: 10.3115/v1/p14-1027. 29

Johnson, M. and Goldwater, S. (2009). Improving nonparameteric Bayesian inference: experiments on unsupervised word segmentation with adaptor grammars. In *Proc. of*

Human Language Technologies: The 2009 Annual Conference of the North American Chapter of the Association for Computational Linguistics, pages 317–325, Boulder, CO. DOI: 10.3115/1620754.1620800. 117

Jones, B., Johnson, M., and Goldwater, S. (2012). Semantic parsing with Bayesian tree transducers. In *Proc. of the 50th Annual Meeting of the Association for Computational Linguistics(Volume 1: Long Papers)*, pages 488–496, Jeju Island, Korea. 210

Jordan, M. I. (2011). Message from the president: The era of big data. *International Society for Bayesian Analysis (ISBA) Bulletin,* 18(2), pages 1–3. 258

Joshi, M., Das, D., Gimpel, K., and Smith, N. A. (2010). Movie reviews and revenues: An experiment in text regression. In *Human Language Technologies: The 2010 Annual Conference of the North American Chapter of the Association for Computational Linguistics*, pages 293–296, Los Angeles, CA. 40

Joshi, A. K. and Schabes, Y. (1997). Tree-adjoining grammars. In *Handbook of Formal Languages*, pages 69–123. Springer. DOI: 10.1007/978-3-642-59126-6_2. 210

Kalchbrenner, N. and Blunsom, P. (2013). Recurrent continuous translation models. In *Proc. of the Conference on Empirical Methods in Natural Language Processing (EMNLP)*, pages 1700–1709. 236

Kalchbrenner, N., Grefenstette, E., and Blunsom, P. (2014). A convolutional neural network for modelling sentences. In *Proc. of the 52nd Annual Meeting of the Association for Computational Linguistics (Volume 1: Long Papers)*, vol. 1, pages 655–665. DOI: 10.3115/v1/p14-1062 240

Kallmeyer, L. and Maier, W. (2010). Data-driven parsing with probabilistic linear context-free rewriting systems. In *Proc. of the 23rd International Conference on Computational Linguistics (Coling 2010)*, pages 537–545, Beijing, China. Coling 2010 Organizing Committee. DOI: 10.1162/coli_a_00136. 177

Kasami, T. (1965). An efficient recognition and syntax-analysis algorithm for context-free languages. Technical Report AFCRL-65-758, Air Force Cambridge Research Lab. 182

Katz, S. M. (1987). Estimation of probabilities from sparse data for the language model component of a speech recognizer. In *IEEE Transactions on Acoustics, Speech and Signal Processing*, pages 400–401. DOI: 10.1109/tassp.1987.1165125. 82

Kingma, D. P. and Ba, J. (2014). Adam: A method for stochastic optimization. *ArXiv Preprint ArXiv:1412.6980.* 265

Kingma, D. P. and Welling, M. (2014). Auto-encoding variational Bayes. In *Proc. of the 2nd International Conference on Learning Representations (ICLR)*. 245

Klein, G., Kim, Y., Deng, Y., Senellart, J., and Rush, A. M. (2017). OpenNMT: Open-source toolkit for neural machine translation. In *Proc. of the System Demonstrations of the 55th Annual Meeting of the Association for Computational Linguistics,* pages 67–72. DOI: 10.18653/v1/p17-4012 239

Klein, D. and Manning, C. (2004). Corpus-based induction of syntactic structure: Models of dependency and constituency. In *Proc. of the 42nd Meeting of the Association for Computational Linguistics (ACL'04), Main Volume*, pages 478–485, Barcelona, Spain. DOI: 10.3115/1218955.1219016. 62, 149, 208

Kneser, R. and Ney, H. (1995). Improved backing-off for m-gram language modeling. In *Proc. of the IEEE International Conference on Acoustics, Speech and Signal Processing*, vol. I, pages 181–184, Detroit, MI. IEEE Inc. DOI: 10.1109/icassp. 1995.479394. 82, 170

Koehn, P. and Knowles, R. (2017). Six challenges for neural machine translation. In *Proc. of the 1st Workshop on Neural Machine Translation*, pages 28–39, Association for Computational Linguistics. DOI: 10.18653/v1/w17-3204 254

Koller, D. and Friedman, N. (2009). *Probabilistic Graphical Models: Principles and Techniques*. MIT Press. 19, 151

Krizhevsky, A., Sutskever, I., and Hinton, G. E. (2012). ImageNet classification with deep convolutional neural networks. In *Advances in Neural Information Processing Systems 25*, pages 1097–1105. DOI: 10.1145/3065386 240

Kübler, S., McDonald, R., and Nivre, J. (2009). *Dependency Parsing*. Synthesis Lectures on Human Language Technologies. Morgan & Claypool. DOI: 10.2200/s00169ed1 v01y200901hlt002. 203

Kucukelbir, A., Tran, D., Ranganath, R., Gelman, A., and Blei, D. M. (2016). Automatic differentiation variational inference. *arXiv preprint arXiv:1603.00788.* 141

Kulis, B. and Jordan, M. I. (2011). Revisiting k-means: New algorithms via Bayesian nonparametrics. *arXiv preprint arXiv:1111.0352.* 155

Kumar, S. and Byrne, W. (2004). Minimum bayes-risk decoding for statistical machine translation. In Susan Dumais, D. M. and Roukos, S., Eds., *HLT-NAACL 2004: Main Proceedings*, pages 169–176, Boston, MA. Association for Computational Linguistics. 90

Kwiatkowski, T., Goldwater, S., Zettlemoyer, L., and Steedman, M. (2012a). A probabilistic model of syntactic and semantic acquisition from child-directed utterances and their meanings. In *Proc. of the 13th Conference of the European Chapter of the Association for Computational Linguistics*, pages 234–244, Avignon, France. 152

Kwiatkowski, T., Goldwater, S., Zettlemoyer, L., and Steedman, M. (2012b). A probabilistic model of syntactic and semantic acquisition from child-directed utterances and their meanings. In *Proc. of the 13th Conference of the European Chapter of the Association for Computational Linguistics*, pages 234–244, Avignon, France. 210

Le, Q. and Mikolov, T. (2014). Distributed representations of sentences and documents. In *Proc. of the 31st International Conference on Machine Learning (ICML)*, pages 1188–1196. 222

LeCun, Y., Boser, B., Denker, J. S., Henderson, D., Howard, R. E., Hubbard, W., and Jackel, L. D. (1989). Backpropagation applied to handwritten zip code recognition. *Neural Computation*, 1(4):541–551. DOI: 10.1162/neco.1989.1.4.541 214

Lei, T., Barzilay, R., and Jaakkola, T. (2016). Rationalizing neural predictions. In *Proc. of the Conference on Empirical Methods in Natural Language Processing (EMNLP)*. DOI: 10.18653/v1/d16-1011 255

Levenberg, A., Dyer, C., and Blunsom, P. (2012). A Bayesian model for learning scfgs with discontiguous rules. In *Proc. of the 2012 Joint Conference on Empirical Methods in Natural Language Processing and Computational Natural Language Learning*, pages 223–232, Jeju Island, Korea. Association for Computational Linguistics. 111, 205

Levy, R. P., Reali, F., and Griffiths, T. L. (2009). Modeling the effects of memory on human online sentence processing with particle filters. In Koller, D., Schuurmans, D., Bengio, Y., and Bottou, L., Eds., *Advances in Neural Information Processing Systems 21*, pages 937–944. Curran Associates, Inc. 129

Li, J., Chen, X., Hovy, E., and Jurafsky, D. (2015). Visualizing and understanding neural models in NLP. *ArXiv Preprint ArXiv:1506.01066*. DOI: 10.18653/v1/n16-1082 255

Liang, P., Petrov, S., Jordan, M., and Klein, D. (2007). The infinite PCFG using hierarchical Dirichlet processes. In *Proc. of the 2007 Joint Conference on Empirical Methods in Natural Language Processing and Computational Natural Language Learning (EMNLP-CoNLL)*, pages 688–697, Prague, Czech Republic. Association for Computational Linguistics. 200

Liang, P. and Klein, D. (2009). Online EM for unsupervised models. In *Proc. of Human Language Technologies: The 2009 Annual Conference of the North American Chapter of the Association for Computational Linguistics*, pages 611–619, Boulder, CO. DOI: 10.3115/1620754.1620843. 152

Lidstone, G. J. (1920). Note on the general case of the Bayes-Laplace formula for the inductive or posteriori probabilities. *Transactions of the Faculty of Actuaries*, 8(182). 82

Lin, C.-C., Wang, Y.-C., and Tsai, R. T.-H. (2009). Modeling the relationship among linguistic typological features with hierarchical Dirichlet process. In *Proc. of the 23rd Pacific Asia Conference on Language, Information and Computation*, pages 741–747, Hong Kong. City University of Hong Kong. 27

Lindsey, R., Headden, W., and Stipicevic, M. (2012). A phrase-discovering topic model using hierarchical Pitman-Yor processes. In *Proc. of the 2012 Joint Conference on Empirical Methods in Natural Language Processing and Computational Natural Language Learning*, pages 214–222, Jeju Island, Korea. Association for Computational Linguistics. 117

Linzen, T. (2018). What can linguistics and deep learning contribute to each other? *ArXiv Preprint ArXiv:1809.04179*. DOI: 10.1353/lan.2019.0001 255

Liu, H., Simonyan, K., and Yang, Y. (2018). Darts: Differentiable architecture search. *ArXiv Preprint ArXiv:1806.09055*. 243

Luong, T., Pham, H., and Manning, C. D. (2015). Effective approaches to attention-based neural machine translation. In *Proc. of the Conference on Empirical Methods in Natural Language Processing (EMNLP)*, pages 1412–1421. DOI: 10.18653/v1/d15-1166 238

Maas, A. L., Hannun, A. Y., and Ng, A. Y. (2013). Rectifier nonlinearities improve neural network acoustic models. In *Proc. of the 30th International Conference on Machine Learning(ICML)*, page 3. 224

MacKay, D. J. (1992). A practical Bayesian framework for backpropagation networks. *Neural Computation*, 4(3):448–472. DOI: 10.1162/neco.1992.4.3.448 228

Maddison, C. J., Mnih, A., and Teh, Y. W. (2017). The concrete distribution: A continuous relaxation of discrete random variables. In *Proc. of the 5th International Conference on Learning Representations (ICLR)*. 252, 273

Mandt, S., Hoffman, M., and Blei, D. (2016). A variational analysis of stochastic gradient algorithms. In *Proc. of 33rd International Conference on Machine Learning (ICML)*, pages 354–363. 265

Marcus, M. P., Santorini, B., and Marcinkiewicz, M. A. (1993). Building a large annotated corpus of English: The Penn treebank. *Computational Linguistics*, 19(2), pages 313–330. 181

Matsuzaki, T., Miyao, Y., and Tsujii, J. (2005). Probabilistic CFG with latent annotations. In *Proc. of the 43rd Annual Meeting of the Association for Computational Linguistics (ACL'05),* pages 75–82, Ann Arbor, MI. DOI: 10.3115/1219840.1219850. 201, 211

McCulloch, W. S. and Pitts, W. (1943). A logical calculus of the ideas immanent in nervous activity. *The Bulletin of Mathematical Biophysics*, 5(4):115–133. DOI: 10.1007/bf02478259 214

McGrayne, S. B. (2011). *The Theory that Would not Die: How Bayes' Rule Cracked the Enigma Code, Hunted Down Russian Submarines, and Emerged Triumphant from Two Centuries of Controversy.* Yale University Press. xxvi

Metropolis, N., Rosenbluth, A. W., Rosenbluth, M. N., Teller, A. H., and Teller, E. (1953). Equation of state calculations by fast computing machines. *Journal of Chemical Physics*, 21, pages 1087–1092. DOI: 10.1063/1.1699114. 114

Mikolov, T., Kombrink, S., Burget, L.,Černocky, J., and Khudanpur, S. (2011). Extensions of recurrent neural network language model. In *Proc. of the IEEE International Conference on Acoustics, Speech and Signal Processing (ICASSP)*, pages 5528–5531. DOI: 10.1109/icassp.2011.5947611 247

Mikolov, T., Chen, K., Corrado, G., and Dean, J. (2013a). Efficient estimation of word representations in vector space. *ArXiv Preprint ArXiv:1301.3781.* 218, 219, 220

Mikolov, T., Sutskever, I., Chen, K., Corrado, G. S., and Dean, J. (2013b). Distributed representations of words and phrases and their compositionality. In Burges, C. J. C., Bottou, L., Welling, M., Ghahramani, Z., and Weinberger, K. Q., Eds., *Advances in Neural Information Processing Systems* 26, pages 3111–3119, Curran Associates, Inc. 219

Mikolov, T. and Zweig, G. (2012). Context dependent recurrent neural network language model. *SLT,* 12(234–239):8. DOI: 10.1109/slt.2012.6424228 255

Mimno, D., Wallach, H., and McCallum, A. (2008). Gibbs sampling for logistic normal topic models with graph-based priors. In *NIPS Workshop on Analyzing Graphs.* 61

Mimno, D., Wallach, H., Talley, E., Leenders, M., and McCallum, A. (2011). Optimizing semantic coherence in topic models. In *Proc. of the 2011 Conference on Empirical Methods in Natural Language Processing,* pages 262–272, Edinburgh, Scotland, UK. Association for Computational Linguistics. 36

Minka, T. (1999). The Dirichlet-tree distribution. Technical report, Justsystem Pittsburgh Research Center. 55

Minka, T. (2000). Bayesian linear regression. Technical report, Massachusetts Institute of Technology. 41

Minsky, M. and Papert, S. (1969). Perceptrons. DOI: 10.7551/mitpress/11301.001.0001 214

Mitchell, J. and Lapata, M. (2008). Vector-based models of semantic composition, pages 236–244. 216

Močkus, J. (1975). On Bayesian methods for seeking the extremum. In *Proc. of the IFIP Technical Conference on Optimization Techniques,* pages 400–404, Springer. DOI: 10.1007/978-3-662-38527-2_55 244

Močkus, J. (2012). *Bayesian Approach to Global Optimization: Theory and Applications*, vol. 37, Springer Science & Business Media. DOI: 10.2307/2008419 244

Murphy, K. P. (2012). *Machine Learning: A Probabilistic Perspective*. MIT Press. 17, 222

Nakazawa, T. and Kurohashi, S. (2012). Alignment by bilingual generation and monolingual derivation. In *Proc. of COLING 2012*, pages 1963–1978, Mumbai, India. 111

Narayan, S., Cohen, S. B., and Lapata, M. (2018a). Don't give me the details, just the summary! Topic-aware convolutional neural networks for extreme summarization. In *Proc. of the Conference on Empirical Methods in Natural Language Processing (EMNLP)*, pages 1797–1807. 255

Narayan, S., Cohen, S. B., and Lapata, M. (2018b). Ranking sentences for extractive summarization with reinforcement learning. In *Proc. of the Conference of the North American Chapter of the Association for Computational Linguistics: Human Language Technologies*, pages 1747–1759. DOI: 10.18653/v1/n18-1158 241

Neal, R. M. (2000). Markov chain sampling methods for Dirichlet process mixture models. *Journal of Computational and Graphical Statistics*, 9(2), pages 249–265. DOI: 10.2307/1390653. 161, 163

Neal, R. M. (2003). Slice sampling. *Annals of Statistics*, 31, pages 705–767. DOI: 10.1214/aos/1056562461. 115

Neal, R. M. (2012). *Bayesian Learning for Neural Networks*, vol. 118, Springer Science & Business Media. DOI: 10.1007/978-1-4612-0745-0 229

Neal, R. M. and Hinton, G. E. (1998). A view of the EM algorithm that justifies incremental, sparse, and other variants. In *Learning in Graphical Models*, pages 355–368. Springer. DOI: 10.1007/978-94-011-5014-9_12. 152

Neco, R. P. and Forcada, M. L. (1997). Asynchronous translations with recurrent neural nets. In *Proc. of the International Conference on Neural Networks*, vol. 4, pages 2535–2540, IEEE. DOI: 10.1109/icnn.1997.614693 214, 236

Neiswanger, W., Wang, C., and Xing, E. P. (2014). Asymptotically exact, embarrassingly parallel MCMC. In *Proc. of the 30th Conference on Uncertainty in Artificial Intelligence, UAI*, pages 623–632, Quebec City, Quebec, Canada. AUAI Press. 112

Neubig, G., Watanabe, T., Sumita, E., Mori, S., and Kawahara, T. (2011). An unsupervised model for joint phrase alignment and extraction. In *Proc. of the 49th Annual Meeting of the Association for Computational Linguistics: Human Language Technologies*, pages 632–641, Portland, OR. 205

Neubig, G., Dyer, C., Goldberg, Y., Matthews, A., Ammar, W., Anastasopoulos, A., Ballesteros, M., Chiang, D., Clothiaux, D., Cohn, T., et al. (2017). DyNet: The dynamic neural network toolkit. *ArXiv Preprint ArXiv:1701.03980.* 217

Newman, D., Asuncion, A., Smyth, P., and Welling, M. (2009). Distributed algorithms for topic models. *Journal of Machine Learning Research*, 10, pages 1801–1828. 112

Newman, D., Lau, J. H., Grieser, K., and Baldwin, T. (2010). Automatic evaluation of topic coherence. In *Human Language Technologies: The 2010 Annual Conference of the North American Chapter of the Association for Computational Linguistics*, pages 100–108, Los Angeles, CA. 36

Noji, H., Mochihashi, D., and Miyao, Y. (2013). Improvements to the Bayesian topic n-gram models. In *Proc. of the 2013 Conference on Empirical Methods in Natural Language Processing*, pages 1180–1190, Seattle, WA. Association for Computational Linguistics. 170

O'Neill, B. (2009). Exchangeability, correlation, and Bayes' effect. *International Statistical Review*, 77(2), pages 241–250. DOI: 10.1111/j.1751-5823.2008.00059.x. 9

Och, F. J. and Ney, H. (2003). A systematic comparison of various statistical alignment models. *Computational Linguistics, 29*(1), pages 19–51. DOI: 10.1162/08912010 3321337421. 206, 209

Omohundro, S. M. (1992). *Best-first Model Merging for Dynamic Learning and Recognition*. International Computer Science Institute. 211

Pajak, B., Bicknell, K., and Levy, R. (2013). A model of generalization in distributional learning of phonetic categories. In Demberg, V. and Levy, R., Eds., *Proc. of the 4th Workshop on Cognitive Modeling and Computational Linguistics*, pages 11–20, Sofia, Bulgaria. Association for Computational Linguistics. 29

Pascanu, R., Mikolov, T., and Bengio, Y. (2013). On the difficulty of training recurrent neural networks. In *Proc. of the 30th International Conference on Machine Learning (ICML)*, pages 1310–1318. 230, 232

Pearl, J. (1988). *Probabilistic Reasoning in Intelligent Systems: Networks of Plausible Inference*. Morgan Kaufmann, San Mateo, CA. 18

Perfors, A., Tenenbaum, J. B., Griffiths, T. L., and Xu, F. (2011). A tutorial introduction to Bayesian models of cognitive development. *Cognition*, 120(3), pages 302–321. DOI: 10.1016/j.cognition.2010.11.015. 29

Peters, M., Neumann, M., Iyyer, M., Gardner, M., Clark, C., Lee, K., and Zettlemoyer, L. (2018). Deep contextualized word representations. In *Proc. of the Conference of the North American Chapter of the Association for Computational Linguistics: Human Language Technologies, (Volume 1: Long Papers),* vol. 1, pages 2227–2237. DOI: 10.18653/v1/n18-1202 221

Petrov, S., Barrett, L., Thibaux, R., and Klein, D. (2006). Learning accurate, compact, and interpretable tree annotation. In *Proc. of the 21st International Conference on Computational Linguistics and 44th Annual Meeting of the Association for Computational Linguistics*, pages 433–440, Sydney, Australia. DOI: 10.3115/1220175. 1220230. 202, 211

Pitman, J. and Yor, M. (1997). The two-parameter Poisson-Dirichlet distribution derived from a stable subordinator. *The Annals of Probability*, 25(2), pages 855–900. DOI: 10.1214/aop/1024404422. 168

Pollack, J. B. (1990). Recursive distributed representations. *Artificial Intelligence*, 46(1–2):77–105. DOI: 10.1016/0004-3702(90)90005-k 231

Post, M. and Gildea, D. (2009). Bayesian learning of a tree substitution grammar. In *Proc. of the ACL-IJCNLP 2009 Conference Short Papers,* pages 45–48, Suntec, Singapore. Association for Computational Linguistics. DOI: 10.3115/1667583. 1667599. 211

Post, M. and Gildea, D. (2013). Bayesian tree substitution grammars as a usage-based approach. *Language and Speech*, 56, pages 291–308. DOI: 10.1177/0023830 913484901. 211

Preoțiuc-Pietro, D. and Cohn, T. (2013). A temporal model of text periodicities using gaussian processes. In *Proc. of the 2013 Conference on Empirical Methods in Natural Language Processing*, pages 977–988, Seattle, WA. Association for Computational Linguistics. 172

Prescher, D. (2005). Head-driven PCFGs with latent-head statistics. In *Proc. of the 9th International Workshop on Parsing Technology*, pages 115–124, Vancouver, British Columbia. Association for Computational Linguistics. DOI: 10.3115/1654494. 1654506. 201, 211

Rabiner, L. R. (1989). A tutorial on hidden Markov models and selected applications in speech recognition. *Proc. of the IEEE*, 77(2), pages 257–286. DOI: 10.1109/5.18626. 179

Raftery, A. E. and Lewis, S. M. (1992). Practical Markov chain Monte Carlo: Comment: One long run with diagnostics: Implementation strategies for Markov chain Monte Carlo. *Statistical Science*, 7(4), pages 493–497. 121

Raiffa, H. and Schlaifer, R. (1961). *Applied Statistical Decision Theory*. Wiley-Interscience. 52, 257

Rasmussen, C. E. and Williams, C. K. I. (2006). *Gaussian Processes for Machine Learning*. MIT Press. DOI: 10.1007/978-3-540-28650-9_4. 172

Ravi, S. and Knight, K. (2011). Deciphering foreign language. In *Proc. of the 49th Annual Meeting of the Association for Computational Linguistics: Human Language Technologies*, pages 12–21, Portland, OR. 111

Real, E., Aggarwal, A., Huang, Y., and Le, Q. V. (2018). Regularized evolution for image classifier architecture search. *ArXiv Preprint ArXiv:1802.01548*. 243

Rios, L. M. and Sahinidis, N. V. (2013). Derivative-free optimization: A review of algorithms and comparison of software implementations. *Journal of Global Optimization*, 56(3):1247–1293. DOI: 10.1007/s10898-012-9951-y 244

Robert, C. P. and Casella, G. (2005). *Monte Carlo Statistical Methods*. Springer. DOI: 10.1007/978-1-4757-3071-5. 119, 121, 122, 123, 128

Rosenblatt, F. (1958). The perceptron: A probabilistic model for information storage and organization in the brain. *Psychological Review*, 65(6):386. DOI: 10.1037/h0042519 214

Rosenfeld, R. (2000). Two decades of statistical language modeling: Where do we go from here? *Proc. of the IEEE*, 88(8), pages 1270–1278. DOI: 10.1109/5.880083. 170

Roth, D. and Yih, W.-t. (2005). Integer linear programming inference for conditional random fields. In *Proc. of the 22nd International Conference on Machine Learning (ICML)*, pages 736–743, ACM. DOI: 10.1145/1102351.1102444 265

Rozenberg, G. and Ehrig, H. (1999). *Handbook of Graph Grammars and Computing by Graph Transformation*, vol. 1. World Scientific, Singapore. DOI: 10.1142/97898 12384720. 177

Rumelhart, D. E., Hinton, G. E., Williams, R. J., et al. (1988). Learning representations by back-propagating errors. *Cognitive Modeling*, 5(3):1. DOI: 10.1038/323533a0 214

Saatci, Y. and Wilson, A. G. (2017). Bayesian GAN. In *Advances in Neural Information Processing Systems 30*, pages 3622–3631. 253

Sankaran, B., Haffari, G., and Sarkar, A. (2011). Bayesian extraction of minimal scfg rules for hierarchical phrase-based translation. In *Proc. of the 6th Workshop on Statistical Machine Translation*, pages 533–541, Edinburgh, Scotland. Association for Computational Linguistics. 205

Sato, M.-A. and Ishii, S. (2000). On-line EM algorithm for the normalized Gaussian network. *Neural Computation*, 12(2), pages 407–432. DOI: 10.1162/089976600 300015853. 152

Saxe, A. M., McClelland, J. L., and Ganguli, S. (2013). Exact solutions to the nonlinear dynamics of learning in deep linear neural networks. *arXiv preprint arXiv:1312.6120*. 228

Sennrich, R., Haddow, B., and Birch, A. (2016). Improving neural machine translation models with monolingual data. In *Proc. of the 54nd Annual Meeting of the Association for Computational Linguistics (Volume 1: Long Papers)*. DOI: 10.18653/ v1/p16-1009 254

Sennrich, R., Firat, O., Cho, K., Birch, A., Haddow, B., Hitschler, J., Junczys-Dowmunt, M., Läubli, S., Miceli Barone, A. V., Mokry, J., and Nadejde, M. (2017). Nematus: A toolkit for neural machine translation. In *Proc. of the Software Demonstrations of the 15th Conference of the European Chapter of the Association for Computational Linguistics*, pages 65–68, Valencia, Spain. DOI: 10.18653/v1/e17-3017 239

Sethuraman, J. (1994). A constructive definition of Dirichlet priors. *Statistica Sinica*, 4, pages 639–650. 157

Shareghi, E., Haffari, G., Cohn, T., and Nicholson, A. (2015). Structured prediction of sequences and trees using infinite contexts. In *Machine Learning and Knowledge Discovery in Databases*, pages 373–389. Springer. DOI: 10.1007/978-3-319-23525- 7_23. 175

Shareghi, E., Li, Y., Zhu, Y., Reichart, R., and Korhonen, A. (2019). Bayesian learning for neural dependency parsing. *Proc. of the Annual Conference of the North American Chapter of the Association for Computational Linguistics (NAACL).* 229

Shindo, H., Miyao, Y., Fujino, A., and Nagata, M. (2012). Bayesian symbol-refined tree substitution grammars for syntactic parsing. In *Proc. of the 50th Annual Meeting of the Association for Computational Linguistics (Volume 1: Long Papers),* pages 440–448, Jeju Island, Korea. 27, 211

Sirts, K., Eisenstein, J., Elsner, M., and Goldwater, S. (2014). Pos induction with distributional and morphological information using a distance-dependent Chinese restaurant process. In *Proc. of the 52nd Annual Meeting of the Association for Computational Linguistics (Volume 2: Short Papers),* pages 265–271, Baltimore, MD. DOI: 10.3115/v1/p14-2044. 174

Smith, N. A. (2011). *Linguistic Structure Prediction.* Synthesis Lectures on Human Language Technologies. Morgan & Claypool. DOI: 10.2200/s00361ed1v01y2 01105hlt013. 186

Snoek, J., Larochelle, H., and Adams, R. P. (2012). Practical Bayesian optimization of machine learning algorithms. In *Advances in Neural Information Processing Systems 25,* pages 2951–2959. 244

Snyder, B. and Barzilay, R. (2008). Unsupervised multilingual learning for morphological segmentation. In *Proc. of ACL-08: HLT,* pages 737–745, Columbus, OH. Association for Computational Linguistics. 27

Snyder, B., Naseem, T., Eisenstein, J., and Barzilay, R. (2008). Unsupervised multilingual learning for POS tagging. In *Proc. of the 2008 Conference on Empirical Methods in Natural Language Processing,* pages 1041–1050, Honolulu, HI. Association for Computational Linguistics. DOI: 10.3115/1613715.1613851. 27, 206

Snyder, B., Naseem, T., and Barzilay, R. (2009a). Unsupervised multilingual grammar induction. In *Proc. of the Joint Conference of the 47th Annual Meeting of the ACL and the 4th International Joint Conference on Natural Language Processing of the AFNLP,* pages 73–81, Suntec, Singapore. Association for Computational Linguistics. DOI: 10.3115/1687878.1687890. 208

Snyder, B., Naseem, T., Eisenstein, J., and Barzilay, R. (2009b). Adding more languages improves unsupervised multilingual part-of-speech tagging: a Bayesian non-parametric approach. In *Proc. of Human Language Technologies: The 2009 Annual Conference of the North American Chapter of the Association for Computational Linguistics,* pages 83–91, Boulder, CO. DOI: 10.3115/1620754.1620767. 208

Spitkovsky, V. I., Alshawi, H., and Jurafsky, D. (2010). From baby steps to leapfrog: How "less is more" in unsupervised dependency parsing. In *Human Language Technologies: The 2010 Annual Conference of the North American Chapter of the Association for Computational Linguistics*, pages 751–759, Los Angeles, CA. 149

Srivastava, N., Hinton, G., Krizhevsky, A., Sutskever, I., and Salakhutdinov, R. (2014). Dropout: A simple way to prevent neural networks from overfitting. *Journal of Machine Learning Research*, 15(1):1929–1958. 242

Steedman, M. (2000). *The Syntactic Process*, vol. 35. MIT Press. 210

Steedman, M. and Baldridge, J. (2011). Combinatory categorial grammar. In Borsley, R. and Borjars, K. Eds. *Non-Transformational Syntax Oxford*, pages 181–224. 177

Steyvers, M. and Griffiths, T. (2007). Probabilistic topic models. *Handbook of Latent Semantic Analysis*, 427(7), pages 424–440. DOI: 10.4324/9780203936399.ch21. 34

Stolcke, A. (2002). SRILM-an extensible language modeling toolkit. In *Proc. International Conference on Spoken Language Processing*, pages 901–904, Denver, CO. International Speech Communication Association (ISCA). 81

Stolcke, A. and Omohundro, S. (1994). Inducing probabilistic grammars by Bayesian model merging. In *Grammatical Inference and Applications*, pages 106–118. Springer. DOI: 10.1007/3-540-58473-0_141. 73, 211

Sutskever, I., Vinyals, O., and Le, Q. V. (2014). Sequence to sequence learning with neural networks. In Ghahramani, Z., Welling, M., Cortes, C., Lawrence, N. D., and Weinberger, K. Q., Eds., *Advances in Neural Information Processing Systems 27*, pages 3104–3112, Curran Associates, Inc. 236, 237

Synnaeve, G., Dautriche, I., Börschinger, B., Johnson, M., and Dupoux, E. (2014). Unsupervised word segmentation in context. In *Proc. of COLING 2014, the 25th International Conference on Computational Linguistics: Technical Papers*, pages 2326–2334, Dublin, Ireland. Dublin City University and Association for Computational Linguistics. 29

Teh, Y. W. (2006a). A Bayesian interpretation of interpolated Kneser-Ney. Technical report. 170

Teh, Y. W. (2006b). A hierarchical Bayesian language model based on Pitman-Yor processes. In *Proc. of the 21st International Conference on Computational Linguistics and 44th Annual Meeting of the Association for Computational Linguistics*, pages 985–992, Sydney, Australia. DOI: 10.3115/1220175.1220299. 169, 180, 181

Teh, Y. W., Jordan, M. I., Beal, M. J., and Blei, D. M. (2006). Hierarchical Dirichlet processes. *Journal of the American Statistical Association*, 101(476), pages 1566–1581. DOI: 10.1198/016214506000000302. 166

Teh, Y. W., Kurihara, K., and Welling, M. (2008). Collapsed variational inference for hdp. In Platt, J., Koller, D., Singer, Y., and Roweis, S., Eds., *Advances in Neural Information Processing Systems 20*, pages 1481–1488. Curran Associates, Inc. 167

Teh, Y. W., Thiery, A. H., and Vollmer, S. J. (2016). Consistency and fluctuations for stochastic gradient langevin dynamics. *The Journal of Machine Learning Research*, 17(1):193–225. 229

Tenenbaum, J. B., Kemp, C., Griffiths, T. L., and Goodman, N. D. (2011). How to grow a mind: Statistics, structure, and abstraction. *Science*, 331(6022), pages 1279–1285. DOI: 10.1126/science.1192788. 29

Tesnière, L. (1959). *Élément de Syntaxe Structurale*. Klincksieck. 202

Tesnière, L., Osborne, T. J., and Kahane, S. (2015). *Elements of Structural Syntax*. John Benjamins Publishing Company. DOI: 10.1075/z.185. 202

Tevet, G., Habib, G., Shwartz, V., and Berant, J. (2018). Evaluating text gans as language models. *ArXiv Preprint ArXiv:1810.12686*. 253

Titov, I. and Henderson, J. (2010). A latent variable model for generative dependency parsing. In *Trends in Parsing Technology*, pages 35–55, Springer. DOI: 10.3115/1621410.1621428 216

Titov, I. and Klementiev, A. (2012). A Bayesian approach to unsupervised semantic role induction. In *Proc. of the 13th Conference of the European Chapter of the Association for Computational Linguistics*, pages 12–22, Avignon, France. 174

Tjong Kim Sang, E. F. and De Meulder, F. (2003). Introduction to the CoNLL-2003 shared task: Language-independent named entity recognition. In Daelemans, W. and Osborne, M., Eds., *Proc. of the 7th Conference on Natural Language Learning at HLT-NAACL 2003*, pages 142–147. DOI: 10.3115/1119176. 92

Toutanova, K. and Johnson, M. (2008). A Bayesian LDA-based model for semi-supervised part-of-speech tagging. In Platt, J., Koller, D., Singer, Y., and Roweis, S., Eds., *Advances in Neural Information Processing Systems 20*, pages 1521–1528. Curran Associates, Inc. 57

Tromble, R., Kumar, S., Och, F., and Macherey, W. (2008). Lattice Minimum Bayes-Risk decoding for statistical machine translation. In *Proc. of the 2008 Conference on Empirical Methods in Natural Language Processing*, pages 620–629, Honolulu, HI.

Association for Computational Linguistics. DOI: 10.3115/1613715.1613792. 90

Turian, J., Ratinov, L., and Bengio, Y. (2010). Word representations: A simple and general method for semi-supervised learning. In *Proc. of the 48th Annual Meeting of the Association for Computational Linguistics*, pages 384–394. 215

Turney, P. D. and Pantel, P. (2010). From frequency to meaning: Vector space models of semantics. *Journal of Artificial Intelligence Research*, 37:141–188. DOI: 10.1613/jair.2934 216

Upton, G. and Cook, I. (2014). *A Dictionary of Statistics,* 3rd ed., Oxford University Press. DOI: 10.1093/acref/9780199679188.001.0001. 121

Van Gael, J., Saatci, Y., Teh, Y. W., and Ghahramani, Z. (2008). Beam sampling for the infinite hidden Markov model. In *Proc. of the 25th International Conference on Machine Learning*, pages 1088–1095. ACM Press. DOI: 10.1145/1390156.1390293. 118, 181

Vaswani, A., Shazeer, N., Parmar, N., Uszkoreit, J., Jones, L., Gomez, A. N., Kaiser, Ł., and Polosukhin, I. (2017). Attention is all you need. In *Advances in Neural Information Processing Systems 30*, pages 5998–6008. 254

Vijay-Shanker, K., Weir, D. J., and Joshi, A. K. (1987). Characterizing structural descriptions produced by various grammatical formalisms. In *Proc. of the 25th Annual Meeting of the Association for Computational Linguistics*, pages 104–111, Stanford, CA. DOI: 10.3115/981175.981190. 177

Vilnis, L. and McCallum, A. (2015). Word representations via Gaussian embedding. In *Proc. of the 3rd International Conference on Learning Representations (ICLR).* 221

Wainwright, M. and Jordan, M. (2008). Graphical models, exponential families, and variational inference. *Foundations and Trends in Machine Learning*, 1(1–2), pages 1–305. DOI: 10.1561/2200000001. 139

Wallach, H. M. (2006). Topic modeling: beyond bag-of-words. In *Proc. of the 23rd International Conference on Machine Learning*, pages 977–984, Pittsburgh, PA. ACM Press. DOI: 10.1145/1143844.1143967. 170

Wallach, H., Sutton, C., and McCallum, A. (2008). Bayesian modeling of dependency trees using hierarchical Pitman-Yor priors. In *ICML Workshop on Prior Knowledge for Text and Language Processing*, pages 15–20, Helsinki, Finland. ACM. 169

Wang, C., Paisley, J. W., and Blei, D. M. (2011). Online variational inference for the hierarchical Dirichlet process. In *International Conference on Artificial Intelligence and Statistics*, pages 752–760. 152, 167

Weir, D. (1988). *Characterizing Mildly Context-Sensitive Grammar Formalisms*. Ph.D. thesis, Department of Computer and Information Science, University of Pennsylvania. Available as Technical Report MS-CIS-88-74. 210

Weisstein, E. W. (2014). Gamma function. from MathWorld–a Wolfram web resource. http://mathworld.wolfram.com/GammaFunction.html, Last visited on 11/11/2014. 268

Welling, M., Teh, Y. W., Andrieu, C., Kominiarczuk, J., Meeds, T., Shahbaba, B., and Vollmer, S. (2014). Bayesian inference with big data: a snapshot from a workshop. *International Society for Bayesian Analysis (ISBA) Bulletin*, 21(4), pages 8–11. 258

Welling, M. and Teh, Y. W. (2011). Bayesian learning via stochastic gradient Langevin dynamics. In *Proc. of the 28th International Conference on Machine Learning (ICML)*, pages 681–688. 229

Werbos, P. J. (1990). Backpropagation through time: What it does and how to do it. *Proc. of the IEEE*, 78(10):1550–1560. DOI: 10.1109/5.58337 231

Williams, P., Sennrich, R., Koehn, P., and Post, M. (2016). *Syntax-based Statistical Machine Translation*. Synthesis Lectures on Human Language Technologies. Morgan & Claypool. 205

Wood, F., Archambeau, C., Gasthaus, J., James, L., and Teh, Y. W. (2009). A stochastic memoizer for sequence data. In *Proc. of the 26th Annual International Conference on Machine Learning*, pages 1129–1136. ACM. DOI: 10.1145/1553374.1553518. 175

Wu, D. (1997). Stochastic inversion transduction grammars and bilingual parsing of parallel corpora. *Computational Linguistics*, 23(3), pages 377–403. 205

Yamamoto, M. and Sadamitsu, K. (2005). Dirichlet mixtures in text modeling. Technical Report CS-TR-05-1, University of Tsukuba. 51

Yamangil, E. and Shieber, S. M. (2010). Bayesian synchronous tree-substitution grammar induction and its application to sentence compression. In *Proc. of the 48th Annual Meeting of the Association for Computational Linguistics*, pages 937–947, Uppsala, Sweden. 205

Yamangil, E. and Shieber, S. M. (2013). Nonparametric Bayesian inference and efficient parsing for tree-adjoining grammars. In *Proc. of the 51st Annual Meeting of the Association for Computational Linguistics (Volume 2: Short Papers)*, pages 597–603, Sofia, Bulgaria. 210

Yang, R. and Berger, J. O. (1998). A Catalog of Noninformative Priors. 68

Yang, Y. and Eisenstein, J. (2013). A log-linear model for unsupervised text normalization. In *Proc. of the 2013 Conference on Empirical Methods in Natural Language Processing*, pages 61–72, Seattle, WA. Association for Computational Linguistics. 129

Younger, D. H. (1967). Recognition and parsing of context-free languages in time n^3. *Information and Control*, 10(2). DOI: 10.1016/s0019-9958(67)80007-x. 182

Zhai, K. and Boyd-Graber, J. L. (2013). Online latent Dirichlet allocation with infinite vocabulary. In Dasgupta, S. and Mcallester, D., Eds., *Proc. of the 30th International Conference on Machine Learning (ICML-13)*, vol. 28(1), pages 561–569. JMLR Workshop and Conference Proceedings. 30

Zhai, K., Boyd-Graber, J., and Cohen, S. (2014). Online adaptor grammars with hybrid inference. *Transactions of the Association for Computational Linguistics*, 2, pages 465–476. 200

Zhang, H., Quirk, C., Moore, R. C., and Gildea, D. (2008). Bayesian learning of noncompositional phrases with synchronous parsing. In *Proc. of ACL-08: HLT*, pages 97–105, Columbus, OH. Association for Computational Linguistics. 205

Zhang, B., Xiong, D., Su, J., Duan, H., and Zhang, M. (2016). Variational neural machine translation. In *Proc. of the Conference on Empirical Methods in Natural Language Processing(EMNLP)*. DOI: 10.18653/v1/d16-1050 247

Zipf, G. K. (1932). *Selective Studies and the Principle of Relative Frequency in Language.* Harvard University Press. DOI: 10.4159/harvard.9780674434929. 171

Zoph, B. and Le, Q. V. (2017). Neural architecture search with reinforcement learning. In *Proc. of the 5th International Conference on Learning Representations (ICLR).* 243

찾아보기

베이지안으로 접근하는 자연어 처리 2/e
베이지안 통계 개념과 추론 기법, 모델링을 이용한 활용 분석까지

발　행　| 2021년 9월 30일

지은이　| 샤이 코헨
옮긴이　| 이재원 · 김명준

펴낸이　| 권성준
편집장　| 황영주
편　집　| 조유나
디자인　| 송서연

에이콘출판주식회사
서울특별시 양천구 국회대로 287 (목동)
전화 02-2653-7600, 팩스 02-2653-0433
www.acornpub.co.kr / editor@acornpub.co.kr

한국어판 ⓒ 에이콘출판주식회사, 2021, Printed in Korea.
ISBN 979-11-6175-554-0
http://www.acornpub.co.kr/book/bayesian-analysis

책값은 뒤표지에 있습니다.